Landesrecht
Schleswig-Holstein

Öffentliches Recht in Schleswig-Holstein

Verfassungsrecht
Kommunalrecht
Polizei- und Sicherheitsrecht
Öffentliches Baurecht

Eine prüfungsorientierte Darstellung

von

Univ.-Prof. Dr. iur. Florian Becker
Christian-Albrechts-Universität zu Kiel

Univ.-Prof. Dr. iur. Christoph Brüning
Christian-Albrechts-Universität zu Kiel

2014

C.H.BECK

www.beck.de

ISBN 978 3 406 63882 4

© 2014 Verlag C.H. Beck OHG
Wilhelmstr. 9, 80801 München
Druck und Bindung: Nomos Verlagsgesellschaft
In den Lissen 12, 76547 Sinzheim

Satz: Typo&Grafik, Schulzendorf/Berlin

Gedruckt auf säurefreiem, alterungsbeständigem Papier
(hergestellt aus chlorfrei gebleichtem Zellstoff)

Vorwort

Nach Art. 1 der Verfassung des Landes Schleswig-Holstein ist das Land Schleswig-Holstein ein Gliedstaat der Bundesrepublik Deutschland. Unabhängig von Fläche, Einwohnerzahl und Finanzkraft verlangt die Eigenstaatlichkeit Schleswig-Holsteins nach einer Verfassungs- und Verwaltungsrechtsordnung im Rahmen der bundesstaatlichen Kompetenzverteilung und der Vorgaben grundgesetzlicher Homogenitätsanforderungen. Darin liegen Recht und Pflicht, Spielraum für Originalität und Zwang zur Rücksichtnahme gleichermaßen. Dabei hat Schleswig-Holstein seit seiner Gründung immer wieder beachtliche und innovative Legislativakte hervorgebracht.

Auf dem Gebiet des Öffentlichen Rechts bietet sich die größte Möglichkeit, die Rechtsordnung landesrechtlich zu prägen. Das betrifft naturgemäß die staatsrechtliche Umhegung des Verfassungsraums Schleswig-Holsteins. Das gilt aber auch für die verwaltungsrechtlichen Gebiete des Kommunalrechts, Polizei- und Ordnungsrechts sowie des öffentlichen Baurechts. Eingedenk aller länderübergreifenden Gemeinsamkeiten lassen sich hier landesstaatliche Eigenheiten finden. So hat Schleswig-Holstein als erstes Bundesland nach dem zweiten Weltkrieg das Verwaltungsverfahrensrecht mit weiteren Materien einschließlich solchen des besonderen Verwaltungsrechts im Allgemeinen Verwaltungsgesetz für das Land Schleswig-Holstein (Landesverwaltungsgesetz – LVWG) schon im Jahre 1967 kodifiziert. Neben dem reinen Verfahrensrecht im Sinne des Verwaltungsverfahrensgesetzes des Bundes und anderer Länder sind im Landesverwaltungsgesetz das Verwaltungsorganisationsrecht, das Verwaltungsvollstreckungsrecht sowie das Sicherheits- und Ordnungsrecht enthalten.

Das vorliegende Lehrbuch will wesentliche Teile der landesspezifischen Rechtsordnung Schleswig-Holsteins, nämlich das Verfassungsrecht, das Sicherheits- und Ordnungsrecht, das Kommunalrecht und das öffentliche Baurecht, systematisch darstellen und einen Überblick über die wesentlichen Strukturen und Regelungen geben. Dass die Autoren dabei auch und gerade die Interessen studentischer Leser im Blick haben, versteht sich von selbst. Darüber hinaus dürfte ein Interesse zahlreicher Rechtsanwender an einem Grundriss ausgewählter Referenzgebiete des Öffentlichen Rechts Schleswig-Holsteins bestehen.

Selbstverständlich können die Ausführungen an vielen Stellen vertieft werden, können weitere Rechtsgebiete aufgenommen werden, kann der Fallbezug erhöht oder verringert werden, kann die Verwaltungspraxis mehr oder weniger berücksichtigt werden, können Wissenschaft und Rechtsprechung intensiver oder zurückhaltender ausgewertet werden – das vorliegende Landesrecht Schleswig-Holstein versucht, insoweit möglichst vielen Interessen gerecht zu werden, und möchte dazu anregen, sich mit der Staats- und Verwaltungsordnung Schleswig-Holsteins zu beschäftigen.

Selbststand und Selbstbewusstsein dieses Landes spiegeln sich auch und gerade in seiner lebendigen Rechts- und Verwaltungskultur. Deshalb sind wir an einem Austausch mit den Lesern dieses Buches interessiert und für entsprechende Anregungen und Kritik offen.

Kiel, im November 2013

Christoph Brüning
Florian Becker

Inhaltsverzeichnis

§ 1. Überblick über das Landesverfassungsrecht

§ 2. Kommunalrecht

§ 3. Polizei- und Sicherheitsrecht

§ 4. Öffentliches Baurecht

§ 1. Überblick über das Landesverfassungsrecht

Literaturhinweise:

Lehrbücher: *Ipsen*, Staatsrecht I, 24. Auflage, 2012; *Maurer*, Allgemeines Verwaltungsrecht, 18. Auflage, 2011; *Isensee/Kirchhof*, Handbuch des Staatsrechts, Band II, 3. Auflage, 2004; Band III, 3. Aufl. 2005; Band IV, 3. Auflage, 2008; Band VI, 3. Auflage, 2008; Band IX, 3. Auflage, 2011; *Papier*, Die Bedeutung der Landesverfassungsgerichtsbarkeit im Verhältnis zur Bundesverfassungsgerichtsbarkeit, in: Sodan, Zehn Jahre Berliner Verfassungsgerichtsbarkeit, 2002.

Kommentare: *Caspar/Ewer/Nolte/Waack*, Verfassung des Landes Schleswig-Holstein, Kommentar, 1. Auflage, 2006; *Maunz/Dürig*, Grundgesetz Kommentar, Band III, Stand: Januar 2010; Band V, Stand: Januar 2009; Band VI, Stand: Mai 2008; *v. Mutius/Wuttke/Hübner*, Kommentar zur Landesverfassung von Schleswig-Holstein, 1. Auflage, 1995; *Schmidt-Bleibtreu/Hofmann/Hopfauf*, GG Kommentar, 12. Auflage, 2011; *Stern*, Staatsrecht Kommentar, Band III/2, 1. Auflage, 1994

Aufsätze: *Backmann*, Verfassungsbeschwerde für Schleswig-Holstein, Zeitschrift für Öffentliches Recht in Norddeutschland (NordÖR) 2009, 229 ff.; *Becker/Heinz*, Verfassungswidrigkeit von Normen des schleswig-holsteinischen Wahlgesetzes, Neue Zeitschrift für Verwaltungsrecht (NVwZ) 2010, 1524 ff.; *Caspar*, Kompetenzen des Landesverfassungsgerichts im Schnittfeld zwischen Bundes- und Landesrecht – Zur Errichtung des Schleswig-Holsteinischen Verfassungsgerichts, NordÖR 2008, 193 ff.; *Dietlein*, Die Rezeption von Bundesgrundrechten durch Landesverfassungsrecht- Zum Verhältnis der Bundesgrundrechte zu den durch Rezeption geschaffenen Grundrechten der Länder, Archiv des Öffentlichen Rechts (AöR) Bd. 120, 1995, 1 ff.; *Groth*, Die kommunale Verfassungsbeschwerde zum Schleswig-Holsteinischen Landesverfassungsgericht, NordÖR 2008, 513 ff.; *Heintzen*, Die Bundestagswahl als Integrationsvorgang, Deutsches Verwaltungsblatt (DVBl) 1997, S. 744 ff.; *Nordmann*, „Rezipierte" Grundrechte für Schleswig-Holstein, NordÖR, 2009, 97 ff.; *Schneider*, Die Landesverfassungsbeschwerde- ein Stiefkind bundesstaatlichen Grundrechtsschutzes, Niedersächsische Verwaltungsblätter (NdsVBl) 2005, Sonderheft, 26 ff.; *Zimmermann*, Anmerkung zu Verfassungsrecht. Wahlrecht, Juristen Zeitung (JZ) 2003, S. 523 ff.

Zeitschriften sowie Gesetzesblätter: Neben den bereits zitierten Zeitschriften wurden folgende Zeitschriften insbesondere zum Nachweis von Rspr. verwendet: Rechtsprechungs-Report Verwaltungsrecht (NVwZ-RR); Bundesgesetzblatt (BGBl); Gesetz- und Verordnungsblatt Schleswig-Holstein (GVOBl. Schl.-H.); Neue juristische Wochenschrift (NJW)

A. Einführung*

1 Das folgende Kapitel beschäftigt sich mit dem Landesverfassungsrecht Schleswig-Holsteins. In dem Bundesstaat Bundesrepublik Deutschland besitzen die Gebietskörperschaften sowohl auf Bundes- als auch auf Länderebene (Art. 28 Abs. 1 S. 1 GG) Staatsqualität. Schleswig-Holstein ist gemäß Art. 1 LVerf SH Gliedstaat der Bundesrepublik Deutschland. Mit dieser Eigenschaft geht seine Verfassungsautonomie einher.

2 Die Verfassung Schleswig-Holsteins basiert auf der 1949 vom ersten Landtag verabschiedeten „Landessatzung" (Art. 60 Abs. 1 LVerf SH). Anfangs wurde diese erste Landesverfassung nur als ein Provisorium angesehen, was auch Ausdruck in der Namensgebung fand. Schleswig-Holstein schien wirtschaftlich zu schwach um alleine bestehen zu können. Daher wurde vielfach ein Zusammenschluss mit einem anderen Bundesland bzw. eine Neugliederung der Länder insgesamt gefordert. Aus diesem Grund verzichtete die Landessatzung auf die Betonung von Aspekten der Eigenstaatlichkeit (Staatsziele, Grundrechte und eine Verfassungsgerichtsbarkeit).

3 Nachdem sich Schleswig-Holstein bald besser als angenommen entwickelt hatte, wurde eine Novellierung der Landessatzung mit einer stärkeren Betonung eigenstaatlicher Kompetenz notwendig. Diese erfolgte allerdings erst im Jahr 1990 in Form der „Landesverfassung Schleswig-Holsteins". Auf eine eigene Landesverfassungsgerichtsbarkeit wurde aber immer noch verzichtet. Erst 2008 kam es zur Errichtung des Landesverfassungsgerichts in Schleswig. Gemäß Art. 44 LVerf SH ist dieses vor allem für Streitigkeiten über die Anwendbarkeit und Auslegung der Verfassung sowie die Vereinbarkeit mit dem Landesrecht zuständig. Eine Individualverfassungsbeschwerde auf Landesebene ist in der Verfassung nicht vorgesehen.

4 Seit Gründung des Landesverfassungsgerichts gewinnt das zum Staatsrecht gehörende Landesverfassungsrecht gemäß § 3 Abs. 2, 5 Nr. 1 und 2 JAVO als öffentlich rechtliches Pflichtfach des 1. Staatsexamens im schleswig-holsteinischen Prüfungsverfahren zunehmend an Bedeutung. Die Besprechung aktueller regionaler Entscheidungen eignet sich gut für eine mündliche Prüfung. Auch können verfahrensrechtliche Unterschiede und Gemeinsamkeiten zum Staatsrecht auf Bundesebene herausgearbeitet werden.

---

* Für maßgebliche Unterstützung bei der Abfassung dieses Kapitels danke ich Frau *Emma Harms* sowie den Herren *Frederik Heinz* und *Erol Gören*.

B. Staatsstrukturprinzipien

I. Vorgaben des Art. 28 Abs. 1 GG

Die Eigenstaatlichkeit der Länder (*Dittmann*, in: HStR VI, § 127 Rn. 1) 5
hat deren Verfassungshoheit zur Konsequenz. Das bedeutet, dass die Länder ihre verfassungsrechtliche Ordnung eigenständig gestalten dürfen.
Hierbei sind allerdings die wesentlichen Staatsstrukturprinzipien, die durch
Art. 28 Abs. 1 GG bundesverfassungsrechtlich in erheblichem Maße determiniert werden, zu beachten. Die Vorgabe maßgeblicher und fundamentaler Grundentscheidungen mit Auswirkung auf das Staatsganze bleibt
Aufgabe der Bundesverfassung. Hierdurch soll die „Homogenität" der
Verfassungsräume von Bund und Ländern hergestellt werden.

Art. 28 Abs. 1 GG erlegt dem Landesverfassungsgeber auf, die „Grund- 6
sätze des republikanischen, demokratischen und sozialen Rechtsstaates im
Sinne des Grundgesetzes" zu wahren (vgl. hierzu *Dittmann*, in: HStR VI,
§ 127 Rn. 11 ff.). Die Bezugnahme auf die Wahrung von „Grundsätzen"
ermöglicht in einzelnen Punkten Modifikationen. Im Einzelnen stellen sich
die Homogenitätsbindungen des Grundgesetzes wie folgt dar:

Die Landesverfassungsordnung muss eine republikanische Struktur auf- 7
weisen (zu dem Prinzip allgemein *Gröschner*, in: HStR II, § 23) sein. Die
Einrichtung einer Monarchie, in welcher Form auch immer (auch eine
„demokratische" oder „parlamentarische" Monarchie), wäre damit verfassungswidrig.

Die Landesverfassungsordnung muss ebenfalls demokratisch strukturiert 8
sein (zu dem Prinzip *Böckenförde*, in: HStR II, § 24). Dies meint die ge-
waltenteilende, bürgerliche Demokratie, nicht die gewaltenkonzentrierende
„Volksdemokratie". Der Landesverfassungsgeber ist aber durch die Homogenitätsklausel nicht auf das repräsentative parlamentarische Regierungssystem festgelegt. Jede Art von Minderheitsherrschaft gegen den Willen der Mehrheit sowie jede Art von Herrschaft, die nicht in periodisch
stattfindenden freien Wahlen geändert werden kann, wäre damit verfassungswidrig. Zudem beschreibt das dem Demokratieprinzip innewohnende
Erfordernis demokratischer Legitimation, dass alle Ausübung staatlicher
Funktionen (hoheitlicher wie fiskalischer) in sachlicher wie personeller
Hinsicht auf den Willen des Parlaments zurückzuführen sein muss, so dass
Phänomene wie „ministerialfreie Räume" oder weisungsfreie Gremien
grundsätzlich verfassungsrechtlich prekär sind.

Ungeachtet dessen ist der Begriff der Demokratie nach verschiedenen 9
Richtungen hin auslegungsfähig, was für die Bindung oder Nichtbindung
der Landesverfassungsordnung von Bedeutung sein kann. So ist z.B.
bestritten, ob das Erfordernis demokratischer Legitimation lediglich auf
staatliche Institutionen zu beziehen oder auf den gesamten gesellschaftlichen Bereich zu übertragen ist. Allerdings bedeutete eine „Demokratisie-

rung" gesellschaftlicher Funktionsbereiche einen Bruch mit rechtsstaatlich-grundrechtlichen Prinzipien und würde daher fundamentalen Entscheidungen über die Differenzierung von Staat und Gesellschaft auf der Ebene der Bundesverfassung widersprechen.

10   Die Landesverfassungsordnung soll das Sozialstaatsprinzip des Art. 20 GG (*Zacher*, in: HStR II, § 28) verwirklichen. Indes lassen sich aus dem Sozialstaatsprinzip grundsätzlich keine konkreten *justiziablen Ansprüche* ableiten. Damit obliegt es auch in den Ländern in erster Linie dem Gesetzgeber, die Mindestvoraussetzungen für ein menschenwürdiges Dasein sicherzustellen. Die überwiegende Zahl der relevanten Kompetenztitel sind jedoch der konkurrierenden Gesetzgebung des Art. 74 Abs. 1 GG (Nr. 7, 9, 12, 13, 19a) zugeordnet, so dass den Ländern bei Inanspruchnahme der Kompetenz durch den Bund nur ein kleiner Regelungsbereich verbleibt – zumal das Bundesverfassungsgericht sich hier gegenüber einer Inanspruchnahme des Titels durch den Bund großzügig zeigt (BVerfGE 88, 329; 97, 341). Bei den Regelungsgegenständen des Art. 74 Abs. 1 Nr. 7, 13 und 19a GG ist seit der Föderalismusreform des Jahres 2006 die Erforderlichkeitsklausel des Art. 72 Abs. 2 GG zu beachten.

11   Die Landesverfassungsordnung muss rechtsstaatliche Prinzipien beachten (*Schmidt-Aßmann*, in: HStR II, § 26). Dies bezieht sich auf den bürgerlichen Rechtsstaat mit individuellen Grundrechten, der Bindung aller staatlichen Organe an das Gesetz und mit justizförmigem Rechtsschutz (vgl. Art. 20 GG).

12   Auch wenn nicht ausdrücklich normiert, so bestimmt Art. 28 Abs. 1 GG als ungeschriebene Vorgabe das Bundesstaatsprinzip (*Jestaedt*, in: HStR II, § 29). Auch der Landesverfassungsgeber ist damit zur Beachtung des gliedstaatlichen Charakters der Länder verpflichtet. So wären zum Beispiel Sezessionsoptionen in der Landesverfassung eine Überschreitung der Befugnisse des Landesverfassungsgebers und somit nichtig.

II. Staatsstrukturprinzipien und Staatszielbestimmungen in der Landesverfassung

1. Staatsstrukturprinzipien

13   Die Verfassung des Landes Schleswig-Holstein folgt bei Umsetzung der strukturellen Grundentscheidungen (vgl. *Herdegen*, in: HStR VI, § 129 Rn. 5 ff.) in der Landesverfassung den Vorgaben des Art. 28 Abs. 1 GG: so erklärt der Landesverfassungsgeber mit Art. 1 LVerf SH zum Gliedstaat der Bundesrepublik Deutschlands. Darin enthalten ist zwar zum einen die Eigenstaatlichkeit Schleswig-Holsteins, aber eben auch die Gliedstaatlichkeit mit einer unlösbaren Verbindung zum Gesamtstaat.

14   Dem Grundsatz der Volkssouveränität, der in Art. 20 Abs. 2 GG verfasst und gemäß Art. 28 Abs. 1 GG auch für die Länder verbindlich ist, wird in Art. 2 Abs. 1 LVerf SH entsprochen (hierzu und zu den folgenden Aussagen *Caspar*, in: ders./Ewer/Nolte/Waack, Verfassung des Landes

Schleswig-Holstein, Art. 2 Rn. 1). Damit ist die wesentliche und zentrale Forderung des republikanischen und demokratischen Prinzips in der Landesverfassung verankert. Explizit werden auch die demokratisch-rechtsstaatlichen Aspekte der Gewaltenteilung in Art. 2 Abs. 3 LVerf SH, der Gesetzmäßigkeit der Verwaltung in Art. 2 Abs. 3 in Verbindung mit Art. 43 LVerf SH und der Unabhängigkeit der Gerichte in Art. 2 Abs. 3 in Verbindung mit Art. 45 LVerf SH gewährleistet (vgl. *Caspar*, in: ders./Ewer/Nolte/Waack, Verfassung des Landes Schleswig-Holstein, Art. 2 Rn. 11 ff.).

Zudem gewährleistet der Landesverfassungsgeber die Vertretung des **15** Volkes durch das Parlament in Art. 2 Abs. 2 in Verbindung mit Art. 10 LVerf SH, abgesehen von der Volksgesetzgebung, die in den Art. 41 f. LVerf SH verfasst ist. Die Volksgesetzgebung findet sich im Wortlaut von „Abstimmungen" wieder, nach denen das Volk auch seinen Willen unmittelbar in Sachfragen bekunden können soll. Insoweit eröffnet die Landesverfassung in den Art. 41 f. LVerf SH, anders als die Bestimmungen des Grundgesetzes, direktdemokratischen Elementen einen Spielraum.

Die Bedeutung und Stellung des Parlaments wird durch diese Regelungen **16** in der Landesverfassung aber nicht geschmälert. In erster Linie repräsentiert das Parlament den Willen des Volkes, wie es auch Art. 2 Abs. 2 S. 2 LVerf SH festlegt (*Caspar*, in: ders./Ewer/Nolte/Waack, Verfassung des Landes Schleswig-Holstein, Art. 2 Rn. 8 ff.).

2. Landesverfassungsrechtliche Staatszielbestimmungen

In der schleswig-holsteinischen Landesverfassung gibt es über die im **17** Grundgesetz festgeschriebenen Staatszielbestimmungen (wie Art. 20a GG) hinaus noch weitere Grundsätze, die die sozialstaatliche Grundausrichtung der Landesverfassung verdeutlichen und ihr eine über ein Organisationsstatut hinausgehende materielle Bedeutung zukommen lassen.

Hierzu zählt der Schutz von Minderheiten und Volksgruppen nach **18** Art. 5 LVerf SH, der damit die besondere Situation des deutsch-dänischen Grenzlandes aufgreift und ihr eine besondere Stellung zukommen lässt. Neben dem Schutz aller nationalen Minderheiten und Volksgruppen, deren kulturelle Eigenständigkeit und politische Mitwirkungsmöglichkeit in Art. 5 Abs. 1 und 2 S. 1 LVerf SH gesichert wird, gewährt die Landesverfassung der dänischen Minderheit und der friesischen Volksgruppe in Schleswig-Holstein eine hervorgehobene Stellung zu.

Nach Art. 5 Abs. 2 S. 2 LVerf SH haben diese sogar Anspruch auf **19** Schutz und Förderung. Entgegen dem eigentlichen Wortlaut postuliert Abs. 2 S. 2 LVerf SH ebenfalls nur eine objektive Staatszielbestimmung und stellt keinen subjektiv öffentlich-rechtlichen Anspruch für die Betroffenen dar. Es kann auch kein gerichtlich durchsetzbarer Anspruch auf bestimmte Fördermaßnahmen daraus abgeleitet werden (*Riedinger*, in: Caspar/Ewer/Nolte/Waack, Verfassung des Landes Schleswig-Holstein, Art. 5 Rn. 19).

20   Dementsprechend hat der Gesetzgeber einen weiten Gestaltungsspielraum, wie er den Schutz und die Förderung der dänischen Minderheit und der friesischen Volksgruppe organisieren will. Die besondere Hervorhebung dieser beiden Gruppierungen ist mit der „einzigartigen historischen Situation" und den sozialen, kulturellen und politischen Gegebenheiten in Schleswig-Holstein zu erklären und bedeutet keine verfassungswidrige Sonderstellung gegenüber anderen Minderheiten (*Riedinger*, in: Caspar/ Ewer/Nolte/Waack, Verfassung des Landes Schleswig-Holstein, Art. 5 Rn. 17).

21   Besondere Maßnahmen zur Förderung der kulturellen Eigenständigkeit und politischen Mitbestimmung waren u.a. das Friesisch Gesetz (Gesetz zur Förderung des Friesischen im öffentlichen Raum vom 13. Dezember 2004, GVOBl. SH, 481), die dänischen Schulen, aber auch die Befreiung des SSW von der 5 % Hürde zu Landtagswahlen (vgl. § 3 Abs. 1 S. 2 LWahlG SH). Die wahlrechtliche Privilegierung zugunsten Parteien der dänischen Minderheit stößt dabei auf nicht ganz unerhebliche verfassungsrechtliche Bedenken im Hinblick auf den wahlrechtlichen Gleichheitsgrundsatz (siehe aber nun LVerfG SH, Urt. v. 13.09.2013 – 7/12).

22   Seit der Verfassungsänderung vom 28.12.2012 (GVOBl. SH 2013, 8) gehören gemäß Art. 5 Abs. 1 S. 1 LVerf SH neben der dänischen und friesischen Minderheit nunmehr auch die in Schleswig-Holstein lebenden Sinti und Roma den anerkannten nationalen Minderheiten und Volksgruppen an.

23   Eine weitere Staatszielbestimmung enthält Art. 6 LVerf SH: die Förderung der Gleichstellung von Mann und Frau. Da es sich auch hier um ein Staatsziel handelt, stellt Art. 6 LVerf SH kein eigenständiges individuelles Gleichheitsrecht dar. Allerdings ist die Gleichstellung der Geschlechter zur Auslegung von Landesrecht und Prüfung der Rechtmäßigkeit der Handlungen von Land, Gemeinden und Gemeindeverbänden und anderen Trägern der öffentlichen Verwaltung heranzuziehen. Inhaltlich entspricht Art. 6 LVerf SH dem Bundesgrundrecht aus Art. 3 Abs. 2 S. 1 GG (vgl. hierzu und zu den folgenden Aussagen *Welti*, in: Caspar/Ewer/Nolte/ Waack, Verfassung des Landes Schleswig-Holstein, Art. 6 Rn. 13 ff.). Im Unterschied zu anderen Gleichheitsrechten bezieht sich das Gleichstellungsgebot von Art. 6 LVerf SH nur auf das Geschlechterverhältnis. In Art. 6 S. 2 LVerf SH wird zusätzlich noch eine weitere Hinwirkungspflicht hervorgehoben, die Gleichstellung von Männern und Frauen in Gremien des öffentlichen Rechts. Diese Hinwirkungspflicht bezieht sich allerdings weder auf den Landtag und die Landesregierung, noch auf die kommunalen Parlamente. Entsprochen wird dem Staatsziel etwa bei den Wahlvorschlägen für Gremien der Hochschulen (§ 17 Abs. 2 S. 2 HSG SH), bei der Wahl von Personalräten (§ 10 Abs. 2 MBG SH) sowie durch das Gesetz zur Gleichstellung der Frauen im öffentlichen Dienst Schleswig-Holstein (vgl. *Welti*, in: Caspar/Ewer/Nolte/Waack, Verfassung des Landes Schleswig-Holstein, Art. 6 Rn. 26 ff.).

24   Der Schutz der natürlichen Grundlagen des Lebens in Art. 7 LVerf SH stellt ebenfalls eine Staatszielbestimmung dar (*Kämpfer*, in: Cas-

par/Ewer/Nolte/Waack, Verfassung des Landes Schleswig-Holstein, Art. 7 Rn. 1). Damit greift die Landesverfassung die Schutzbedürftigkeit der natürlichen Lebensgrundlagen auf, welche inzwischen mit Art. 20a GG auch auf Bundesebene als Staatszielbestimmung festgelegt sind. Den Staat trifft damit eine Förder- und Vorsorgepflicht.

Auch wenn im Wortlaut die natürlichen Lebensgrundlagen einen „be- **25** sonderen" Schutz erfahren sollen, geht damit keine Hervorhebung gegenüber anderen Verfassungsgütern oder Staatszielbestimmungen einher. Hervorgehoben werden soll durch diese Formulierung nur, dass Art. 7 LVerf SH eine wertentscheidende Grundsatznorm darstellt. Allerdings schützt Art. 7 LVerf SH einen Kernbereich an natürlichen Lebensgrundlagen. Es dürfen also elementare Lebensgrundvoraussetzungen nicht zerstört werden (*Kämpfer,* in: Caspar/Ewer/Nolte/Waack, Verfassung des Landes Schleswig-Holstein, Art. 7 Rn. 10).

Letztlich bleibt noch der Schutz und die Förderung der Kultur in Art. 9 **26** LVerf SH als weiterer Grundsatz der Landesverfassung. Systematisch ist diese Vorschrift in die Inhalte Kunst, Wissenschaft, Forschung und Lehre, Niederdeutsch sowie Sport und Kultur einschließlich der Erwachsenenbildung, Büchereiwesen und Volkshochschulen zu unterteilen. Hervorzuheben ist der Schutz des Niederdeutschen oder auch Plattdeutschen. Durch die Aufnahme dieser Schutzpflicht kommt dem Land eine aktive Rolle bei dem Erhalt der plattdeutschen Sprache zu.

C. Grundrechte

I. Das Verhältnis von Bundes- und Landesgrundrechten

Die Verfassungsautonomie der Länder erlaubt auch die Einfügung von **27** Landesgrundrechten in die Landesverfassung. Diese Kompetenz wird durch Art. 142 GG bestätigt, der eine Weitergeltung von Landesgrundrechten neben den Bundesgrundrechten ausdrücklich vorsieht. Das Grundgesetz erlaubt damit einen dualen Grundrechtsschutz (*Gärditz,* in: HStR IX, § 189 Rn. 38 ff.; *Herdegen,* in: HStR VI, § 129 Rn. 73 ff.).

Grundsätzlich sind die Länder bei der Gestaltung ihrer Landesgrund- **28** rechte frei. Sie können die Grundrechte des Grundgesetzes rezipieren, in Anlehnung an die Bundesgrundrechte Grundrechte ausformulieren oder auch ganz neue, vom Grundgesetz abweichende Grundrechte schaffen.

Die Landesverfassungsgeber sind allerdings bei der Schaffung von Landesgrundrechten verpflichtet darauf zu achten, dass sich die Landesgrundrechte in den bundesstaatlichen Gesamtkontext einfügen. Die Landesgrundrechte müssen sich also mit den übergeordneten Grundaussagen des Grundgesetzes vereinbaren lassen. Maßstab hierfür ist Art. 142 GG. Danach bleiben ungeachtet der Vorschrift des Art. 31 GG Bestimmungen der Landesverfassungen auch insoweit in Kraft, als sie in Übereinstimmung mit den Artikeln 1 bis 18 GG gewährleistet werden. Zweck der Vorschrift ist es, den Bestand der Landesgrundrechte weitgehend zu sichern und den Ländern die Möglichkeit einer Landesverfassungsbeschwerde zu erhalten. Art. 142 GG ist daher weit auszulegen. Allein diejenigen Landesgrundrechte, die im Widerspruch zum Grundgesetz stehen, werden durch das Grundgesetz verdrängt. Dieser Widerspruch kann sich auch dadurch ergeben, dass ein Landesgrundrecht den weitergehenden Schutz eines Grundrechtsträgers gegenüber einem anderen Grundrechtsträger in einem horizontalen Rechtsverhältnis gewährleistet.

29   Die Grundrechte der Landesverfassungen stehen eigenständig neben denen des Bundes. Wird ein Grundrecht sowohl durch das Grundgesetz als auch durch eine Landesverfassung garantiert, bestehen zwei eigenständige Grundrechtsgewährleistungen. Dies gilt selbst dann, wenn Landes- und Bundesgrundrecht inhaltlich übereinstimmen, entweder weil sie den gleichen Verfassungstext in der Landes- und der Bundesverfassung haben oder der Inhalt des Bundesgrundrechts durch eine Rezeptionsklausel zu einem Landesgrundrecht geworden ist (*Stern*, StR Bd. III/2, § 93 VII 2, S. 1504).

II. Art. 2a LVerf SH als dynamische Rezeption

30 Die Landesgrundrechte von Schleswig-Holstein ergeben sich mittelbar aus Art. 2a LVerf SH. Anders als in anderen Bundesländern (siehe z.B. Bayern) enthält die Landesverfassung neben einigen Staatszielbestimmungen und objektiv-rechtlichen Gewährleistungen keinen umfassenden eigenständigen Grundrechtskatalog. Vielmehr werden die Grundrechte des Grundgesetzes durch Art. 2a LVerf SH als Landesgrundrechte rezipiert.

31   Die Wahl einer Rezeptionsklausel erklärt sich aus dem historischen Zusammenhang der Einführung der Grundrechte in die Landesverfassung. Art. 2a LVerf SH ist erst seit 2008 Teil der Landesverfassung. Im Zusammenhang mit der Errichtung des Landesverfassungsgerichts von Schleswig-Holstein wurde jedoch deutlich, dass Landesgrundrechte erforderlich sein würden, um das Landesverfassungsgericht mit einem geeigneten Prüfungsmaßstab auszustatten. Um langen Verhandlungen aus dem Weg zu gehen und damit möglicherweise die Errichtung des Landesverfassungsgerichts zu verzögern, entschied sich der Verfassungsgeber gegen einen ausformulierten Grundrechtskatalog und für eine Rezeptionsklausel, um auf diese Weise auch die in Art. 142 GG vorgezeichneten Regelungskonflikte mit Bundesgrundrechten zu vermeiden.

32   Bei Art. 2a LVerf SH handelt es sich um eine dynamische Rezeption. Anders als bei einer statischen Rezeption wird nicht nur Normbestand des Grundgesetzes zum Zeitpunkt des Inkrafttretens der Rezeptionsklausel Bestandteil der Landesverfassung (hierzu und zu den folgenden Aussagen *Nordmann*, NordÖR, 2009, 97 (98); *Caspar*, NordÖR 2008, 193 (198)), sondern es wird der jeweils aktuelle Normbestand des Grundgesetzes rezipiert. Veränderungen des Grundgesetzes in den relevanten Bereichen führen somit auch zu Änderungen der Grundrechte der Landesverfassung.

Durch die Rezeption wird allein der durch den Text angelegte Inhalt der 33
Grundrechte übernommen. Die Dynamik der Rezeption erfasst hingegen
nicht die die Grundrechte interpretierende Rechtsprechung des Bundesverfassungsgerichts. Durch eine solche weitgehende Rezeption würde zwar die
größtmögliche Übereinstimmung mit der Rechtslage auf Bundesebene erreicht, eine solche Bindung des Landesverfassungsgebers und der Landesverfassungsgerichtsbarkeit würde aber gegen das Prinzip der getrennten
Verfassungsräume verstoßen. Eine eigene Interpretation der Landesgrundrechte ist daher trotz der Rezeptionsklausel möglich (siehe auch *Nordmann*, NordÖR, 2009, 97 (98); *Caspar*, NordÖR 2008, 193 (198)).

III. Inhalt der Rezeption

Art. 2a LVerf SH nennt als Gegenstand der Rezeption die im Grundgesetz 34
der Bundesrepublik Deutschland festgelegten Grundrechte und staatsbürgerlichen Rechte. Der genaue Umfang der Rezeption wird durch die Landesverfassung nicht vorgegeben. Sie enthält keine Definition der Begriffe
„Grundrechte" und „staatsbürgerlichen Rechte". Die Auslegung dieser
Begriffe hat auf der Grundlage des Landesrechts zu erfolgen, wird aber
durch die grundgesetzliche Terminologie beeinflusst.

Trotz des scheinbar klaren Wortlauts bereitet die Feststellung, welche 35
Teile des Grundgesetzes Teil der Landesverfassung werden, gewisse
Schwierigkeiten. Eindeutig sind jedenfalls die Grundrechte der Art. 1 bis
19 GG in Bezug genommen. Fraglich bleibt, ob darüber hinaus die in
Art. 93 Abs. 1 Nr. 4a GG genannten grundrechtsgleichen Rechte oder
sogar alle subjektiv-öffentlichen Rechte des Grundgesetzes rezipiert werden
sollen.

Die Antwort ergibt sich aus der Zielsetzung der Rezeptionsklausel, die 36
einen klar zu definierenden Teil des Grundgesetzes aufnehmen soll. Eine zu
weitgehende Übernahme von Normen des Grundgesetzes würde die Selbst-
ständigkeit der Landesverfassung beeinträchtigen. Aus diesem Grund bezieht sich die Rezeption lediglich auf die Grundrechte und die grundrechtsgleichen Rechte (hierzu und zu den folgenden Aussagen *Nordmann*,
NordÖR 2009, 97 (98 f.)).

Dabei ist zu beachten, dass Art. 2a LVerf SH auf die Übernahme des ge- 37
samten Grundrechtsgefüges des Grundgesetzes abzielt. Im Rahmen der
formellen Grundrechte und grundrechtsgleichen Rechte werden nicht nur
subjektiv-öffentliche Rechte rezipiert, sondern das System des Zusammen-
wirkens von Normen mit und ohne Grundrechtscharakter zum Schutze
von Individualrechten wird in die Landesverfassung übernommen. Die
Rezeption des Art. 2a LVerf SH bezieht sich daher auch auf Einrichtungs-
garantien, Organisations- und Verfahrensgarantien als auch auf die grundrechtlichen Schutzpflichten des Staates.

Die Rezeption kann jedoch nicht ohne jegliche Modifizierung des Inhalts 38
der Bundesgrundrechte erfolgen. Bei der Rezeption muss die Beschränktheit der Landesgrundrechte auf den schleswig-holsteinischen Verfassungs-

raum beachtet werden. Die Landesverfassung kann nur solche Landesgrundrechte und staatsbürgerlichen Rechte beinhalten, die Schleswig-
Holsteins räumlich-gegenständliche Beschränktheit durch seine Einbindun-
gen in den Bundesstaat Deutschland beachten.

39   Einzelne Bundesgrundrechte müssen daher an die landesverfassungsrechtlichen Gegebenheiten angepasst werden, um ein wirksamer Teil der
Landesverfassung werden zu können. Dies gilt für all jene Bundesgrundrechte, die Bezug auf die Verhältnisse im gesamten Bundesgebiet nehmen
und den Bund und das deutsche Volk als Adressaten oder Träger der
Grundrechte nennen. Lässt sich der Inhalt der Grundrechte auf den Verfassungsraum des Landes übertragen, so ist der Wortlaut dieser Grundrechte
durch landesbezogene Formulierungen anzupassen. Es ist also eine „maß-
stäbliche Verkleinerung" des Inhalts der Bundesgrundrechte vorzunehmen.
Demzufolge kann sich die Freizügigkeit des Art. 11 GG in seiner Form als
Landesgrundrecht nur auf das Landesgebiet beziehen (*Nordmann*, Nord-
ÖR 2009 97, (99)).

40   Von der Rezeption ausgeschlossen sind hingegen solche Grundrechte, die
eine Entsprechung in der Landesverfassung finden. Es widerspricht Sinn
und Zweck der Rezeption, einen doppelten Normbestand herbeizuführen,
der die Frage nach dem Verhältnis zwischen den Normen eröffnet. Aufgabe der Rezeptionsklausel ist es lediglich, die Landesverfassung um fehlende
Grundrechte zu ergänzen. Es ist daher den landesrechtlichen Ausprägun-
gen von Grundrechten ein Vorrang einzuräumen (so auch allgemein *Dietlein*, in: AöR Bd. 120, 1995, 1 (11)). Vor diesem Hintergrund verdrängt
die landesrechtliche Wahlrechtsgarantie des Art. 3 LVerf SH Art. 38 GG.
Art. 8 LVerf SH findet ebenfalls eine Entsprechung in den Normen des
Grundgesetzes (*Welti*, in: Caspar/Ewer/Nolte/Waack, Verfassung des Landes Schleswig-Holstein, Art. 6 Rn. 7). Art. 8 LVerf SH trifft Regelungen
zum Schulwesen und deckt damit sowohl Inhalte von Art. 6 Abs. 2 und
Art. 7 Abs. 1 und 2 GG ab. Weiterhin wird Art. 17 GG teilweise durch
Art. 19 LVerf SH verdrängt. Art. 17 GG begründet ein Petitionsrecht der
Bürger, nach dem jedermann das Recht hat, sich einzeln oder in Gemeinschaft mit anderen schriftlich mit Bitten oder Beschwerden an die zuständigen Stellen und an die Volksvertretung zu wenden. Das Petitionsrecht
gilt nicht nur auf Ebene des Bundes, sondern auch auf der Ebene der Länder. Der Landtag und andere zuständige Stellen des Landes sind danach
verpflichtet Petitionen entgegenzunehmen.

41   Die Schleswig-Holsteinische Verfassung verfügt im Gegensatz zu vielen
anderen Bundesländern (siehe z.B. Art. 16 HessVerf) nicht zusätzlich über
ein ausdrücklich formuliertes Petitionsrecht, setzt es aber in Art. 19 Abs. 1
LVerf SH voraus. Art. 19 Abs. 1 LVerf SH enthält eine obligatorische
Verpflichtung des Landtages, einen Petitionsausschuss zu schaffen, um
Bitten und Beschwerden an den Landtag zu behandeln. Besteht die Verpflichtung, einen solchen Ausschuss zu schaffen, besteht auch gleichzeitig
die Verpflichtung, Petitionen entgegenzunehmen. Art. 19 Abs. 1 LVerf SH
gewährt damit den schleswig-holsteinischen Bürgern das subjektiv-
öffentliche Recht, Petitionen an den Landtag zu richten (*Caspar*, in:

ders./Ewer/Nolte/Waack, Verfassung des Landes Schleswig-Holstein, 2006, Art. 19 Rn. 1). Es wird jedoch keine Regelung über ein Petitionsrecht gegenüber anderen Stellen als dem Landtag getroffen. Daher verdrängt Art. 19 Abs. 1 LVerf SH die Rezeption von Art. 17 GG nicht vollkommen, sondern nur insofern, als das Petitionsrecht gegenüber dem Landtag betroffen ist.

D. Verfassungsorgane

Das Bundesland Schleswig-Holstein ist eine Gebietskörperschaft, die als **42** juristische Person des öffentlichen Rechts nur durch ihre Organe handeln kann, die mit ihren jeweiligen Befugnissen durch die Verfassung selbst konstituiert werden. Es handelt sich um den Landtag, die Landesregierung und das Landesverfassungsgericht Schleswig-Holstein. Zwar ist die Errichtung eines Landesrechnungshofs ebenfalls ausdrücklich durch die Verfassung vorgeschrieben (Art. 57 LVerf SH). Aufgrund seiner ausdrücklichen Bezeichnung als „oberste Landesbehörde" wird aber seine Organqualität weitgehend abgelehnt (*Raabe*, in: Caspar/Ewer/Nolte/Waack, Verfassung des Landes Schleswig-Holstein, Art. 57 Rn. 6).

I. Landtag

1. Der Landtag im Verfassungsgefüge

Der Landtag (vgl. zu den Parlamenten der Länder allgemein: *Herdegen*, in: **43** HStR VI, § 129 Rn. 26 ff.) in Schleswig-Holstein ist gemäß Art. 2 Abs. 2, 10 Abs. 1 LVerf SH die Vertretung des Volkes und als solcher das oberste Organ demokratischer Willensbildung. Die Verfassung ordnet ihm die zentrale Rolle bei der Gesetzgebung des Landes zu (vgl. Art. 37 ff. LVerf SH). Hinzu tritt die Budgethoheit, die sich in der Aufgabe manifestiert, den Haushalt festzustellen.

Der Landtag vermittelt seine demokratische Legitimation auf die ande **44** ren Verfassungsorgane, indem er sowohl die Mitglieder des Landesverfassungsgerichts gemäß Art. 44 Abs. 3 LVerf SH als auch den Ministerpräsidenten der Landesregierung gemäß Art. 10 Abs. 1 S. 2, 26 Abs. 2 LVerf SH bestimmt.

Da die Landesregierung auch über die Wahl des Ministerpräsidenten **45** hinaus an das Vertrauen des Landtages und einer entsprechenden Mehrheit im Parlament gebunden ist, realisiert die Landesverfassung damit das sogenannte parlamentarische Regierungssystem, in dem – anders als in einem Präsidialsystem – die Regierung nicht unmittelbar vom Volk gewählt wird und nicht mehr oder weniger unabhängig vom Parlament handeln kann.

46   Anders als im Grundgesetz vorgesehen (vgl. hierzu in Bezug auf Bundeskanzler Schröder BVerfGE 114, 121 ff. – Bundestagsauflösung III), besteht
gemäß Art. 13 Abs. 2 LVerf SH die Möglichkeit, dass sich der Landtag
selbst auflösen kann (Selbstauflösungsrecht des Parlaments, seit 1990 in
der Landesverfassung, Gesetz vom 13. Juni 1990, GVBl. SH, 391). Auch
alle anderen Länder haben ein solches Recht in ihrer Landesverfassung
verankert (siehe z.B. in Art. 18 Abs. 1 Bay Verf, Art. 76 Abs. 1a BremLV,
Art. 11 Abs. 1 Hmb Verf, Art. 80 HV, Art. 35 Abs. 1 Verf NRW, Art. 84
Abs. 1 RhPf Verf, Art. 50 Abs. 2 Thür Verf). Zuletzt wurde ein solcher
Selbstauflösungsantrag von der CDU Landtagsfraktion am 23. Juli 2009
eingebracht, nachdem zuvor die Große Koalition unter Peter Harry Cars-
tensen politisch gescheitert war. Dennoch verfehlte der Antrag die notwendige zwei Drittel Mehrheit, so dass sich der Ministerpräsident genötigt
sah, unter Ausnutzung der sog. Vertrauensfrage das Parlament aufzulösen.

47   Als Tatbestandsvoraussetzungen sieht Art. 13 Abs. 2 LVerf SH lediglich
vor, dass ein Antrag gestellt wird, der unter gleichzeitiger Festlegung eines
Neuwahltermins mit zwei Drittel Mehrheit beschieden werden muss (hierzu und zu den folgenden Aussagen *Caspar*, in: ders./Ewer/Nolte/
Waack, Verfassung des Landes Schleswig-Holstein, Art. 13 Rn. 10 ff.).
Das Auflösungsrecht ist also an eine größtmögliche Mehrheit im Parlament
gebunden und soll die Bedeutung der demokratischen Legitimation auf
fünf Jahre hervorheben, der sich die Abgeordneten nicht bei den ersten
Schwierigkeiten oder zwischenzeitlichen günstigen Wahlprognosen entziehen können sollen. Eine Neuwahl ist nur bei breiter Mehrheit im Parlament zulässig.

48   Als ergänzende Bestimmung zum Selbstauflösungsrecht des Parlaments
gibt es dann noch die bereits erwähnte, mit Art. 68 Abs. 1 S. 1 GG vergleichbare Regelung der Vertrauensfrage in Art. 36 Abs. 1 LVerf SH (hierzu *Nolte*, in: Caspar/Ewer/ders./Waack, Verfassung des Landes Schleswig-
Holstein, Art. 36 Rn. 1 ff.) Danach kann der Ministerpräsident im Parlament die Vertrauensfrage stellen, die, wenn sie keine einfache Mehrheit
findet, dazu führt, dass der Ministerpräsident ebenfalls den Landtag auflösen kann. Diese Frage stellt gerade im Zusammenhang mit dem Selbstauflösungsrecht des Landtages ein noch zu erörterndes verfassungsrechtliches
Problem dar.

2. Wahlrecht

49   Die Wahlperiode des Landtages beträgt fünf Jahre (Art. 13 Abs. 1 LVerf
SH). Die Abgeordneten des Landtages werden vom Volk gewählt (Art. 10
Abs. 1 LVerf SH). Entsprechend den Vorgaben des Demokratieprinzips
unterfallen dem Volksbegriff in Art. 10 LVerf SH nur deutsche Staatsan-
gehörige (§ 5 Abs. 1 LWahlG; vgl. auch BVerfGE, 83, 37 ff. – Ausländer-
wahlrecht I). In Art. 10 Abs. 2 LVerf SH war früher festgelegt, dass der
schleswig-holsteinische Landtag aus 69 Abgeordneten besteht und diese
Zahl grundsätzlich nicht überschritten werden darf. Ausnahmen durften
nur bei dem Entstehen von Überhang- und Ausgleichmandaten auftreten.

Allerdings hat das Landesverfassungsgericht hier eine Grenze gesetzt, wenn durch Normen des einfachen Wahlrechts eine Situation entsteht, die gleichsam systemisch eine erhebliche Überschreitung der vorgegebenen Mandatszahl provoziert (LVerfG SH, Urt. v. 30.08.2010 – 1/10; *Becker/ Heinz*, NVwZ 2010, 1524 ff. Zu den allgemeinen Grundzügen des Wahlrechts siehe auch *Meyer*, in: HStR III, § 45).

a) Wahlrechtsgrundsätze

Die Wahl der Abgeordneten erfolgt in allgemeiner, gleicher, unmittelbarer, **50** geheimer und freier Wahl (Art. 3 Abs. 1 LVerf SH; vgl. zu diesen Grundsätzen *Meyer*, in: HStR III, § 46 Rn. 1 ff.).

Der Grundsatz der Allgemeinheit der Wahl verlangt, dass das Wahlrecht **51** grundsätzlich allen Bürgern zusteht. Der Grundsatz wendet sich in historischer Perspektive gegen Beschränkungen des Wahlrechts, die an spezifische, in der Person liegende Eigenschaften (Stand, Geschlecht, Vermögensverhältnisse, Beruf, Konfessionszugehörigkeit) anknüpften. Der Grundsatz verbietet mithin dem Gesetzgeber, bestimmte Gruppen der deutschen Bevölkerung dadurch zu diskriminieren, dass er sie aus politischen, wirtschaftlichen oder sozialen Gründen von der Ausübung des aktiven und passiven Wahlrechts ausschließt.

Der Grundsatz der Unmittelbarkeit der Wahl gewährleistet, „dass die **52** gewählten Vertreter maßgeblich von den Wählern, also durch die Stimmabgabe und bei der Stimmabgabe bestimmt werden. Nur wenn die Wähler das letzte Wort haben, haben sie das entscheidende Wort". Der Grundsatz „schließt ... jedes Wahlverfahren aus, bei dem sich zwischen Wähler und Wahlbewerber nach der Wahl eine Instanz einschiebt, die nach ihrem Ermessen die Abgeordneten auswählt und damit dem einzelnen Wähler die Möglichkeit nimmt, die zukünftigen Abgeordneten durch die Stimmabgabe selbsttätig zu bestimmen" (BVerfGE 7, 63 (68); 47, 253 (279 f.)).

Auch die Freiheit der Wahl ist eine unabdingbare Voraussetzung dafür, **53** dass die Wahl dem Gewählten demokratische Legitimation vermittelt. Dabei erfordert die Wahlfreiheit „nicht nur, dass der Akt der Stimmabgabe frei von Zwang und unzulässigem Druck bleibt ..., sondern ebenso sehr, dass die Wähler ihr Urteil in einem freien, offenen Prozess der Meinungsbildung gewinnen und fällen können" (BVerfGE 44, 125, (139)). Der Wähler soll „vor Beeinflussungen geschützt werden, die geeignet sind, seine Entscheidungsfreiheit trotz bestehenden Wahlgeheimnisses ernstlich zu beeinträchtigen" (BVerfGE 66, 369 (380)). Der sachliche Geltungsbereich (Gewährleistungsbereich) der Wahlfreiheit erstreckt sich mithin nicht nur auf den Vorgang der Stimmabgabe selbst, dessen Freiheit jedenfalls in aller Regel dann gewährleistet ist, wenn er geheim erfolgt, sondern auch auf die Phase der Wahlvorbereitung, was sowohl die Aufstellung der Wahlbewerber einschließt als auch das freie Wahlvorschlagsrecht für alle Wahlbeteiligten.

Weiterhin erfordert es der Grundsatz der freien Wahl, dass der Wähler **54** die Möglichkeit der Auswahl hat; für die Listenwahl gilt deshalb, dass mehrere, d.h. mindestens zwei, Listen zur Wahl stehen müssen: „Wenn von Gesetzes wegen oder faktisch nur noch ein Vorschlag zur Wahl steht, ist eine freie Wahl nicht mehr gewährleistet" (BVerfGE 47, 253 (283)). Schließlich fordert der Grundsatz der Wahlfreiheit im Interesse einer gründlichen Meinungsbildung des Wählers die rechtzeitige Bekanntgabe der Wahlvorschläge.

55 Der Grundsatz der geheimen Wahl soll Wählern Schutz davor bieten, dass Dritte gegen ihren Willen von ihrem Stimmverhalten Kenntnis erhalten. Die Wahrung des Wahlgeheimnisses sichert die Unabhängigkeit der Wahlentscheidung. Sie ist ein wichtiger Schutz für die tatsächliche Realisierung der Wahlfreiheit. Wie diese unterbindet das Wahlgeheimnis nicht nur staatliche, sondern auch private Einflüsse auf das Abstimmungsverhalten der Wähler sowie dessen spätere Sanktionierung. Der Staat ist gehalten, Vorkehrungen zum Schutz des Wahlgeheimnisses zu treffen; es handelt sich um die objektivrechtliche Dimension der Wahlfreiheit, aus der sich eine staatliche Schutzpflicht gegenüber dem Wähler ergibt.

56 Von allen Wahlrechtsgrundsätzen ist der der Wahlgleichheit der wichtigste, der auch in der Rechtsprechung des Landesverfassungsgerichts Grundlage von zwei zum Teil spektakulären und kontrovers diskutierten Entscheidungen war. Der Grundsatz bewirkt die stärkste verfassungsrechtliche Bindung des Wahlgesetzgebers, da er unmittelbar auf den Charakter der Wahl als Modus der Machtverteilung in der Demokratie zielt (*Meyer*, in: HStR III, § 45 Rn. 36). Die Wahlgleichheit ist fundamentaler Baustein einer demokratischen Staatsordnung, in der es bei den politischen Gestaltungsrechten keine Ungleichbehandlung der Wählerinnen und Wähler geben darf (*Meyer*, in: HStR III, § 46 Rn. 30 m.w.N. zur Rechtsprechung des Bundesverfassungsgerichts in Fn. 109). Nur der Grundsatz der Gleichheit der Wahl sichert die vom Demokratieprinzip vorausgesetzte Egalität der Bürger (BVerfGE 99, 1 (13); 129 (300, 317)) und ist „eine der wesentlichen Grundlagen der Staatsordnung" (BVerfGE 11, 351 (360); 129, 300 (317)). Die Geltung des Prinzips ist unumstritten und unantastbar. Rechtswissenschaftliche Diskussionen werden lediglich um Maß und Rechtfertigung seiner Einschränkbarkeit und Relativierbarkeit geführt. „Der Grundsatz der Gleichheit der Wahl gebietet, dass alle Staatsbürger das aktive und passive Wahlrecht in formal möglichst gleicher Weise ausüben können" (BVerfGE 79, 168 (170); 85, 148 (157); siehe auch BVerfGE 82, 322 (337)). Der Grundsatz der Wahlgleichheit ist also „im Sinne einer strengen und formalen Gleichheit zu verstehen" (BVerfGE 51, 222 (234); 78, 350 (357 f.); 82, 322 (337); 85, 264 (315)).

57 Kontrovers wird seit jeher über die Frage diskutiert, ob der Inhalt des Grundsatzes der Wahlrechtsgleichheit in Abhängigkeit vom Wahlsystem zu bestimmen ist oder ob er für alle nach dem Grundgesetz zulässigen Wahlsysteme die gleiche Bedeutung hat.

58 Das Bundesverfassungsgericht führte zum entsprechenden Art. 38 Abs. 1 GG aus, „dass die Stimme eines jeden Wahlberechtigten den gleichen Zählwert und die gleiche rechtliche Erfolgschance haben muss. Maßgeblich ist hierbei eine Betrachtung ex ante." Dieses Gleichheitserfordernis wahre eine Chancengleichheit im strengen und formalen Sinne. Die Wahl-

gleichheit wirke sich in der Mehrheitswahl und in der Verhältniswahl unterschiedlich aus. Der „Grundsatz der gleichen Wahl verlangt, dass die Stimme eines jeden Wahlberechtigten den gleichen Zählwert und – im Rahmen des vom Gesetzgeber gemäß Art. 38 Abs. 3 GG festzulegenden Wahlsystems – die gleiche rechtliche Erfolgschance hat" (BVerfGE 95, 335 (353 f.)). Anders als bei der Mehrheitswahl wirkt sich die Wahlgleichheit bei der Verhältniswahl nicht nur als Zählwert- und Erfolgschancengleichheit, sondern auch als Erfolgswertgleichheit der Stimmen aus.

Beschränkungen und Durchbrechungen der Wahlgleichheit ergeben sich **59** im einfachen Wahlrecht aus der Beschränkung, dass nur solche Parteien an dem Verhältnisausgleich teilnehmen können, deren Landeslisten mindestens einen Zweitstimmenanteil von 5% erreicht oder einen direkten Sitz im Landtag erreicht haben. Allerdings ist auch die Rückausnahme nach der die Fünf-Prozent-Klausel bzw. Grundmandatsklausel nicht für die Parteien der dänischen Minderheit gelten (§ 3 Abs. 1 S. 2 LWahlG SH) gleichheitswidrig (hierzu *Pieroth*, Der Begriff der Partei der dänischen Minderheit und die Verfassungsmäßigkeit ihrer Privilegierung im schleswig-holsteinischen Wahlrecht, LT Umdruck 15/0634, S. 13 ff., 20). Hierunter fällt der Südschleswigsche Wählerverband (vgl. hierzu bereits BVerfGE 1, 208 (257)). Der parlamentarische Schutz der dänischen Minderheit setzt sich in § 1 Abs. 2 FraktionsG und § 22 Abs. 4 GO LT fort, wonach den Abgeordneten der dänischen Minderheit die Rechte einer Fraktion zukommen. Dadurch wird sichergestellt, dass die Mitwirkungsrechte der dänischen Minderheit im Parlament auch ohne Fraktionsstatus (5 v. H der Zweitstimmen) gewahrt bleiben.

Zwar unterliegt die Wahlgleichheit weder nach der Rechtsprechung des **60** Bundesverfassungsgerichts (BVerfGE 95, 408 (417 ff.); 99, 1 (9)), noch der des Schleswig-Holsteinischen Landesverfassungsgerichts (LVerfG SH, Urt. v. 30.08.2010 – 1/10 Rn. 125; 3/10, Rn. 79) einem absoluten Differenzierungsverbot. Aber der wahlrechtliche Gleichheitssatz ist ebenso wie sein parteienrechtliches Pendant wegen seiner für das Demokratieprinzip fundamentalen Bedeutung im Sinne einer strengen und formalen Gleichheit zu verstehen (zuletzt BVerfGE 129, 300 (317)).

Während daher Differenzierungen des Zählwerts praktisch nicht mög- **61** lich sind (so schon BVerfGE 1, 208 (247)), bleibt dem das Wahlsystem ausgestaltenden Gesetzgeber bei Differenzierungen des Erfolgswerts der Wählerstimmen ein gewisser Spielraum (BVerfGE 95, 408 (418)), auch wenn dieser nur eng bemessen ist und nur zur Verfolgung eines „zwingenden Grundes" (so schon BVerfGE 1, 208 (248 ff.); zuletzt BVerfGE 95, 408 (418)) genutzt werden kann. Für hieraus resultierende Differenzierungen des Erfolgswerts einer Stimme sind als Beispiele die Fünf-Prozent-Klausel oder die Grundmandatsklausel (vgl. § 3 Abs. 1 S. 2 LWahlG SH) zu nennen.

„Zwingend" soll dabei – entgegen der eigentlichen Wortbedeutung – **62** nicht mit „zwangsläufig oder notwendig" gleichzusetzen sein (BVerfGE 95, 408, (418); kritisch insoweit wegen der Aufweichung des Begriffs „zwingend": *Heintzen*, DVBl. 1997, 744, (747 f.); *Zimmermann*, JZ 2003,

523, (524 f.)). Würde man „zwingend" im Wortsinne verwenden, wäre es nur möglich, verfassungsrechtlich gebotene Anliegen durch eine Einschränkung der Wahlgleichheit zu verwirklichen. Dies ist aber nach der Rechtsprechung des Bundesverfassungsgerichts nicht der Fall (BVerfGE 95, 408 (418) m.w.N.). Vielmehr genügt es, dass der Wahlgesetzgeber ein Anliegen verfolgt, das erstens durch die Verfassung (lediglich) legitimiert ist *und* zweitens ein Gewicht aufweist, das der Wahlgleichheit die Waage halten kann (BVerfGE 129, 300 (320)).

63   Als Gründe für eine Beschränkung des wahlrechtlichen Gleichheitssatzes wurden bislang akzeptiert (zusammenfassend m.w.N. BVerfGE 129, 300 (320 ff.)): solche, die sich aus der Natur des Sachbereichs der Wahl der Volksvertretung ergeben (BVerfGE 6, 84 (92)); die Verwirklichung der mit der Parlamentswahl verfolgten Ziele (BVerfGE 51, 222 (236)); die Sicherung des Charakters der Wahl als eines Integrationsvorgangs bei der politischen Willensbildung des Volkes (BVerfGE 71, 81 (97)); Verhinderung, dass auf Bundes- oder Landesebene auch solche kleinen Gruppen eine Vertretung erlangen, die nicht ein am Gesamtwohl orientiertes politisches Programm, sondern im Wesentlichen nur Partikularinteressen vertreten (BVerfGE 120, 82 (109 f.)); Sicherstellung einer effektiven politischen Repräsentanz der nach dem Wählervotum bedeutsamen politischen Strömungen im Volk (BVerfGE 95, 408 (422)); die Gewährleistung der Funktionsfähigkeit der konkret (BVerfGE 120, 82 (112)) zu wählenden Volksvertretung (BVerfGE 82, 322 (338)) m.w.N.). Nach Ansicht des Landesverfassungsgerichts ist auch der Schutz der dänischen Minderheit ein solcher Grund (Urteil des LVerfG Az. 7/12 vom 13. September 2013; allerdings mit einem beachtlichen Minderheitsvotum, das bis zur Erreichung des Mindestquorums die Zuteilung nur eines Abgeordneten für die Repräsentation der Minderheit für ausreichend hält).

64   Keine legitimen zwingenden Gründe in diesem Sinne sind das Anliegen, verfassungsfeindliche oder extremistische Parteien oder „krankhafte Gruppen" (BVerfGE 1, 206 (257)) aus dem Parlament herauszuhalten (BVerfGE 120, 82 (109)) oder das Ziel, zu verhindern, dass auf *kommunaler* Ebene kleine Gruppen, die nicht ein am Gesamtwohl orientiertes politisches Programm besitzen, sondern im Wesentlichen nur Partikularinteressen vertreten, eine Vertretung erlangen (BVerfGE 120, 82 (109 f.)).

65   Vor diesem Hintergrund wurde die 5% Klausel auf kommunaler Ebene in Schleswig-Holstein vom Bundesverfassungsgericht für verfassungswidrig erklärt (BVerfGE, 120, 82 ff. – Sperrklausel Kommunalwahlen). Begründet wurde dies mit der fehlenden Gesetzgebungskompetenz auf kommunaler Ebene und der starken und autonomen Stellung der direkt gewählten kommunalen Wahlbeamten auf Verwaltungsseite. Durch die (allerdings inzwischen abgeschaffte) Direktwahl sei der kommunale Wahlbeamte unabhängig von unübersichtlichen Mehrheitsverhältnissen und einer möglicherweise zersplitterten Parteienlandschaft in der kommunalen Volksvertretung. Er garantiere daher stabile Verhältnisse in der Verwaltung und sichere deren Funktionsfähigkeit.

b) Wahlsystem

Anders als das Grundgesetz (vgl. *Meyer*, in: HStR III, § 45 Rn. 22 ff.) legt **66** die Landesverfassung in Schleswig-Holstein für das Wahlsystem fest, dass sie die Persönlichkeitswahl mit den Grundsätzen des Verhältniswahlrechts verbinden solle (Art. 10 Abs. 2 LVerf SH). Ferner legt die Landesverfassung auch fest, dass im Falle des Auftretens von Überhangmandaten, welche bei einem personalisierten Verhältniswahlsystem üblich sind, ein Wahlsystem vom Gesetzgeber normiert sein muss, welches für diese Fälle Ausgleichsmandate vorsieht. Es handelt sich also um einen Verfassungsauftrag an den Gesetzgeber, diese Maßgaben, die personalisierte Verhältniswahl und das Vorsehen von Ausgleichsmandaten für Überhangmandate, bei der Normierung eines Wahlrechts zu berücksichtigen.

Diesem ist der einfache Gesetzgeber mit dem LWahlG nachgekommen. **67** In Schleswig-Holstein gilt ein personalisiertes Verhältniswahlrecht mit einer deutlichen Akzentuierung auf der Persönlichkeitswahl. § 1 Abs. 1 LWahlG SH legt die Zahl der Abgeordneten des Landtags von Schleswig-Holstein auf grundsätzlich 69 fest und ordnet deren Ermittlung einerseits durch Mehrheitswahl in den Wahlkreisen, andererseits durch Verhältniswahl anhand von Landeslisten der Parteien an. Dementsprechend verfügen Wählerinnen und Wähler über zwei Stimmen: „eine Erststimme für die Wahl einer Bewerberin oder eines Bewerbers im Wahlkreis, eine Zweitstimme für die Wahl einer Landesliste" (vgl. § 1 Abs. 2 LWahlG SH).

Die Zusammensetzung des Parlaments erfolgt auf der Grundlage der im **68** Land abgegebenen Zweitstimmen und unter Berücksichtigung der in den Wahlkreisen erfolgreichen Bewerberinnen und Bewerber. Während im Wahlkreis als Bewerberin oder Bewerber gewählt ist, wer die meisten (Erst-) Stimmen erhalten hat (§ 2 S. 1 LWahlG SH), erfolgt im Hinblick auf die Landeslisten ein Verhältnisausgleich nach § 3 Abs. 3 ff. LWahlG SH.

Für die Verteilung der Sitze auf die Landeslisten, die die 5% Hürde über- **69** sprungen haben, sieht § 3 Abs. 3 LWahlG vor, dass die Gesamtzahlen der für die einzelnen Landeslisten abgegebenen Stimmen jeweils fortlaufend durch 0,5, 1,5, 2,5 usw. geteilt werden und die jeweilige Höchstzahl einen Sitz bekommt. Von dem daraus entstehenden verhältnismäßigen Sitzanteil jeder Landesliste werden dann gemäß § 3 Abs. 4 LWahlG zunächst die jeweiligen direkt gewonnenen Sitze abgezogen und dann die Differenz durch die Landesliste aufgefüllt. Ein entsprechendes Wahlsystem findet sich auch auf Bundesebene (§§ 5, 6 BWahlG).

Der Unterschied zum Wahlsystem auf Bundesebene ergibt sich aus § 3 **70** Abs. 5 LWahlG. Diejenigen Sitze, die eine Partei in den Wahlkreisen mehr gewonnen hat, als ihr dem jeweiligen verhältnismäßigen Sitzanteil zustehen würde, verbleiben der Partei, § 3 Abs. 5 S. 1 LWahlG. Diese Sitze werden im LWahlG als Mehrsitze bezeichnet, obwohl die LVerf SH in Art. 10 Abs. 2 S. 2 den entsprechenden Begriff des Überhangmandats wählt. Diese Mehrsitze sind gemäß § 5 Abs. 3 S. 2 LWahlG auszugleichen. Dementsprechend sollen auf die noch nicht über die Landeslisten im Verhältnisausgleich berücksichtigten Höchstzahlen so viele weitere Sitze vergeben werden, bis der letzte Mehrsitz durch einen verhältnismäßigen Sitzanteil ausgeglichen worden ist. Die Anzahl der hierbei zu berücksichtigenden Positionen war allerdings in § 3 Abs. 5 S. 3 LWahlG a.F. begrenzt. Dementsprechend ist zunächst festzuhalten, dass der Gesetzgeber die maßgeblichen Forderungen der Landesverfassung eingehalten hat.

71   Das neue schleswig-holsteinische Wahlrecht ist das Resultat zwei vorangegangener Entscheidungen des Landesverfassungsgerichts. Gegenstand der Entscheidungen war ein Normkontrollverfahren (LVerfG SH, Urt. v. 30.08.2010 – 3/09) und eine Wahlprüfungsbeschwerde (LVerfG SH, Urt. v. 30.08.210 – 1/10). Zum einen kam das Gericht zu dem Ergebnis, dass die seinerzeitige Ausgestaltung des Wahlrechts und die damit einhergehende übermäßige Erhöhung der Mandatszahl gegen das in Art. 10 Abs. 2 S. 1 a.F. LWahlG SH normierte Verfassungsziel, die dort vorgegebene Mandatszahl von 69 Abgeordneten nicht zu überschreiten, verstößt. Der Verfassungsgeber hat Art. 10 Abs. 2 LVerf SH dahingehend geändert, dass dieser nunmehr keine Beschränkung der Mandatszahl enthält. Eine diesbezügliche Beschränkung existiert jetzt nur noch einfachrechtlich in Form des § 1 Abs. 1 S. 1 LWahlG SH. Im Übrigen sah das Gericht in der Deckelung von Ausgleichsmandaten in § 3 Abs. 5 S. 3 LWahlG a.F. einen Verstoß gegen den Grundsatz der Wahlgleichheit i.S.d Art. 3 Abs. 1 LVerf SH, da für die dabei eintretende Durchbrechung der Erfolgswertgleichheit keine Rechtfertigungsgründe ersichtlich waren. Im Wahlprüfungsverfahren stellte das Gericht fest, dass der dadurch in verfassungswidriger Weise zustande gekommene Landtag das Wahlrecht unter Beachtung der Vorgaben des Landesverfassungsgerichts zu ändern hat sowie Neuwahlen anzusetzen sind (eingehend zu dieser Problematik *Becker/Heinz*, NVwZ 2010, 1524 ff.).

II. Die Landtagsabgeordneten

1. Das freie Mandat

72   Art. 11 Abs. 1 LVerf SH sichert den Landtagsabgeordneten (vgl. *Herdegen*, in: HStR VI, § 129 Rn. 29 ff.) des schleswig-holsteinischen Landtages ein freies Mandat zu (vgl. Art. 38 Abs. 1 S. 2 GG), da sie „bei der Ausübung ihres Amtes ... nur ihrem Gewissen unterworfen und an Aufträge und Weisungen nicht gebunden" sind. Hiermit werden nicht die tatsächlichen Abhängigkeiten der Abgeordneten unterbunden, die damit einhergehen, dass sie Mitglied einer Fraktion sind und zugleich auch für die Inhalte einer politischen Partei stehen. Der Amtscharakter des Mandats führt aber dazu, dass dessen Inhaber seine Aufgaben und Zuständigkeiten nicht im eigenen oder sonstigen Sonderinteressen, sondern als „Dienst am Gemeinwohl" wahrzunehmen hat. Die Freiheit des Mandats ist nichts weniger als eine Freiheit zur Beliebigkeit, sondern Verbürgung von Selbstständigkeit in der Wahrnehmung öffentlicher Verantwortung (hierzu *Waack*, in: Cas-

par/Ewer/Nolte/ders., Verfassung des Landes Schleswig-Holstein, Art. 11 Rn. 8; *Klein*, in: HStR III, § 51 Rn. 1 ff.).

Dementsprechend wendet sich Art. 11 Abs. 1 LVerf SH auch gegen das 73 sog. „imperative Mandat" (zum Verbot des imperativen Mandats auf Bundesebene *Kretschmer*, in: Schmidt-Bleibtreu/Hofmann/Hopfauf, GG, Art. 38 GG Rn. 61; BVerfGE 2, 1 (74)).

Erlaubt und für die parlamentarische Willensbildung unabdingbar 74 bleibt die Unterwerfung unter eine Fraktionsdisziplin, also die vorbereitende interfraktionelle Willensbildung und das Einwirken auf die Abgeordneten einer Fraktion, um bei Abstimmungen ein möglichst einheitliches Bild abzugeben und die Funktionsfähigkeit der Fraktion zu erhalten. Ein mit juristischen Sanktionen untermauerter Fraktionszwang, bei dem Abgeordnete unter Druck gesetzt und verpflichtet werden, einem bestimmten Abstimmungsverhalten zu folgen, verstößt gegen das freie Mandat und Art. 11 Abs. 1 LVerf SH. Ebenso ist es den Fraktionen und Parteien verwehrt, Abgeordnete, die sich entgegen der Partei- oder Fraktionslinie entscheiden, ihres Mandats zu entheben. Lediglich ein Partei- oder Fraktionsausschluss, bzw. die Drohung mit einem solchen Ausschluss, steht als Sanktionsmittel offen. Hiervon bleibt aber das Mandat des Abgeordneten unberührt.

Die Absicherung des freien Mandats erfolgt über unterschiedliche Nor- 75 men der Landesverfassung, die die Unabhängigkeit des Abgeordneten und seine Rechtsstellung sichern sollen. Hierunter fallen die Indemnität, Art. 24 Abs. 1 LVerf SH, die Immunität gemäß Art. 24 Abs. 2 und 3 LVerf SH und das Gebot der angemessenen Entschädigung gemäß Art. 11 Abs. 3 LVerf SH.

Nach Art. 24 Abs. 1 LVerf SH dürfen Abgeordnete wegen Abstimmun- 76 gen oder Äußerungen, die sie im Rahmen ihrer Abgeordnetentätigkeit im Plenum vorgenommen haben, nicht dienstrechtlich oder gerichtlich verfolgt werden, solange es sich nicht um verleumderische Beleidigungen handelt (Indemnität). Die Indemnität wahrt den Grundsatz der Verantwortungsfreiheit des Abgeordneten für seine Tätigkeit im Parlament (hierzu und zu den folgenden Aussagen *Magiera*, in: Sachs, GG, Art. 46 Rn. 1; *Caspar*, in: ders./Ewer/Nolte/Waack, Verfassung des Landes Schleswig-Holstein, Art. 24 Rn. 5 ff.). Im Gegensatz zu anderen Landesverfassungen und im Gleichklang mit dem Grundgesetz (Art. 46 Abs. 1 GG) bezieht sich die Indemnität des Abgeordneten in Schleswig-Holstein aber nur auf die Äußerungen und Abstimmungen, die er tatsächlich im Plenum des Landtages oder in einem der Ausschüsse des Landtages tätigt. Lediglich die räumliche Anwesenheit im Landtag reicht nicht zur Eröffnung des Schutzbereiches aus Art. 24 Abs. 1 LVerf SH. Erst recht gilt die Indemnität grundsätzlich nicht auf Wahlveranstaltungen des Abgeordneten. Der Indemnitätsschutz für die Abgeordneten richtet sich gegen jegliche beeinträchtigenden staatlichen Maßnahmen, einschließlich zivilgerichtlicher Verfahren. Nicht davon umfasst sind innerparlamentarische Maßnahmen, wie etwa Ordnungsentscheidungen des Landtagspräsidenten. Der Schutz von Art. 24 Abs. 1 LVerf SH entwickelt unmittelbare Drittwirkung zugunsten der Betroffenen, die sich direkt auf ihre Indemnität gegenüber den staatlichen Stellen berufen können.

77   Die Immunität von Abgeordneten gemäß Art. 24 Abs. 2 und 3 LVerf SH hat hingegen zur Folge, dass Abgeordnete wegen einer mit Haftstrafe bewährten Handlung nur dann belangt werden können, wenn eine Genehmigung des Landtages vorliegt; es sei denn, der Abgeordnete wird auf frischer Tat oder im Laufe des darauffolgenden Tages ertappt. Diese Regelung entspricht Art. 46 Abs. 2 und 3 GG. Der Schutz des Abgeordneten ist hier weiter gefasst, da er sich hier nicht nur auf die parlamentarische Tätigkeit des Abgeordneten im Plenum beschränkt, sondern auch außerparlamentarische Tätigkeiten inbegriffen sind. Dies gilt sogar für zeitlich vor dem Antritt des Abgeordnetenmandats begangene Straftaten. Nach Ablauf des Mandats gilt der Immunitätsschutz allerdings nicht mehr. Sinn und Zweck des Immunitätsprivilegs verlangen seine extensive Auslegung. Um den Abgeordneten sinnvoll zu schützen und die Funktionsfähigkeit des Parlaments aufrecht zu erhalten, ist unter Strafe schlicht jegliche staatliche Sanktionierung von schuldhaftem Verhalten durch das Hinzufügen eines angedrohten Übels zu verstehen (BVerfGE 26, 186 (204); 42, 312 (328)). Eine Reduktion des Immunitätsprivilegs auf strafrechtliche Verstöße scheidet somit aus.

78   Nach Art. 11 Abs. 3 S. 1 LVerf SH haben Abgeordnete einen Anspruch auf eine angemessene, ihre Unabhängigkeit sichernde Entschädigung (BVerfGE 104, 144 (149); *Waack*, in: Caspar/Ewer/Nolte/ders., Verfassung des Landes Schleswig-Holstein, Art. 11 Rn. 38 ff.). Das nähere soll nach Art. 11 Abs. 3 S. 3 LVerf SH durch Gesetz geregelt werden. Damit hat die Landesverfassung für dieses politisch wie verfassungsrechtlich besonders sensible Thema eine vom Wortlaut und Inhalt genau entsprechende Entschädigungsklausel für Abgeordnete.

79   Mit der Festlegung auf eine angemessene Entschädigung des Abgeordneten soll eine Absicherung vor wirtschaftlichen Abhängigkeiten erreicht werden. Dies entspricht der Grundvoraussetzung des freien Mandats des Abgeordneten. Das Parlament hat autonom über die Entschädigung der Abgeordneten zu entscheiden. Das Bundesverfassungsgericht zählt diese Autonomie zu den „Essentialen des demokratischen Prinzips" (BVerfGE 40, 296 (319)). Die Delegation dieser (stets unpopulären) Entscheidung auf Dritte ist damit verfassungsrechtlich unzulässig.

80   Fraglich ist im Zusammenhang, ob die auf Bundesebene entwickelten Grundsätze zur Abgeordnetenentschädigung auf die Landesebene übertragen werden können. Dies gilt insbesondere für die Diätenentscheidung des Bundesverfassungsgerichts und dem dort angenommenen Gebot der angemessenen Vollalimentation (BVerfGE 40, 296 (315 f.)). Das Gericht hatte hier angenommen, dass die Abgeordnetentätigkeit eine Vollzeittätigkeit ist. Die Veränderungen in Schleswig-Holstein bei der Abgeordnetenentschädigung entsprechen dabei den vom Bundesverfassungsgericht aufgezeigten generellen Entwicklungen. So wurde die Abgeordnetendiät von der Aufwandsentschädigung für ein Ehrenamt weiterentwickelt zu einem Einkommen des Abgeordneten für die im Parlament geleisteten Tätigkeiten.

Nicht zuletzt ist die Entwicklung der Abgeordnetendiäten ab 1994 an die Einkommensentwicklung angepasst worden (vgl. § 28 AbgG SH).

Von besonderer Bedeutung für Schleswig-Holstein war im Folgenden 81 das zweite Diätenurteil des Bundesverfassungsgerichts vom 21. Juli 2000. Hier waren bestimmte Zulagen für die parlamentarischen Geschäftsführer, die stellvertretenden Fraktionsvorsitzenden und die Ausschussvorsitzenden für verfassungswidrig erklärt worden (BVerfGE 102, 224 (244)). Diese wurden als Ungleichbehandlung gegenüber den „einfachen" Abgeordneten angesehen, die angesichts der auch bei Behandlung der Abgeordneten gebotenen streng formalen Gleichheit, in der sich Gleichheit der Wähler fortsetzt, keine Rechtfertigung gefunden hatte. Daraufhin entschied sich der Landesgesetzgeber zu einer Umgestaltung der Diätenregelungen in Schleswig-Holstein nach den Vorschlägen der sog. Benda-Kommission. Der Gesetzesbeschluss im April 2003 wurde allerdings bereits im Mai 2003 wieder aufgehoben, da eine breite öffentliche Kritik laut geworden war, die sich insbesondere an einer Erhöhung der Diäten entzündete. Übersehen wurde hierbei, dass die Abgeordneten im Zusammenhang mit den Erhöhungen künftig auch für ihre eigene Altersversorgung zuständig sein sollten. Im Endeffekt blieben die schleswig-holsteinischen Diätenregelungen also zunächst verfassungswidrig. Einen neuen Anlauf unternahm der Gesetzgeber im Jahr 2005. Allerdings sieht das schleswig-holsteinische Abgeordnetengesetz nach wie vor eine zusätzliche Entschädigung für die Ausübung besonderer parlamentarischer Funktionen vor (vgl. § 6 Abs. 2 Nr. 3 AbgG SH sowie § 5 Abs. 2 AbgG Thür). Das LVerfG hat dies für verfassungsgemäss erachtet (LVerfG SH, Urt. v. 30.09.2013 – 13/12)

2. Parlamentarische Rechte des Abgeordneten

Die Landesverfassung normiert im Gegensatz zum Grundgesetz (vgl. *Klein*, 82 in: HStR III, § 51 Rn. 31 ff.) und anderen Landesverfassungen die parlamentarischen Rechte der Abgeordneten ausdrücklich.

In Art. 11 Abs. 2 S. 1 LVerf SH ist das Frage- und das Beteiligungsrecht 83 der Abgeordneten festgelegt (hierzu und zu den folgenden Aussagen *Waack*, in: Caspar/Ewer/Nolte/ders., Verfassung des Landes Schleswig-Holstein, Art. 11 Rn. 19 ff.). Neben dem Fragerecht der Abgeordneten, liegen die Beteiligungsmöglichkeiten in erster Linie im Recht, Anträge im Landtag und den Ausschüssen stellen zu können. Das Fragerecht des Abgeordneten stellt eine spezielle Ausprägung des allgemeinen Informationsanspruchs dar, welches in Art. 23 LVerf SH näher normiert ist. Dazu korrespondiert die Pflicht der Landesregierung nach bestem Wissen frühzeitig und vollständig die Abgeordneten zu informieren. Nach Art. 11 Abs. 2 S. 2 LVerf SH haben die Abgeordneten zusätzlich das Recht bei Wahlen und Beschlüssen zu wählen. Dies gilt allerdings in den Ausschüssen nur für die Ausschussmitglieder, Art. 11 Abs. 2 S. 2 a.E. LVerf SH.

Die ausdrückliche Normierung der parlamentarischen Mitwirkungsrech- 84 te der Abgeordneten, die so in der Landessatzung noch nicht vorgesehen waren, stärkt die Rechtsstellung und die Unabhängigkeit des Abgeordneten gegenüber den Fraktionen. Zudem sollte dies verdeutlichen, dass die Abgeordneten in Schleswig-Holstein einen eigenen verfassungsrechtlichen Status besitzen und somit selbst Verfassungsorgane sind und nicht nur Teilorgane des Landtages (Sonderausschuss „Verfassungs- und Parlamentsreform", LT Drs. 12/620, S. 5; *Waack*, in: Caspar/Ewer/Nolte/ders., Verfassung des Landes Schleswig-Holstein, Art. 11 Rn. 20).

85   Wohl aus redaktionellem Versehen und entgegen den Vorschlägen der Enquete Kommission und des Sonderausschusses „Verfassungs- und Parlamentsreform" wurde nicht das allgemeingültige Rederecht des Abgeordneten in Art. 11 Abs. 2 LVerf SH aufgenommen (*Waack*, in: Caspar/Ewer/Nolte/ders., Verfassung des Landes Schleswig-Holstein, Art. 11 Rn. 20). Da das Rederecht aber zur Wahrnehmung der parlamentarischen Aufgaben unverzichtbar ist, bleibt es bei der bisherigen Verfassungslage, dass das Recht auf Rede im Parlament von der Verfassung vorausgesetzt wird (BVerfGE 10, 4 (12); 60, 374 (379 f.)). Dementsprechend sind die Mitwirkungsrechte in Art. 11 Abs. 2 LVerf SH auch nicht abschließend zu verstehen (vgl. LT Drs. 12/620, S. 51 f.).

86   Im Übrigen sind die parlamentarischen Mitwirkungsrechte der Abgeordneten in der Geschäftsordnung des Landtages geregelt. Dort finden sich auch unterschiedliche Beschränkungen der Mitwirkungsrechte. Diese erfolgen im Rahmen der Geschäftsordnungsautonomie und dem Prinzip, die Arbeit des Parlaments unter größtmöglicher Beteiligung aller Abgeordneten zu organisieren. Dabei unterliegen insbesondere das Rederecht, das Antragsrecht (Antragsquorum) und das Fragerecht (große Anfragen nur von Fraktionen) bestimmten verfassungskonformen Begrenzungen (vgl. BVerfGE 10, 4 (13)). Lediglich das Stimmrecht als unverzichtbarer Bestandteil der parlamentarischen Arbeit darf nicht begrenzt werden (BVerfGE 10, 4 (12)).

3. Parlamentsrecht

a) Fraktionen

87   Fraktionen (vgl. *Herdegen*, in: HStR VI, § 129 Rn. 26 ff. sowie *Zeh*, in: HStR III, § 52 Rn. 5 ff.) werden in der Landesverfassung nur beiläufig erwähnt (vgl. Art. 12 Abs. 1, 2; 14 Abs. 4, 5; 18 Abs. 2; 20 Abs. 2; 44 Abs. 2 LVerf SH). Obschon die den Einfluss des einzelnen Abgeordneten mediatisieren, sind sie aber als notwendige Einrichtung des Verfassungslebens in einer Parteiendemokratie anerkannt und vorausgesetzt (BVerfGE 10, 4 (14)). Als politische Gliederungen sind die Fraktionen in die organisierte Staatlichkeit integriert und stellen auch im Hinblick auf die in der GO LT verbürgten Rechte der Fraktionen Organteile des Landtages dar.

88   Nach § 1 Abs. 1 und 2 FraktionsG stellen Fraktionen rechtsfähige Vereinigungen im zivilrechtlichen Sinne dar, die am allgemeinen Rechtsverkehr teilnehmen dürfen und klagen sowie verklagt werden können. Die Fraktionen weisen also eine rechtliche Doppelnatur auf (*Ipsen*, Staatsrecht

I, Rn. 270). Nach § 22 Abs. 1 GO LT können sich Abgeordnete ein und derselben Partei dann als Fraktion zusammenschließen, wenn mindestens vier Abgeordnete der gleichen Partei im Landtag vertreten sind. Für den Fraktionszusammenschluss ist also eine gemeinsame parteipolitische Zuordnung erforderlich. Eine Ausnahme wird auch hier für die Abgeordneten der dänischen Minderheit gemacht, denen immer die Rechte einer Fraktion zustehen (§ 22 Abs. 4 GO LT).

Zu den wesentlichen Organrechten, die den Fraktionen durch die GO LT gewährt werden, zählen unter anderem: die große Anfrage, die entweder durch eine Fraktion oder mindestens 18 Abgeordnete beantragt werden muss (§ 38 Abs. 1 GO LT); die Beantragung einer aktuellen Stunde (§ 32 Abs. 1 GO LT); die Benennung der Ausschussmitglieder (§ 13 Abs. 6 GO LT). **89**

b) Opposition

Die Opposition (vgl. *Huber*, in: HStR III, § 47 Rn. 38 ff.) wird in der Landesverfassung ausdrücklich erwähnt (Art. 12 LVerf SH). Eigentlich ist die Opposition keine organisatorische Einheit des Landtages, sondern stellt das politische Gegengewicht zu den die Regierung tragenden Fraktionen dar. Dennoch wird in Schleswig-Holstein die Opposition im Gegensatz zu vielen anderen Landesverfassungen ausdrücklich direkt nach der Stellung der Abgeordneten genannt. Hierfür sorgten nicht zuletzt die Vorgänge im Rahmen der „Barschel-Affäre", die die Enquete Kommission „Verfassungs- und Parlamentsreform" dazu bewogen hatte, die Rechtsstellung und Funktion der parlamentarischen Opposition als einer der Grundpfeiler der freiheitlich demokratischen Grundordnung im Sinne des Bundesverfassungsgerichts besonders zu etablieren und eine institutionelle Garantie zu empfehlen (BVerfGE 2, 1 (13 ff.); *Caspar*, in: ders./Ewer/Nolte/Waack, Verfassung des Landes Schleswig-Holstein, Art. 12 Rn. 3). **90**

Art. 12 LVerf SH hat allerdings weitestgehend deklaratorischen Charakter. Die Opposition wird als wesentlicher Bestandteil der parlamentarischen Demokratie genannt. Ihr stehe die Aufgabe zu Regierungsprogramm und -entscheidungen zu kontrollieren. Abgesehen von der deklaratorischen Funktion sind in Art. 12 LVerf SH drei wesentliche Punkte für die Opposition verankert. Zum einen der subjektiv-rechtliche Anspruch auf politische Chancengleichheit, Art. 12 Abs. 1 S. 4 LVerf SH, das Recht, den Oppositionsführer zu stellen und haben zu dürfen, Art. 12 Abs. 2 S. 1 LVerf SH und die objektiv-rechtliche Bestandsgarantie der Opposition an sich, Art. 12 Abs. 1 LVerf SH. Die Funktion des Oppositionsführers an sich stellt keine rechtliche Aufwertung dar, allerdings darf er i.V.m. § 52 Abs. 4 GO LT immer direkt nach dem Ministerpräsidenten das Wort für die Opposition ergreifen. **91**

Mit dem Rechtsbegriff der Opposition wird die Gesamtheit derjenigen Abgeordneten beschrieben, die nicht dem „Regierungslager" zuzuordnen sind. Angesichts größerer Veränderungen im Parteiensystem und der vielen Koalitionsmöglichkeiten, aber der auch damit verbundenen Risiken von „Minderheitsregierungen", gestaltet sich die klare Konturierung des Beg- **92** riffs Opposition schwierig, da Minderheitsregierungen gerade von der Tolerierung durch Abgeordnete leben, die formal nicht dem Regierungslager angehören (VerfGH Sachsen-Anh., LKV 1998, 101 ff.). Diese Frage ist insbesondere dort von Bedeutung, wo der Opposition oder einzelnen ihr angehörenden Fraktionen besondere Zuwendungen zukommen, damit diese zumindest eine partielle „Waffengleichheit" mit der Regierung und der ihr zur Verfügung stehenden Ministerialbürokratie herstellen kann. Ob diese duldenden Fraktionen dem Oppositionsverständnis aus Art. 12 Abs. 1 LVerf SH entsprechen, ist indessen fraglich. Von einer Opposition kann aber wohl erst dann nicht mehr gesprochen werden, wenn eine die Minderheitsregierung tolerierende Fraktion eine vertragsähnliche Absprache trifft und diese sich über einzelne Vorhaben hinaus zu einer grundsätzlichen Zusammenarbeit und Unterstützung der Minderheitsregierung bekennt (VerfGH Sachsen-Anh., LKV 1998, 101 (107 ff.)).

c) Ausschüsse

93   In der parlamentarischen Praxis spielen die Ausschüsse traditionell eine große Rolle (vgl. Geis, in: HStR III, § 54). Entscheidend sind die Ausschüsse beim Gesetzgebungsverfahren; sie dienen der Entlastung des Plenums. Damit durch die Ausschüsse eine sinnvolle Vorbereitung von Vorhaben möglich ist, die eine Realisierungschance im Plenum haben, gilt bei der Zusammensetzung der Ausschüsse der Grundsatz der Spiegelbildlichkeit (vgl. zu diesem Grundsatz *Maurer*, Staatsrecht I, § 13 Rn. 104; *Zeh*, in: HStR III, § 52 Rn. 45 ff.) aufgrund dessen die Mehrheitsverhältnisse im Plenum abgebildet werden. Dabei kann es allerdings aufgrund der der Funktionsfähigkeit der Ausschüsse geschuldeten beschränkten Zahl zur Verfügung stehender Sitze passieren, dass einzelne Abgeordnete oder Minderheitsfraktionen nicht in allen Ausschüssen, insbesondere bei den kleineren Ausschüssen, nicht immer vertreten sind (zu dem Problem und seiner Lösung auf Bundesebene: BVerfGE 80, 188).

94   In der Landesverfassung finden sich Regelungen zu den Ausschüssen in Art. 17 ff. LVerf SH. Ausdrücklich genannt werden die Untersuchungsausschüsse in Art. 18 LVerf SH, der Petitionsausschuss in Art. 19 LVerf SH und der parlamentarische Einigungsausschuss in Art. 20 LVerf SH. Diese Aufzählung ist freilich nicht abschließend. Aus der Geschäftsordnungsautonomie des Landtages ergibt sich die Befugnis, weitere Ausschüsse einzurichten (z.B. Finanz-, Rechts-, Sozialausschuss etc.).

95   Besondere Bedeutung in diesem Zusammenhang haben insbesondere die Beteiligung fraktionsloser Abgeordneter bei der Ausschussverteilung und die parlamentarischen Untersuchungsausschüsse. Solange es fraktionslose Abgeordnete im Parlament gibt, widerspräche es dem Grundsatz der Spiegelbildlichkeit, wenn sich in den Ausschüssen allein fraktionsangehörige Abgeordnete wiederfinden. Allerdings können nach § 13 Abs. 6 GO LT nur Fraktionen Ausschussmitglieder benennen. Allerdings kann den fraktionslosen Abgeordneten der Zugang zu den politisch bedeutsamen Ausschüssen nicht vollständig verwehrt bleiben (vgl. BVerfGE 80, 188 ff.). Dementsprechend hat das Bundesverfassungsgericht entschieden, dass auch jeder frakti-

onslose Abgeordnete zwar einen Anspruch auf Mitwirkung in einem Ausschuss mit Rede- und Antragsrecht hat, ein darüber hinausgehendes Stimmrecht aber zur Wahrung des Proporzes verwehrt werden kann.

Besondere politische Bedeutung haben die Untersuchungsausschüsse, **96** Art. 18 LVerf SH (hierzu und zu den folgenden Aussagen ausführlich *Caspar*, ders./Ewer/Nolte/Waack, Verfassung des Landes Schleswig-Holstein, Art. 18 Rn. 1 ff.). Die einfachgesetzliche Ausgestaltung der Untersuchungsausschüsse ist auf der Grundlage von Art. 18 Abs. 6 LVerf SH im Untersuchungsausschussgesetz (UAG) geregelt. Der Untersuchungsausschuss scheint nach Art. 18 Abs. 3 und 4 LVerf SH durch das Beweiserhebungsrecht und das Recht auf Akteneinsicht staatlichen Gerichten angenähert. Tatsächlich handelt es sich bei den Untersuchungsausschüssen aber lediglich um ein Instrument der politischen parlamentarischen Auseinandersetzung und nicht um Organe der Rechtspflege (vgl. z.B. im Hinblick auf die Rechtsstellung des Betroffenen vor dem Untersuchungsausschuss OVG NRW, NVwZ 1987, 606 (608)). Der Untersuchungsbericht der Untersuchungsausschüsse ist dementsprechend auch der richterlichen Erörterung entzogen (Art. 18 Abs. 5 S. 1 LVerf SH).

Der Untersuchungsausschuss ist grundsätzlich als ein Instrument zur **97** Durchsetzung der parlamentarischen Minderheitenrechte, auch wenn bisweilen „große", gesellschaftlich relevante Themen dort mehr oder weniger im Konsens aufgearbeitet werden (so z.B. in dem NSU Untersuchungsausschuss des Bundestags). Allerdings genügt bereits ein Fünftel der gesetzlichen Zahl der Abgeordneten des Landtages, um verpflichtend einen Untersuchungsausschuss einzuberufen (Art. 18 Abs. 1 S. 1 LVerf SH; Minderheitsenquete). Mit dem Quorum von einem Fünftel bleibt die Landesverfassung sogar noch unter dem von einem Viertel der gesetzlichen Mitglieder, den das Grundgesetz vorgibt (Art. 44 GG) und der in vielen anderen Landesverfassungen üblich ist (z.B. Art. 79 LVerf Saarl.).

Grundvoraussetzung für einen Untersuchungsausschuss ist, dass der Untersuchungsauftrag hinreichend bestimmt ist und sich auf einen zulässigen Untersuchungsgegenstand bezieht, §§ 1 Abs. 1 und 2; 3 Abs. 1 UAG. Zulässig ist demnach ein Untersuchungsauftrag nur, wenn er im Rahmen der verfassungsmäßigen Zuständigkeit des Landtages liegt. Dementsprechend liegen außerhalb des zulässigen Betätigungsfeldes Angelegenheiten, die in den Kompetenzbereich des Bundes oder eines anderen Bundeslandes fallen (Bundesstaatsprinzip), oder aber einem ganz anderen Verfassungsorgan zugeordnet sind (Gewaltenteilung).

Im Bereich des Gewaltenteilungsprinzips ist dabei die Landesregierung **99** besonders hervorzuheben. Ihr verbleibt ein Kernbereich exekutivischer Eigenverantwortung, der einen nicht ausforschbaren Initiativ-, Beratungs- und Handlungsbereich umfasst. Dadurch soll sichergestellt werden, dass die Landesregierung nicht komplett durch die Einsetzung eines Untersuchungsausschusses gelähmt wird. Des Weiteren wäre ein Untersuchungsgegenstand unzulässig, wenn an der parlamentarischen Behandlung kein öffentliches Interesse von einigem Gewicht vorliegt (vgl. BVerfGE 67, 100 (139 f.); § 1 Abs. 1 UAG). Ein solches Interesse fehlt auch dort, wo der

Sachverhalt bereits aufgeklärt ist (BayVerfGH, NVwZ 1986, 822 (824)). Nichts desto trotz verbleibt dem Parlament ein weiter Einschätzungsspielraum, ob bei einem Untersuchungsgegenstand ein gehobenes öffentliches Interesse an der Aufklärung besteht.

100   Es ist dem Landtag untersagt, den Untersuchungsgegenstand einer Minderheitsenquete gegen den Willen der Antragsteller eine andere Zielrichtung zu geben. Zulässig sind lediglich Anträge, die darauf abzielen, den Untersuchungsgegenstand im Kern unverändert zu lassen und lediglich einer umfassenderen Aufklärung dienen. Allerdings darf durch solch eine Erweiterung des Untersuchungsgegenstandes keine Verzögerung des Verfahrens provoziert werden, um den Untersuchungsausschuss in Gänze zu lähmen oder zu blockieren (BVerfGE 49, 70 (87 f.); § 3 Abs. 2 UAG).

101   Der Untersuchungsausschuss spiegelt in seiner Zusammensetzung, wie alle anderen Ausschüsse auch, die Mehrheitsverhältnisse im Parlament wieder. Die Antragsteller einer Minderheitsenquete sind dementsprechend auch im Ausschuss in der Regel in der Minderheit, sind allerdings durch besondere Rechte geschützt (Art. 18 Abs. 3 und 4 LVerf SH, §§ 3 Abs. 2, 6 Abs. 3 und Abs. 4 Halbs. 1, 11 Abs. 2 S. 1, 13 Abs. 1 S. 1 UAG). Beschränkungen der Minderheitsrechte finden sich z.B. in §§ 6 Abs. 4, Halbs. 2, 7 Abs. 2, 9 Abs. 1, 17 Abs. 3 UAG, die für einige verfahrensleitende Entscheidungen zwei Drittel Mehrheiten vorsehen.

102   Im Rahmen der Beweiserhebung hat der Untersuchungsausschuss weitreichende Kompetenzen, die sich nach dem UAG richten. Danach kann der Untersuchungsausschuss Zeugen und Sachverständige vernehmen und ggf. vereidigen (§§ 14, 15 UAG), die Festsetzung bestimmter Zwangsmittel gegen Zeugen und Sachverständige beim zuständigen Gericht beantragen (§ 16 Abs. 1 UAG), die Anordnung anderer Beweismittel beim zuständigen Gericht beantragen (§ 16 Abs. 3 UAG), von der Landesregierung, den Landesbehörden und anderen öffentlichen Rechtsträgern den Zutritt zu entsprechenden öffentlichen Einrichtungen, die Erteilung von Aussagegenehmigungen und die Vorlage von Akten verlangen (§ 13 UAG).

d) Präsidium

103   Ein weiteres Organteil des Landtages stellt das durch Wahl bestimmte Präsidium (vgl. *Zeh*, in: HStR III, § 52 Rn. 27 ff.) dar, an dessen Spitze der Landtagspräsident steht. Der Landtagspräsident beruft den Landtag ein und leitet dessen Sitzungen, § 8 Abs. 1 GO LT. Gleichzeitig untersteht gemäß Art. 14 Abs. 3 LVerf SH dem Landtagspräsident die Landtagsverwaltung, die zwar wohl eigentlich keine Exekutivverwaltung darstellt, aber Behörde im funktionellen Sinne ist. Der Landtagspräsident ist oberste Dienstbehörde der Beamten, Angestellten und Arbeiter des Landtages, Art. 14 Abs. 3 S. 4 LVerf SH. Der Landtagspräsident vertritt zudem in allen Rechtsgeschäften und Rechtsstreitigkeiten des Landtages das Land, § 14 Abs. 3 S. 2 LVerf SH. Er übt auch die Ordnungsgewalt im Landtag und das Hausrecht in den Räumen des Landtages aus.

III. Regierung

An die Spitze der Exekutive setzt die Landesverfassung die Landesregie- **104** rung (vgl. *Herdegen*, in: HStR VI, § 129 Rn. 33 ff.), die aus dem Ministerpräsidenten und den Landesministern besteht (Art. 26 Abs. 1 LVerf SH). Der Ministerpräsident wird vom Landtag gewählt, muss aber anders als in anderen Landesverfassungen nicht aus der Mitte des Landtages entstammen (Art. 26 Abs. 2 S. 1 LVerf SH, vgl. auch Art. 51 LVerf NRW).

Dem Ministerpräsidenten obliegt die Vertretung des Landes im Außen- **105** verhältnis (Art. 30 Abs. 1 LVerf SH). Er bestimmt ohne weiteres Zutun des Landtages die weiteren Landesminister (Art. 26 Abs. 2 S. 2 LVerf SH). Zudem hat er das Recht Einstellung, Ernennung und Entlassung von Beamten, Richtern, Angestellten und Arbeitern des Landes Schleswig-Holstein zu übernehmen (Art. 31 S. 1 LVerf SH). Diese Aufgabe kann er delegieren (Art. 31 S. 2 LVerf SH).

Dem Ministerpräsidenten steht, vergleichbar dem Bundeskanzler, die **106** Richtlinienkompetenz innerhalb der Landesregierung zu; hierfür trägt er auch die Verantwortung (Art. 29 Abs. 1 S. 1 LVerf SH). Des Weiteren steht er der Landesregierung vor und führt deren Geschäfte (Art. 29 Abs. 1 S. 2 LVerf SH). Innerhalb der Richtlinien des Ministerpräsidenten führen die einzelnen Landesminister ihrer Ministerien selbstständig und in eigener Verantwortung (Ressortprinzip, Art. 29 Abs. 2 LVerf SH). Die Richtlinienkompetenz des Ministerpräsidenten wiegt dabei politisch weit schwerer als ihre verfassungsrechtliche Verankerung. Sie wird ergänzt durch die Befugnis des Ministerpräsidenten, Minister entlassen zu können (Art. 26 Abs. 2 S. 2 LVerf SH).

Des Weiteren steht dem Ministerpräsidenten die Organisationsgewalt **107** hinsichtlich der Geschäftsbereiche der Landesregierung (also dem thematischen „Zuschnitt" der Ministerien) zu. Allerdings obliegen nach umstrittener Ansicht bestimmte wesentliche Organisationsentscheidungen dem Vorbehalt parlamentsgesetzlicher Regelung. Eine solche Wesentlichkeit wurde beispielsweise bei einer vom Ministerpräsidenten angeordneten Zusammenlegung der Ressorts Inneres und Justiz angenommen (VerfGH NRW, DVBl. 1999, 714 (716)). Ohnehin müssen bei Schaffung oder Zusammenlegung von Ressorts entsprechende Einzelpläne im Haushaltsplan eingebracht werden, der vom Landtag zu beschließen ist. Die Organisationshoheit des Ministerpräsidenten steht in einem Wechselverhältnis mit der Budgethoheit des Parlaments.

Der Landesregierung als Kollegialorgan kann Gesetzesinitiativen vorle- **108** gen (Art. 37 Abs. 1 LVerf SH) und sie hat die Zuständigkeit zur Ausfertigung und Verkündung von Gesetzen (Art. 39 Abs. 1 LVerf SH).

1. Wahl des Ministerpräsidenten

109 Der Ministerpräsident wird gemäß Art. 26 Abs. 2 S. 1 LVerf SH ohne Aussprache vom Landtag gewählt. Er muss dabei dem Landtag nicht als Abgeordneter angehören, da der Ministerpräsident in Schleswig-Holstein eben nicht aus „der Mitte" des Landtages gewählt wird (vgl. aber Art. 52 Abs. 1 LVerf NRW).

110   Damit entspricht die Landesverfassung dem Grundgesetz, das für die Wahl des Bundeskanzlers ebenfalls dessen Mitgliedschaft nicht im Bundestag einfordert. Ebenso wenig müssen die Landesminister dem Landtag angehören.

111   Zum Ministerpräsidenten ist gemäß Art. 26 Abs. 3 LVerf SH gewählt, wer mehr als die Hälfte der gesetzlichen Mitglieder des Parlaments hinter sich vereint (vgl. auch § 60 Abs. 2 GO LT). Diese absolute Mehrheit gilt sowohl für den ersten als auch den zweiten Wahlgang (vgl. Art. 26 Abs. 4 S. 1 LVerf SH). Erst ab dem dritten Wahlgang gilt die einfache Mehrheit, wonach derjenige gewählt ist, der die meisten Stimmen auf sich vereinen kann (Art. 26 Abs. 4 S. 2 LVerf SH).

112   Nach Art. 35 LVerf SH kann der Landtag dem Ministerpräsidenten nur dadurch das Misstrauen aussprechen, dass er mit der Mehrheit seiner Mitglieder einen Nachfolger wählt (*Nolte*, in: Caspar/Ewer/ders./Waack, Verfassung des Landes Schleswig-Holstein, Art. 35 Rn. 1 ff.).

Mit dieser Regelung sieht die Landesverfassung ebenso wie auf Bundesebene und den anderen Landesverfassungen das sog. konstruktive Misstrauensvotum als einzige Möglichkeit vor, dem Ministerpräsidenten das Misstrauen auszusprechen.

113   Anders als bei der regulären Wahl des Ministerpräsidenten nach Art. 26 Abs. 3 LVerf SH genügt beim konstruktiven Misstrauensvotum für die Wahl des Nachfolgers bereits eine einfache Mehrheit. Einen Misstrauensantrag gegen einzelne Mitglieder der Landesregierung sieht die Landesverfassung nicht vor. Allerdings kann der Landtag einzelnen Ministern wegen ihrer jeweiligen Amtsführung die Missbilligung in der Form aussprechen, dass dem Ministerpräsidenten die Entlassung des Ministers nahe gelegt wird. Rechtlich bindend ist dies allerdings nicht. Eine Missbilligung der gesamten Landesregierung als Umgehung des konstruktiven Misstrauensvotums ist hingegen verfassungsrechtlich nicht zulässig. Dies ist nur über den Weg der Vertrauensfrage möglich, die aber nicht vom Landtag, sondern nur vom Ministerpräsidenten gestellt werden kann (Art. 36 Abs. 1 LVerf SH).

2. Vertrauensfrage

114 Nach Art. 36 Abs. 1 S. 1 LVerf SH kann der Ministerpräsident in einem Antrag die Vertrauensfrage an den Landtag stellen (vgl. auch *Herdegen*, in: HStR VI, § 129 Rn. 32). Findet dieser Antrag nicht die erforderliche

Mehrheit von mehr als der Hälfte der gesetzlichen Mitglieder des Landtages, so kann der Ministerpräsident binnen zehn Tagen die Wahlperiode beenden und einen Neuwahltermin festlegen. Das Recht, den Neuwahltermin festzulegen, ergibt sich nicht direkt aus der Verfassung heraus. Hier ist nur festgelegt, dass gemäß Art. 36 Abs. 1 S. 3 i.V.m. Art. 13 Abs. 3 LVerf SH der Termin für die Neuwahl binnen siebzig Tagen nach Auflösung des Landtages stattfinden muss. Einen Verweis auf Art. 13 Abs. 2 LVerf SH, wonach der Landtag darüber beschließen könne, gibt es nicht. Allerdings legt § 4 LWahlG fest, dass in allen Fällen der Wahlen zum Landtag (mit Ausnahme der Selbstauflösung, Art. 13 Abs. 2 LVerf SH) die Landesregierung das Recht hat, den Termin für die Wahlen festzulegen.

Umstritten ist die Zulässigkeit der „fingierten" Vertrauensfrage, bei der **115** die Frage mit dem vorgefassten Ziel der Auflösung des Landtags zwecks Durchführung von Neuwahlen des Landtags eingesetzt und so missbraucht wird. Daher ergibt sich eine wesentliche Einschränkung aus dem Sinn und Zweck der Vorschrift. Art. 36 LVerf SH dient an sich der Stärkung und Stabilisierung des Ministerpräsidenten (*Nolte,* in: Caspar/Ewer/ders./ Waack, Verfassung des Landes Schleswig-Holstein, Art. 36 Rn. 1). Voraussetzung für die Vertrauensfrage ist daher, dass das Weiterregieren mit den im Landtag bestehenden Kräfteverhältnissen nach Einschätzung und Beurteilung des Ministerpräsidenten nicht mehr gewährleistet ist und dadurch die Handlungsfähigkeit der Regierung beeinträchtigt sei. Insoweit gilt die neue Rechtsprechung des Bundesverfassungsgerichts zu Art. 68 GG entsprechend (BVerfGE 114, 107 und 121). Zuvor hatte das Bundesverfassungsgericht noch höhere Hürden für die sogenannte fingierte Vertrauensfrage aufgestellt (BVerfGE 62, 1 ff.).

„Mitgeschriebenes" Tatbestandsmerkmal ist also eine politische Lage **116** der Instabilität, die ein vom Vertrauen der Mehrheit getragene und unterstützte Politik nicht mehr sinnvoll ermöglicht (hierzu und zu den folgenden Aussagen *Nolte,* in: Caspar/Ewer/ders./Waack, Verfassung des Landes Schleswig-Holstein, Art. 36 Rn. 10). Ob diese Lage gegeben ist oder nicht, haben der Ministerpräsident bei Antragstellung und Auflösung sowie der Landtag bei seiner Abstimmung zu prüfen. Gerichtlich kann daher nur überprüft werden, ob der Ministerpräsident seinen Einschätzungsspielraum überschritten hat. Das ist dann der Fall, wenn keinerlei Anhaltspunkte dafür bestehen, dass er für sein Regierungshandeln und seine politische Konzeption die parlamentarische Mehrheitsunterstützung verloren hat oder zu verlieren droht. Seine Entscheidung muss vielmehr auf Tatsachen gestützt sein, die seine Einschätzung der Lage zumindest plausibel erscheinen lassen.

Fraglich ist nun, wie sich in diesem Zusammenhang das oben erörterte **117** Selbstauflösungsrecht des Landtages als weitere Bestimmung zur Beendigung der Wahlperiode und Herbeiführung von Neuwahlen auswirkt. Die Voraussetzungen der Wege zur vorzeitigen Beendigung der Wahlperiode nach Art. 13 Abs. 2 LVerf SH und nach Art. 36 LVerf SH sind voneinander zu differenzieren. Die Selbstauflösung nach Art. 13 Abs. 2 LVerf SH ist ein autonomes Recht des Landtags und bedarf einer breiten parlamentarischen Mehrheit von zwei Dritteln der gesetzlichen Mitglieder des Landtages. Dies erzeugt im Regelfall einen Einigungzwang zwischen Regierungs- und Oppositionsfraktion, bzw. zwischen den möglicherweise zerstrittenen Partnern einer großen Koalition, so dass nur bei einem gemeinsamen Vorgehen der Landtag aufgelöst werden kann.

118   Art. 36 LVerf SH ist demgegenüber ein Instrument des Ministerpräsidenten (*Nolte*, in: Caspar/Ewer/ders./Waack, Verfassung des Landes Schleswig-Holstein, Art. 36 Rn. 1, 4). Ein Einigungzwang zwischen den Parlamentariern besteht gerade nicht. Es bedarf nur einer einfachen Mehrheit des Parlaments. Daher bedarf es eines Korrektivs, um die Vertrauensfrage nicht dem Missbrauch offen zu lassen, sofern eine Einigung für eine Selbstauflösung fehlschlägt. Dies ist die Forderung nach einer politisch instabilen Lage, in der die ursprüngliche Mehrheit für den Ministerpräsidenten (Art. 26 Abs. 2 LVerf SH) nicht mehr gegeben ist. Im Sonderfall einer Großen Koalition dürfte allerdings bereits durch einen gescheiterten Antrag auf Auflösung, über den die beiden Koalitionspartner unterschiedlich abgestimmt haben, bereits eine politische Lage der Instabilität vorliegen.

3. Sonstige Beendigung des Amtes

119   Ungeachtet des konstruktiven Misstrauensvotums oder einer gescheiterten Vertrauensfrage endet das Amt des Ministerpräsidenten und der Minister mit dem Zusammentritt eines neuen Landtags (Art. 27 Abs. 1 Halbs. 1 LVerf SH). Dabei kommt es nicht darauf an, ob beim ersten Zusammentreten des Landtages bereits ein Nachfolger für den bisherigen Ministerpräsidenten gewählt wird. Unabhängig davon können der Ministerpräsident, aber auch gegenüber dem Landtag oder die Minister gegenüber dem Ministerpräsidenten (also gegenüber dem jeweiligen Ernennungsorgan), ihren Rücktritt erklären (Art. 27 Abs. 1 Halbs. 2 LVerf SH). Tritt allerdings der Ministerpräsident zurück oder hat sich seine Amtsinhaberschaft auf andere Weise erledigt, so endet in jedem Fall auch die Amtszeit der von ihm ernannten Minister. In jedem Fall der Amtsbeendigung haben aber der Ministerpräsident und die Minister die Verpflichtung, die Geschäfte bis zum Amtsantritt der Nachfolger weiterzuführen (Art. 27 Abs. 2 S. 1 LVerf SH). Tritt nur ein Landesminister zurück, so hat dieser ebenfalls die Geschäfte bis zur Ernennung eines Nachfolgers fortzuführen, sofern ihn der Ministerpräsident darum ersucht (Art. 27 Abs. 2 S. 2 LVerf SH).

4. Öffentlichkeitsarbeit der Regierung

120   Im Rahmen der Öffentlichkeitsarbeit der Regierung (hierzu und zu den folgenden Aussagen Engel, in: HStR IV, § 80) sind insbesondere Kampagnen problematisch, die im Vorfeld von Wahlen stattfinden. Die Öffentlichkeitsarbeit der Regierung im Allgemeinen ist dem Bundesverfassungsgericht nach ausdrücklich zulässig und sogar notwendig. Das Gericht hatte bereits früh anerkannt, dass das demokratische Gemeinwesen stets auf einen neu zu erringenden Grundkonsens der Bürger angewiesen sei (BVerfGE 44, 125 (147)). Die Öffentlichkeitsarbeit der Regierung muss sich dabei allerdings in einem zulässigen Rahmen halten. Dieser umfasst den von der Verfassung der Regierung zugewiesenen Kompetenz- und Aufgabenbereich. Unzulässig sollen hingegen versteckte oder offene Werbung für einzelne politische Parteien oder Personen sein, die im politischen Wettbewerb stehen, oder für andere an der politischen Meinungsbildung beteiligten Gruppierungen. Solch eine unzulässige Öffentlichkeitsarbeit ist natürlich insbesondere im Vorfeld von Wahlen problematisch. Anzeichen dafür, dass das zulässige Maß der Informierung von Bürgern überschritten wurde hin zu einer verfassungswidrigen parteinehmenden Einwirkung auf den Wahlkampf, können unter anderem die äußere Form, die Aufmachung oder der jeweilige Inhalt der Äußerungen sein. Eine übermäßige öffentliche Darstellung der eigenen Politiker und der eigenen politischen Erfolge durch die Regierung ist zu Recht als unzulässige Wahlkampfwerbung zu sehen. Ebenso unzulässig ist eine Wahlwerbung, in der von der Regierung für das Fortbestehen der Regierung nach der Wahl geworben wird. Gerade mit Beginn der heißen Wahlkampfphase muss die Befugnis der Regierung zur Öffentlichkeitsarbeit mehr und mehr hinter das Gebot zurücktreten, das Wahlvolk bei ihrer Willensbildung vor den Wahlen von staatlicher Einflussnahme freizuhalten (BVerfGE 44, 125 ff.).

Von der Öffentlichkeitsarbeit der Regierung ist die Öffentlichkeitsarbeit **121** der im Landtag vertretenen Fraktionen zu unterscheiden. Diese sind bei ihrer Öffentlichkeitsarbeit sicherlich nicht an entsprechende Neutralitätsgebote gebunden, wie dies bei der Regierung der Fall ist. Soweit ihre Arbeit allerdings durch staatliche Zuschüsse finanziert wird, muss die Öffentlichkeitsarbeit der Fraktionen einen deutlichen Zusammenhang zur parlamentarischen Arbeit haben. Eine verdeckte Parteienfinanzierung und/oder Parteienwerbung ist unzulässig (VerfGH Rhl.-Pf., NJW 2003, 1111 (1111)).

IV. Landesrechnungshof

Eine besondere eigenständige Rolle gewährt die Landesverfassung dem **122** Landesrechnungshof innerhalb der Landesexekutive (Art. 57 LVerf SH). Ihm obliegt die vollständige Überwachung der Wirtschafts- und Haushaltsführung des Landes (Art. 56 Abs. 1 LVerf SH). Gemäß Art. 57 Abs. 1 LVerf SH ist der Landesrechnungshof eine selbstständige, nur dem Gesetz unterworfene Landesbehörde. Damit unterliegt er nicht der Vorschrift über die Verwaltungsorganisation, Art. 45 LVerf SH, und insbesondere unterliegt der Rechnungshof keinerlei ministeriellen Weisungen. Nach Art. 57 Abs. 1 S. 2 LVerf SH genießen seine Mitglieder den Schutz richterlicher Unabhängigkeit (vgl. zu deren Inhalt *Hillgruber*, in: Maunz/Dürig, GG, Band VI, Art. 97 Rn. 1 ff.; *Raabe*, in: Caspar/Ewer/Nolte/Waack, Verfassung des Landes Schleswig-Holstein, Art. 57 Rn. 15 ff.). Durch diese Weisungsfreiheit des Landesrechnungshofes steht allerdings seine Eingliederung in die Exekutive nicht in Frage, vielmehr handelt es sich um einen

Fall der sog. „ministerialfreien Exekutive". Trotz seiner Hervorhebung in der Landesverfassung stellt der Landesrechnungshof kein Verfassungsorgan dar. Ihm kommen keine eigenen, außenwirksamen Entscheidungskompetenzen zu. Er hat lediglich interne Prüfungs-, Kontroll- und Beanstandungsbefugnisse gegenüber der Exekutive (BVerfGE 20, 56 (95 ff.); OVG NRW, DVBl. 1979, 431 f.; *Raabe*, in: Caspar/Ewer/Nolte/Waack, Verfassung des Landes Schleswig-Holstein, Art. 57 Rn. 5 ff.).

Der Prüfungsauftrag ist in Art. 56 LVerf SH näher beschrieben. Danach untersucht der Landesrechnungshof die zweckmäßigste, wirtschaftlichste und einfachste Gestaltung der Verwaltung. Zudem gilt der Prüfungsumfang auch für Stellen, die außerhalb der Landesverwaltung Landesmittel erhalten oder Landesvermögen wie Landesmittel verwalten. Innerhalb der unmittelbaren Landesverwaltung gibt es demnach keine prüfungsfreien Räume. Des Weiteren prüft der Landesrechnungshof aber auch die Haushalts- und Wirtschaftsführung aller juristischen Personen des öffentlichen Rechts, soweit sie der Aufsicht des Landes unterfallen (kommunale Körperschaften Art. 56 Abs. 2 LVerf SH sowie andere Körperschaften, z.B. die Hochschulen, Art. 56 Abs. 3 LVerf SH) und der juristischen Personen des Privatrechts, soweit sie Landesmittel erhalten, Landesvermögen verwalten oder aber dem Landesrechnungshof für sie ein Prüfungsrecht eingeräumt wurde (Art. 56 Abs. 4 LVerf SH).

123 Das Ergebnis seiner Prüfung übermittelt der Landesrechnungshof jährlich gleichzeitig der Landesregierung und dem Landtag (Art. 56 Abs. 5 LVerf SH). Dieser Prüfbericht ist zusammen mit dem Bericht des Landesrechnungshofes für die Haushaltsrechnung der Landesregierung die Grundlage des Landtages, um über die Entlastung der Landesregierung zu entscheiden (Art. 55 Abs. 1 und 2, Art. 56 Abs. 5 LVerf SH). Der Prüfbericht hat allerdings keinerlei rechtliche Bindungswirkung (OVG NRW, DVBl. 1979, 431 f.). Die Entlastung ist daher eine rein politische Entscheidung.

V. Landesverfassungsgericht[*]

1. Errichtung des Schleswig-Holsteinischen Landesverfassungsgerichts

124 Das Schleswig-Holsteinische Landesverfassungsgericht wurde erst zum 01.05.2008 errichtet. Vorher hatte das Land Schleswig-Holstein lange Zeit keinen Gebrauch von der Möglichkeit gemacht, ein selbstständiges Landesverfassungsgericht zu errichten. In der Landessatzung vom 13. Dezember 1949, der ersten nicht vorläufigen Landesverfassung Schleswig-Holsteins, war von der Schaffung eines Landesverfassungsgerichts abgesehen worden, um den provisorischen Charakter des Landes Schleswig-

---

[*] Den Abschnitt über das Landesverfassungsgericht hat Frau Ylva Blackstein auf der Grundlage ihrer Doktorschrift „Das Landesverfassungsgericht von Schleswig-Holstein, Geschichte, Organisation und Verfahrensarten", Kiel 2013, eigenständig verfasst.

Holstein und seiner Verfassung zu unterstreichen. Das durch die britische Besatzungsmacht neu geschaffene Land Schleswig-Holstein war von schweren wirtschaftlichen Problemen geplagt und wurde daher als nicht lebensfähig angesehen. Bevölkerung und Politik strebten aus diesem Grund einen Zusammenschluss mit einem anderen wirtschaftlich stärkeren Bundesland an. Es sollte daher alles vermieden werden, was die Eigenstaatlichkeit Schleswig-Holsteins betont hätte. Schleswig-Holstein erhielt aus diesem Grund nur ein Organisationsstatut ohne Bestimmungen zu Staatszielen oder Grundrechten und ohne ein Landesverfassungsgericht.

Schleswig-Holstein war durch diese Entscheidung das einzige Bundes- **125** land, das nicht über ein selbstständiges Landesverfassungsgericht verfügte. Die Aufgabe der Landesverfassungsgerichtsbarkeit nahm bis zum 01.05. 2008 nach Art. 99 GG das Bundesverfassungsgericht wahr.

Sitz des Schleswig-Holsteinischen Landesverfassungsgerichts ist gemäß **126** § 1 LVerfGG das Oberverwaltungsgericht in Schleswig. Das Landesverfassungsgericht hat gemäß Art. 44 Abs. 3 S. 1 LVerf SH sieben Mitglieder, den Präsidenten oder die Präsidentin, den Vizepräsidenten oder die Vizepräsidentin und fünf weitere Mitglieder, § 4 Abs. 1 LVerfGG. Jedes Mitglied hat einen persönlichen Stellvertreter (§ 4 Abs. 2 S. 1 LVerfGG). Beendet ein Mitglied des Landesverfassungsgerichts sein Amt, so berührt dies gemäß § 4 Abs. 2 S. 3 LVerfGG nicht das Amt seines Stellvertreters.

Gemäß Art. 44 Abs. 3 S. 2 LVerf SH und § 6 Abs. 1 S. 1 LVerfGG wer- **127** den die Mitglieder des Landesverfassungsgerichts vom Landtag mit einer Mehrheit von zwei Dritteln seiner Mitglieder gewählt. Die Wahl ist geheim und findet ohne vorherige Aussprache statt.

Mindestens drei Mitglieder des Landesverfassungsgerichts müssen ge- **128** mäß § 4 Abs. 1 S. 2 LVerfGG zum Zeitpunkt ihrer Wahl Berufsrichter sein. Die Präsidentin oder der Präsident soll zum Zeitpunkt der Wahl Berufsrichterin bzw. Berufsrichter sein. Alle Landesverfassungsrichter müssen gemäß Art. 44 Abs. 3 S. 3 LVerf SH i.V.m. § 5 LVerfGG über die Befähigung zum Richteramt verfügen. Juristische Laien sind anders als an den meisten anderen Landesverfassungsgerichten (siehe z.B. § 2 Abs. 2 HbgVerfGG, § 2 Abs. 1 BbgVerfGG und § 2 Abs. 1 BremStGHG) vom Amt des Verfassungsrichters ausgeschlossen.

2. Verhältnis von Bundes- und Landesverfassungsgerichtsbarkeit

Die aus dem Bundesstaatsprinzip abgeleitete Verfassungshoheit der Länder **129** umfasst auch die Befugnis der Länder, selbstständige Landesverfassungsgerichte zu errichten (*Nolte/Tams*, in: Caspar/Ewer/Nolte/Waack, Verfassung des Landes Schleswig-Holsteins, Art. 1 Rn. 8; *Wilke*, ebd., Art. 44 Rn. 5). Den Ländern wird damit die Möglichkeit eingeräumt, die Effektivität und Rechtsverbindlichkeit der eigenen Verfassungen zu sichern. Landesverfassungsgerichte sind daher ein wesentliches Merkmal der Eigenstaatlichkeit der Bundesländer (vgl. *Starck*, in: HStR VI, § 130). Auch das Grundgesetz setzt deshalb das Bestehen von Landesverfassungsgerichten in Art. 100 Abs. 1 und 3 GG voraus.

130　　Die Verfassungsgerichte agieren in den selbstständig nebeneinander bestehenden Verfassungsräumen der Länder und des Bundes. Das Bundesverfassungsgericht und die Landesverfassungsgerichte haben daher jeweils
unterschiedliche Prüfungsmaßstäbe. Prüfungsmaßstab des Bundesverfassungsgerichts ist grundsätzlich das Grundgesetz, Prüfungsmaßstab der
Landesverfassungsgerichte ist grundsätzlich die jeweilige Landesverfassung. Die Entscheidungen der Verfassungsgerichte gelten nur jeweils
bezogen auf ihren Verfassungsraum und haben keine Auswirkung auf die
Entscheidung eines anderen Verfassungsgerichts.

131　　Aufgrund der Eigenständigkeit der Verfassungsräume und der Verfas-
sungsgerichtsbarkeiten nimmt das Bundesverfassungsgericht im Verhältnis
zu den Landesverfassungsgerichten nicht die Position einer übergeordneten
Instanz ein. Die Entscheidungen der Landesverfassungsgerichte sind auf
ihren Verfassungsraum bezogen letztverbindlich.

132　　Unabhängig davon können aber prinzipiell alle Entscheidungen der
Landesverfassungsgerichte Gegenstand einer Verfassungsbeschwerde nach
Art. 93 Abs. 1 Nr. 4 a GG i.V.m. §§ 13 Nr. 8 a, 90 ff. BVerfGG vor dem
Bundesverfassungsgericht sein, da es sich bei ihnen um Akte einer Landes-
staatsgewalt handelt (BVerfGE 41, 88 (118 ff.); 60, 175 (209)). Die Ent-
scheidungen der Landesverfassungsgerichte können auf Verletzungen des
Grundgesetzes überprüft und ggf. aufgehoben werden (BVerfGE 6, 445
(447); 12, 132 (139 ff.); 60, 175 (207 ff.); 69, 112 (115 ff.)).

133　　Das Bundesverfassungsgericht ist jedoch nicht befugt, mittelbar zu einer
Auslegung von Landesverfassungsrecht zu kommen und eine Überprüfung
der Entscheidung eines Landesverfassungsgerichts am Maßstab der Lan-
desverfassung vorzunehmen. Dies würde die Verfassungsautonomie der
Länder verletzen, die die Auslegung der Landesverfassung exklusiv den
Landesverfassungsgerichten zugewiesen haben.

3. Verfahren vor dem Landesverfassungsgericht

134　　Das Landesverfassungsgericht ist gemäß Art. 44 LVerf SH für Organstreitverfahren, abstrakte und konkrete Normenkontrollen sowie Kommunalverfassungsbeschwerden zuständig. Darüber hinaus hat das Landesverfassungsgericht über Wahlprüfungsbeschwerden und Anträge im Volksgesetz-
gebungsverfahren nach Art. 41 und 42 LVerf SH zu entscheiden.

135　　Die Zuständigkeit des Landesverfassungsgerichts folgt dem Enumera-
tivprinzip, so dass das Landesverfassungsgericht nur in den ausdrücklich
gesetzlich erwähnten Fällen angerufen werden kann.

a) Organstreitverfahren

136　　Das Landesverfassungsgericht ist nach Art. 44 Abs. 2 Nr. 1 LVerf SH
i.V.m. § 3 Nr. 1 und §§ 35–38 LVerfGG für Organstreitigkeiten zuständig. Im Organstreitverfahren werden Maßnahmen oder Unterlassen eines
Organs daraufhin überprüft, ob sie ein anderes Organ in seinen durch die
Landesverfassung übertragenen Rechte und Pflichten verletzen (vgl. *Starck*,
in: HStR VI, § 130 Rn. 48 f.).

Zulässige Antragsteller des landesverfassungsrechtlichen Organstreitver- **137** fahrens sind gemäß Art. 44 Abs. 2 Nr. 1 LVerf SH und § 35 LVerfGG der Landtag, die Landesregierung und andere Beteiligte, die durch die Landes- verfassung oder die Geschäftsordnung des Landtages mit eigenen Rechten ausgestattet sind. Zu den „anderen Beteiligten" zählen all jene Institu- tionen, die nach Rang und Funktion den obersten Landesorganen gleich- stehen. „Andere Beteiligte" des Organstreitverfahrens sind somit unter anderem der Ministerpräsident oder die Ministerpräsidentin, die Landes- minister und die Untersuchungsausschüsse. Antragsteller können daneben auch die Fraktionen, einzelne Abgeordnete und auch die Gruppen des Landtages, also z.B. auch der SSW, sein.

Verfahrensgegenstand des Organstreitverfahrens können gemäß § 36 **138** LVerfGG Verletzungen von verfassungsrechtlich übertragenen Rechten und Pflichten durch Maßnahmen und Unterlassungen des Antragsgegners sein. Die verfassungsrechtlichen Rechte, deren Verletzung der Antragsteller geltend macht, müssen dem Antragsteller selbst zustehen. Sie müssen ihm entweder zur ausschließlichen Wahrnehmung oder zur Mitwirkung über- tragen worden sein oder die Beachtung der Rechte muss erforderlich sein, um die Wahrnehmung der Kompetenzen des Antragstellers zu gewährleis- ten.

Der Antrag muss binnen sechs Monaten, nachdem die beanstandete Maßnahme oder die Unterlassung der Antragstellerin oder dem Antragstel- ler bekannt geworden ist, gestellt werden.

b) Abstrakte Normenkontrolle

Die abstrakte Normenkontrolle richtet sich nach Art. 44 Abs. 2 Nr. 2 **139** LVerf SH i.V.m. § 3 Nr. 2 und §§ 39 bis 43 LVerfGG. Durch sie können Normen des Landesrechts ohne Bezug zu einem konkreten Rechtsstreit oder Verfahren auf ihre Vereinbarkeit mit der Landesverfassung überprüft werden (vgl. *Starck*, in: HStR VI, § 130 Rn. 50).

Antragsteller einer abstrakten Normenkontrolle können gemäß Art. 44 **140** Abs. 2 Nr. 2 LVerf SH und § 39 LVerfGG die Landesregierung, ein Drittel der Mitglieder des Landtages, zwei Fraktionen oder eine Fraktion gemein- sam mit den Abgeordneten, denen die Rechte einer Fraktion zustehen, sein.

Bei den Abgeordneten, denen Fraktionsrechte zustehen, handelt es sich **141** gemäß § 22 Abs. 4 GO LT-SH um die Abgeordneten der nationalen däni- schen Minderheit. Ihnen werden unabhängig davon, ob sie die Fraktions- stärke von vier Abgeordneten erreichen, Fraktionsrechte zugestanden, wo- durch sie gegenüber einer gewöhnlichen parlamentarischen Gruppe privilegiert sind.

Antragsgegenstand einer abstrakten Normenkontrolle vor dem Landes- **142** verfassungsgericht ist existierendes Landesrecht. Der Begriff des Landes- rechts umfasst sowohl förmliche Landesgesetze als auch Rechtsverordnun- gen und Satzungen der Gemeinden, Gemeindeverbände und Landkreise. Das zu prüfende kodifizierte Landesrecht muss zumindest schon verkündet worden, aber noch nicht in Kraft getreten sein. Eine präventive Normen- kontrolle ist grundsätzlich ausgeschlossen. Sie ist allerdings ausnahmsweise bei durch den Landtag beschlossenen Zustimmungsgesetzen zu Staatsverträgen zulässig (BVerfGE 36, 1).

c) Konkrete Normenkontrolle

143 Gemäß Art. 44 Abs. 2 Nr. 3 LVerf SH i.V.m. § 3 Nr. 3 LVerfGG ist das Landesverfassungsgericht für konkrete Normenkontrollen zuständig (vgl. *Starck*, in: HStR VI, § 130 Rn. 51 ff.).

144 Eine konkrete Normenkontrolle ist gemäß § 44 Abs. 1 LVerfGG nur auf Beschluss eines Gerichts zulässig. Gericht in diesem Sinne ist jede allein durch Richter handelnde Spruchstelle, die sachlich unabhängig und in einem gültigen Gesetz mit Gerichtsaufgaben betraut ist sowie die Bezeichnung „Gericht trägt" (BVerfGE 6, 55 (63); 30, 170 (171 f.)).

145 Vorlagegegenstand kann nach Art. 44 Abs. 2 Nr. 3 LVerf SH nur ein Landesgesetz sein. Art. 44 Abs. 2 Nr. 3 LVerf SH bezieht sich dabei ausdrücklich auf Art. 100 Abs. 1 GG. Damit wird der Inhalt des Art. 100 Abs. 1 GG in die Landesverfassung rezipiert und wird Landesverfassungsrecht. Der Begriff des Landesgesetzes ist daher im Einklang mit dem Grundgesetz auszulegen. Der Rechtsprechung des Bundesverfassungsgerichts folgend, kann Vorlagegegenstand damit nur ein formelles nachkonstitutionelles Gesetz sein. Der Begriff des nachkonstitutionellen Gesetzes bezieht sich auf die Landesverfassung und nicht auf das Grundgesetz. Entscheidendes Datum ist das Inkrafttreten der Landessatzung am 12.01. 1950. Handelt es sich also bei einer entscheidungserheblichen Norm um Recht, das vor dem 12.01.1950 entstanden ist, können die Gerichte die Norm selbst für nichtig und nicht anwendbar erklären, wenn sie von der Verfassungswidrigkeit überzeugt sind.

146 Das vorlegende Gericht muss die Entscheidungserheblichkeit der vorgelegten Norm begründen und die Vorschrift der Landesverfassung, mit der es die Norm für unvereinbar hält, nennen.

147 Die vorgelegte Norm muss nach § 44 Abs. 1 LVerfGG entscheidungserheblich sein. Dies ist der Fall, wenn das vorlegende Gericht nachvollziehbar darlegt, dass bei der Gültigkeit oder Ungültigkeit der zur Prüfung gestellten Norm jeweils zu unterschiedlichen Ergebnissen in seiner Entscheidung kommen müsse.

148 Verstößt ein Landesgesetz sowohl gegen Bundesverfassungsrecht als auch gegen Landesverfassungsrecht, so kann beiden Verfassungsgerichten die Vorlagefrage parallel vorgelegt werden (BVerfGE 2, 380 (388 f.); 17, 172 (180)). Es besteht jedoch keine Verpflichtung zu einer doppelten Vorlage. Dies gilt auch dann, wenn das Bundesverfassungsrecht und das Landesverfassungsrecht inhaltsgleich sind. Das vorlegende Gericht hat ein Wahlrecht.

d) Kommunalverfassungsbeschwerde

149 Das Landesverfassungsgericht ist nach Art. 44 Abs. 2 Nr. 4 LVerf SH i.V.m. § 3 Nr. 4 LVerfGG für Kommunalverfassungsbeschwerden zuständig. Mit der kommunalen Verfassungsbeschwerde werden Gemeinden und Gemeindeverbände befähigt, Verletzungen ihres in Art. 46 Abs. 1 und 2

LVerf SH garantierten Selbstverwaltungsrechts (dazu *Groth*, in: Caspar/Ewer/Nolte/Waack, Verfassung des Landes Schleswig-Holstein, Art. 46 Rn. 4 ff.) durch ein Landesgesetz einzuklagen (vgl. *Starck*, in: HStR VI, § 130 Rn. 63 ff.).

Antragsteller einer Kommunalverfassungsbeschwerde können nach **150** Art. 44 Abs. 2 Nr. 4 LVerf SH und § 47 Abs. 1 LVerfGG nur Gemeinden und Gemeindeverbände sein, also die Träger der Selbstverwaltungsgarantie nach Art. 46 LVerf SH.

Der Begriff des Gemeindeverbandes wird nicht gesetzlich definiert. Nach **151** § 1 Abs. 1 KrO handelt es sich jedoch zumindest bei den Landkreisen um Gemeindeverbände. Umstritten war bisher dagegen die Einordnung der schleswig-holsteinischen Ämter als Gemeindeverbände (siehe hierzu *Groth*, in: Caspar/Ewer/Nolte/Waack, Verfassung des Landes Schleswig-Holstein, Art. 46 Rn. 45 ff.).

Durch die Neuregelung von § 5 AO durch Gesetz vom 22.03.2012 **152** (GVOBl. 2012, 371) hat der Gesetzgeber festgelegt, dass die schleswig-holsteinischen Ämter keine Gemeindeverbände sind. Diese Neuregelung beruht auf der Entscheidung des Landesverfassungsgerichts vom 26.02.2010, LVerfG SH – 1/09, wodurch es die Amtsordnung in seiner bisherigen Form für verfassungswidrig erklärt und festgestellt hat, dass sich die Ämter in einer Entwicklung hin zu Gemeindeverbänden befänden und es dem Gesetzgeber obliege, darauf zu reagieren.

Beschwerdegegenstand der Kommunalverfassungsbeschwerde muss nach **153** Art. 44 Abs. 2 Nr. 4 LVerf SH und § 47 Abs. 1 LVerfGG ein Landesgesetz sein. Anders als im Rahmen der konkreten Normenkontrolle sind von dem Begriff des Landesgesetzes sowohl formelle als auch materielle Gesetze erfasst (a.A. *Groth*, NordÖR 2009, 513 (515)). Dies ist für die Effektivität der Kommunalverfassungsbeschwerde geboten. Andernfalls kann das Landesverfassungsgericht nur angerufen werden, wenn durch förmliche Landesgesetze in die Selbstverwaltungsgarantie der Länder eingegriffen wird, während bei materiellen Gesetzen das Bundesverfassungsgericht nach Art. 93 Abs. 1 Nr. 4 b GG i.V.m. § 91 S. 2 BVerfGG anzurufen ist. Das Landesverfassungsgericht ist aber ausdrücklich zu dem Zweck geschaffen worden, größere räumliche und sachliche Nähe des Gerichts zu den landesrechtlichen Verfassungsfragen zu schaffen. Mit diesem Auftrag des Landesverfassungsgerichts ist es nicht vereinbar, dass seine Kompetenzen gerade da aufhören sollen, wo Sachverhalte besonders tief im Landesrecht verwurzelt sind.

Die kommunale Verfassungsbeschwerde ist subjektiv-rechtlich ausgestal- **154** tet, so dass die Gemeinde oder der Gemeindeverband, der eine Kommunalverfassungsbeschwerde erhebt, gemäß § 47 Abs. 1 LVerfGG eine Beschwerdebefugnis nachweisen muss. Aus dem Sachvortrag des Antragstellers muss sich danach zumindest die Möglichkeit einer Verletzung des Rechts auf Selbstverwaltung nach Art. 46 Abs. 1 und 2 LVerf SH ergeben.

e) Wahlprüfungsbeschwerde

155 Dem Landesverfassungsgericht kommt gemäß Art. 44 Abs. 2 Nr. 5 LVerf SH, §§ 49, 50 LVerfGG und § 43 LWahlG die Aufgabe zu, über Wahlprüfungsbeschwerden gegen Landtagswahlen zu entscheiden (vgl. *Starck*, in: HStR VI, § 130 Rn. 54 ff.). Die Wahlprüfung nach Art. 3 Abs. 3 LVerf SH i.V.m. § 43 LWahlG ist zweistufig aufgebaut. Nach Art. 3 Abs. 3 S. 1 LVerf SH steht die Wahlprüfung zunächst dem Landtag zu. Dieser entscheidet sowohl über die erhobenen Einsprüche gegen die Wahl als auch von Amts wegen über die Gültigkeit der Wahl. Diese Entscheidung des Landtages unterliegt gemäß Art. 3 Abs. 3 S. 2 LVerf SH auf Antrag der gerichtlichen Überprüfung, die nach § 43 Abs. 2 LWahlG durch das Landesverfassungsgericht erfolgt. Zweck des Wahlprüfungsverfahrens ist es, festzustellen, ob der Landtag über die Legitimation durch das Wahlvolk verfügt. Dieser besondere Zweck hat zur Folge, dass nicht jeder Wahlfehler sich negativ auf die Gültigkeit der Wahl auswirkt. Die ordnungsgemäße Zusammensetzung des Landtages wird nur durch solche Wahlfehler beeinträchtigt, die sich auf die Sitzverteilung im Landtag auswirken. Daher können auch nur solche mandatsrelevanten Wahlfehler zur Ungültigkeit der Wahl führen (BVerfGE 1, 430 (433); 4, 370 (372 f.); LVerfG SH, Urt. v. 30.08.2010 – 1/10 Rn. 45).

156 Antragsberechtigt sind gemäß § 49 Abs. 1 Nr. 1 LVerfGG Abgeordnete, deren Mitgliedschaft bestritten ist, einzelne Wahlberechtigte, deren Einspruch vom Landtag verworfen worden ist, und eine Fraktion des Landtages. Das Gleiche gilt für Abgeordnete, denen die Rechte einer Fraktion zustehen, für eine Minderheit des Landtages, die wenigstens ein Zehntel der gesetzlichen Mitgliederzahl umfasst, und für die Landeswahlleiterin oder den Landeswahlleiter.

157 Gegenstand des Antrags auf Wahlprüfung ist die Entscheidung des Landtages über die Gültigkeit der Landtagswahl. Die Entscheidung des Landesverfassungsgerichts über die Gültigkeit der Wahl erfolgt auf der Grundlage des Verfahrens der Wahlprüfung vor dem Landtag. Es können daher nur solche Rügen als Gegenstand einer Wahlprüfungsbeschwerde vor dem Landesverfassungsgericht berücksichtigt werden, die schon im Wahlprüfungsverfahren vor dem Landtag vorgebracht worden sind, da auch nur diese Rügen für die Entscheidung des Landtages eine Rolle gespielt haben. Anders als der Landtag hat das Landesverfassungsgericht jedoch auch die Vereinbarkeit der angewendeten Wahlgesetze mit der Landesverfassung zu überprüfen. Gegenstand einer Wahlprüfungsbeschwerde kann daher nicht nur die fehlerhafte Anwendung von Wahlrecht, sondern auch die Anwendung eines verfassungswidrigen Wahlgesetzes durch die mit der Wahl betrauten Organe sein (BVerfGE 16, 130 (135 f.); 21, 200 (204); 59, 119 (124 f.)).

158 Hat der Wahlfehler sich auf die Zusammensetzung des Landtages ausgewirkt, hat das Landesverfassungsgericht den Beschluss des Landtages zur Gültigkeit der Wahl aufzuheben und diesen durch eine eigene Entscheidung zu ersetzen (vgl. LVerfG SH, Urt. v. 30.08.2010 – 1/10 Rn. 31). Das

Landesverfassungsgericht hat die Wahl für ganz oder teilweise ungültig zu erklären und den Verlust der unmittelbar auf der ungültigen Wahl beruhenden Mandate festzustellen. Es muss außerdem eine Rechtsfolge der Ungültigkeit der Wahl bestimmen. Nach § 50 Abs. 1 LVerfGG und § 46 LWahlG besteht die Möglichkeit, eine vollständige oder teilweise Wahlwiederholung anzuordnen oder nach § 47 LWahlG eine Neufeststellung des Wahlergebnisses vorzunehmen.

Das Landesverfassungsgericht hat das Landeswahlgesetz über den Wortlaut hinaus um eine weitere Rechtsfolge für den Fall ergänzt, dass die Wahl aufgrund eines verfassungswidrigen Wahlgesetzes als Ganzes wiederholt werden muss. In seinem Urteil zur Ungültigkeit der Wahl zum 17. Landtag hat das Landesverfassungsgericht festgestellt, dass die Sitzverteilung im 17. Landtag unter Anwendung verfassungswidriger Wahlnormen zustande gekommen sei (LVerfG SH, Urt. v. 30.08.2010 – 1/10 Tenor). Die Anwendung des verfassungswidrigen Gesetzes habe sich auch auf die ordnungsgemäße Sitzverteilung im Landtag ausgewirkt, so dass es sich um einen mandatsrelevanten Fehler handele. Eine Fehlerkorrektur durch die Neufeststellung des Wahlergebnisses sei aber wegen des komplexen Zusammenspiels der verfassungswidrigen Normen nicht möglich. Die verfassungswidrigen Wahlgesetze ließen sich nicht verfassungskonform anwenden. Eine Wiederholungswahl innerhalb einer Frist von sechs Wochen sei allerdings auch nicht möglich, da die Unregelmäßigkeit der Wahl in der Verfassungswidrigkeit des Wahlgesetzes liege und vor einer erneuten Wahl ein neues Wahlgesetz geschaffen werden müsse (LVerfG SH, Urt. v. 30.08.2010 – 1/10 Rn. 176). Zwar seien die Wahlfehler von solcher Schwere, dass sie eine Wiederholungswahl rechtfertigen würden, dem Gesetzgeber müsse aber eine angemessene Frist gegeben werden, ein neues Wahlgesetz zu verabschieden (LVerfG SH, Urt. v. 30.08.2010 – 1/10 Rn. 177). Daher sei die Legislaturperiode des 17. Landtages zeitlich zu beschränken (siehe hierzu auch *Becker/Heinz*, NVwZ 2010, 1524, (1528)) und der Gesetzgeber verpflichtet, zur Vorbereitung vorgezogener Neuwahlen unverzüglich ein verfassungskonformes Landeswahlrecht zu verabschieden (LVerfG SH, Urt. v. 30.08.2010 – 1/10 Rn. 176 ff.). Die Verabschiedung eines neuen Wahlgesetzes hatte danach spätestens bis zum 31. Mai 2011 stattzufinden und die Neuwahl bis zum 30. September 2012.

159

Diese vom Landesverfassungsgericht vorgenommene Ergänzung des Landeswahlgesetzes ist folgerichtig und zulässig. Sie stellt sich als unvermeidbar dar, wenn man dem Landesverfassungsgericht im Wahlprüfungsbeschwerdeverfahren die Kompetenz zukommen lässt, die Wahlgesetze auf ihre Verfassungsmäßigkeit zu überprüfen und gegebenenfalls für verfassungswidrig zu erklären. Wird ein Wahlgesetz für verfassungswidrig erklärt und hat diese Verfassungswidrigkeit Mandatsrelevanz hat dies zur Folge, dass die betreffende Wahl ebenfalls verfassungswidrig war und für ungültig erklärt werden muss. Einzige mögliche Konsequenz ist, dass ein neuer Landtag auf der Grundlage eines neuen Wahlgesetzes gewählt wird, weil die im Landtag sitzenden Abgeordneten nicht verfassungsrechtlich legitimiert sind. Das Landeswahlgesetz eröffnet aber für den Fall, dass ein

160

Wahlfehler so schwerwiegend ist, dass eine Wahl teilweise oder vollkommen neu durchgeführt werden muss, allein die Möglichkeit einer Wiederholungswahl nach § 46 LWahlG. Diese ist aber mit ihrer Frist von sechs Wochen bis zur Wiederholungswahl gemäß § 46 Abs. 6 LWahlG ganz ersichtlich nur für den Fall konzipiert, dass die gesetzliche Durchführung einer Wahl wiederholt werden muss, weil es bei der Vorbereitung der Wahl oder bei der Wahlhandlung zu Unregelmäßigkeiten gekommen ist. Das Landeswahlgesetz hält aber keine Rechtsfolge für den Fall bereit, dass das der Wahl zugrunde liegende Gesetz durch den bestehenden Landtag vor einer erneuten Wahl geändert werden muss, um überhaupt eine gültige Wahl zu ermöglichen. Die Frist von sechs Wochen ist für die Änderung eines komplexen Wahlgesetzes im demokratischen Gesetzgebungsprozess jedenfalls wesentlich zu kurz bemessen (*Becker/Heinz*, NVwZ 2010, 1524 (1527)). Nimmt man also richtigerweise an, dass sich aus der verfassungsrechtlichen Aufgabe des Landesverfassungsgerichts im Wahlprüfungsbeschwerdeverfahren die Kompetenz ergibt, Wahlgesetze auf ihre Verfassungsmäßigkeit zu überprüfen und eine Wahl für vollständig ungültig zu erklären, weil sie auf einer verfassungswidrigen Gesetzesgrundlage beruht, dann muss auch eine Rechtsfolge bereitgehalten werden, die es ermöglicht, eine Wahl auf einer verfassungsgemäßen Grundlage erneut vorzunehmen. Das Landesverfassungsgericht hat mit seinem Urteil also eine verfassungskonforme Ergänzung des Landeswahlgesetzes vorgenommen.

f) Die übrigen in der Landesverfassung vorgesehenen Verfahrensarten

161 Neben den in Art. 44 Abs. 2 Nr. 1 bis 5 LVerf SH einzeln aufgeführten Verfahren sieht Nr. 6 vor, dass dem Landesverfassungsgericht durch weitere in der Verfassung vorgesehene Fälle Zuständigkeiten erwachsen können (vgl. *Starck*, in: HStR VI, § 130 Rn. 65 ff.).

162 Die Schleswig-Holsteinische Landesverfassung sieht neben der Gesetzgebung durch den Landtag in Art. 41 und 42 LVerf SH auch die Gesetzgebung direkt durch das Landesvolk vor. Hierfür ist ein dreistufiges Verfahren vorgesehen, das sich von der Volksinitiative über das Volksbegehren bis zum Volksentscheid erstreckt (s. unten E). In allen drei Verfahrensschritten sind dem Landesverfassungsgericht durch die Landesverfassung Kontrollkompetenzen übertragen worden.

163 Bürgerinnen und Bürger haben in Schleswig-Holstein das Recht, innerhalb der von Art. 41 Abs. 1 und 2 LVerf SH gesetzten Grenzen den Landtag mit bestimmten Gegenständen der politischen Willensbildung zu befassen oder dem Parlament einen Gesetzesentwurf vorzuschlagen.

164 Der Landtag entscheidet nach Art. 41 Abs. 3 LVerf SH i.V.m. § 8 VAbstG über die Zulässigkeit der Initiative (*Caspar*, in: ders./Ewer/Nolte/Waack, Verfassung des Landes Schleswig-Holstein, Art. 41 Rn. 35). Das Landesverfassungsgericht kann gemäß § 51 LVerfGG, § 9 VAbstG i.V.m. Art. 41 LVerf SH gegen eine ablehnende Entscheidung des Landtages angerufen werden. Es hat zu überprüfen, ob die Volksinitiative mit den Vorgaben des Art. 41 Abs. 1 und 2 LVerf SH vereinbar ist.

Antragsberechtigt sind gemäß § 9 Abs. 1 VAbstG und § 51 Abs. 1 **165**
LVerfGG die Vertrauenspersonen der Volksinitiative. Der Antrag zum
Landesverfassungsgericht ist gemäß § 51 Abs. 1 LVerfGG binnen eines
Monats nach Zustellung des Landtagsbeschlusses über die Zulässigkeit der
Volksinitiative zu stellen.

Bestehen Zweifel an der Zulässigkeit eines Volksbegehrens, obwohl ein **166**
Volksbegehren durch den Landtag für zulässig erklärt worden ist, kann
das Landesverfassungsgericht angerufen werden. Dies gilt auch dann noch,
wenn ein Volksbegehren schon durch die Zustimmung der von mindestens
5 % der Stimmberechtigten zustande gekommen ist. Das Landesverfassungsgericht hat ausschließlich die Vereinbarkeit des Gegenstands des
Volksbegehrens mit Art. 41 Abs. 1 S. 1 und 2 und Abs. 2 LVerf SH zu
prüfen. Verneint der Landtag die Zulässigkeit des Volksbegehrens, ist
durch die Vertrauenspersonen gemäß § 13 Abs. 2 VAbstG der Verwal-
tungsgerichtsweg zu beschreiten.

Antragsbefugt sind gemäß Art. 42 Abs. 1 S. 4 LVerf SH und § 51 Abs. 2 **167**
LVerfGG die Landesregierung sowie ein Viertel der Mitglieder des Landtages.

Antragsgegenstand muss ein beanstandetes oder zustande gekommenes **168**
Volksbegehren sein. Hierbei kann es sich sowohl um einen Gesetzesentwurf als auch um eine sonstige Vorlage handeln. Der Landtag muss vor
einem Antrag die Volksinitiative für zulässig erklärt haben.

Hat ein Volksentscheid stattgefunden, so hat der Landtag gemäß § 25 **169**
Abs. 1 und 2 VAbstG über Einsprüche gegen die Abstimmung und über
die Gültigkeit der Abstimmung zu entscheiden. Gegen die Entscheidung
des Landtages kann gemäß § 25 Abs. 4 VAbstG und § 51 Abs. 3 LVerfGG
Beschwerde vor dem Landesverfassungsgericht eingelegt werden. In Parallele zum Wahlprüfungsverfahren geht es beim Abstimmungsprüfungsver-
fahren nicht um die Verfassungsgemäßheit des Volksentscheids, sondern
um die Rechtsstaatlichkeit des Abstimmungsvorganges und der Ermittlung
des Abstimmungsergebnisses. Daher gilt auch in diesem Verfahren, dass
nicht jeder festgestellte Fehler im Abstimmungsverfahren zur Ungültigkeit
der Abstimmung führt, sondern entsprechend § 46 LWahlG nur solche
Fehler, bei denen anzunehmen ist, dass sie sich auf das Abstimmungsergebnis ausgewirkt haben. Das Verfahren der Abstimmungsprüfung richtet
sich in Ergänzung zum Landesverfassungsgerichtsgesetz und dem Volksabstimmungsgesetz nach den Vorschriften des 5. Abschnitts des Landeswahlgesetzes.

Antragsteller des Abstimmungsprüfungsverfahrens kann nach § 51 **170**
Abs. 3 LVerfGG und § 25 Abs. 3 VAbstG jede abstimmungsberechtige
Person sein, die einen Einspruch gegen die Abstimmung vor dem Landtag
eingelegt hat, wenn dieser Einspruch vom Landtag zurückgewiesen worden
ist. Darüber hinaus kann der Landesabstimmungsleiter oder die Landesab-
stimmungsleiterin Beschwerde beim Landesverfassungsgericht erheben.

Gegenstand des Antrages ist nach § 51 Abs. 3 LVerfGG der Beschluss **171**
des Landtages über die Gültigkeit der Abstimmung im Volksentscheid. Das
Landesverfassungsgericht hat die Entscheidung des Landtages über die

Gültigkeit der Abstimmung in vollem Umfang auf ihre formelle und sachliche Richtigkeit zu überprüfen. Die Beschwerde zum Landesverfassungsgericht kann sich auch gegen die Verfassungsmäßigkeit von Normen des Volksabstimmungsgesetzes oder, soweit sie zur Anwendung kommen, Normen des Landeswahlgesetzes richten (*Caspar*, in: Caspar/Ewer/Nolte/Waack, Verfassung des Landes Schleswig-Holstein, Art. 3 Rn. 85).

172   Art. 23 Abs. 3 S. 4 LVerf SH enthält eine Zuständigkeit des Landesverfassungsgerichts für einen besonderen Fall des Organstreits. Es geht dabei um die Ausgestaltung des Informationsrechts einzelner Abgeordneter und des Landtages gegenüber der Landesregierung. Die Landesregierung hat gemäß Art. 23 LVerf SH einem Informationsbegehren des Landtages oder einzelner Abgeordneter unverzüglich nachzukommen. Lehnt sie dies ab, so ist die Ablehnung auf Verlangen der Antragsteller im Parlamentarischen Einigungsausschuss zu begründen. Für den Fall, dass zwischen dem Parlamentarischen Einigungsausschuss und der Landesregierung keine Einigung über das Informationsbegehren des Landtages erzielt werden kann, ist die Landesregierung verpflichtet, dem Informationsbegehren unverzüglich nachzukommen. Eine Ausnahme hiervon besteht nur, wenn die Landesregierung eine gegenteilige einstweilige Anordnung des Landesverfassungsgerichts erwirkt. Die Landesregierung muss dann im Organstreitverfahren vor dem Landesverfassungsgericht eine einstweilige Anordnung nach § 30 LVerfGG beantragen (vgl. *Wuttke*, in: v. Mutius/Wuttke/Hübner, Kommentar zur Landesverfassung von Schleswig-Holstein, Art. 23 Rn. 21). Für das Verfahren gelten die allgemeinen Voraussetzungen des Organstreitverfahrens.

4. Landesverfassungsbeschwerde

173   Vor dem Schleswig-Holsteinischen Landesverfassungsgericht können durch den Einzelnen keine Verfassungsbeschwerden erhoben werden. Die Individualverfassungsbeschwerde ist im Zuständigkeitskatalog des Art. 44 Abs. 2 LVerf SH nicht vorgesehen. Es ist lediglich eine sog. Verfassungsbeschwerde für Kommunen möglich (LVerfG SH, Urt. v. 06.11.2009 – 2/09).

174   In der Mehrzahl der Bundesländer ist im Gegensatz dazu die Möglichkeit einer Landesverfassungsbeschwerde (vgl. *Starck*, in: HStR VI, § 130 Rn. 58 ff.) vor dem jeweiligen Landesverfassungsgericht gegeben (eine Auflistung der Länder mit Landesverfassungsbeschwerde findet sich in LT-Umdruck SH 16/2598, S. 9) und wird von den Bürgern genutzt (siehe eine Übersicht zu dem Anteil der Landesverfassungsbeschwerden an den Verfahren vor den Landesverfassungsgerichten bis zum Jahre 2004 bei *Schneider*, NdsVBl. 2005, Sonderheft, 26, 28 ff.). Die aufsehenerregenden Verfassungsbeschwerdeverfahren vor den Landesverfassungsgerichten von Rheinland-Pfalz und dem Saarland (VerfGH RP, Urt. v. 30.09.2008 – B 31/07; u.a. Anträge auf einstweiligen Rechtsschutz vor dem VerfGH SL, Beschl. v. 21.06.2010, Lv 3/10, Lv 4/10, Lv 6/10) zum Thema Rauchverbot in Gaststätten haben gezeigt, dass auch landesverfassungsgerichtliche

Verfahren wahrgenommen werden und starke Impulse für die Verfassungsrechtsprechung in der gesamten Bundesrepublik aussenden können.

Es ist insofern überraschend, dass über die Einführung einer Landesverfassungsbeschwerde bei der Errichtung des Landesverfassungsgerichts noch nicht einmal diskutiert worden ist. Dies gilt umso mehr, als es seit Ende der neunziger Jahre Überlegungen gibt, das Bundesverfassungsgericht durch eine Stärkung der Landesverfassungsgerichtsbarkeit zu entlasten (Entlastung des Bundesverfassungsgerichts, Bericht der Kommission, hrsg. vom Bundesministerium der Justiz, Bonn 1998, 85 ff.). Richter des Bundesverfassungsgerichts haben auch noch in den letzten Jahren betont, dass sie eine stärkere Inanspruchnahme der Landesverfassungsbeschwerde für wünschenswert hielten, um die Folgen, die sich aus dem stark begrenzten Zugang zur Bundesverfassungsbeschwerde ergeben, abzumildern (*Papier*, Die Bedeutung der Landesverfassungsgerichtsbarkeit im Verhältnis zur Bundesverfassungsgerichtsbarkeit, in: Sodan, Zehn Jahre Berliner Verfassungsgerichtsbarkeit, 19, 29). Die Einführung einer Landesverfassungsbeschwerde erscheint daher insgesamt wünschenswert, um einerseits einen effektiven verfassungsgerichtlichen Grundrechtsschutz sicherzustellen und andererseits die Landesverfassungsgerichtsbarkeit für die Bürger erfahrbarer zu machen. Ein Blick in andere Bundesländer zeigt, dass eine Überlastung des Landesverfassungsgerichts durch die Einführung einer Landesverfassungsbeschwerde nicht zu befürchten ist, auch wenn es zu einer Vermehrung der Verfahren kommen wird (so auch die Einschätzung von *Backmann*, NordÖR 2009, 229 (234)).

E. Legislative und exekutive Staatsfunktionen

I. Gesetzgebung

Der Erlass förmlicher Gesetze ist das fundamentale Recht des Parlaments **176** (vgl. Art. 37 Abs. 2 LVerf SH), das allerdings verfassungsrechtlich unter dem Vorbehalt einer möglichen Modifizierung des Gesetzgebungsverfahrens durch Volksentscheide steht (vgl. *Herdegen*, in: HStR VI, § 129 Rn. 54 f.). Auch durch Volksentscheid können Gesetze beschlossen werden (*Nolte*, in: Caspar/Ewer/ders./Waack, Verfassung des Landes Schleswig-Holstein, Art. 37 Rn. 11 ff.).

Kompetenziell erstreckt sich die Zuständigkeit der Landesgesetzgebung **177** auf alle Lebensbereiche, die nicht durch das Grundgesetz dem Bund zugestanden wurden (Art. 70 GG). Hierunter fallen ausweislich von Art. 71 bis 74 GG die ausschließliche Gesetzgebung des Bundes und die konkurrierende Gesetzgebung. Bei der konkurrierenden Gesetzgebung ist dies allerdings nur soweit der Fall, wie der Bund von seiner Kompetenz in verfassungsmäßiger Weise Gebrauch gemacht hat und den Ländern kein Abweichungsrecht nach Art. 72 Abs. 3 GG zusteht. Die durch Art. 30 GG i.V.m. den Art. 70 ff. GG vorgenommene Kompetenzverteilung ist zwingend und kann weder durch den Bund noch durch die Länder durch Gesetz oder Vereinbarung abgeändert werden. Sie können nicht „über ihre im Grundgesetz festgelegten Kompetenzen verfügen" (BVerfGE 32, 145 (156); 63, 1 (39). Allerdings sind die in bundesverfassungsrechtlich festgelegten Gesetzgebungskompetenzen nach verbreiteter Ansicht nicht – gleichsam spiegelbildlich – auch Bestandteil der Landesverfassung.

1. Gesetzgebungsverfahren

178   Nach Art. 37 Abs. 1 LVerf SH werden die Gesetzesentwürfe entweder von der Landesregierung, aus der Mitte des Landtages durch einen oder mehrere Abgeordnete oder aber durch Initiativen aus dem Volk in den Landtag eingebracht (*Nolte*, in: Caspar/Ewer/ders./Waack, Verfassung des Landes Schleswig-Holstein, Art. 37 Rn. 4 ff.). Die nähere Ausformung des parlamentarischen Verfahrens ist dabei nicht in der Landesverfassung enthalten, sondern ist durch die Geschäftsordnung des Landtages ausgestaltet.

179   Die vom Landtag beschlossenen Gesetze werden gemäß Art. 39 Abs. 1 LVerf SH durch den Ministerpräsidenten unter Mitzeichnung der beteiligten Landesminister ausgefertigt und unverzüglich danach im Gesetz- und Verordnungsblatt verkündet. Diese Aufgabe, die auf Bundesebene bei dem Bundespräsidenten liegt (vgl. Art. 82 Abs. 1 GG), fällt in Schleswig-Holstein also der Landesregierung selbst zu. Ob der Ministerpräsident bei der Ausfertigung ein materielles Prüfungsrecht besitzt, wie es der Bundespräsident bei den ihm vorgelegten Gesetzen hat (dazu *Herzog*, in: Maunz/Dürig, GG, Band V, Art. 54 Rn. 75), ist fraglich. Dagegen spricht der Wortlaut von Art. 39 Abs. 1 LVerf SH, der vorsieht, dass der Ministerpräsident die Gesetze ausfertigt, und keinen entsprechenden Zusatz aufweist wie z.B. Art. 82 GG („Die nach den Vorschriften des Grundgesetzes zustande gekommenen Gesetze [...]"). Dagegen spricht auch, dass die Landesregierung im Gegensatz zu anderen Landesverfassungen keine Gegenvorstellungskompetenz besitzt (vgl. Art. 67 Verf. NW). Für eine Prüfungsbefugnis spricht auf der anderen Seite, dass die Landesregierung, wie alle Verfassungsorgane, an Recht und Gesetz gebunden ist (Art. 20 Abs. 3 GG).

180   Letztlich ist wohl davon auszugehen, dass der Ministerpräsident ein materielles Prüfungsrecht in der Form besitzt, als dass er bei evident verfassungswidrigen Gesetzen die Ausfertigung verweigern darf. Dies reibt sich zwar an dem Grundsatz der Gewaltenteilung, allerdings muss in diesen Fällen die Bindung an Recht und Gesetz Vorrang genießen (*Nolte*, in: Caspar/Ewer/ders./Waack, Verfassung des Landes Schleswig-Holstein, Art. 39 Rn. 2 ff.). Abgesehen von diesem eingeschränkten materiellen Prüfungsrecht des Ministerpräsidenten bleibt der Landesregierung aber nach wie vor über Art. 44 Abs. 2 Nr. 2 LVerf SH die Überprüfung über die abstrakte Normkontrolle vor dem Landesverfassungsgericht, um gegen ein vom Landtag beschlossenes Gesetz vorzugehen.

2. Verfassungsändernde Gesetze

Die Landesverfassung kann gemäß Art. 40 LVerf SH nur durch ein förmli- **181** ches Gesetz geändert werden. An verfassungsändernde Gesetze werden in allen deutschen Verfassungen qualifizierte Anforderungen als an die Änderung sonstiger Parlamentsgesetze gestellt (vgl. *Herdegen*, in: HStR VI, § 129 Rn. 56 f.). Nach Art. 40 Abs. 2 LVerf SH bedarf ein solches Gesetz entweder der Zustimmung von zwei Dritteln der gesetzlichen Anzahl der Mitglieder des Landtages oder aber der Zustimmung des Volkes nach Art. 42 Abs. 4 S. 2 und 3 LVerf SH. Zudem bedarf jede Verfassungsänderung einer ausdrücklichen Ergänzung oder Veränderung des Verfassungswortlauts nach Art. 40 Abs. 1 LVerf SH. Mit diesem Passus entspricht die Landesverfassung dem Grundgesetz, welches ebenfalls in Art. 79 Abs. 1 S. 1 eine Verfassungsänderung ohne Ergänzung oder Änderung des Wortlauts der Verfassung verbietet. Dies dient dazu, Verfassungsdurchbrechungen zu verhindern, die sich nicht in der Verfassungsurkunde selbst ausdrücklich wiederfinden. Eine der Ewigkeitsgarantie (Art. 79 Abs. 3 GG) entsprechende Norm enthält die schleswig-holsteinische Landesverfassung im Gegensatz zu vielen anderen Landesverfassungen (u.a. Art. 64 Abs. 1 S. 2 Verf BW; Art. 75 Abs. 1 S. 2 BayVerf; Art. 20 Abs. 1 BremVerf) hingegen nicht. Dementsprechend gibt es keine ausdrücklich festgelegten materiellen Grenzen und Schranken für verfassungsändernde Gesetze in der Landesverfassung. Dennoch bestehen für jede Verfassungsänderung die verfassungsimmanenten Grenzen, wie etwa die Grundsätze des republikanischen, demokratischen und sozialen Rechtsstaates (*Nolte*, in: Caspar/Ewer/ders./Waack, Verfassung des Landes Schleswig-Holstein, Art. 40 Rn. 20 f.). Es gilt insoweit sowohl die Homogenitätsklausel des Grundgesetzes (Art. 28 Abs. 1 S. 1 GG) als auch Art. 142 GG, die gemeinsam der Kreativität des Landesverfassungsrechts Grenzen setzen.

3. Haushaltsgesetzgebung

Die Ausübung der aufgrund von Art. 50 Abs. 2 und 3 LVerf SH dem **182** Landtag zustehenden Haushaltshoheit ist ebenfalls Element der Gesetzgebung. Sie umfasst das Recht und die Pflicht des Parlaments, den Haushaltsplan zur Verwendung der Staatsfinanzen durch Gesetz festzulegen (vgl. *Herdegen*, in: HStR VI, § 129 Rn. 65 sowie *von Arnim*, in: HStR VI, § 138).

Art. 109 Abs. 1 GG legt fest, dass Bund und Länder in ihrer Haushalts- **183** gesetzgebung selbstständig und voneinander unabhängig sind. Dies garantiert den Ländern sowohl die Eigenständigkeit der Haushaltsführung als auch die eigenverantwortliche rechtliche Ausgestaltung ihres Haushaltswesens. Freilich muss dabei der bundesrechtliche Rahmen, den Art. 109 Abs. 2 bis 4 GG, das Haushaltsgrundsätzegesetz und das Stabilitäts- und Wachstumsgesetz (StWG) vorgeben, beachtet werden (*Ewer*, in: Caspar/

ders./Nolte/Waack, Verfassung des Landes Schleswig-Holstein, Art. 50 Rn. 1).

184 Das Initiativrecht für die Haushaltsgesetzgebung, also sowohl für den Haushaltsplan (Art. 50 Abs. 2 LVerf SH) als auch für Änderungen am Haushaltsplan, steht nach Art. 50 Abs. 3 LVerf SH in Abweichung zu Art. 37 Abs. 1 LVerf SH ausschließlich der Landesregierung zu. Gesetzesentwürfe für einen Haushaltsplan können also weder aus der Mitte des Landtages noch durch Initiativen aus dem Volk in den Landtag eingebracht werden. Die Landesregierung hat die Pflicht, ihren Haushaltsentwurf rechtzeitig in den Landtag einzubringen, damit das Gesetzgebungsverfahren für das Haushaltsgesetz vor Beginn des Rechnungsjahres abgeschlossen werden kann (Art. 50 Abs. 2 LVerf SH).

185 Aufgabe des Landtages ist es, im Gesetzgebungsverfahren alle voraussehbaren Ausgaben des Landes zu erfassen und auf bestimmte Zwecke zu spezialisieren. Das Gebot der Spezialisierung ist einfachrechtlich in § 17 Abs. 1 LHO niedergelegt und hat grundlegende Bedeutung für die wirksame Steuerung des Finanzgebarens der Landesregierung. Diesem Grundsatz kommt durch die Budgethoheit des Landtages Verfassungsrang zu (VerfGH NW, NVwZ 1995, 159 (160); vgl. *Ewer*, in: Caspar/ders./Nolte/Waack, Verfassung des Landes Schleswig-Holstein, Art. 50 Rn. 19).

186 Bei der Durchführung des Haushaltsplanes ist die Regierung grundsätzlich an das vom Landtag bewilligte Haushaltsgesetz und dessen Haushaltsrahmen gebunden. Für über- und außerplanmäßige Ausgaben gibt es in Art. 52 LVerf SH enge Ausnahmen. Sie bedürfen der Zustimmung des Landesministers der Finanzen, welches nur bei einem unvorhersehbaren und unabweisbarem Bedürfnis erteilt werden darf (Art. 52 Abs. 1 S. 2 LVerf SH). Über diese Ausgaben ist dem Landtag vierteljährlich zu berichten. Darüber hinaus darf die Landesregierung bis zur Feststellung und vor Inkrafttreten des Haushaltsplanes durch Gesetz im Rahmen von Art. 51 Abs. 1 Nr. 1 bis 3 LVerf SH notwendige Ausgaben leisten und Verpflichtungen eingehen (genauer zu den Ausgaben *Ewer*, in: Caspar/ders./Nolte/Waack, Verfassung des Landes Schleswig-Holstein, Art. 51 Rn. 15 ff.).

187 Inhaltliche Vorgaben ergeben sich für die Haushaltsgesetzgebung insbesondere durch die verfassungsrechtlichen Gebote der Vollständigkeit und Einheitlichkeit des Haushaltsplans (Art. 50 Abs. 1 S. 1 LVerf SH; hierzu und zu den folgenden Aussagen *Ewer*, in: Caspar/ders./Nolte/Waack, Verfassung des Landes Schleswig-Holstein, Art. 50 Rn. 8 ff.). Diese Gebote sollen dafür Sorge tragen, dass das Parlament regelmäßig einen umfassenden Überblick über das Finanzvolumen des Landes erhält (BVerfGE 93, 319 (343)). Hinzu kommen die Grundsätze des Haushaltsausgleiches (die veranschlagten Ausgaben und Einnahmen müssen rechnerisch übereinstimmen, Art. 50 Abs. 1 S. 2 LVerf SH) und der Haushaltswahrheit. Der Grundsatz der Haushaltswahrheit findet sich selbst nicht in der Landesverfassung, ergibt sich aber aus dem System des Budgetrechts und dient dazu den Umfang der haushaltsrechtlichen Verantwortlichkeit der staatlichen Organe und Behörden abzustecken, die Voraussetzungen für eine effektive Finanzkontrolle zu schaffen und erforderliche Informationen für Parlament und Öffentlichkeit bereitzustellen. Daher folgt aus der Haushaltswahrheit auch das Gebot der Haushaltsklarheit; die Angaben im Haushaltsplan der Landesregierung müssen transparent und bestimmt sein (*Ewer*, in: Caspar/ders./Nolte/Waack, Verfassung des Landes Schleswig-Holstein, Art. 50 Rn. 12 ff.). Ebenfalls nicht in der Landesverfassung findet sich ausdrücklich das Wirtschaftlichkeitsgebot. Mittelbar lässt sich aber aus Art. 56 Abs. 1 LVerf SH schließen, dass der Prüfungsmaßstab des Landesrechnungshofes auch direkt Geltung für den Prüfungsgegenstand, also die Landesregierung selbst, hat. Dementsprechend sind die in § 7 LHO niedergelegten Grundsätze der Wirtschaftlichkeit und Sparsamkeit kraft Verfassungsrang bereits bei Aufstellung des Haushaltsplans zu berücksichtigen (so auch VerfGH RP, NVwZ RR 1998, 145 (149); vgl. auch *Ewer/Raabe*, in: Caspar/Ewer/Nolte/Waack, Verfassung des Landes Schleswig-Holstein, Art. 56 Rn. 44 ff.).

In Art. 53 LVerf SH ist die haushaltsrechtliche Behandlung der Kredite, **188** Sicherheits- und Gewährleistungen geregelt. Hiernach bedürfen Kredite zum einen einer der Höhe nach bestimmten oder bestimmbaren Ermächtigung durch Gesetz, sofern durch sie in den Folgejahren weitere Kosten entstehen (Art. 53 S. 1 LVerf SH; hierzu und zu den folgenden Aussagen *Ewer*, in: Caspar/ders./Nolte/Waack, Verfassung des Landes Schleswig-Holstein, Art. 53 Rn. 7 ff.). Zum anderen dürfen die Einnahmen durch Kredite nicht die im Haushaltsplan veranschlagten Ausgaben für Investitionen überschreiten (Art. 53 S. 2 LVerf SH). Zukunftsbelastende Einnahmen sollen also grundsätzlich durch zukunftsbegünstigende Ausgaben gedeckt werden. Überschritten werden darf die investitionsabhängige Obergrenze für Kredite lediglich zur Abwehr einer Störung des gesamtwirtschaftlichen Gleichgewichts oder zur Überwindung einer schwerwiegenden Störung der Wirtschafts- und Beschäftigungsentwicklung in Schleswig-Holstein. Eine Störung liegt vor, wenn die Stabilität des Preisniveaus, ein hoher Beschäftigungsstand, das außenwirtschaftliche Gleichgewicht oder ein stetiges und angemessenes Wirtschaftswachstum (§ 1 S. 2 StWG) ernsthaft und nachhaltig beeinträchtigt zu werden droht oder eine Beeinträchtigung eingetreten ist (BVerfGE 79, 311 (339)). Ob allerdings eine solche Störung vorliegt, prüft die Landesregierung anhand einer Einschätzungs- und Beurteilungsprärogative. Dem steht das Recht des Landtages entgegen, über die Kreditaufnahme zur Abwehr einer Störung des gesamtwirtschaftlichen Gleichgewichts zu beschließen und Kürzungen vornehmen zu können (§ 42 LHO). Die Freiheit der Landesregierung auf der materiellen Ebene findet also eine gewisse Einschränkung durch die Verfahrensrechte des Landtages.

Seit der Föderalismusreform aus dem Jahr 2009 enthält das Grundgesetz **189** mit Art. 109 Abs. 3 GG (BGBl. I 2009, 2248) eine gemeinsame Regelung für Bund und Länder, welche die Nettokreditaufnahme, mit dem Ziel Haushaltsdefizite zu reduzieren, begrenzt. Die landesrechtrechtliche Entsprechung von Art. 109 Abs. 3 GG stellt Art. 53 LVerf SH dar.

4. Verordnungen

190 Zu den Gesetzen im materiellen Sinne zählen auch Rechtsverordnungen (vgl. *Herdegen*, in: HdbStR VI, § 129 Rn. 58 f.). Wie Parlamentsgesetz haben sie eine abstrakt-generelle Wirkung. Von Satzungen und Verwaltungsvorschriften unterscheiden sich die Rechtsverordnungen dadurch, dass sie weder von öffentlich-rechtlichen Körperschaften im Rahmen ihrer Selbstverwaltung erlassen werden (BVerfGE 32, 346, (361), noch verwaltungsinterne Vorschriften ohne jegliche Außenwirkung darstellen (*Maurer*, Allg. VerwaltungsR, § 4 Rn. 28 sowie § 13 Rn. 3). Sinn und Zweck von Rechtsverordnungen ist die Entlastung des Parlaments, aber auch die Beschleunigung und Vereinfachung des Normsetzungsverfahrens.

191 Als Modifikation des Gewaltenteilungsgrundsatzes wird für Rechtsverordnungen die Normsetzungsbefugnis in gewissen Bereichen von der Legislative an die Exekutive delegiert. Die Berechtigung des Parlaments, Rechtssetzungsbefugnisse an die Exekutive zu übertragen, findet sich in Art. 38 Abs. 1 LVerf SH, wonach die Ermächtigung zum Erlass von Rechtsverordnungen nur durch Gesetz erteilt werden darf. Die Berechtigung zur Verordnungsgebung an die Exekutive steht also unter dem Vorbehalt des Gesetzes (*Nolte*, in: Caspar/Ewer/ders./Waack, Verfassung des Landes Schleswig-Holstein, Art. 38 Rn. 4 ff.).

192 In dem ermächtigenden Gesetz muss zudem nicht nur die prinzipielle Berechtigung zur Normsetzung enthalten sein, sondern auch Inhalt, Zweck und Ausmaß der Ermächtigung bestimmt werden (Art. 38 Abs. 1 S. 2 LVerf SH). Dadurch soll eine mögliche Selbstentmachtung des Parlaments verhindert werden. Zudem legt es das Demokratie- und Rechtsstaatsprinzip nahe, dass alle wesentlichen Entscheidungen vom Parlament selbst zu treffen sind und nicht an die Exekutive delegiert werden dürfen.

193 Die Vorschrift soll verhindern, dass der Gesetzgeber pauschale und globale Ermächtigungen an die Verwaltung erteilt und dadurch wichtige rechtsstaatliche und demokratische Verfassungsgrundsätze leer laufen lässt (vgl. insgesamt zu der gleichen Lage auf Bundesebene *Ossenbühl*, in: HStR V, § 103 Rn. 17 ff.). Eine „Blankoermächtigung" an die Exekutive kann es also nicht geben. Deshalb sind durch die in Art. 38 Abs. 1 S. 2 LVerf SH genannten Voraussetzungen dem Gesetzgeber qualitative (Inhalt und Zweck) und quantitative (Ausmaß) Grenzen bei der Verordnungsermächtigung gesetzt. Hinreichend ist es allerdings, wenn sich Inhalt, Zweck und Ausmaß nicht direkt aus der Norm ergeben, sondern durch die Auslegung des Gesetzes oder der Ausfüllung unbestimmter Rechtsbegriffe nach allgemeingültigen Auslegungsmethoden zu gewinnen sind. Insbesondere muss dem Verfassungswortlaut nach sich die quantitative und qualitative Begrenzung der Ermächtigung nicht direkt aus der Ermächtigungsnorm selbst ergeben. Es reicht viel mehr aus, wenn Inhalt, Zweck und Ausmaß in Bestimmungen in dem „Gesetz" geregelt sind. Je grundrechtsintensiver der durch die Verordnungsermächtigung betroffene Bereich und die damit an die Exekutive delegierten rechtlichen Möglichkeiten zur Normsetzungen

allerdings sind, desto höhere Anforderungen sind an die Bestimmtheit der Verordnungsermächtigung zu stellen (BVerfGE 58, 274 (307)).

Unabhängig von den in Art. 38 Abs. 1 S. 2 LVerf SH gemachten Begren- **194** zungen für die Verordnungsermächtigung, endet die Delegationsbefugnis des Gesetzgebers grundsätzlich nach allgemeinen Verfassungsgrundsätzen dort, wo wesentliche Fragen des Gemeinwesens behandelt werden (vgl. insgesamt zu der gleichen Lage auf Bundesebene *Ossenbühl*, in: HStR V, § 101 Rn. 52ff.). Das Parlament hat in grundlegenden normativen Bereichen, zumal im Bereich der Grundrechtsausübung, soweit diese staatlicher Regelung zugänglich ist, alle wesentlichen Entscheidungen selbst zu treffen. Hier muss der Gesetzgeber selbst tätig werden und darf die Normsetzungsbefugnis nicht auf die Exekutive abwälzen. Ein Gesetz, das dennoch zu einer Verordnung hinsichtlich solcher wesentlicher Fragen ermächtigt, wäre dementsprechend verfassungswidrig und nichtig. Die Kriterien für die Einordnung, was als „wesentlich" zu gelten hat, sind weder abschließend noch eindeutig. Maßgeblich ist aber die Grundrechtsrelevanz vor dem Hintergrund der Intensität des staatlichen Eingriffs in die Freiheit des Einzelnen oder die Bedeutsamkeit des staatlichen Handelns für die Verwirklichung des Grundrechtsschutzes (BVerfGE 34, 165 (192 f.); 40, 149 (237); 47, 46 (79); 49, 89 (127); 57, 295 (321); 62, 169 (182 f.)).

Ob der Verordnungsgeber von einer ihm zulässigerweise erteilten Ver- **195** ordnungsermächtigung Gebrauch macht oder nicht, steht maßgeblich in seinem Entschließungsermessen. Nur ausnahmsweise kann sich aus dem Wortlaut oder dem Sinn und Zweck der Ermächtigung ergeben, dass der Verordnungsgeber in einer konkreten Situation verpflichtet ist, eine Verordnung zu erlassen.

Im Gegensatz zur bundesrechtlichen Vorschrift des Art. 80 GG enthält **196** Art. 38 S. 1 LVerf SH keinerlei Bestimmungen hinsichtlich der Ermächtigungsadressaten für die Normsetzungsbefugnisse. Möglich sind daher Delegationen von Normsetzungsbefugnissen nicht nur an die Landesregierung und einzelne Landesminister, sondern auch an andere Behörden und der Landesverwaltung an sich (vgl. nur § 175 Abs. 1 LVwG als Ermächtigung für die Landes-, Kreis- und örtlichen Ordnungsbehörden).

Nicht unter Art. 70 LVerf SH fallen die Ermächtigungsgrundlagen für **197** solche Rechtsverordnungen, die die Landesregierung selbst aufgrund einer bundesrechtlichen Verordnungsermächtigung erlässt. Hier ist Art. 80 GG einschlägig, da es sich um eine Delegation seitens des Bundesgesetzgebers handelt. Nichts desto trotz sind solche Rechtsverordnungen, die von der Landesregierung erlassen werden, dem Landesrecht zuzuordnen (BVerfGE 18, 407 (414)).

Nach Art. 38 Abs. 1 S. 3 LVerf SH ist es zwingend erforderlich, dass der **198** Verordnungsgeber die zu Grunde liegende Rechtsgrundlage (die Verordnungsermächtigung) in der Verordnung nennt (Zitiergebot; hierzu *Ossenbühl*, in: HStR V, § 103 Rn. 71). Dieses Formerfordernis dient der leichteren Überprüfung der Rechtsverordnung auf ihre Zulässigkeit hin. So kann leicht festgestellt werden, ob der Verordnungsgeber sich im Rahmen der ihm durch die Verordnungsermächtigung gegebenen qualitativen und quantitativen Grenzen gehalten halt (OVG SH, NVwZ-RR 2000, 588 (589)). Auch kann sich der Verordnungsgeber selbst dadurch leichter über sein Normsetzungsprogramm und seine erlassene Verordnung vergewissern. Die Angabe der Rechtsgrundlage muss daher auch näher spezifiziert werden. Die Ermächtigung sollte möglichst konkret nach ihrem Paragraphen, Absatz und Satz bezeichnet sein. Basiert die Verordnung auf unterschiedlichen Rechtsgrundlagen (sog. Mischverordnung), so reicht es aus, wenn alle relevanten Rechtsgrundlagen in einer vollständigen Zusammenstellung in der Verordnung aufgelistet sind. Dabei müssen die einzelnen Verordnungsteile aber nicht den entsprechenden Rechtsgrundlagen zugeordnet sein. Ist dem Zitiergebot nicht entsprochen worden, so ist die gesamte Verordnung nichtig. Zum Inkrafttreten müssen Rechtsverordnungen von der Stelle, die sie erlassen hat, ausgefertigt und im Gesetz- und Verordnungsblatt verkündet werden (Art. 39 Abs. 2 LVerf SH).

199   Zum Erlass von Rechtsverordnungen sind gemäß § 53 LVwG SH zum einen Landesbehörden sowie Behörden der Gemeinden, Kreise und Ämter, soweit ihnen Aufgaben zur Erfüllung nach Weisung übertragen worden sind (§ 175 LVwG), berechtigt. Darüber hinaus beinhalten die § 54 ff. LVwG SH weitere verfahrensrechtliche Voraussetzungen u.a. im Hinblick auf Form, Inhalt und Bekanntmachung von Rechtsverordnungen.

5. Satzungen

200 Nicht in der Landesverfassung ist die ebenfalls der exekutiven Normsetzung zuzurechnende Satzungsgebung (hierzu und zu den folgenden Aussagen *Mann*, in: HStR VI, § 146 Rn. 18 ff.) erwähnt. Zwar stellt diese ebenso wie die Verordnungsgebung eine abgeleitete Rechtssetzungsbefugnis dar. Dennoch ist Art. 38 LVerf SH auf die Satzungsgebung nicht anwendbar. Der Grund hierfür liegt in der unterschiedlichen Rechtsqualität der Satzungs- und Verordnungsgebung. Die Verordnungsgebung stellt in erster Linie die Weiterleitung originärer parlamentarischer Kompetenzen an die Exekutive dar. Die Satzungsgebung hingegen beruht auf dem Ausfluss einer dem Satzungsgeber verfassungsrechtlich oder einfachgesetzlich zuerkannten Autonomie im Rahmen des Rechts auf Selbstverwaltung. Die Satzungshoheit kommt daher ausschließlich juristischen Körperschaften des öffentlichen Rechts zu, namentlich den Gemeinden (Art. 46 Abs. 1 LVerf SH), aber auch den Hochschulen (§ 6 Abs. 2 HSG). Ähnlich wie bei Verordnungen unterliegt die Satzungsgebung aber auch den Grenzen der Wesentlichkeitstheorie. In grundrechtsintensive Bereiche kann daher durch oder aufgrund Satzung nur dann eingegriffen werden, wenn das Parlament den Satzungsgeber hierzu ausdrücklich ermächtigt.

201   Die für eine Satzung erforderliche Form ist in § 66 LVwG SH geregelt. Dieser setzt u.a. voraus, dass eine Satzung stets als solche bezeichnet und die zum Erlass der Satzung ermächtigende Norm enthalten sein muss. Im Übrigen müssen Satzungen gemäß § 67 LVwG SH inhaltlich bestimmt sein und dem Vorrang des Gesetzes entsprechend in keinem Widerspruch zu

sonstigen formellen Gesetzen oder Verordnungen stehen. Satzungen sind
nach § 68 LVwG SH stets amtlich bekannt zu machen.

II. Exekutive Staatsfunktionen

Im Gegensatz zur gesetzgebenden Funktion des Parlaments und der recht-   **202**
sprechenden Funktion der Judikative bleiben die Konturen der exekutiven
Staatsfunktionen zunächst verfassungsrechtlich unscharf. Nach der historisch begründeten „Substraktionsformel" ist unter Exekutive all diejenige
Staatstätigkeit zu fassen, die eben nicht Gesetzgebung oder Rechtsprechung ist (vgl. insgesamt zur Exekutive *di Fabio*, in: HStR II, § 27
Rn. 22 ff.). Im eigentlichen Wortsinn bedeutet Exekutive allerdings Vollzug. Hierzu zählt natürlich in erster Linie der Gesetzesvollzug. Zum Vollzug i.S.d. Verfassung zählt aber durch Art. 29 Abs. 1 LVerf SH weiter
auch die politische Gestaltung des staatlichen und gesellschaftlichen Lebens, da der Ministerpräsident als Teil der Exekutive die Richtlinien der
Regierungspolitik bestimmt (*Nolte*, in: Caspar/Ewer/ders./Waack, Verfassung des Landes Schleswig-Holstein, Art. 29 Rn. 7 ff.). Der Bereich der
politischen Gestaltung umfasst die Führung und Organisation der Exeku-
tivorgane, die staatliche Planung, insbesondere die Haushaltsplanung gemäß Art. 50 Abs. 3 LVerf SH, das Gesetzesinitiativrecht gemäß Art. 37
Abs. 1 LVerf SH, die Befugnis zum Abschluss von Staatsverträgen gemäß
Art. 30 Abs. 2 (ggf. mit Zustimmung des Landtages), das Begnadigungs-
recht gemäß Art. 32 Abs. 1 LVerf SH und der Erlass von Rechtsverordnungen und Verwaltungsvorschriften. Hinzu treten noch die durch das
Grundgesetz vorgegebenen Aufgaben der Länder wie etwa die Vertretung
des Landes im Bundesrat (Art. 51 Abs. 1 GG) oder der Durchführung von
Bundesgesetzen (Art. 83 ff. GG).

Die schleswig-holsteinische Landesverwaltung ist dual strukturiert. Sie   **203**
besteht aus der unmittelbaren und mittelbaren Landesverwaltung. Während sich die unmittelbare Landesverwaltung üblicherweise durch einen
dreistufigen Aufbau (Oberstufe, Mittelstufe und Unterstufe) auszeichnet,
besteht in Schleswig-Holstein durch Verzicht auf eine Mittelstufe hingegen
nur eine zweistufige Verwaltungsorganisation. Zur Oberstufe gehören
sowohl die obersten Landesbehörden (§ 5 LVwG SH), als auch die Landesoberbehörden (§ 7 LVwG SH). Oberste Landesbehörden sind u.a. die
Landesregierung, der oder die Ministerpräsident/in und die Ministerien
sowie der Landesrechnungshof. Landesoberbehörden hingegen sind z.B.
das Landeskriminalamt, das Finanzverwaltungsamt sowie das schleswig-
holsteinische Oberverwaltungs- und Oberlandesgericht. Die unteren Landesbehörden nach § 7 LVwG SH bilden die Unterstufe innerhalb der
schleswig-holsteinischen Behördenorganisation. Dazu gehören u.a. der
Landrat als untere Landesbehörde, die Polizeidirektionen, das Schulamt
sowie die Verwaltungs- und Amtsgerichte (*Maurer*, Allg. VerwaltungR,
§ 22 Rn. 14 ff.).

F. Plebiszitäre Elemente der Landesverfassung

204 Im Gegensatz zum Grundgesetz sind in Abschnitt fünf der Landesverfassung plebiszitäre Mitwirkungsmöglichkeiten für die Bürger des Landes enthalten (vgl. insgesamt dazu *Herdegen*, in: HStR VI, § 129 Rn. 14 ff.). Zwar ist in Art. 20 Abs. 2 GG auch die Möglichkeit von Volksabstimmungen vorgesehen. Nach herrschender Meinung soll dies auf bundesrechtlicher Ebene aber lediglich die bestehenden im Grundgesetz selbst vorgesehenen Volksabstimmungen legitimieren, nicht aber darüber hinaus plebiszitären Elementen Raum schaffen, die durch Bundesgesetz eingeführt werden könnten (*Grzeszick*, in: Maunz/Dürig, GG, Band III, Art. 20 Rn. 111 ff.). Im Grundgesetz selbst ist aber lediglich für die Möglichkeit der Neugliederung des Bundesgebietes eine Volksabstimmung vorgesehen (Art. 29 GG).

205 Indes geht die schleswig-holsteinische Landesverfassung zwar vom Primat der repräsentativen Demokratie aus, es sind aber deutliche Hinweise darauf gegeben, dass die Bürger auch direkt Einfluss nehmen können sollen (vgl. Art. 2 Abs. 2 S. 1 und 2, 3 Abs. 1, 37 Abs. 1 LVerf SH). In der Landesverfassung ist hierfür in Art. 41 f. LVerf SH ein dreistufiges Verfahren normiert worden, das von der Volksinitiative über das Volksbegehren zum Volksentscheid führt.

I. Volksinitiativen

206 Durch eine Volksinitiative soll erreicht werden, dass sich der Landtag mit Gegenständen der politischen Willensbildung befasst, die zwar nicht notwendigerweise die Gesetzgebung betreffen. Der Initiative kann aber auch nach Art. 41 Abs. 1 S. 2 LVerf SH ein mit Gründen versehener Gesetzesentwurf zugrunde liegen. Gegenstände von Volksinitiativen müssen sich immer im Rahmen der Zuständigkeit des Landtages bewegen, sonst sind sie unzulässig, Art. 41 Abs. 1 S. 1 LVerf SH. Allerdings ist es wohl bei anderen Gegenständen der politischen Willensbildung zulässig, Initiativen an den Landtag zu richten, die sich auf bundespolitische Angelegenheiten beziehen, soweit sie das Abstimmungsverhalten der Landesregierung im Bundesrat betreffen und lediglich den Charakter einer Empfehlung aufweisen (*Caspar*, in: ders./Ewer/Nolte/Waack, Verfassung des Landes Schleswig-Holstein, Art. 41 Rn. 18). Des Weiteren sind Initiativen über den Haushalt, Dienst- und Versorgungsbezüge und öffentliche Abgaben im Rahmen einer Initiative nicht erlaubt.

207 Eine erfolgreiche Initiative muss von mindestens 20.000 stimmberechtigten Bürgern unterzeichnet sein. Über die formelle Zulässigkeit des Antrags stimmt der Landtag ab (Art. 41 Abs. 3 LVerf SH). Das nähere wird über das Volksabstimmungsgesetz geregelt (vgl. Art. 41 Abs. 4 LVerf SH). Wird einer Volksinitiative allerdings nicht entsprochen, so macht dies den Weg

für die weiteren Verfahrensebenen frei, bei denen Vorschläge des Volkes auch gegen den Willen des Landtages durchgesetzt werden können. Die Volksinitiative kann daher ein Durchgangsstadium für die weitere Befassungskompetenz des Volkes darstellen.

II. Volksbegehren und Volksentscheid

Für die eigentliche Volksgesetzgebung als materiell-rechtlicher Entscheidungsbefugnis des Volkes (gemeint ist das Landesvolk i.S.d. § 1 VAbstG) gegenüber dem Parlament sieht die Landesverfassung ein zweistufiges Verfahren vor, das sich so auch auf kommunaler Ebene wiederfinden lässt (vgl. §§ 16g GO und 16f KO): Auf der ersten Stufe steht das Volksbegehren, dessen primäres Ziel der Erlass, die Änderung oder die Aufhebung eines Gesetzes durch den Landtag ist. Folgt der Landtag dem Anliegen des Volksbegehrens nicht, so kann das Ziel über den Volksentscheid herbeigeführt werden. **208**

Stimmt der Landtag einem Gesetzesentwurf oder einer anderen Vorlage i.S.d. Art. 41 Abs. 1 LVerf SH nicht innerhalb einer Frist von vier Monaten zu, so sind die Initiatoren berechtigt, ein Volksbegehren zu beantragen. Für dessen Zulässigkeit gelten die gleichen Regeln wie für eine Volksinitiative und ebenso entscheidet der Landtag über die Zulässigkeit des Volksbegehrens (Art. 42 Abs. 1 S. 3 LVerf SH; §§ 11 Abs. 1, 2; 12 VAbstG). **209**

Ist das Volksbegehren für zulässig erklärt worden, so müssen für ein erfolgreiches Begehren innerhalb eines halben Jahres mindestens fünf vom Hundert der Stimmberechtigten dem Begehren zugestimmt haben, Art. 42 Abs. 1 S. 5 LVerf SH. Dann ist das Volksbegehren zustande gekommen. Wurde das Begehren vom Landtag für unzulässig erklärt, so kann auf Antrag der Landesregierung oder ein Viertel der Abgeordneten des Landtages, das Landesverfassungsgericht angerufen werden, um über die Vereinbarkeit des beanstandeten Verfahrens mit Art. 41 Abs. 1 S. 1 und 2 oder Abs. 2 LVerf SH zu entscheiden. **210**

Nach Zustandekommen des Volksbegehrens muss gemäß § 42 Abs. 2 LVerf SH innerhalb von neun Monaten über die Vorlage, d.h. den Gesetzesentwurf oder den anderen Gegenstand der politischen Willensbildung, ein Volksentscheid durchgeführt werden. Dafür ist der Entwurf oder die Vorlage ohne Stellungnahme in angemessener Form zu veröffentlichen (Art. 42 Abs. 3 S. 1 LVerf SH). Hierdurch soll eine einseitige Beeinflussung der Bevölkerung durch den Landtag verhindert werden. Es gilt sowohl Abstimmungsfreiheit als auch Abstimmungsgleichheit (*Hübner*, in: v. Mutius/Wuttke/ders., Landesverfassung, Art. 42 Rn. 7). Das Verfahren endet durch Beschluss des Landtages, ob der Volksentscheid positiv beschieden wurde (§ 26 Abs. 1 VAbstG). Einem Volksentscheid kann der Landtag jedoch durch die Zustimmung zum Gegenstand des Volksbegehrens abhelfen. Ein Volksentscheid ist dann ausgeschlossen. **211**

212   Ferner findet ein Volksentscheid nicht statt, wenn gemäß Art. 42 Abs. 2 S. 3 Nr. 2 LVerf SH vom Landesverfassungsgericht zuvor die Unzulässigkeit des vorangegangenen Volksbegehrens festgestellt wurde.

213   Für die Annahme eines Volksentscheides bedarf es sowohl der Zustimmung eines Viertels der Stimmberechtigten als auch der einfachen Mehrheit der abgegebenen Stimmen insgesamt. Bei einer Verfassungsänderung erhöht sich diese Quote auf mindestens die Hälfte aller Stimmberechtigten, die zugestimmt haben müssen und zwei Drittel der abgegebenen Stimmen, die insgesamt für den Volksentscheid abgegeben worden sein müssen (Art. 42 Abs. 4 S. 1 und 2 LVerf SH).

214   Das positive Zustandekommen eines Volksentscheides, welches qualitativ einem Parlamentsgesetz gleich kommt, hindert den Gesetzgeber aber nicht, das durch den Volksentscheid durchgesetzte Gesetz durch ein aufhebendes Gesetz wieder zu beseitigen (VG Schleswig, NVwZ-RR 2000, 434 (434 ff.) zur Rechtschreibreform).

§ 2. Kommunalrecht

Literaturhinweise:

Lehrbücher: *Brüning*, Kommunalverfassung, in: Ehlers/Fehling/Pünder (Hrsg), Besonderes Verwaltungsrecht Band 3, 3. Auflage, 2013; *Burgi*, Kommunalrecht, 4. Auflage, 2012; *Burgi*, Kommunalrecht, in: Dietlein/Burgi/Hellermann, Öffentliches Recht in Nordrhein-Westfalen, 2. Auflage, 2007; *Erichsen*, Kommunalrecht des Landes Nordrhein-Westfalen, 2. Auflage, 1997; *Geis*, Kommunalrecht, 2. Auflage, 2011; *Gern*, Deutsches Kommunalrecht, 3. Auflage, 2002; *Hufen*, Verwaltungsprozessrecht, 9. Auflage, 2013; *Mann/Elvers, Knemeyer, Bethge* sowie *Ehlers*, in Mann/Püttner (Hrsg), Handbuch der kommunalen Wissenschaft und Praxis, Band 1 – Grundlagen und Kommunalverfassung, 3. Auflage, 2007; *Maurer*, Allgemeines Verwaltungsrecht, 18. Auflage, 2011; *von Mutius*, Kommunalrecht, 1996; *von Mutius*, in Schmalz/Ewer/von Mutius/Schmidt-Jortzig (Hrsg), Staats- und Verwaltungsrecht für Schleswig-Holstein, 1. Auflage, 2002; Neue Schriften des Deutschen Städtetages 1–5 – Die Preußische Städteordnung von 1808, 1957; *Papenkopf*, Kommunalrecht Band 1 – Verfassungsrecht, 2. Auflage, 1975; *Pohl* sowie *Menger*, in: von Mutius (Hrsg), Selbstverwaltung im Staat der Industriegesellschaft – Festgabe zum 70. Geburtstag von Georg Christoph von Unruh, 1983; *Papier*, Recht der öffentlichen Sachen, in: Erichsen/Ehlers (Hrsg), Allgemeines Verwaltungsrecht, 14. Auflage, 2010; *Stober*, Kommunalrecht in der Bundesrepublik Deutschland, 3. Auflage, 1996; *Röhl*, Kommunalrecht, in: Schoch (Hrsg), Besonderes Verwaltungsrecht, 15. Auflage, 2013; *Seewald*, Kommunalrecht, in: Steiner (Hrsg), Besonderes Verwaltungsrecht, 8. Auflage, 2006.
Kommentare: *Bracker/Dehn*, Gemeindeordnung Schleswig-Holstein – Kommentar, 10. Auflage, 2013; *Bracker/Dehn/Erps*, Kreisordnung für Schleswig-Holstein – Kommentar, 3. Auflage, 2004; *Dreier*, in Ders., Grundgesetz – Kommentar Band II, 2. Auflage, 2006; *Einsele*, in: Münchener Kommentar, Bürgerliches Gesetzbuch, Allgemeiner Teil, Band 1, §§ 1–240, 6. Auflage, 2012; *Ellenberger*, in: Palandt, Kommentar zum Bürgerlichen Gesetzbuch, 72. Auflage, 2013; *Foerster*, Landesverwaltungsgesetz – Kommentar, Stand: 1983; *Hefermehl*, in: Soergel, Bürgerliches Gesetzbuch, Allgemeiner Teil 2, §§ 104–240, 13. Auflage, 1999; *Jarass/Pieroth*, GG – Grundgesetz für die Bundesrepublik Deutschland – Kommentar, 12. Auflage, 2012; *Kopp/Schenke*, Verwaltungsgerichtsordnung – Kommentar, 17. Auflage, 2011; *Kuhn*, Landesverwaltungsgesetz – Kommentar, 1968; *Löwer*, in: von Münch/Kunig (Hrsg), Grundgesetzkommentar, Band 2, 5. Auflage, 2001; *von Mutius/Rentsch*, Kommunalverfassungsrecht Schleswig-Holstein, Band 1, 6. Auflage, 2003; *Nierhaus*, in Sachs: GG – Grundgesetz – Kommentar, 5. Auflage, 2009; *Rentsch/Ziertmann*, Gemeindeverfassungsrecht Schleswig-Holstein, 2008; *Sannwald*, in: Schmidt/Bleibtreu/Klein, Kommentar zum Grundgesetz, 10. Auflage, 2004; *Schliesky, Dehn, Borchert, Bülow* sowie *Lütje/Husvogt*, in Praxis der Kommunalverwaltung, Landesausgabe Schleswig-Holstein B1 – Gemeindeordnung, Stand: Mai 2013.
Aufsätze: *Bauer/Krause*, Innerorganisatorische Streitigkeiten im Verwaltungsprozess, Juristische Schulung (JuS) 1996, 512 ff.; *Brohm*, Die Eigenständigkeit der Gemeinden, Die öffentliche Verwaltung (DÖV) 1986, 397 ff.; *Burgi*, Kommunale Alleingänge in der Umwelt- und Sozialpolitik, Verwaltungsarchiv (VerwArch), Band 90 (1999), 70 ff.; *Dolderer*, Wie viel Parlament ist der Gemeinderat –

Zugleich ein Beitrag zum Status von Politikern auf Bundes-, Landes- und kommunaler Ebene, DÖV 2009, 146 ff.; *Ehlers*, Kommunalaufsicht – Hochschulaufsicht, Deutsches Verwaltungsblatt (DVBl.) 1985, 943 ff.; *Ehlers*, Die verfassungsrechtliche Garantie der kommunalen Selbstverwaltung, DVBl. 2000, 1301 ff.; *Ehlers*, Rechtsverhältnisse in der Leistungsverwaltung, DVBl. 1986, 912 ff.; *Ehlers*, Die Klagearten und besonderen Sachentscheidungsvoraussetzungen im Kommunalverfassungsstreitverfahren, Neue Zeitschrift für Verwaltungsrecht (NVwZ) 1990, 105 ff.; *Ernst*, Das Demokratieprinzip im kommunalen Gefüge – Zur mangelnden demokratischen Legitimation der schleswig-holsteinischen Ämter, NVwZ 2010, 816 ff.; *Hoppe*, Organstreitigkeiten und organisationsrechtliche subjektive öffentliche Rechte, DVBl. 1970, 845 ff.; *Martensen*, Grundfälle zum Kommunalverfassungsstreit, JuS 1995, 1077 ff.; *Meister*, Der Kommunalverfassungsstreit, Juristische Arbeitsblätter (JA) 2004, 414 ff.; *Oster*, Nochmals: Aussetzung von Beschlüssen, Deutsche Verwaltungspraxis (DVP) 1997, 127; *Rennert*, Die Klausur im Kommunalrecht, JuS 2008, 29 ff.; *Rittstieg*, Juniorwahlrecht für Inländer fremder Staatsangehörigkeit, Neue Juristische Wochenschrift (NJW) 1989, 1018 ff.; *Riotte/Waldecker*, Zur Einordnung der Pflichtaufgaben zur Erfüllung nach Weisung in den Zuständigkeitskatalog des § 73 Abs. 1 VwGO, Verwaltungsblätter Nordrhein-Westfalen (NWVBl) 1995, 401 ff.; *Roling*, Die Entwertung der niedersächsischen Subsidiaritätsklausel, NVwZ 2009, S. 226 ff.; *Ruff*, Der Beschluss des Gemeinderats über kommunale Grundstücksgeschäfte, Zeitschrift Kommunaljurist (KommJur) 2009, 201 ff.; *Schnapp*, Dogmatische Überlegungen zu einer Theorie des Organisationsrechts, Archiv des öffentlichen Rechts (AöR), Band 105 (1980), 243 ff.; *Schoch*, Der Kommunalverfassungsstreit im System des verwaltungsgerichtlichen Rechtsschutzes, – OVG Koblenz, NVwZ 1985, 283, JuS 1987, 783 ff.; *Schoch*, Die staatliche Fachaufsicht über Kommunen, Juristische Ausbildung (Jura) 2006, 358 ff.; *Schoch*, Zum sachlichen Geltungsbereich des kommunalen Vertretungsverbots, NVwZ 1984, 626 ff.); *Sodan*, Der Anspruch auf Rechtsetzung und seine prozessuale Durchsetzbarkeit, NVwZ 2000, 601 ff.; *Starke*, Grundfälle zur Kommunalverfassungsbeschwerde, JuS 2008, 319 ff.; *Vietmeier*, Die Rechtsstellung der Kommunen im übertragenen Wirkungskreis, DVBl. 1993, 190 ff.

Zeitschriften sowie Gesetzesblätter: Neben den bereits zitierten Zeitschriften wurden folgende Zeitschriften insbesondere zum Nachweis von Rspr. verwendet: Rechtsprechungs-Report Verwaltungsrecht (NVwZ-RR); Landes- und Kommunalverwaltung (LKV); Die Gemeinde; Bayrisches Verwaltungsblatt (BayVBl); Verwaltungsblätter Baden-Württemberg (VBlBW); Zeitschrift für öffentliches Recht in Norddeutschland (NordÖR); Schleswig-Holsteinische Anzeigen (SchlHA); Bundesgesetzblatt (BGBl.); Gesetz- und Verordnungsblatt Schleswig-Holstein (GVOBl. Schl.-H.); Sammlung der Rechtsprechung des Europäischen Gerichtshofes (EuGH Slg.).

A. Einführung[*]

Das Kommunalrecht ist neben dem Polizei- und Ordnungsrecht sowie dem **1**
Öffentlichen Baurecht ein weiteres examenrelevantes Teilgebiet des besonderen Verwaltungsrechts. Nach § 3 Abs. 5 Nr. 4 b) JAVO werden von
dem Examenskandidaten Kenntnisse im Bereich des Kommunalrechts in
Hinblick auf die verfassungsrechtlichen Grundlagen, die Aufgaben der
Gemeinden, Kreise und Ämter einschließlich ihrer wirtschaftlichen Betätigung, die Kommunalverfassung sowie Kommunalaufsicht, verlangt. Die
folgende Darstellung vertieft insbesondere diese Aspekte.

I. Die Stellung der Kommunen im Staat

Die kommunale Selbstverwaltung ist eine besondere Organisationsform **2**
der Staatsverwaltung, indem über Bund und Länder hinaus weitere Verwaltungsträger geschaffen (sog. mittelbare Staatsverwaltung) und mit dem
Recht der Selbstverwaltung ausgestattet werden (Selbstverwaltungskörper-
schaften). Selbstverwaltung ist in Deutschland aber keineswegs nur den
Kommunen vorbehalten; vielmehr bestehen daneben vielfältige Formen
funktionaler Selbstverwaltung, z.B. durch berufsständische Kammern (Ärz-
tekammer, Rechtsanwaltskammer), Kammern der Wirtschaft (Handwerks-
kammer, IHK) oder Sozialversicherungsträger und Realkörperschaften
(Wasserverbände). Die wichtigste Erscheinungsform der Selbstverwaltung
stellen jedoch die Kommunen dar. Unter dem Begriff der Kommunen werden die Gemeinden und Kreise sowie andere Gemeindeverbände zusammengefasst (vgl. Art. 46 LVerf).

1. Einordnung der Kommunen in den Staatsaufbau

Die Kommunen stehen staatsorganisationsrechtlich auf Seiten der Länder **3**
(vgl. *Burgi*, § 2 Rn. 3; *Röhl*, in: Schoch, Bes. VerwR, 1. Kap. Rn. 16) und
bilden keine eigenständige Ebene der Verwaltungsorganisation. Dies folgt
zum einen aus der Stellung des Art. 28 GG im Abschnitt „Bund und Länder"; zum anderen räumt Art. 28 Abs. 2 S. 1 GG den Gemeinden gerade
keine eigene Staatlichkeit ein, sondern nur das Recht auf Selbstverwaltung,
die Staatlichkeit ist in Deutschland allein zwischen Bund und Ländern aufgeteilt (vgl. *Burgi*, § 2 Rn. 3). Deutlich wird dies v.a. in Art. 106 Abs. 9 GG
(vgl. aber auch Art. 1 LVerf).
    Auch das Kommunalrecht als Rechtsmaterie fällt nicht unter eine der **4**
dem Bund in Art. 73, 74 GG zugewiesenen Gesetzgebungszuständigkeiten

---

[*] Für maßgebliche Unterstützung bei der Abfassung dieses Kapitels danke ich meinen
wiss. Mitarbeiterinnen *Rena Klotzsch* und *Anna Pieronczyk*.

und ist somit nach der grundsätzlichen Aufgabenverteilungsregel der Art. 30 i.V.m. 70 Abs. 1 GG Sache der Länder (BVerfGE 22, 180 (210); BVerwGE 6, 19 (22)).

a) Mittelbare und unmittelbare Landesverwaltung

5   Innerhalb des Aufbaus der Landesverwaltung ist zwischen der mittelbaren und der unmittelbaren Verwaltung zu unterscheiden. Wie die Verwaltung des Bundes ist auch die der Länder zweigliedrig aufgebaut.

6   Zur „unmittelbaren" Landesverwaltung gehören solche Verwaltungseinheiten, die nicht selbst Verwaltungsträger sind, sondern als Organe eines Verwaltungsträgers dessen Aufgaben erfüllen. (*Burgi*, § 2 Rn. 4; vgl. auch *Maurer*, § 22 Rn. 1 ff.). Darunter fallen die Landesbehörden (§ 4 LVwG SH), z.B. die Landesregierung, die Ministerien und Landesämter.

7   Im Gegensatz zu den meisten anderen Flächenländern ist die unmittelbare Landesverwaltung in Schleswig-Holstein zweistufig aufgebaut, d.h. es gibt eine Oberstufe (die Ministerien als oberste Landesbehörden, § 5 LVwG SH, und die Landesämter als Landesoberbehörden, § 6 LVwG SH) und eine Unterstufe (untere Landesbehörden, § 7 LVwG SH, z.B. die Polizeidirektionen, Straßenbau-, Katasterämter), jedoch keine Mittelstufe (Bezirksregierungen).

8   Eine besondere Stellung nimmt in Schleswig-Holstein der Landrat ein, weil er eine Doppelfunktion innehat: Er kann als Organ des Kreises tätig werden (vgl. § 7 KrO) oder als untere Landesbehörde im Rahmen einer Organleihe (vgl. *Bracker/Dehn/Erps*, KrO-Komm., § 51 Rn. 15; allgemein zur Organleihe s. *Maurer*, § 21 Rn. 54 ff.). Organleihe bedeutet, dass der Landrat neben den Aufgaben seines Verwaltungsträgers (des Kreises) auch Aufgaben für das Land wahrnimmt, und insoweit funktionell und organisatorisch dem Land als Verwaltungsträger zugeordnet ist (BVerfGE 63, 1 (31 ff.)).

9   Folglich haftet bei einer Amtspflichtverletzung im Zuge der Organleihe nicht der Kreis, sondern das Land (vgl. § 6 ULBErrG [Gesetz über die Errichtung allgemeiner unterer Landesbehörden in Schl.-H.]). Wichtig wird die Unterscheidung zudem für die Frage der passiven Prozessführungsbefugnis. Wenn der Landrat als Kommunalorgan agiert, greift das Rechtsträgerprinzip des § 78 Abs. 1 Nr. 1 VwGO ein, so dass der richtige Klagegegner einer Anfechtungs- oder Verpflichtungsklage der Kreis ist. Handelt der Landrat jedoch als untere Landesbehörde, gilt das Behördenprinzip laut § 78 Abs. 1 Nr. 2 VwGO i.V.m. § 6 AGVwGO; der richtige Klagegegner ist daher der Landrat selbst.

10 Unter dem Begriff „mittelbare" Landesverwaltung versteht man demgegenüber, dass der Staat – in diesem Fall das Land Schleswig-Holstein – seine Aufgaben nicht selbst mittels eigener Organe erfüllt, sondern sie einer anderen, rechtlich selbständigen Organisation überträgt bzw. überlässt (*Maurer*, § 23 Rn. 1). Die Kommunen sind als (Gebiets-)Körperschaften des öffentlichen Rechts (vgl. § 1 Abs. 2 GO, § 1 Abs. 1 KrO) selbständige Träger von Staatsgewalt und damit Teil der mittelbaren Landesverwaltung. Sie sind rechtsfähig und damit wehrfähig. In der Sache obliegen ih-

nen – im Rahmen der Gesetze – alle Angelegenheiten der örtlichen Gemeinschaft zur eigenverantwortlichen Regelung (Art. 28 Abs. 2 S. 1 GG).

b) Begriff und Funktion der Selbstverwaltung

Zunächst ist der Begriff „Selbstverwaltung" zu definieren und welche **11**
Funktion die Selbstverwaltung einnimmt, die dem verfassungsgebenden
Gesetzgeber offenbar so bedeutsam erschien, dass sie in Art. 28 Abs. 2 GG
garantiert wurde.

Damit man von „Selbstverwaltung" sprechen kann, müssen bestimmte **12**
Voraussetzungen erfüllt sein: Es muss sich um *Verwaltungsaufgaben* handeln, die *eigenverantwortlich* in *öffentlich-rechtlicher Trägerschaft* unter
Mitwirkung der von den Aufgabenbereichen Betroffenen erfüllt werden
(vgl. *Maurer*, § 23 Rn. 2). Mit „Verwaltungsaufgaben" ist gemeint, dass
die Aufgaben durch Stellen des Staates (im weiteren Sinne) wahrgenommen
werden (vgl. *Burgi*, § 2 Rn. 8). Die Eigenverantwortlichkeit umfasst dabei
sowohl das „Ob" der Aufgabenerfüllung, als auch das „Wie". Die Betrof-
fenheit durch die Verwaltungsaufgaben bestimmt sich dabei nach der
räumlichen Zugehörigkeit zum Gemeindegebiet.

Die kommunale Selbstverwaltung hat dabei verschiedene Funktionen. **13**
Sie soll der Dezentralisierung von Staatsaufgaben dienen und den Staat
dadurch entlasten. Vor allem ist sie aber ein Mittel, um die Politik mit der
Gesellschaft zu vernetzen und den Bürgern die Möglichkeit der demokratischen Partizipation dort zu bieten, wo sie unmittelbar von politischen Entscheidungen betroffen sind. In diesem Zusammenhang wird davon gesprochen, dass sich die Kommunen als „Keimzelle der Demokratie" darstellen
(BVerfGE 79, 127 (149 f.)).

Die Bedeutung dieser demokratischen Legitimierung wird dadurch be- **14**
tont, dass an die Kommunen dieselben demokratischen Anforderungen
gestellt werden, wie an Bund und Länder bei der Ausübung unmittelbarer
Staatsverwaltung (Art. 28 Abs. 1 GG [sogenannte Homogenitätsklausel],
Art. 2 Abs. 2, 3 Abs. 1 LVerf), genauer gesagt, müssen die Volksvertretun-
gen auch auf kommunaler Ebene aus allgemeinen, unmittelbaren, freien,
gleichen und geheimen Wahlen hervorgegangen sein (*von Mutius*, in:
Schmalz/Ewer/von Mutius/Schmidt-Jortzig (Hrsg), Staats- und VerwR, SH,
S. 243 f.; *Geis*, § 5 Rn. 5; *Seewald*, in: Steiner, Bes. VerwR, I. Kap.
Rn. 49 ff.). Das Grundgesetz erlaubt darüber hinaus in Art. 28 Abs. 1
S. 4 GG die Einführung plebiszitärer Elemente („Gemeindeversammlun-
gen"), die in Schleswig-Holstein in den §§ 16a ff. GO verwirklicht werden.

2. Rechtsentwicklung und Rechtsgrundlagen

a) Geschichtliche Entwicklung der Selbstverwaltung

Die geschichtlichen Grundlagen der Selbstverwaltung können hier nur **15**
kurz angerissen werden. Das Wissen darum ist aber erforderlich für ein
tieferes Verständnis des Verhältnisses von Staatsverwaltung und kommunaler Selbstverwaltung (für einen ausführlicheren Einblick in die Geschich-

te der Selbstverwaltung siehe z.B. *von Mutius*, in: Schmalz/Ewer/von Mutius/Schmidt-Jortzig (Hrsg), Staats- und VerwR SH, S. 231 ff.; *Pohl* sowie *Menger*, in: von Mutius (Hrsg), Teil A, S. 3 ff.; S. 25 ff.).

16 Von kommunaler Selbstverwaltung nach dem heutigen Verständnis als eigenverantwortliche Aufgabenwahrnehmung durch dezentrale kommunale Gebietskörperschaften kann man erst seit Beginn des 19. Jahrhunderts sprechen. 1808 wurde die preußische Städteordnung (abgedruckt in: Neue Schriften des Dt. Städtetages 1–5 – Die Preußische Städteordnung von 1808, Teil II, S. 43 ff.) geschaffen, maßgeblich durch den Freiherrn vom Stein, der damit bislang politisch unmündige Bürger über die Gemeindeebene zur Mitwirkung im Staat motivieren wollte. Es entwickelte sich dadurch aber zunehmend ein Gegensatz zwischen monarchisch geführter Staatsverwaltung und liberal-demokratisch gesinnten Bürgerbewegungen auf Ortsebene. Diese Spannung wurde nach 1918 durch die Abschaffung der Monarchie und die Entwicklung zu einer egalitären Gesellschaftsordnung, den stärker werdenden Einfluss politischer Parteien und die Bürokratisierung der Kommunalverwaltung erheblich abgemildert. Während der nationalsozialistischen Herrschaft wurde die kommunale Selbstverwaltung durch die Gleichschaltung und das Führerprinzip praktisch entwertet. Nach Kriegsende wandelte sich dieses Bild wieder. Die Kommunen waren nach dem völligen Zusammenbruch des Staats die einzigen teilweise noch funktionierenden Organisationseinheiten. Deshalb nahmen sie sich insbesondere der dringenden Aufgaben der Nachkriegszeit an und bildeten so die Keimzellen für ein Wiederentstehen von Staatlichkeit in Deutschland. Mit dem Inkrafttreten des Grundgesetzes wurde schließlich die kommunale Selbstverwaltung in Anknüpfung an freiheitliche Traditionen ausdrücklich garantiert.

b) Rechtsgrundlagen

17 Das Kommunalrecht kann nicht unter eine dem Bundesgesetzgeber überlassene Materie subsumiert werden, so dass der Grundsatz der Zuständigkeit der Landesgesetzgeber durchgreift. Einige grundlegende Weichenstellungen zur kommunalen Organisation und Aufgabenerfüllung nimmt gleichwohl das Bundesverfassungsrecht in den Art. 28 Abs. 1 S. 2, 3, 4, Abs. 2 GG vor: In Art. 93 Abs. 1 Nr. 4b GG ist die kommunale Verfassungsbeschwerde geregelt, und im X. Abschnitt des Grundgesetzes finden sich Regelungen zum Finanzwesen, die auch Gemeinden und Gemeindeverbände betreffen.

18 Die größte Bedeutung in Bezug auf die Rechtsquellen des Kommunalrechts kommt jedoch dem Landesrecht zu. Hierzu gehören zum einen die landesverfassungsrechtlichen Bestimmungen in den Art. 46–49 LVerf, die unmittelbar die kommunale Selbstverwaltung statuieren. Zum anderen haben aber auch Strukturprinzipien und Zielbestimmungen, die an die Gemeinden und Gemeindeverbände gerichtet sind, erhebliche Bedeutung, z.B. Art. 2 Abs. 2 S. 2 LVerf (Prinzip der repräsentativen Demokratie), Art. 3 Abs. 1 LVerf (Wahlgrundsätze), Art. 5 Abs. 2 S. 1 LVerf (Schutz nationaler Minderheiten und Volksgruppen), Art. 6 S. 1 LVerf (Gleichstellung von Frauen und Männern) und viele mehr.

Auf einfachgesetzlicher Ebene sind v.a. die Gemeindeordnung für Schl.- **19**
H. (GO) in der Fassung vom 28.02.2003 (GVOBl. Schl.-H. 2003, 57,
letztmalig geändert durch Art. 1 des Gesetzes zur Stärkung der kommunalen Bürgerbeteiligung vom 22.02.2013, GVOBl. Schl.-H. 2013, 72), die
Kreisordnung für Schl.-H. (KrO) in der Fassung vom 28.02.2003 (GVOBl.
Schl.-H. 2003, 94, letzmalig geändert durch Art. 2 des Gesetzes zur Stär-
kung der kommunalen Bürgerbeteiligung vom 22.02.2013, GVOBl. Schl.-
H. 2013, 72), die Amtsordnung für Schl.-H. (AO) in der Fassung vom
28.02.2003 (GVOBl. Schl.-H. 2003, 112; zuletzt geändert durch Art. 3 des
Gesetzes zur Stärkung der kommunalen Bürgerbeteiligung vom
22.02.2013, GVOBl. Schl.-H. 2013, 72), das Gesetz über die kommunale
Zusammenarbeit (GkZ) vom 28.02.2003 (GVBl. Schl.-H. 2003, 122, zu-
letzt geändert durch Art. 4 des Gesetzes zur Stärkung der kommunalen
Bürgerbeteiligung vom 22.02.2013, GVOBl. Schl.-H. 2013, 72) sowie das
Landesverwaltungsgesetz (LVwG) für die Rechtsstellung, Organisation und
das Wirken der Gemeinden von Bedeutung. Daneben gibt es noch eine
Vielzahl weiterer landesgesetzlicher Regelungen, die Organisation und
Aufgabenerfüllung der Gemeinden betreffen, sowie Verwaltungsvorschrif-
ten, Richtlinien und allgemeine Erlasse, die als Innenrecht die kommunalen
Körperschaften bei der Ermessensausübung und Interpretation von Nor-
men leiten.

Hinzu kommen auf Ortsebene Satzungen, die die kommunalen Körper- **20**
schaften aufgrund einer generellen (z.B. § 4 Abs. 1 S. 1 GO) oder spezialgesetzlichen Ermächtigung (z.B. § 17 Abs. 2 GO, § 2 Kommunalabgaben-
gesetz [KAG] in der Fassung vom 10.01.2005 [GVOBl. 2005, 27],
§ 10 BauGB) erlassen und die – soweit sie sich im Rahmen der geltenden
Gesetze bewegen (vgl. dazu bspw. *Dreier*, in: Ders., GG, Art. 28 Rn. 134)
– in ihrem sachlichen und räumlichen Wirkungsbereich bindende Rechtsnormen darstellen. Als sog. Pflichtsatzungen, d.h. Satzungen, zu deren
Erlass die Gemeinden verpflichtet sind, sind die Hauptsatzung (§ 4 Abs. 1
S. 2 GO) und die jährliche Haushaltssatzung (§ 77 Abs. 1 GO) zu nennen
(vgl. dazu *Gern*, Dt. KommR, Rn. 267).

c) Europäisierung

Zunehmend bedeutsamer wird der Einfluss der Rechtsakte der Europäi- **21**
schen Union auf das Kommunalrecht und die Kommunalverwaltung. Nach
dem Vertrag von Maastricht (Vertrag über die Europäische Union) wurde
Art. 23 GG als neuer „Integrationsweg" Deutschlands in die Europäische
Union eingeführt. Die Norm regelt die Übertragung von Hoheitsrechten
auf die EU und kann somit grundsätzlich auch Grundlage für eine Übertragung von Rechten sein, die innerstaatlich den Kommunen zuzuordnen
sind. Die Einwirkungen der EU betreffen momentan hauptsächlich die
Vergabe öffentlicher Aufträge, das Beihilfenrecht, die Umweltpolitik und
die eigene Wirtschaftsbetätigung der Gemeinden und Kreise (vgl. hierzu
auch *Dietlein/Burgi/Hellermann*, § 2 Rn. 19). Im Rahmen des Anwen-
dungsvorranges des Unionsrechts sind auch die Kommunen verpflichtet,
das nationale Recht europarechtskonform auszulegen und im Kollisionsfall

hintanzustellen; bei fehlender Umsetzung von europäischen Richtlinien können diese unter Umständen auch direkt anzuwenden sein (lesenswert zur Begründung des Anwendungsvorrangs durch das BVerfG: BVerfGE 73, 339 – Solange II; 89, 155 – Maastricht; zur abweichenden Begründung des EuGH: EuGH Slg. 1964, 1251 – Costa./.ENEL).

22 Durch den am 01.12.2009 in Kraft getretenen Vertrag von Lissabon haben die Kommunen eine Stärkung ihrer Stellung erfahren (vgl. hierzu auch *Brüning*, in: Ehlers/Fehling/Pünder (Hrsg), Bes. VerwR, Bd. 3, 10. Kap., § 64 Rn. 60), indem sich die Union etwa in Art. 4 Abs. 2 S. 1 EUV verpflichtet, die Gleichheit der Mitgliedstaaten vor den Verträgen und ihre jeweilige nationale Identität, die in ihren grundlegenden politischen und verfassungsmäßigen Strukturen einschließlich der regionalen und lokalen Selbstverwaltung zum Ausdruck kommt, zu achten. Des Weiteren wurde ein Ausschuss der Regionen eingeführt, der sich aus Vertretern der regionalen und lokalen Gebietskörperschaften zusammensetzt und eine beratende Funktion einnimmt (vgl. Art. 300 Abs. 1 und 3 AEUV).

23 In diesem Zusammenhang ist die Einführung des kommunalen EU-Ausländerwahlrechts erwähnenswert, die mit der Schaffung der Unionsbürgerschaft durch den Vertrag von Maastricht einherging (RiLi 94/80/EG des Rates v. 19.12.1994). Nach Art. 28 Abs. 1 S. 3 GG, welcher aufgrund des Gesetzes vom 21.12.1992 (BGBl. 1992, Teil I, 2086) neu in das Grundgesetz eingeführt wurde, sind EU-Ausländer auf kommunaler Ebene wählbar und wahlberechtigt.

24 Schleswig-Holstein wollte bereits im Jahr 1989 eine Regelung schaffen, die es Angehörigen der Staaten Dänemark, Irland, Niederlande, Norwegen, Schweden und Schweiz, die seit mindestens fünf Jahren berechtigt im Inland leben, gestatten, an Gemeinde- und Kreiswahlen teilzunehmen. Diese Regelung lehnte das Bundesverfassungsgericht (BVerfGE 83, 37 ff.) jedoch als verfassungswidrig ab. Der (Landes-) Gesetzgeber sei bei der Ausgestaltung des Wahlrechts an die Wahlrechtsgrundsätze in Art. 28 Abs. 1 S. 2 GG gebunden. Dort werde vom „Volk" gesprochen. Laut Bundesverfassungsgericht sei der Begriff „Volk" in Art. 28 GG genauso zu verstehen wie in Art. 20 GG – gemeint ist hiernach das aus den Deutschen bestehende Staatsvolk (BVerfGE 83, 37 (53); 83, 60 (71)). Somit gehörten ausländische Bürger nicht zum Volk i.S.d. Art. 28 GG (a.A. OVG Nds., DÖV 1985, 1067 ff.: Art. 28 GG belasse für die Entscheidung, ob auch nichtdeutschen Einwohnern zu den Kommunalwahlen das aktive Wahlrecht eingeräumt werde oder nicht, einen eigenen Gestaltungsspielraum. *Rittstieg*, NJW 1989, 1018 f., sagte darüber hinaus, dass der Einbezug von Nichtdeutschen in die Wahl auf Gemeindeebene der Verwirklichung der von der Verfassung geforderten demokratischen Vertretung angesichts einer vollzogenen Einwanderung und der europäischen Freizügigkeit diene). Mit Einführung des Art. 28 Abs. 1 S. 3 GG, durch welchen der europäischen Integration Rechnung getragen wurde, hat sich diese Problematik erledigt.

II. Verfassungsgarantien der kommunalen Selbstverwaltung

Das Recht der kommunalen Selbstverwaltung ist auf Bundesebene (Art. 28 **25** Abs. 2 GG) und auf Landesebene (Art. 46 LVerf) verfassungsrechtlich geschützt. Den Gemeinden wird in Art. 28 Abs. 2 GG eine Garantie dafür gegeben, alle Angelegenheiten der örtlichen Gemeinschaft im Rahmen der Gesetze in eigener Verantwortung regeln zu dürfen. Art. 46 LVerf geht sogar noch darüber hinaus, indem Absatz 1 die Gemeinden dazu „im Rahmen ihrer Leistungsfähigkeit verpflichtet". Diese Bestimmung ist zulässig, da in Art. 28 Abs. 2 GG lediglich eine Mindestgarantie festgelegt ist, über die der Landesgesetzgeber bei der Ausfüllung der kommunalen Selbstverwaltungsgarantie auf landesverfassungsrechtlicher Ebene hinaus gehen darf (vgl. *Burgi*, § 6 Rn. 2).

1. Art. 28 Abs. 2 S. 1 GG

Als Regelungsgehalt des Art. 28 Abs. 2 GG haben Wissenschaft und **26** Rechtsprechung im Laufe der Zeit drei Garantieebenen herausgebildet, nämlich eine Rechtssubjektsgarantie, eine Rechtsinstitutionsgarantie sowie eine auf beide vorgenannten Komponenten bezogene subjektive Rechtsstellungsgarantie.

a) Rechtssubjektsgarantie

aa) Grundsätzliche Bedeutung von institutionellen Garantien

Art. 28 Abs. 2 GG schafft (ebenso wie Art. 46 LVerf) eine institutionelle **27** Garantie und kein Grundrecht, das heißt kein individuelles Recht (vgl. BVerfGE 1, 167 (174 f.); 76, 107 (119); 79, 127 (143)). Institutionelle Garantien werden vom Gesetzgeber ausgestaltet und konkretisiert; ihm sind dabei (nur) durch die Mindestgarantie Grenzen gezogen (*Burgi*, § 6 Rn. 4). Letztlich sind institutionelle Garantien Kompetenzverteilungsregelungen innerhalb des Staates. Sie verpflichten den Staat zur Entwicklung und zum Erhalt bestimmter Strukturen auf kommunaler Ebene.

Dies hat zur Konsequenz, dass legislatorische Maßnahmen, die den je- **28** weils bestehenden Rechtszustand zulasten der Kommunen verändern, zwar der Rechtfertigung bedürfen, dass aber das traditionelle Prüfungsschema für Grundrechte (Schutzbereich, Eingriff, Rechtfertigung, in deren Rahmen v.a. die Verhältnismäßigkeitsprüfung den Prüfungsschwerpunkt bildet) nicht anwendbar ist.

bb) Die institutionelle Garantie in Art. 28 Abs. 2 GG

Die in Art. 28 Abs. 2 GG formulierte institutionelle Garantie verpflichtet **29** den Gesetzgeber dazu, dass es überhaupt Gemeinden als selbstständige Verwaltungsträger gibt (*Nierhaus*, in: Sachs, GG, Art. 28 Rn. 41). Der Gesetzgeber darf mithin keine Maßnahmen ergreifen, die die Gemeinden als Institution insgesamt beseitigen würden (*Geis*, § 6 Rn. 1).

30   Hingegen ist nicht der Bestand der einzelnen Gemeinde gesichert
(BVerfGE 86, 90 (107)) – hier zeigt sich, dass die institutionelle Garantie
gerade kein individuelles Recht der Gemeinden beinhaltet. Der Gesetzgeber
darf daher durchaus einzelne Gemeinden auflösen oder neu gliedern (z. B.
zur Anpassung der kommunalen Strukturen an den erwarteten demogra-
phischen Wandel, VerfGH Sachsen, NVwZ 2009, 39 (42)). Eine kommunale Neugliederung ist unter den Voraussetzungen zulässig, dass diese aufgrund eines Gesetzes aus Gründen des öffentlichen Wohls und erst nach
vorheriger Anhörung der Gemeinde erfolgt (BVerfGE 86, 90 (107)). Wenn
diese Voraussetzungen erfüllt sind, hat die Gemeinde keinen Anspruch
darauf, in ihrem Gebietsbestand unangetastet zu bleiben. Wird allerdings
das Recht der Gemeinden auf vorherige Anhörung nicht beachtet, so liegt
eine Verletzung der Gemeinden in ihrem Recht aus Art. 28 Abs. 2 GG vor,
und diese Rechtsverletzung kann durch die Gemeinden im Rahmen der
kommunalen Verfassungsbeschwerde nach Art. 93 Abs. 1 Nr. 4b GG
i.V.m. §§ 13 Nr. 8a, 90 ff. BVerfGG gerügt werden.

b) Rechtsinstitutionsgarantie

31   Mit Art. 28 Abs. 2 GG wird eine Kompetenz der Gemeinden für Angelegenheiten der örtlichen Gemeinschaft begründet, aber zugleich auch deren
Grenze gezogen. Damit haben die Gemeinden also grundsätzlich kein sog.
allgemeinpolitisches Mandat. Damit stellt sich die Frage, welche Aufgabenbereiche unter die „Angelegenheiten der örtlichen Gemeinschaft" zu
fassen sind (dazu lesenswert die „Rastede"-Entscheidung des Bundesverfassungsgerichts, BVerfGE 79, 127 ff.; zahlreiche Beispiele für unstatthafte
kommunale Verhaltensweisen sind nachzulesen bei *Burgi*, VerwArch 90
(1999), 70 ff.)).

aa) Angelegenheiten der örtlichen Gemeinschaft

32   Schon der Begriff „örtliche" Gemeinschaft deutet eine gewisse Raumbezo-
genheit an. Das Bundesverfassungsgericht definiert Angelegenheiten der
örtlichen Gemeinschaft als „diejenigen Bedürfnisse und Interessen, die *in
der örtlichen Gemeinschaft wurzeln* oder auf sie einen *spezifischen Bezug*
haben, die also den Gemeindeeinwohnern gerade als solchen gemeinsam
sind, indem sie das Zusammenleben und -wohnen der Menschen in der
(politischen) Gemeinde betreffen" (BVerfGE 79, 127 (151 f.)).

33   Das können Angelegenheiten sein, die schon zum historisch anerkannten
Bestand gehören, wobei aber der soziale, wirtschaftliche und technische
Wandel einzubeziehen ist. So war beispielsweise die Elektrizitätsversorgung
früher eine klassische kommunale Aufgabe. Mit der zunehmenden Liberalisierung des Strommarktes und der überörtlichen Verflechtungen kann
dies heutzutage nicht mehr schlechterdings angenommen werden. Die Aufgaben können auch je nach Größe und Struktur der Gemeinden anders zu
beurteilen sein (*Löwer*, in: von Münch/Kunig (Hrsg), GG, Bd. 2, Art. 28
Rn. 45). Auf die Verwaltungskraft der einzelnen Gemeinden kommt es
hingegen nicht an (BVerfGE 79, 127 (153)). Letztlich maßgeblich ist, ob
die Aufgabe für das Bild der speziell betroffenen Gemeinde charakteristisch

ist, auch im Hinblick auf ihre geschichtliche Entwicklung (BVerfGE 83, 363 (381); 91, 228 (238)).

Einschlägige Aufgaben können autonom durch die Gemeinden wahrge- **34** nommen werden oder vom Gesetzgeber als Pflichtaufgabe zugewiesen werden. Der Gesetzgeber hat dabei einen Einschätzungsspielraum hinsichtlich der Frage, ob eine örtliche Angelegenheit vorliegt. Bei einer Gemengelage von Aufgaben kann auch nur ein Teil der Aufgabe als örtlich eingeschätzt werden, d.h. die Aufgabe wird parzelliert. Das Bundesverfassungsgericht beschränkt sich in dieser Hinsicht auf eine Vertretbarkeitskontrolle (*Dietlein/Burgi/Hellermann*, § 2 Rn. 66).

Die Formulierung „*alle* Angelegenheiten der örtlichen Gemeinschaft" **35** weist auf den Grundsatz der Allzuständigkeit der Gemeinden hin. Soweit also Aufgaben nicht schon (durch Gesetz) einem anderen Verwaltungsträger übertragen worden sind, kann die Gemeinde alle Aufgaben der örtlichen Gemeinschaft an sich ziehen, ohne dazu eines besonderen Kompetenztitels zu bedürfen (BVerfGE 79, 127 (146)). Sie verfügt über ein Aufgabenfindungsrecht.

bb) Eigenverantwortlichkeit

Die Gemeinden sind darüber hinaus befugt, die Angelegenheiten der örtli- **36** chen Gemeinschaft eigenverantwortlich, d.h. ohne Rücksicht auf Zweckmäßigkeitserwägungen des Staates, zu regeln. Den Gemeinden kommt insofern eine grundsätzliche Entschließungsfreiheit zu, so dass sie über das „Ob", das „Wann" und das „Wie" der Aufgabenerfüllung entscheiden (VerfGH Rh.-Pf., DÖV 1983, 113 (113); *Brüning*, in: Ehlers/Fehling/Pünder (Hrsg), Bes. VerwR, Bd. 3, 10. Kap., § 64 Rn. 26). Allerdings sind die Gemeinden dabei trotzdem an Art. 20 Abs. 3 GG gebunden, also an Recht und Gesetz.

Klassische Bestandteile der Eigenverantwortlichkeit sind **37**
- die Gebietshoheit (BVerfGE 52, 95 (117)), d.h. dass jeder, der sich im Gemeindegebiet aufhält, der Herrschaftsgewalt der Gemeinde unterworfen ist,
- die Personalhoheit (BVerfGE 1, 167 (175), sog. „Offenbacher Urteil"), also das Recht eigene Bedienstete auszubilden, einzustellen, zu befördern und zu entlassen,
- die Finanz- und Haushaltshoheit (BVerwG, NVwZ 1987, 123 (123); BVerfGE 26, 172 (180); 228 (244); *Burgi*, § 6 Rn. 33), also die Erschließung von Einnahmen und die Entscheidung über deren Verwendung sowie eine eigene Haushalts- und Vermögensverwaltung,
- die Planungshoheit (BVerfGE 56, 298 (312 f.); 76, 107 (118 f.); 95, 1 (26 f.)); hierunter ist v.a. die Stadtentwicklungsplanung zu fassen, wobei jedoch das Gebot der interkommunalen Abstimmung gegenüber benachbarten Gemeinden zu beachten ist,
- die Organisationshoheit (BVerfGE 38, 258 (278 ff.); 91, 228 (236 ff.)), also der Aufbau der Gemeindeverwaltung und deren Ablauf sowie
- die Satzungshoheit, welche in § 4 Abs. 1 S.1 GO ausdrücklich normiert ist und aus Art. 28 Abs. 2 S. 1 GG („regeln", einschränkend wirkt hier-

bei jedoch die Wesentlichkeitstheorie [vgl. hierzu z.B. BVerfGE 33, 125 ff.]) hergeleitet wird; sie umschreibt die Befugnis, in eigenen Angelegenheiten Recht zu setzen (vgl. *Brüning*, in: Ehlers/Fehling/Pünder (Hrsg), Bes. VerwR, Bd. 3, 10. Kap., § 64 Rn. 38), z. B. Einrichtungs-, Anstalts-, Abgabensatzungen.

cc) Gesetzesvorbehalt

38 Das Recht auf Selbstverwaltung der Gemeinden unterliegt in vollem Umfang einem Vorbehalt des Gesetzes. Laut Art. 28 Abs. 2 S. 1 GG ist die Selbstverwaltung „im Rahmen der Gesetze" garantiert, Beschränkungen können also nur durch ein Gesetz erfolgen. Gesetze i.S.d. Art. 28 Abs. 2 S. 1 GG sind Landes- und Bundesgesetze sowie Rechtverordnungen, wenn sie auf einer Ermächtigung beruhen, die dem Maßstab des Art. 80 Abs. 1 S. 2 GG entspricht, sowie normhierarchisch vorrangige Satzungen anderer Hoheitsträger (vgl. *Brüning*, in: Ehlers/Fehling/Pünder (Hrsg), Bes. VerwR, Bd. 3, 10. Kap., § 64 Rn. 40).

39 Bei der Ausnutzung dieser Einschränkungsmöglichkeit unterliegt der Gesetzgeber je nach Eingriffsrichtung seines Handelns bestimmten Beschränkungen. Man unterscheidet hier, ob in den Kernbereich oder den Randbereich des Selbstverwaltungsrechts der Gemeinde eingegriffen werden soll.

(1) Kernbereich

40 Der Kernbereich (oder auch Wesensgehalt) der Selbstverwaltungsgarantie ist unantastbar (BVerfGE 1, 167 (174 f.); 76, 107 (118)). Dies kann auch nicht durch eine Abwägung überwunden werden. Der Kernbereich ist dann tangiert, wenn eine gesetzliche Einschränkung zu einer derartigen Aushöhlung oder Erstickung der Selbstverwaltung führt, dass die Gemeinde die Gelegenheit zu kraftvoller Betätigung verliert und nur noch ein Scheindasein führt (BVerfGE 79, 127 (146, 155); 91, 228 (238, 242)). In Rechtsprechung und Literatur werden verschiedene Ansätze zur Bestimmung des Kernbereichs vertreten:

41 Zum einen gibt es nach der Substanzmethode (vgl. BVerfGE 79, 127 (146)) einen historisch bestimmten und gewachsenen Kern des Selbstverwaltungsrechts. Dem kann man entgegen halten, dass diese Herangehensweise zu statisch ist und die sozialen, wirtschaftlichen und gesellschaftlichen Entwicklungen nicht einbezieht, denen sich Gemeinden gegenüber sehen.

42 Zum anderen schaut die Subtraktionsmethode (vgl. BVerwGE 6, 19 (25); 6, 342 (345)) darauf, was nach dem Eingriff des Gesetzgebers noch vom Aufgabenbestand übrig bleibt und ob das dem typischen Erscheinungsbild der Gemeinde noch gerecht wird. Diese Herangehensweise misst aber letztlich nur quantitativ, ob der Gemeinde noch genügend Aufgaben erhalten bleiben.

43 Schließlich geht die Funktionalmethode (vgl. *Stober*, § 7 IV 1b, S. 102 m.w.N.) davon aus, dass den Gemeinden im Staatsgefüge durch das Grundgesetz eine spezifische Funktion im politischen Gemeinwesen zugeordnet wurde, welche beibehalten werden muss. Hierin liegt angesichts der

qualitativen Beurteilung des Restes an Selbstverwaltung zwar ein zielfüh-
render, zugleich aber schwer handhabbarer Maßstab.

Vor diesem Hintergrund wird deutlich, dass es in Theorie und Praxis **44**
äußerst selten vorkommt, dass ein Eingriff in den Kernbereich bejaht wer-
den kann. Hinsichtlich der Garantie eines Aufgabenbestandes wird eine
Verletzung des Kernbereichs im Einzelfall erst dann vorliegen, wenn einer
Gemeinde alle freiwilligen Aufgaben entzogen werden oder deren Wahr-
nehmung unmöglich geworden ist. In Bezug auf die Gewährleistung der
Eigenverantwortlichkeit ist der Kernbereich berührt, wenn eine der wesent-
lichen Gemeindehoheiten entzogen wird (Gebietshoheit, Personalhoheit,
Organisationshoheit, Planungshoheit, Finanzhoheit, Rechtsetzungshoheit,
Daseinsvorsorge).

(2) Randbereich

Alles, was nicht den Kernbereich der Selbstverwaltung betrifft, ist dem **45**
Randbereich zuzuordnen. In diesen darf der Gesetzgeber grundsätzlich
eingreifen. Allerdings hat er auch hier bestimmte Grenzen zu wahren.

Teilweise wird der Verhältnismäßigkeitsgrundsatz angewandt (so z.B. **46**
der VerfGH NW, NWVBl. 1997, 333 (336)), teilweise wird nur eine Ver-
tretbarkeitsprüfung durchgeführt (vgl. *Rennert*, JuS 2008, 29, 34; *Starke*,
JuS 2008, 319, 323; BVerfGE 91, 228 (243)). Das Bundesverfassungsgericht hat in seiner „Rastede"-Entscheidung" den Verhältnismäßigkeitsgrundsatz zwar nicht erwähnt, der Sache nach aber herangezogen. Es hält
einen Aufgabenentzug dann für zulässig, wenn „die den Aufgabenentzug
tragenden Gründe gegenüber dem verfassungsrechtlichen Aufgabenverteilungsprinzip überwiegen" (BVerfGE 79, 127 (154)). Damit wird v.a. deutlich, dass im Zweifel der Dezentralisierung der Aufgabe der Vorzug zu
geben ist. Der Gesetzgeber darf örtliche Aufgaben nur aus Gründen des
Gemeininteresses entziehen, v.a. wenn anders eine ordnungsgemäße Aufgabenerfüllung nicht gewährleistet wird. Diese überwiegenden Gründe des
Gemeinwohls müssen von der konkreten Aufgabe her bestimmt werden.
Allgemeine Ziele wie „Verwaltungsvereinfachung" oder Kosteneinsparun-
gen reichen in der Regel nicht aus (BVerfGE 79, 127 (153)).

Letztlich kann sich der Prüfungsaufbau damit am Verhältnismäßigkeits- **47**
grundsatz orientieren (öffentlicher Belang – Geeignetheit – Erforderlichkeit
– Angemessenheit), wenn man sich bewusst macht, dass die Rolle des Gesetzgebers hier eine andere ist als bei einer klassischen Grundrechtsprüfung
(so auch *Dietlein/Burgi/Hellermann*, § 2 Rn. 74).

Der Gesetzgeber hat eine Einschätzungsprärogative, ob die Aufgabe ei- **48**
nen örtlichen oder überörtlichen Bezug hat, und eine Wertungsprärogative,
ob die das Gesetz tragenden Gründe das Aufgabenverteilungsprinzip des
Art. 28 Abs. 2 S. 1 GG überwiegen. Diesbezüglich ist die gerichtliche Kon-
trolldichte eingeschränkt (*Dietlein/Burgi/Hellermann*, § 2 Rn. 74).

c) Subjektive Rechtsstellungsgarantie

Die Kommune kann zum Schutz ihres Rechts auf kommunale Selbstver- **49**
waltung die Kommunalverfassungsbeschwerde zum Bundesverfassungsge-

richt bei Bundesgesetzen (Art. 93 Abs. 1 Nr. 4b GG i.V.m. §§ 91 ff. BVerfGG) und zum Landesverfassungsgericht bei Landesgesetzen (Art. 44 Abs. 2 Nr. 4 LVerf i.V.m. §§ 47 f. LVerfGG) erheben. Daneben steht der Gemeinde auch die Möglichkeit der Klage vor dem Verwaltungsgericht offen.

50 Die Beschwerdebefugnis bzw. die Klagebefugnis nach § 42 Abs. 2 VwGO ergibt sich dabei aus Art. 28 Abs. 2 GG bzw. Art. 46 Abs. 1 LVerf. Insbesondere erwächst aus den verfassungsrechtlichen Garantien ein Recht der Gemeinden auf gemeindefreundliches Verhalten, auf Mitwirkung bei staatlichen Planungsprozessen (*Dreier*, in: Ders. GG, Art. 28 Rn. 98) und auf Anhörung (Art. 29 Abs. 7 S. 3, Abs. 8 S. 2 GG).

51 Im Ergebnis gewährt also Art. 28 Abs. 2 GG den Gemeinden eine subjektive Rechtsstellung komplementär zur Rechtssubjekts- und Rechtsinstitutionsgewährleistung, die aber in keinem Fall mit einem „Grundrecht" der Gemeinde zu verwechseln ist (*Sannwald*, in: Schmidt/Bleibtreu/Klein, GG, Art. 28 Rn. 30). Die Gemeinden sind Teil des Staates (so BVerfGE 107, 1 (11)) und keine Grundrechtsträger, auch nicht über Art. 19 Abs. 3 GG, unabhängig davon, ob die Wahrnehmung öffentlicher Aufgaben oder nicht-hoheitliche Tätigkeiten in Streit stehen. Die Gemeinden befinden sich weder in einer grundrechtstypischen Gefährdungslage noch können sie die Grundrechte ihrer Bürger als „Treuhänder" geltend machen.

2. Art. 46 LVerf

52 Neben Art. 28 Abs. 2 GG ist die entsprechende landesverfassungsrechtliche Norm anwendbar. Auch Art. 46 LVerf umfasst die drei Garantieebenen (Rechtssubjekts-, Rechtsinstitutions-, subjektive Rechtsstellungsgarantie). Art. 28 Abs. 2 GG enthält eine Mindestgarantie, über die Art. 46 LVerf insoweit hinausgeht, als danach die Gemeinden zur Selbstverwaltung im Rahmen ihrer Leistungsfähigkeit „verpflichtet" sind. Soweit Art. 46 LVerf über Art. 28 Abs. 2 GG ihm entspricht, gelten beide Vorschriften parallel.

53 Zu beachten ist, dass der Bund im Verhältnis zu den Gemeinden ausschließlich an Art. 28 Abs. 2 GG gebunden ist, während das Land Schleswig-Holstein sowohl die bundes- als auch die landesverfassungsrechtliche Selbstverwaltungsgarantie beachten muss (vgl. *Mann/Elvers*, in: Mann/Püttner (Hrsg), § 10 Rn. 177). Darüber hinaus gewährleistet der Bund, dass die verfassungsmäßige Ordnung in den Ländern den Grundsätzen des Art. 28 Abs. 2 GG entspricht (Art. 28 Abs. 3 GG).

54 Die doppelte Garantie im Verbund mit einer Landesverfassungsgerichtsbarkeit kann durchaus zu unterschiedlichen Rechtslagen in den Ländern führen, wie die Entscheidungen zur gesetzlichen Verpflichtung, auf kommunaler Ebene Gleichstellungsbeauftragte einzustellen, zeigen:
Das Bundesverfassungsgericht (BVerfGE 91, 228 ff.) hat die Organisationshoheit im Kernbereich der Gemeinde nicht als verletzt angesehen. Den Gemeinden werde die Organisationshoheit weder vollständig entzogen

noch ausgehöhlt. Sie hätten einen ausreichenden Spielraum bei der Erfüllung ihrer Aufgaben. Im Randbereich dürfe der Landesgesetzgeber durch
Gesetze Einfluss auf die Organisation nehmen, wenn es durch Gründe des
öffentlichen Wohls – hier die Gleichstellung von Mann und Frau als Verfassungsauftrag – gerechtfertigt ist (BVerfGE 91, 228 (242 f.)).

Der Niedersächsische Staatsgerichtshof (NdsStGH, NVwZ 1997, 58 ff.)
sah dies anders. Er hielt den Eingriff in die Organisationshoheit für unverhältnismäßig und damit die Regelung insgesamt für verfassungswidrig.
Besonders bei kleinen Gemeinden schränke die Verpflichtung, eine neue
hauptamtliche Stelle zu schaffen, möglicherweise unverhältnismäßig ihren
organisatorischen, finanziellen und personellen Spielraum ein (NdsStGH,
NVwZ 1997, 58 (59 f.)).

Der Verfassungsgerichtshof Nordrhein-Westfalen (VerfGH NRW,
NVwZ 2002, 1502 ff.) schloss sich demgegenüber dem Bundesverfassungsgericht an. Die Regelung treffe keinerlei Vorgaben im Hinblick auf
den Tätigkeitsumfang der Gleichstellungsbeauftragten. Man könne also
auch eine Teilzeitstelle schaffen oder die Aufgaben von einer bereits existierenden Stelle mitübernehmen lassen. Den Gemeinden bliebe also noch
genügend Spielraum (VerfGH NRW, NVwZ 2002, 1502 (1503 f.)).

In Bezug auf die Regelung in Schleswig-Holstein ist zu beachten, dass   55
§ 2 Abs. 3 GO die hauptamtliche Bestellung der Gleichstellungsbeauftragten nur zum Grundsatz erhebt, somit Ausnahmen je nach den örtlichen
Gegebenheiten möglich sind. Damit ist eine Verletzung des Art. 46 LVerf
nicht gegeben.

B. Aufgaben der Kommunen und Staatsaufsicht

Den Gemeinden werden durch Art. 28 Abs. 2 GG und Art. 46 LVerf weit-   56
reichende Kompetenzen zugewiesen. Die (Selbstverwaltungs-)Aufgaben,
die die Gemeinden aufgrund dieser Zuständigkeitsverteilung erfüllen (können), müssen jedoch i. S. d. Rechtsstaatsprinzips der Kontrolle durch das
Land unterliegen (vgl. Art. 46 Abs. 3 LVerf). Erst recht gilt das für die
(Fremd-)Angelegenheiten, die zwar von den Gemeinden erledigt, aber
mangels Ortsbezug Bund oder Land zuzurechnen sind. Zu unterscheiden
ist zwischen der allgemeinen Kommunalaufsicht (Rechtsaufsicht wird als
Synonym verwendet), die eine reine Rechtsaufsicht (§§ 120, 121 GO) darstellt, und der Fachaufsicht, durch die Recht- und Zweckmäßigkeit der
Aufgabenerfüllung überprüft werden (§ 17 LVwG). Um eine Aussage darüber treffen zu können, ob das Land die Kommunalaufsicht oder die Fachaufsicht ausüben darf, ist es unentbehrlich, die Art der kommunalen Aufgabe, welche beaufsichtigt wird, festzustellen, da das Aufsichtssystem
aufgabenorientiert ist.

I. Das kommunale Aufgabenspektrum

57 Nach Art. 46 Abs. 1 LVerf, § 2 Abs. 1 S. 1 GO sind die Gemeinden aus-
    schließlicher Träger öffentlicher Aufgaben, soweit nicht das Gesetz etwas
    anderes vorsieht („*alle* öffentlichen Aufgaben").

1. Aufgabendualismus oder Aufgabenmonismus?

58 Zur Kategorisierung öffentlicher Aufgaben bestehen zwei unterschiedliche
    Möglichkeiten: Einige Bundesländer folgen dem sog. dualistischen Aufga-
    benmodell (vgl. z.B. Bayern, Art. 7 f. GO Bay; Sachsen-Anhalt, §§ 4 f. GO
    LSA); andere Bundesländer (vgl. z.B. Nordrhein-Westfalen, § 2 GO
    NRW), wie auch Schleswig-Holstein, orientieren sich an dem sog. monisti-
    schen Aufgabenmodell (vgl. *Brüning*, in: Ehlers/Fehling/Pünder (Hrsg),
    Bes. VerwR, Bd. 3, 10. Kap., § 64 Rn. 62, 68; *Dietlein/Burgi/Hellermann*,
    § 2 Rn. 94).

59   Das dualistische Aufgabenmodell ist bereits in Art. 28 Abs. 2 S. 1 GG
    angelegt, indem das Grundgesetz hier nur von Selbstverwaltungsangele-
    genheiten der Gemeinden („alle Angelegenheiten der örtlichen Gemein-
    schaft") ausgeht und sie dem Schutzgehalt des Art. 28 Abs. 2 S. 1 GG un-
    terstellt. Im Umkehrschluss liegen Auftragsangelegenheiten bzw. Aufgaben
    im übertragenen Wirkungskreis außerhalb dieses Garantiebereiches (vgl.
    BVerwG, NVwZ 1983, 610 (611); *Dietlein/Burgi/Hellermann*, § 2
    Rn. 89).

60   Der Aufgabendualismus geht von dem klassischem Verhältnis von Staat
    und Gemeinden aus, nach welchem der Staat die Aufgaben erfüllt, die alle
    betreffen, während die Gemeinden Aufgaben der örtlichen Gemeinschaft
    wahrnehmen, so dass eindeutig zwischen Aufgaben im eigenen Wirkungs-
    kreis (Selbstverwaltungsangelegenheiten) und solchen im übertragenen
    Wirkungskreis (Auftragsangelegenheiten) unterschieden werden kann
    (*Brüning*, in: Ehlers/Fehling/Pünder (Hrsg), Bes. VerwR, Bd. 3, 10. Kap.,
    § 64 Rn. 62 ff.).

61   Das monistische Aufgabenmodell geht zurück auf den „Weinheimer
    Entwurf" (siehe hierzu *Pagenkopf*, KommR Bd. 1, S. 168), welcher 1948
    von der Innenministerkonferenz der Länder und den kommunalen Spitzen-
    verbänden ausgearbeitet wurde. Ausgangspunkt hierbei ist ein einheitlicher
    Begriff der Verwaltungsaufgaben auf kommunaler Ebene, mit der Folge
    dass die Gemeinden auf ihrem Gebiet alle öffentlichen Aufgaben in eigener
    Verantwortung erfüllen, soweit durch Gesetz nicht ausdrücklich etwas
    anderes bestimmt ist (*Burgi*, § 8 Rn. 4; vgl. auch § 2 Abs. 1 S. 1 GO).

62   Mit dem Aufgabenmonismus wird von Art. 28 Abs. 2 GG abgewichen.
    Allerdings ist zu bemerken, dass auch im Rahmen des monistischen Aufga-
    bensystems eine Unterteilung in Selbstverwaltungsangelegenheiten (vgl. § 2
    GO) und Aufgaben zur Erfüllung nach Weisung (vgl. § 3 GO) vorgenom-
    men wird, weil die Kommunen auch bei Zugrundelegung dieses Verständ-

nisses originär fremde Angelegenheiten zu erfüllen haben. Der Gedanke des monistischen Aufgabenmodells ist vom schleswig-holsteinischen Landesverfassungsgeber (Art. 46 LVerf SH) aufgegriffen und zugleich einfachgesetzlich in § 2 Abs. 1 GO verankert worden.

2. Aufgabentypen

a) Selbstverwaltungsaufgaben, § 2 GO

Die Selbstverwaltungsaufgaben unterteilen sich in freiwillige und pflichtige **63** Angelegenheiten. Beide Aufgaben werden durch die Gemeinde in eigener Verantwortung erledigt und unterliegen ausschließlich der Kommunalaufsicht (vgl. § 120 GO). Es erfolgt also lediglich eine Kontrolle der Aufgabenerfüllung auf ihre Rechtmäßigkeit durch das Land (näher dazu Rn. 75 f., 78 ff.). Hat die Gemeinde Ermessen in Bezug auf ihr Handeln, so darf die Kommunalaufsicht nur auf Ermessensfehler hin überprüfen, selbst aber keine Ermessensausübung vornehmen.

Freiwillige Aufgaben haben einen spezifischen Bezug zur örtlichen Ge- **64** meinschaft. Die Gemeinde ist jedoch zu ihrer Übernahme nicht verpflichtet und kann daher frei entscheiden, ob und wie sie die Aufgabe im Rahmen ihrer Leistungsfähigkeit wahrnehmen will. Klassische Beispiele für freiwillige Aufgaben sind kulturelle Einrichtungen (z.B. Theater), Erholungs- und Freizeitangebote (Sportplätze, Schwimmbäder, Parkanlagen) und der öffentliche Nahverkehr. Es gibt also keinen Anspruch darauf, dass die Gemeinde eine solche Aufgabe – in bestimmter Art und Weise – wahrnimmt. Allerdings muss die Gemeinde nach pflichtgemäßem Ermessen darüber entscheiden. Die Gemeinde kann aber auch entscheiden, dass die Aufgabe auf andere Weise, z.B. durch Private, besser erfüllt werden kann als durch sie selbst (§ 2 Abs. 1 S. 2, 3 GO).

Pflichtaufgaben sind ebenfalls Aufgaben, die einen Bezug zur örtlichen **65** Gemeinschaft aufweisen. Hier ist die Gemeinde indes nicht frei in ihrer Entscheidung bezüglich des „Ob" der Aufgabenübernahme. Der Staat will sicherstellen, dass diese Aufgaben tatsächlich von den Gemeinden erfüllt werden, und verpflichtet sie deshalb gesetzlich zu deren Wahrnehmung. Das „Wie" der Aufgabenerfüllung bestimmen die Gemeinden jedoch selbst. Beispiele für solche weisungsfreien Pflichtaufgaben sind in § 53 SchulG, § 45 Abs. 3 StWG, §§ 2, 3, 4 LAbfWG und § 2 Abs. 1 Nr. 4 LNatSchG zu finden.

b) Aufgaben zur Erfüllung nach Weisung, § 3 GO

In Schleswig-Holstein ist die Kategorie der Auftragsangelegenheiten durch **66** diejenige der Aufgaben zur Erfüllung nach Weisung ersetzt worden. Folge des monistischen Aufgabenmodells ist, dass die Weisungsbefugnis des Staates nicht bereits aus der Einstufung als „staatliche Aufgabe" folgt, sondern sich für jeden Einzelfall auf eine gesetzliche Grundlage stützen lassen muss. Sowohl die Auferlegung einer ursprünglich fremden Angelegenheit also auch die Statuierung fachaufsichtlicher Befugnisse bedürfen folglich eines entsprechenden Gesetzes (vgl. § 3 Abs. 1 GO), ohne das zulässigerweise keine die Zweckmäßigkeit betreffende Aufsichtsmaßnahme erfolgen kann (*Brüning*, in: Ehlers/Fehling/Pünder (Hrsg), Bes. VerwR, Bd. 3, 10. Kap., § 64 Rn. 70).

67   Wie bereits ausgeführt (siehe hierzu Rn. 59 f.) geht Art. 28 Abs. 2 GG eine Unterscheidung zwischen Selbstverwaltungsangelegenheiten und staatlichen Angelegenheiten voraus. Im Rahmen des monistischen Aufgabenmodells spricht viel dafür, die Weisungsaufgaben als Unterfall der Selbstverwaltungsangelegenheiten einzuordnen (z.B. *Erichsen*, KommR NW, S. 69 f.; *Riotte/Waldecker*, NWVBl. 1995, 401 (405)). Andere sehen das Vorhandensein von Weisungsaufgaben als Argument für den Aufgabendualismus an und ordnen Aufgaben zur Erfüllung nach Weisung nach wie vor als Auftragsangelegenheiten ein (so z.B. *Brohm*, DÖV 1986, 397 (398); *Gern*, Dt. KommR, Rn. 239). Das brandenburgische Verfassungsgericht (BbgVerfG, NVwZ-RR 1997, 352 (353)) spricht in Bezug auf Weisungsangelegenheiten von Selbstverwaltungsangelegenheiten in „abgeschwächter Form", da sie gleichsam mit dem staatlichen Weisungsrecht „belastet" sind. Darüber hinaus wird auch die Ansicht vertreten, dass sich die Weisungsaufgaben weder als (echte) Selbstverwaltungs- noch als Auftragsangelegenheiten darstellen, vielmehr liege ein „Zwischending" vor (OVG Münster, OVGE 13, 356 (359)).

68   Richtigerweise wird man die Aufgaben zur Erfüllung nach Weisung als den Selbstverwaltungsangelegenheiten nahe stehend einordnen müssen, denn mit der Übertragung der ursprünglich staatlichen Aufgaben auf die Gemeinden sind diese zu Angelegenheiten der Gemeinden geworden, die von diesen im eigenen Namen mit eigenem Personal und eigenen Mitteln verwaltet werden (*Brüning*, in: Ehlers/Fehling/Pünder (Hrsg), Bes. VerwR, Bd. 3, 10. Kap., § 64 Rn. 71). Beispiele solcher Aufgaben finden sich im Personenstandswesen (§ 1 Abs. 1 MeldeG) und v.a. im Ordnungsrecht (§ 162 Abs. 3 LVwG) und im Baurecht (§ 58 Abs. 3 LBO). Zuständiges Kommunalorgan ist der Hauptverwaltungsbeamte, d.h. der Bürgermeister oder der Landrat.

69   Aufgaben zur Erfüllung nach Weisung unterliegen der Fachaufsicht (näher dazu Rn. 77, 118 ff.) durch das Land. Es besteht also ein Weisungsrecht der Aufsichtsbehörden gegenüber der Gemeinde, das auch die Einflussnahme auf die Zweckmäßigkeit einschließt (vgl. § 15 Abs. 2 LVwG). Die Fachaufsicht überwacht bei den Aufgaben zur Erfüllung nach Weisung nicht nur das „Ob", sondern auch das „Wie" der Aufgabenerfüllung. Aufgrund der Qualifizierung als Selbstverwaltungsangelegenheit stehen die betroffenen Kommunen dem Handeln der Aufsichtsbehörden aber nicht (rechts-)schutzlos gegenüber, sondern können die Einhaltung der Grenzen des Weisungsrechts verwaltungsgerichtlich klären lassen.

70   Da diese Aufgaben der Kommune zugewiesen werden und sie nach außen in eigener Verantwortlichkeit handelt, sind Schadensersatzansprüche aus einer Amtspflichtverletzung (§ 839 BGB i.V.m. Art. 34 GG), die infolge der Erfüllung einer Aufgabe nach Weisung durch die Hauptverwaltungsbeamten entstehen, von der Gemeinde zu tragen.

c) Auftragsangelegenheiten kraft Bundesrecht

Von den Aufgaben zur Erfüllung nach Weisung sind die Auftragsangele- 71
genheiten kraft Bundesrechts zu unterscheiden. Den Gemeinden können
durch Gesetz Aufgaben übertragen worden sein, die sie nach den Weisungen des Bundes i.S.v. Art. 85 GG auszuführen haben (z. B. Durchführung
der Bundestagswahlen, Ausbildungsförderung) oder für die eine Befugnis
der Bundesregierung zu Einzelweisungen nach Art. 84 Abs. 5 GG besteht.

In ein monistisches Aufgabenverständnis lassen sich diese Fremdaufga- 72
ben kaum einordnen. Seit der Einführung des Satz 2 in Art. 85 Abs. 1 GG
im Zuge der Föderalismusreform I können Aufgaben nicht mehr direkt
vom Bund an die Gemeinden übertragen werden. Auch können keine Weisungen von Bundesbehörden an die Gemeinden ergehen (Art. 85
Abs. 3 GG); sie sind vielmehr an die oberste Landesbehörde zu richten, die
ihrerseits die Weisung an die Gemeinde erteilt (*Gern*, Dt. KommR,
Rn. 241). Dasselbe gilt – vorbehaltlich eines Eilfalls – auch für die Ausführung von Bundesrecht nach Art. 84 Abs. 5 S. 1 GG.

d) Aufgabenerfüllung im Wege der Organleihe

Neben den Selbstverwaltungsaufgaben und den Weisungsaufgaben werden 73
auf Kreisebene teilweise auch Aufgaben im Wege der Organleihe erfüllt.
Dies ist streng genommen keine weitere Kategorie der kommunalen Aufgaben, sondern nur eine spezielle Art der Aufgabenerfüllung. Der Landrat
als Hauptverwaltungsbeamter des Kreises handelt dabei unmittelbar für
das Land (vgl. § 1 ULBErrG). Die Aufgabe wird nicht an den Kreis übertragen, sondern verbleibt beim Land; dieses „leiht" sich den Landrat. In
Bezug auf die jeweilige spezielle Aufgabe wird der Landrat originär als
(untere) Landesbehörde tätig (vgl. BVerfG, NVwZ 1983, 537 (539)), wie
dies z.B. im Rahmen der Kommunalaufsicht über die kreisangehörigen
Gemeinden der Fall ist (§ 3 Abs. 1 Nr. 1 ULBErrG).

II. Strukturen der Aufsicht

Entsprechend den Aufgabentypen ist hinsichtlich der Aufsichtsbehörden 74
und der Aufsichtsmittel zwischen der (allgemeinen) Kommunalaufsicht
und der (besonderen) Fachaufsicht zu unterscheiden.

1. Aufsichtsbehörden

a) Kommunalaufsicht

Nach § 120 GO sollen die Kommunalaufsichtsbehörden darüber wachen, 75
dass die Gemeinden die Selbstverwaltungsaufgaben rechtmäßig erfüllen; sie
sollen den Gemeinden darüber hinaus beratend und unterstützend zur Seite
stehen. Der Kommunalaufsichtsbehörde kommt demnach nicht nur eine
Rechtsbewahrungs- und Ordnungsfunktion zu, sondern auch eine Schutz-
und Förderungsfunktion (*Kneymeyer*, in: Mann/Püttner (Hrsg), Bd. 1, § 12
Rn. 15, 19).

76   Für die allgemeine Kommunalaufsichtsbehörde regelt § 121 GO die Zu-
      ständigkeiten. Nach Abs. 1 ist der Landrat für Gemeinden und kreisange-
      hörige Städte bis 20.000 Einwohner als untere Kommunalaufsichtsbehörde
      zuständig. Dabei handelt er nicht als Gemeindeorgan, sondern in seiner
      Eigenschaft als allgemeine untere Landesbehörde gemäß § 3 Abs. 1
      Nr. 1 ULBErrG, also im Wege der Organleihe (vgl. BVerfG, NVwZ 1983,
      537 (539)). Die maßgebliche Einwohnerzahl richtet sich nach § 133 GO.
      Die örtliche Zuständigkeit richtet sich nach den allgemeinen Regeln der
      §§ 29, 31 LVwG.
         Das Innenministerium ist nach Abs. 2 die oberste Kommunalaufsichts-
      behörde. Gleichzeitig ist es für Städte über 20.000 Einwohner sowie für die
      Kreise (§ 60 KrO) die zuständige Kommunalaufsichtsbehörde.

b) Fachaufsicht

77   In Bezug auf die Fachaufsicht ist § 17 LVwG maßgebliche Zuständigkeits-
      norm. Nach Abs. 2 ist das jeweils zuständige Fachministerium oberste
      Fachaufsichtsbehörde und Fachaufsichtsbehörde gegenüber Kreisen und
      kreisfreien Städten. Hingegen ist nach Abs. 3 der Landrat gegenüber kreis-
      angehörigen Gemeinden und Ämtern als untere Fachaufsichtsbehörde zu-
      ständig. Diese Aufgabe nimmt der Landrat wiederum im Wege der Organ-
      leihe als allgemeine untere Landesbehörde wahr, § 3 Abs. 1 Nr. 2
      ULBErrG.

2. Aufsichtsmittel

a) Kommunalaufsicht

78   Der Kommunalaufsicht sind verschiedene präventive (vorbeugende) und
      repressive (nachträgliche) Mittel an die Hand gegeben, um ihre Funktionen
      pflichtgemäß und sachgerecht erfüllen zu können.

aa) Grundsätze kommunalaufsichtlichen Handelns

79   Bei der Ausübung jedes der im Folgenden genannten Aufsichtsmittel sind
      verschiedene Grundsätze zu beachten: Zunächst gilt für die Kommunalauf-
      sicht das Opportunitätsprinzip, das heißt, dass es im Ermessen der Auf-
      sicht steht, ob sie Aufsichtsmittel ergreift, und wenn ja, welche Aufsichts-
      mittel sie anwendet (BVerfG, NJW 1958, 1341 (1343)). Bei eindeutigen
      und rechtlich unzweifelhaften Rechtsverstößen besteht jedoch ein inten-
      diertes Ermessen auf Einschreiten (OVG Nds., NordÖR 2008, 136 (137)).
80   In jedem Fall hat die Kommunalaufsicht das Verhältnismäßigkeitsprinzip
      zu beachten, insbesondere ist zwischen verschiedenen in Frage kommenden
      Aufsichtsmitteln stets das Mildeste zu wählen. Die Kommunalaufsicht soll
      den Gemeinden bei der Erfüllung ihrer Aufgaben helfen und ihre Funk-
      tionsfähigkeit sicherstellen. Es gilt das Prinzip des gemeindefreundlichen
      Verhaltens, wobei die Gemeinden umgekehrt eine Pflicht zum staatstreuen
      Verhalten haben.

Zu bedenken ist schließlich in verfahrensmäßiger Hinsicht, dass – bis auf 81
die Beratung (§ 120 S. 2 GO) sowie das Auskunftsrecht (§ 122 GO SH) –
alle Aufsichtsmaßnahmen Verwaltungsaktqualität haben. Ob die Gemeinden
grundsätzlich vorher gemäß § 87 LVwG anzuhören sind, hängt davon ab,
ob die allgemeine Anhörungspflicht trotz der speziellen Vorgaben der
§§ 120 ff. GO anwendbar bleibt. Dagegen streitet, dass der Zweck rechtlichen Gehörs insbesondere durch die Beanstandung selbst gewährleistet wird.

bb) Präventive Aufsichtsmittel

(1) Beratung

Bereits in § 120 S. 2 GO heißt es, dass die Kommunalaufsichtsbehörden 82
die Gemeinden beraten und unterstützen sollen. Die Beratung ist eines der
wertvollsten präventiven Aufsichtsmittel, die im Einzelfall koordinierender,
schlichtender, schützender, vergleichender, rechtsauslegender oder fachlich
belehrender Art sein kann (BVerfG, NJW 1982, 161 (162)). Zweck der
Beratungsmöglichkeit ist es beispielsweise bereits im Vorfeld etwaige
Rechtsfehler zu vermeiden, so dass ein Einschreiten der Kommunalaufsicht
mittels repressiver Aufsichtsmittel entbehrlich wird (*Brüning*, in: Eh-
lers/Fehling/Pünder (Hrsg), Bes. VerwR, Bd. 3, 10. Kap., § 64 Rn. 83).

(2) Genehmigungsvorbehalte

In bestimmten gesetzlich normierten Fällen bedarf das Handeln der Ge- 83
meinde der Genehmigung durch die Kommunalaufsicht, so z.B. in
§ 4 Abs. 1 S. 3 GO für die Hauptsatzungen, in § 85 Abs. 2 S. 1 GO für den
Gesamtbetrag der Kreditaufnahmen. Da die Genehmigung ein Verwaltungsakt ist, gelten die allgemeinen verfahrens- und prozessrechtlichen Regeln.

Genehmigungsbedürftige Satzungen, Beschlüsse und andere Maßnahmen 84
werden mit der Genehmigung wirksam. Werden im Rahmen der Gemein-
dewirtschaft genehmigungspflichtige Rechtsgeschäfte des bürgerlichen
Rechtsverkehrs (z.B. §§ 86 Abs. 2, 90 Abs. 3 GO) ohne die Genehmigung
abgeschlossen, sind diese gemäß § 118 Abs. 1 GO (schwebend) unwirksam.

Fraglich ist in diesem Zusammenhang, ob die Kommunalaufsichtsbehörde 85
im Rahmen der Genehmigungsvorbehalte auch eigene Ermessenserwägungen
vornehmen darf oder ob sie auf die reine Rechtsaufsicht beschränkt ist.

Die Genehmigungsvorbehalte selbst treffen bezüglich des Prüfungsum- 86
fanges der Kommunalaufsicht regelmäßig keine hinreichenden Aussagen,
so dass die entsprechende Norm ausgelegt werden muss (*Brüning*, in: Eh-
lers/Fehling/Pünder (Hrsg), Bes. VerwR, Bd. 3, 10. Kap., § 64 Rn. 85).
Grundsätzlich ist die diesbezügliche Prüfungskompetenz der Kommunalaufsicht auf die reine Rechtmäßigkeitskontrolle beschränkt. Ist die von der
Gemeinde beabsichtigte und genehmigungsbedürftige Maßnahme rechtmäßig, so besteht demnach für die Gemeinde im Grundsatz ein Rechtsanspruch auf die Erteilung der Genehmigung.

Nur ausnahmsweise kann sich durch die Normauslegung ergeben, dass 87
die Aufsichtsbehörde neben der Rechtmäßigkeitskontrolle auch die
Zweckmäßigkeit überprüfen kann. Dies ist z.B. dann der Fall, wenn die

Gemeinde über bewegliche Sachen, die einen besonderen wissenschaftlichen, geschichtlichen oder künstlerischen Wert haben, verfügen möchte (vgl. § 90 Abs. 3 S. 1 GO). Hier soll die Gemeinde vor übereiltem Handeln geschützt werden, so dass nicht nur die Rechtskontrolle gemeindlichen Handelns eine Rolle spielt, sondern auch der Schutz der Gemeinde vor sich selbst bezweckt wird (*Brüning*, in: Ehlers/Fehling/Pünder (Hrsg), Bes. VerwR, Bd. 3, 10. Kap. § 64 Rn. 87).

cc) Repressive Aufsichtsmittel

(1) Auskunftsrecht

88 Das mildeste Mittel der Kommunalaufsicht im Bereich der repressiven Aufsichtsmittel ist ein umfassendes Auskunftsrecht nach § 122 GO. Damit kann sie sich etwa durch Vorlage von Akten oder Einsichtnahme in Protokolle über die Angelegenheiten der Gemeinde informieren. „Umfassend" bedeutet in diesem Zusammenhang, dass es nicht darauf ankommt, ob die Angelegenheit öffentlich-rechtlich oder privatrechtlich oder eine Selbstverwaltungsangelegenheit oder Aufgabe zur Erfüllung nach Weisung ist (*Bracker/Dehn*, § 122 Rn. 1). Ferner darf die Gemeinde keine Informationen vorenthalten. Sie kann sich hierbei nicht auf das Recht auf informationelle Selbstbestimmung oder den Persönlichkeitsschutz berufen (*Bracker/Dehn*, § 122 Rn. 2).

89 Unzulässig ist jedoch, wenn die Kommunalaufsichtsbehörde ununterbrochen von ihrem Auskunftsrecht Gebrauch macht. Eine derartige Totalkontrolle ohne jeglichen Anhaltspunkt dafür, dass eine Rechtsverletzung besteht bzw. droht, ist nicht statthaft (*Gern*, Dt. KommR Rn. 811, *Erichsen*, DVBl. 1985, 943 (945)). Dies verbieten der Grundsatz des gemeindefreundlichen Verhaltens und das Verhältnismäßigkeitsprinzip, so dass die Aufsichtsbehörde schonend von ihrem Auskunftsrecht Gebrauch machen und insbesondere den Umfang der erforderten Informationen begrenzen muss (vgl. *Bracker/Dehn*, § 122 Rn. 3).

90 Da das Auskunftsrecht noch im Vorbereitungsstadium für das eigentliche Tätigwerden der Aufsicht angesiedelt ist, ist diesem noch keine Regelungswirkung immanent. Das Auskunftsverlangen hat demnach keine Verwaltungsaktqualität.

(2) Beanstandung und Aufhebungsverlangen

91 Wenn die Gemeinde rechtswidrige Beschlüsse fasst oder rechtswidrige Anordnungen trifft (z.B. Entscheidungen des Bürgermeisters, tatsächliche Handlungen), dann kann die Kommunalaufsicht gemäß § 123 Abs. 1 S. 1, 2 GO diese beanstanden und Korrektur der auf ihrer Grundlage geschaffenen Folgen durch die Gemeinde selbst verlangen (zu den Anforderungen an eine kommunalaufsichtsrechtliche Beanstandung vgl. OVG Nds., NordÖR 2008, 136 (137)).

92 Rechtswidrig bedeutet, dass geltendes Recht verletzt wurde, davon umfasst ist das öffentliche Recht in Form von Bundes- und Landesgesetzen, Verordnungen sowie Satzungen. Es kommt sowohl ein Verstoß gegen for-

mell-rechtliche Vorschriften (Zuständigkeit, Verfahren, Form) als auch gegen materielle Vorschriften in Betracht, auch nichtige Beschlüsse und Anordnungen können beanstandet werden (*Bracker/Dehn*, § 123 zu Abs. 1 Rn. 3).

Zur Gesetzmäßigkeit der Verwaltung gehören auch die Bestimmungen **93** des Bürgerlichen Rechts, so dass eine kommunalaufsichtliche Beanstandung grundsätzlich auch bei Verstößen gegen das Privatrecht in Betracht kommt. Allerdings dürfte ein repressives Einschreiten nur gerechtfertigt sein, wenn zugleich öffentliche Interessen beeinträchtigt werden und die Rechtsverletzung erheblich ist.

Eine vorbeugende Beanstandung künftiger Beschlüsse ist demgegenüber **94** grundsätzlich nicht zulässig (BayVGH, NVwZ-RR 1993, 373 (374); *Bracker/Dehn*, § 123 zu Abs. 1 Rn. 3). Könnte die Aufsicht schon beanstanden, bevor die Gemeinde überhaupt den Beschluss gefasst oder eine Maßnahme getroffen hat, würde die Bedeutung des kommunalen Selbstverwaltungsrechts aus Art. 28 Abs. 2 S. 2 GG, 46 LVerf ad absurdum geführt. Die Gemeinde könnte nicht mehr eigenverantwortlich handeln. Deshalb ist eine solche präventive Beanstandung nur in absoluten Ausnahmefällen möglich, wenn ein schwerer und irreversibler Schaden droht (BayVGH, NVwZ-RR 1993, 373 (374)).

Die Beanstandung hat aufschiebende Wirkung (§ 123 Abs. 1 S. 3 GO), **95** d.h. die beanstandeten Beschlüsse und Anordnungen dürfen nicht vollzogen werden. Wird der Verwaltungsakt, der eine Beanstandung zum Regelungsgegenstand hat, von der Gemeinde mit Widerspruch und Anfechtungsklage angegriffen, so hat diese Anfechtung ihrerseits aufschiebende Wirkung (§ 80 Abs. 1 VwGO), wenn nicht die Kommunalaufsichtsbehörde die sofortige Vollziehung nach § 80 Abs. 2 S. 1 Nr. 4 VwGO anordnet. Insofern ist zu bedenken, dass sich die aufschiebende Wirkung von Widerspruch und Anfechtungsklage auf Bundesrecht stützt, das der landesrechtlichen Regelung mit der aufschiebenden Wirkung der Beanstandung vorgeht (*Bracker/Dehn*, § 123 zu Abs. 1 Rn. 4).

Die Beanstandung führt noch nicht zu einer Aufhebung oder Beseitigung **96** der rechtswidrigen Maßnahme, sondern ist lediglich ein Anstoß für die Gemeinde, den rechtmäßigen Zustand wiederherzustellen. In der Regel wird die Beanstandung daher mit dem Verlangen der Aufsicht nach Aufhebung des Beschlusses oder der Anordnung verbunden sein (vgl. *Bracker/Dehn*, § 123 zu Abs. 1 Rn. 5). Hinzu kommen kann ferner das kommunalaufsichtliche Verlangen, dass Ausführungsakte rückgängig gemacht werden, § 123 Abs. 1 S. 2 GO. Die Gemeindevertretung ist dann verpflichtet, den Beschluss bzw. die Anordnung durch erneuten Beschluss aufzuheben sowie die darauf gestützten Maßnahmen zu korrigieren. Geschieht das nicht, kann die Aufsichtsbehörde selbst Beschluss, Anordnung und Vollzugshandlungen im Wege der Ersatzvornahme gemäß § 125 GO beseitigen.

Nach § 123 Abs. 2 GO kann die Kommunalaufsichtsbehörde bereits vor **97** der Beanstandung anordnen, dass ein Beschluss oder eine Anordnung für höchstens einen Monat zur Ermittlung des Sachverhalts ausgesetzt wird (einstweilige Anordnung). Das setzt voraus, dass einerseits der begründete Verdacht besteht, die Maßnahme der Gemeinde ist rechtswidrig, und andererseits zu befürchten ist, dass die Gemeinde durch die Ausführung der Maßnahme einen Schaden erleiden wird, weil bei späterer Aufhebung der Vollzug nicht mehr rückgängig gemacht werden kann (so auch *Bracker/Dehn*, § 123 zu Abs. 2 Rn. 1).

(3) Anordnung

98 Während die Kommunalaufsicht ein rechtswidriges Handeln der Gemeinde beanstanden kann, wird die Kommunalaufsicht bei einem rechtswidrigen Untätigbleiben der Gemeinde das rechtmäßige Handeln gemäß § 124 Abs. 1 GO anordnen. Die Anordnung ermöglicht also eine aufsichtsbehördliche Regelung, um einen rechtmäßigen Zustand herzustellen. Demgegenüber zielt die Beanstandung auf einen rein kassatorischen Eingriff der Aufsichtsbehörde (instruktiv zur Abgrenzung OVG NRW, NWVBl. 1995, 304; auch *Rentsch/Ziertmann*, § 123 Rn. 4).

99 Ein Anordnungsrecht besteht nur, wenn es gesetzliche Handlungspflichten oder Aufgaben der Gemeinde gibt. Solche Pflichten müssen öffentlich-rechtlicher Art sein; nicht zu den gesetzlichen Pflichten i.S.d. § 124 GO gehören bürgerlich-rechtliche Pflichten (vgl. OVG NRW, DÖV 1970, 785 (786)). Einschlägige Pflichten ergeben sich aus Gesetz, Verordnung oder Satzung, d.h. auch innerorganisatorische Pflichten der Organe können zur Erfüllung angeordnet werden (*Bracker/Dehn*, § 124 zu Abs. 1 Rn. 1). Die Pflicht muss allerdings ausreichend konkretisiert sein.

Die Erfüllung einer Aufgabe kann angeordnet werden, wenn die Aufgabe auf einem förmlichen Gesetz beruht. Die Aufgabenerfüllung darf zudem nicht von der Beurteilung der Umstände und Verhältnisse im Einzelfall abhängen, sondern muss schon im Gesetz ausreichend konkretisiert sein. Die Aufsicht kann nur die Erfüllung der Aufgabe an sich anordnen, nicht aber wie sie ausgeführt wird (*Bracker/Dehn*, § 124 zu Abs. 1 Rn. 3). Das bedeutet z.B., dass die Kommunalaufsicht zwar anordnen kann, dass die Gemeinde einen Beschluss fassen soll. Sie kann aber nicht den Beschlussinhalt bestimmen, es sei denn, es kommt nur ein einziger rechtmäßiger Inhalt des Beschlusses in Betracht.

100 Der Erlass einer Anordnung steht im pflichtgemäßen Ermessen der Aufsichtsbehörde. § 124 Abs. 1 GO schreibt für das Einschreiten der Kommunalaufsichtsbehörde keine Frist vor. Zu beachten ist aber, dass die Anordnung selbst eine ausreichend bemessene Frist für die Gemeinde enthalten muss, innerhalb derer sie noch tätig werden und den rechtswidrigen Zustand beseitigen kann (vgl. § 124 Abs. 1 GO). Die Anordnung muss von der Kommunalaufsicht nicht angekündigt werden. Das kann aber nach dem Grundsatz des gemeindefreundlichen Verhaltens im Einzelfall geboten sein (*Bracker/Dehn*, § 124 zu Abs. 1 Rn. 5).

101 Genauso wie die Beanstandung ist auch die Anordnung ein Verwaltungsakt, gegen den die Gemeinde Widerspruch und Anfechtungsklage erheben kann mit der Begründung, es liege ein Eingriff in das Recht auf kommunale Selbstverwaltung vor.

Die Anordnungsverfügung ist Grundlage der Ersatzvornahme, weshalb 102
sie die von der Kommune zu erfüllende Pflicht oder Aufgabe hinreichend
bestimmt regeln muss. In einer Entscheidung nach § 124 Abs. 1 GO muss
das „Erforderliche" vollständig beschrieben sein.

(4) Ersatzvornahme

Durch § 125 GO wird die Kommunalaufsicht ermächtigt, anstelle der Ge- 103
meinde die notwendigen Maßnahmen zu treffen. Die Ersatzvornahme
durch die Kommunalaufsichtsbehörden ist kein Mittel des Verwaltungszwangs und damit nicht mit einer Ersatzvornahme i.S.d. § 238 LVwG zu
verwechseln.

Die Voraussetzung einer kommunalaufsichtlichen Ersatzvornahme ist, 104
dass die Aufsicht zunächst das rechtmäßige Handeln angeordnet hat, die
Gemeinde dieser Anordnung aber innerhalb einer ihr gesetzten, angemessenen Frist nicht nachgekommen ist. Nachdem die in der Anordnung ge-
setzte Frist verstrichen ist, ist keine weitere Androhung der Ersatzvornahme erforderlich (vgl. VG Dessau, LKV 2000, 551 (552)). Allerdings muss
die zugrunde liegende Anordnung oder Beanstandung mit Aufhebungsverlangen bestandskräftig oder für sofort vollziehbar erklärt worden sein
(*Rentsch/Ziertmann*, § 125 Rn. 1).

Die Anordnung – ebenso wie ein Aufhebungsverlangen gemäß § 123 105
Abs. 1 S. 1 u. 2 GO – ersetzt zunächst die Willensbildung der Gemeinde,
und die darauffolgende Ersatzvornahme vollzieht die Anordnung. Es besteht demnach eine Akzessorietät zwischen der Anordnung und der Ersatzvornahme. Damit ist die Ersatzvornahme das stärkste Mittel der Kommunalaufsicht für ein im Einzelfall rechtswidriges Verhalten (BVerwG, DVBl.
1972, 828 (829)), da dadurch die Willensbildungs- und Handlungskompe-
tenz der Gemeinde verdrängt wird (*Bracker/Dehn*, § 125 Rn. 1).

Im Rahmen der Ersatzvornahme hat die Kommunalaufsicht nur die Be- 106
fugnisse, die auch der Gemeinde oder deren Organen in tatsächlicher und
rechtlicher Weise zustünden. Bei mehreren Möglichkeiten ist diejenige zu
wählen, die bei Anwendung der Grundsätze zur Wirtschaftlichkeit und
Sparsamkeit den Interessen der Gemeinde am ehesten entsprechen würde
(*Bracker/Dehn*, § 125 Rn. 3).

Die Ersatzvornahme hat eine Doppelnatur (BVerwG, DVBl. 1972, 828 107
(829)): Nach außen wird die durch Ersatzvornahme vorgenommene Maßnahme der Gemeinde zugerechnet, im Innenverhältnis liegt aber ein Verwaltungsakt der Kommunalaufsicht gegenüber der Gemeinde vor, unabhängig von der Rechtsnatur im Außenverhältnis.

Die Ersatzvornahme hat einen eigenen Regelungsgehalt gegenüber der 108
Anordnung, und ist damit ein eigenständiger Verwaltungsakt. Die Gemeinde kann nach erfolglosem Widerspruchsverfahren mit der Anfechtungsklage dagegen vorgehen. Allerdings sind nur solche Einwendungen
gegen die Ersatzvornahme zulässig, die die Gemeinde nicht schon gegen die
Anordnung hätte vorbringen können. Es können also nur solche Mängel
vorgebracht werden, die sich aus der Ersatzvornahme selbst ergeben (VG
Schleswig, Die Gemeinde 1995, 351 (352)).

109   Der Rechtsschutz des unmittelbar betroffenen Bürgers bestimmt sich
       nach der Rechtsnatur der durch die Ersatzvornahme erlassenen Maßnah-
       me, die z.B. als Satzung (BVerwG, NVwZ-RR 1993, 513 (514); OVG
       NRW, NVwZ 1990, 187 (187 f.)), Verwaltungsakt (OVG NRW, DVBl.
       1989, 1272 (1272)) oder privatrechtliche Willenserklärung ergehen kann.

110   Fraglich ist aber, wer der richtige Anspruchs-, Widerspruchs- bzw. Kla-
       gegegner ist. Der Wortlaut des § 125 GO („anstelle") zeigt, dass hier die
       Kommunalaufsicht für die Gemeinde gehandelt hat und sie in Willensbil-
       dung und Handlung ersetzt hat. Nach Sinn und Zweck des § 78 Abs. 1
       VwGO soll derjenige Prozessgegner sein, der über den Streitgegenstand
       verfügen kann. In Rede stehen hier Selbstverwaltungsangelegenheiten, so
       dass auch für den Bürger die Kommune der materielle Streitgegner ist
       (*Bracker/Dehn*, § 125 Rn. 8; *Knemeyer*, in: Mann/Püttner (Hrsg), § 12
       Rn. 71), es sei denn, die Kommunalaufsichtsbehörde hat mehr oder weni-
       ger ausdrücklich im eigenen Namen agiert. Zwar muss sich die Gemeinde
       in einem Prozess für eine Maßnahme rechtfertigen, die sie selbst gar nicht
       erlassen wollte; allerdings ist sie bestandskräftig verpflichtet, ihr rechtswid-
       riges Unterlassen aufzugeben, so dass dieser Einwand nicht (mehr) ver-
       fängt.

(5) Bestellung eines Beauftragten

111   Durch die Bestellung eines Beauftragten wird eine Person durch die Kom-
       munalaufsicht mit Kompetenzen der Gemeinde oder einzelner Gemeinde-
       organe ausgestattet. Mit der Bestellung hat der Beauftragte die Stellung
       eines Gemeindeorgans (§ 127 S. 2 GO) und handelt im Namen und Inte-
       resse der Gemeinde.

112   Die Bestellung eines Beauftragten ist der schärfste Eingriff der Kommu-
       nalaufsicht in das Selbstverwaltungsrecht einer Gemeinde und darf nur als
       letztes Mittel verwendet werden, um die Gesetzmäßigkeit der Verwaltung
       wiederherzustellen. (vgl. *Gern*, Dt. KommR, Rn. 815).

113   Voraussetzung für die Bestellung ist, dass der ordnungsgemäße Gang der
       Verwaltung dies erfordert, d.h. wenn und solange Rechtsverstöße in erheb-
       lichem Umfang, zum wiederholten Mal oder auf lange Dauer einer gesetz-
       mäßigen Verwaltung zuwiderlaufen (*Bracker/Dehn*, § 127 Rn. 3). Dies
       kann dann vorliegen, wenn die Gemeinde die innerorganisatorisch not-
       wendigen Entscheidungen nicht mehr treffen oder Entscheidungen nach
       außen nicht rechtswirksam vollziehen kann (z.B. bei dauerhafter Be-
       schlussunfähigkeit der Gemeindevertretung). Ebenso ist der ordnungsge-
       mäße Gang der Verwaltung nicht gewährleistet, wenn die erforderlichen
       Organe zwar vorhanden und im Grunde auch funktionsfähig sind, sie aber
       auf einer gesetzwidrigen Ausübung ihrer Aufgaben beharren, sich z.B. dau-
       erhaft weigern, gesetzmäßige Anordnungen der Aufsicht auszuführen (*Bra-
       cker/Dehn*, § 127 Rn. 3).

114   Da das kommunalrechtliche Einschreiten dem Verhältnismäßigkeitsprin-
       zip unterliegt, ist auch die Bestellung des Beauftragten inhaltlich und zeit-
       lich auf das erforderliche Mindestmaß zu beschränken.

Gegen die Bestellung des Beauftragen stehen der Gemeinde Widerspruch   115
und Anfechtungsklage zu. Will die Gemeinde gegen die unrechtmäßige
Aufrechterhaltung der Bestellung vorgehen, etwa weil zwischenzeitlich der
ordnungsgemäße Gang der Verwaltung wieder eingetreten ist, so kann sie
eine Verpflichtungsklage anstrengen. Zuvor muss sie allerdings erfolglos
einen Antrag auf Aufhebung der Bestellung an die Kommunalaufsicht gestellt haben (*Bracker/Dehn*, § 127 Rn. 10).

Da der Beauftrage als Organ der Gemeinde handelt, ist er nicht an Wei-   116
sungen der Kommunalaufsicht gebunden (*Bracker/Dehn*, § 127 Rn. 7).
Haftungsansprüche für Amtspflichtverletzungen gegen den Beauftragen
nach Art. 34 GG, § 839 BGB richten sich nach der Anvertrauenstheorie
nicht gegen die Gemeinde, sondern gegen das Land als Anstellungskörper-
schaft, da diese dem Beauftragten das Amt anvertraut hat (*Maurer*, § 26
Rn. 42) Nach der Funktionstheorie hingegen haftet die Gemeinde, deren
Aufgaben der Beauftragte wahrnimmt (vgl. *Erichsen*, DVBl. 1985, 943
(946); *Rentsch/Ziertmann*, § 127 Rn. 5). Hierfür spricht, dass es sich bei
der Beauftragung um eine besondere Form der Abordnung handelt, bei der
ebenfalls eine Haftung derjenigen Körperschaft angenommen wird, zu
welcher der Handelnde abgeordnet worden ist.

Der Beauftragte hat die Stellung eines Organs der Gemeinde und inso-   117
weit auch alle Rechte und Pflichten dieses Organs. Er handelt im Rechtskreis der Gemeinde, so dass sein Handeln auch haftungsrechtlich grundsätzlich der Gemeinde zuzurechnen ist, obwohl sie nicht die Anstellungs-
körperschaft ist.

b) Fachaufsicht

Soweit im Bereich der Aufgaben zur Erfüllung nach Weisung Genehmi-   118
gungsvorbehalte zugunsten der Aufsichtsbehörde begründet worden sind,
kann sie hier eher auch eigene Zweckmäßigkeitserwägungen einbringen, so
dass die Genehmigung zu einem „kondominialen", gleichberechtigten
Mitwirkungsakt der Aufsichtsbehörde wird (*Gern*, KommR, Rn. 803).
Leitend für diese – gegenüber Genehmigungsvorbehalten bei „echten"
Selbstverwaltungsaufgaben andere – Auslegungsmaxime ist die Aufgaben-
art.

Der Fachaufsicht stehen die Mittel der Weisung und Unterrichtung zur   119
Verfügung, §§ 18 Abs. 1 i.V.m. 16 Abs. 2 LVwG, wobei die Weisung das
häufiger eingesetzte Mittel ist. Die §§ 123 ff. GO sind nicht anwendbar.
Kommt die Gemeinde also einer Weisung nicht nach, darf die Fachaufsicht
nicht tätig werden, sondern die allgemeine Kommunalaufsicht handelt
gemäß § 129 GO i.V.m. §§ 17, 18 LVwG. Bei Gefahr im Verzug hat die
Fachaufsicht jedoch ein Selbsteintrittsrecht gemäß § 16 Abs. 3 LVwG.

Da die Landesverfassung von Schleswig-Holstein dem monistischen Auf-   120
gabenmodell folgt, darf die Fachaufsichtsbehörde von einem Weisungsrecht nur Gebrauch machen, wenn und soweit es durch Gesetz besonders
angeordnet ist (*Gern*, Dt. KommR, Rn. 824). Im Gegensatz zur Kommunalaufsicht beschränkt sich die Fachaufsicht nicht auf eine Rechtmäßig-
keitsüberprüfung. Die Fachaufsichtsbehörde kann darüber hinaus die

Zweckmäßigkeit des gemeindlichen Handelns überprüfen und diesbezüglich eigene Erwägungen anstellen.

III. Verwaltungsrechtsschutz gegen Aufsichtsmaßnahmen

121 Die Gemeinden können bci einer Verletzung in eigenen Rechten, genau wie jede andere juristische Person, vor den Verwaltungsgerichten klagen oder einstweiligen Rechtsschutz begehren. Zu beachten ist aber, dass es sich um eigene Rechte der Gemeinde handeln muss, sie kann nicht Rechte ihrer Einwohner geltend machen.

1. Rechtsschutz gegen Maßnahmen der Kommunalaufsicht

122 Maßnahmen der Kommunalaufsicht sind, abgesehen von dem Informationsverlangen, Verwaltungsakte i.S.d. § 106 Abs. 1 LVwG. In den Fällen der §§ 123–127 GO kann daher mittels Widerspruch und Anfechtungsklage gegen Maßnahmen der Kommunalaufsicht vorgegangen werden. Begehrt die Gemeinde eine aufsichtsbehördliche Genehmigung, die ihr verweigert worden ist, so ist die Verpflichtungsklage die statthafte Klageart.

123 Außenstehende Dritte können nicht bereits gegen die aufsichtsrechtliche Maßnahme vorgehen, sondern erst gegen den Verwaltungsakt, den die Gemeinde aufgrund der Verfügung der Kommunalaufsicht erlässt (BVerwG, BayVBl. 1963, 186 (186)), denn die Kommunalaufsicht dient dem Schutz der kommunalen Selbstverwaltung, aber nicht dem Schutz subjektiver Rechte Dritter (BVerwG, DÖV 1972, 723 (723)). Sie ist ausschließlich dem Allgemeinwohl verpflichtet, was ein Eingreifen zugunsten eines Privaten nicht hindert, wenn das öffentliche Interesse mit dem Vorteil der Privatperson zusammenfällt. Diese sog. Subsidiarität der Kommunalaufsicht schließt jedoch ein subjektiv-öffentliches Recht auf Einschreiten der Aufsichtsbehörde aus.

2. Rechtsschutz gegen Maßnahmen der Fachaufsicht

124 Gegen Maßnahmen der Fachaufsicht stellt sich zunächst das Problem der statthaften Klageart. Sieht man die Weisung der Fachaufsicht als Verwaltungsakt an (so z.B. *Schoch*, Jura 2006, 358 (363); *Burgi*, § 9 Rn. 10), so ist die Anfechtungsklage die richtige Klageart, verneint man mangels Außenwirkung das Vorliegen eines Verwaltungsakts (so z.B. *Gern*, Dt. KommR, Rn. 837; *Vietmeier*, DVBl. 1993, 190 (194)), so ist die allgemeine Leistungsklage statthaft (*Schoch*, Jura 2006, 358 (362 f.)). Weil die Aufgaben zur Erfüllung nach Weisung als den echten Selbstverwaltungsangelegenheiten nahe stehend einzuordnen sind (vgl. Rn. 68), müsste man konsequenter Weise die Weisungen der Fachaufsicht als Verwaltungsakt einstufen.

In Schleswig-Holstein wird man jedoch trotz der Entscheidung für das **125**
monistische Aufgabenmodell die Weisungen der Fachaufsichtsbehörde mit
Blick auf § 18 Abs. 3 LVwG, wonach Weisungen der Fachaufsichtsbehörde nicht angefochten werden können, i.d.R. die Verwaltungsaktqualität
absprechen müssen, so dass eine allgemeine Leistungsklage (so auch *Kuhn*,
LVwG-Komm., § 18 Rn. 10) statthaft ist.

Ein weiteres Problemfeld liegt in der Frage nach der Klagebefugnis. **126**
Grundsätzlich spricht die Rechtsprechung, die dem in Art. 28 Abs. 2 GG
angelegten dualistischen Aufgabenmodell folgt, den Gemeinden bei Wei-
sungen der Fachaufsichtsbehörde die Klagebefugnis gemäß § 42 Abs. 2
VwGO (analog) ab, da es sich hierbei um Eingriffe in den übertragenen
Wirkungskreis handelt und somit die Gemeinde keine eigenen, sondern
staatliche Aufgaben wahrnimmt, mit der Folge, dass eine mögliche Verlet-
zung des Selbstverwaltungsrechts von vornherein ausscheidet (BVerwG,
NJW 1965, 317 (318); NJW 1974, 1836 (1837); NVwZ 1983, 610 (611),
NVwZ 1995, 165 (166)).

Etwas anderes gilt jedoch dann, wenn die Fachaufsicht mit der Weisung **127**
ihre Befugnisse überschreitet, z.B. personelle oder organisatorische Entscheidungen trifft, und damit in das Selbstverwaltungsrecht der Gemeinden, insbesondere die Eigenverantwortlichkeit eingreift. Liegt dieser Fall
vor, dann ist die Weisung der Fachaufsicht nicht nur als Verwaltungsakt
einzustufen (so auch die Rspr., vgl. z.B. BVerwG, NJW 1965, 317 (318);
a.A. z.B. *Gern*, Dt. KommR, Rn. 838), da die Fachaufsichtsbehörde die
Grenzen ihrer Weisungsbefugnis überschritten hat, sondern dann ist die
Gemeinde auch nach § 42 Abs. 2 VwGO klagebefugt (BVerwG, NVwZ
1983, 610 (610 f.); NVwZ; DVBl. 1970, 580 (580)).

Bezogen auf Schleswig-Holstein kann § 18 Abs. 3 LVwG dann nicht **128**
anwendbar sein, da der Landesgesetzgeber davon ausging, dass sich die
Fachaufsichtsbehörde im Rahmen ihrer Weisungsbefugnis hält, so dass bei
fachaufsichtlichen Maßnahmen, die in das Selbstverwaltungsrecht eingreifen, stets Rechtsschutz gegeben sein muss (vgl. *Foerster*, LVwG, Anm. zu
§ 18 Rn. 3). Demzufolge muss die Gemeinde mit Widerspruch und Anfechtungsklage gegen die Weisung der Fachaufsichtsbehörde vorgehen,
wenn durch die Weisung der Fachaufsichtsbehörde ein Eingriff in das
Selbstverwaltungsrecht vorliegt. Die Klagebefugnis der Gemeinden in
Schleswig-Holstein ergibt sich aus Art. 46 Abs. 1 LVerf, § 2 Abs. 1 GO.

C. Kommunalverfassung

Das sog. Kommunalverfassungsrecht ist Verwaltungsorganisationsrecht, **129**
das die Verfasstheit der Verwaltungsträger „Gemeinde" oder „Gemeindeverband" regelt. Es enthält deshalb Bestimmungen über Strukturen, Organe, Zuständigkeiten und Verfahren.

I. Das Volk in der Kommune

130 Die Gemeindeangehörigen können in zwei Gruppen eingeteilt werden, nämlich die Einwohner und die Bürger. Einwohner ist nach § 6 Abs. 1 GO, wer in der Gemeinde wohnt. Bürger sind Einwohner, die zur Wahl der Gemeindevertretung berechtigt sind, § 6 Abs. 2 S. 2 GO.

1. Rechte der Einwohner

131 Die Einwohner einer Gemeinde tragen die Gemeindelasten, können öffentliche Einrichtungen benutzen, eine Einwohnerfragestunde und Hilfe bei Verwaltungsangelegenheiten in Anspruch nehmen, Anregungen und Beschwerden vorbringen und einen Einwohnerantrag stellen.

a) Benutzung öffentlicher Einrichtungen

132 Das wohl praxis- und prüfungsrelevanteste Recht der Einwohner ist das Recht auf Benutzung öffentlicher Einrichtungen aus § 18 Abs. 1 S. 1 GO. Laut Art. 28 Abs. 2 GG i.V.m. § 1 Abs. 1 S. 2 u. § 17 GO sind die Kommunen verpflichtet, für das kulturelle, soziale, ökologische und ökonomische Wohl der Einwohner zu sorgen. Mit diesem gesetzgeberischen Auftrag zur sog. kommunalen Daseinsvorsorge korrespondiert das Recht aus § 18 Abs. 1 S. 1 GO. Damit ein Einwohner dieses Recht erfolgreich geltend machen kann, müssen verschiedene Voraussetzungen erfüllt sein.

aa) Tatbestand der öffentlichen Einrichtung

133 Eine *Einrichtung* ist die Zusammenfassung personeller Kräfte und sächlicher Mittel, die im Eigentum oder unter der Sachherrschaft der Gemeinde stehen (vgl. *Bracker/Dehn*, § 17 zu Abs. 1 Rn. 1).

134 Die Frage, ob die Einrichtung *öffentlich* ist, entscheidet sich danach, ob sie öffentlichen Zwecken gewidmet ist. Die Widmung legt Zweckbestimmung, Benutzungsart und -umfang fest und unterwirft die Einrichtung im Zweifel den Regeln des öffentlichen Rechts (vgl. OVG NRW, DVBl. 1976, 398 (399)). Es ist also zu fragen, ob eine Widmung erkennbar wird, durch die eine Einrichtung dauerhaft der Wahrnehmung von Verwaltungsaufgaben dienen soll. Dies ist zu bejahen, wenn durch die Einrichtung Aufgaben der gemeindlichen Daseinsvorsorge wahrgenommen werden.

Der Widmungsakt selbst ist an keine Rechtsform gebunden, er kann durch Allgemeinverfügung, Satzung oder Beschluss der Gemeindevertretung ergehen. Er kann auch konkludent erfolgen, so dass etwa eine dauerhafte Nutzungspraxis in einer bestimmten Weise ein Indiz für eine konkludente Widmung sein kann.

135 Öffentliche Einrichtungen sind zu unterscheiden von öffentlichen Sachen im Gemeingebrauch (z.B. Straßen), bei denen keine Zulassung erforderlich ist, und öffentlichen Sachen im Verwaltungsgebrauch (z.B. das Rathaus), die nicht zur Nutzung durch die Öffentlichkeit zur Verfügung stehen (vgl. *Burgi*, § 16 Rn. 8).

Die Gemeinde kann für eine öffentliche Einrichtung sowohl eine öffent- **136**
lich-rechtliche Organisationsform – d.h. die Gemeinde betreibt die Einrichtung unmittelbar selbst, z.B. als Eigen- oder Regiebetrieb (siehe dazu
Rn. 330) oder Anstalt des öffentlichen Rechts – als auch eine privatrechtliche Organisationsform wählen – in der Regel eine GmbH oder AG. Die
Einrichtung ist dennoch als öffentliche Einrichtung zu qualifizieren, wenn
die Gemeinde durch Mitwirkungs- und Entscheidungsbefugnisse einen
maßgeblichen Einfluss auf die Führung der rechtlich verselbständigten
Einrichtung behält (vgl. *Brüning*, in: Ehlers/Fehling/Pünder (Hrsg), Bes.
VerwR., Bd. 3, 10. Kap., § 64 Rn. 195).

Von der Organisation der Einrichtung als solcher ist die Ausgestaltung **137**
des Benutzungsverhältnisses zu unterscheiden. Die Gemeinde ist grundsätzlich frei in ihrer Entscheidung, wie sie das Benutzungsverhältnis verfassen
will. Auch im Falle einer öffentlich-rechtlichen Organisation der Einrichtung hat die Gemeinde ein Wahlrecht hinsichtlich der öffentlich- oder privatrechtlichen Ausgestaltung des Benutzungsverhältnisses. Demgegenüber
kann eine privatrechtlich organisierte öffentliche Einrichtung die Rechtsbeziehungen zu den Benutzern auch nur privatrechtlich regeln.

bb) Anspruch auf Zulassung

Wenn festgestellt wird, dass eine öffentliche Einrichtung vorliegt, stellt sich **138**
die Frage, ob auch im Einzelfall ein Anspruch besteht, nach § 18 Abs. 1
S. 1 GO zur Benutzung dieser Einrichtung zugelassen zu werden. Dabei
sind zwei Stufen bei der Entscheidung zu beachten: Einmal muss durch die
Gemeinde entschieden werden, „ob" ein Einwohner überhaupt zugelassen
wird, und dann, „wie" die Benutzung konkret ausgestaltet wird. Während
der Anspruch auf Zulassung („Ob") stets öffentlich-rechtlicher Natur ist,
kann der Anspruch auf Benutzung („Wie") sowohl öffentlich-rechtlich als
auch privatrechtlich sein. Dies hängt von der Rechtsnatur des Benutzungsverhältnisses ab.

Adressat des (öffentlich-rechtlichen) Zulassungsanspruchs ist stets die **139**
Gemeinde selbst. Hat die Gemeinde allerdings eine privatrechtliche Organisationsform gewählt, so wandelt sich der Zulassungsanspruch in einen
Verschaffungsanspruch. Es kann dann nur verlangt werden, dass bei Vorliegen aller Anspruchsvoraussetzungen die Gemeinde auf die verselbstän-
digte Einrichtung im Rahmen ihrer Möglichkeiten dahingehend einwirkt,
dass diese dem Anspruchsteller den Zugang zur Einrichtung „im Rahmen
der bestehenden Vorschriften" verschafft.

(1) Anspruchsberechtigung

Nach § 18 Abs. 1 S. 1 GO sind alle Einwohnerinnen und Einwohner der **140**
Gemeinde berechtigt, die öffentlichen Einrichtungen der Gemeinde zu benutzen. Über den Tatbestand einer öffentlichen Einrichtung hinaus muss
der Antragsteller also in personeller Hinsicht Einwohner (oder nach Abs. 2
Grundbesitzer oder Gewerbetreibender in der Gemeinde, sog. Forensen)
sein. Für juristische Personen und Personenvereinigungen sind § 18 Abs. 1
und 2 GO entsprechend anzuwenden (vgl. Abs. 3). Gebietsfremde haben

grundsätzlich keinen kommunalrechtlichen Zulassungsanspruch, es sei denn, dass sich ein solcher aus der Widmung ergibt, wenn durch diese auch Gebietsfremde einbezogen werden sollen (*Brüning*, in: Ehlers/Fehling/Pünder (Hrsg), Bes. VerwR., Bd. 3, 10. Kap., § 64 Rn. 197).

141 Besonders relevant ist die Frage, ob politische Parteien einen Anspruch auf Zulassung zu einer öffentlichen Gemeindeeinrichtung haben. Grundsätzlich sind politische Parteien Personenvereinigungen i.S.d. § 18 Abs. 3 GO. Wenn sie eine Untergliederung in der Gemeinde haben, können sie mithin einen Zulassungsanspruch geltend machen. Dieser kann von der Gemeinde nicht mit dem Argument abgelehnt werden, die antragstellende Parteiuntergliederung sei verfassungsfeindlich. Solange nicht das Bundesverfassungsgericht die Verfassungswidrigkeit festgestellt hat, ist die Partei genau wie alle anderen Parteien zu behandeln (Art. 21 Abs. 2 S. 2 GG, sog. Parteienprivileg).

142 Der Zulassungsanspruch aus § 18 Abs. 1 S. 1 GO besteht (nur) „im Rahmen der bestehenden Vorschriften", d.h. er wird durch das geltende Recht und die Widmung begrenzt. Maßgebliche Vorgaben machen v.a. Satzungen i.S.d. § 4 Abs. 1 GO, Anstalts- und Hausordnungen, nicht aber bloße Verwaltungsvorschriften (*Bülow*, in: KVR SH / GO, § 18 Rn. 28). Der Inhalt der Widmung ist durch Auslegung der ausdrücklichen oder konkludenten öffentlich-rechtlichen Willensäußerung des Einrichtungsträgers zu ermitteln. Sind die personellen und/oder sachlichen Anspruchsvoraussetzungen nicht erfüllt, kann allenfalls ein Anspruch auf ermessensfehlerfreie Entscheidung über eine Sonderbenutzung bestehen. Indem die Gemeinde eine öffentliche Einrichtung zur Benutzung durch die Allgemeinheit zur Verfügung stellt, entsteht ein solcher Teilhabeanspruch aus Art. 3 Abs. 1 GG i.V.m. dem einschlägigen Freiheitsgrundrecht (ausf. *Burgi*, § 16 Rn. 42ff.).

(2) Anspruchsgrenzen

143 Sind die Voraussetzungen erfüllt, liegt also eine öffentliche Einrichtung vor, die von einem Einwohner oder zumindest in gleicher Form Berechtigten im Rahmen der bestehenden Vorschriften genutzt werden will, so besteht im Grunde ein gebundener Anspruch auf Zulassung („sind berechtigt").

144 Aus sachlichen Gründen kann dieser gebundene Anspruch im Einzelfall aber auch auf einen Anspruch auf ermessensfehlerfreie Entscheidung über die Auswahl der Benutzer reduziert sein. Dies ist v.a. dann der Fall, wenn aus Kapazitätsgründen nicht jeder Antragsteller zugelassen werden kann (*Stober*, § 16 III 3b, S. 240). Man spricht dann auch von einem „Anspruch auf gerechte Teilhabe". Die Auswahlentscheidung muss ermessensfehlerfrei sein, darf aber hergebrachten Maßstäben folgen, z.B. dem Prioritätsprinzip (wer zuerst kommt, mahlt zuerst), dem Rotationsprinzip (abwechselnde Zulassung), dem Losverfahren oder dem Aspekt „bekannt und bewährt", welcher v.a. bei Volksfesten zum Tragen kommt (vgl. *Burgi*, § 16 Rn. 27). Die Auswahl muss zwingend dem Gleichheitsgedanken aus Art. 3 Abs. 1 GG entsprechen, weshalb ein Kriterienmix regelmäßig rechtmäßig ist, weil er insbesondere auch Neubewerbern Zulassungschancen eröffnet.

Im Hinblick auf anspruchstellende politische Parteien verschärft **145** § 5 Abs. 1 PartG die Anforderungen an die Auswahlentscheidung. Darin ist der verfassungsrechtliche Grundsatz der Chancengleichheit konkretisiert. Er wird v.a. dann relevant, wenn die Gemeinde in der Widmung der öffentlichen Einrichtung eine parteipolitische Nutzung ausgeschlossen hat (OVG Nds., NordÖR 2007, 164 (164); OVG Thür., DVBl. 2009, 261 (261)), aber früher schon zugunsten anderer Parteien eine Ausnahme zugelassen hat. Obwohl hier ein Anspruch aus § 18 Abs. 1 S. 1, Abs. 3 GO eigentlich verneint werden könnte, da sich die Nutzung nicht im Rahmen des Widmungszwecks bewegt, kann die Partei einen Anspruch auf Zulassung nach § 5 Abs. 1 PartG i.V.m. Art. 3 Abs. 1 GG geltend machen. Hat die Gemeinde in der Vergangenheit Parteien entgegen der Widmung zugelassen, so hat sie sich durch ihr Handeln selbst gebunden und ist zur Zulassung verpflichtet.

Ein Zulassungsantrag kann grundsätzlich nicht mit dem Argument abge- **146** lehnt werden, es seien Störungen der öffentlichen Sicherheit zu befürchten. Die Kommune kann dann die Zulassung an die Erfüllung von Auflagen knüpfen, z.B. die Hinterlegung einer Kaution, aber sie nicht von vornherein ganz ablehnen (OVG Nds., NJW 1985, 2347 (2349); OVG NRW, NVwZ-RR 1991, 508 (509)).

cc) Anspruch auf Benutzung

Wenn ein Zulassungsanspruch besteht, heißt das noch nicht, dass der Be- **147** rechtigte die Einrichtung nutzen kann, wie er will. Er muss sich nach den in dem Benutzungsverhältnis festgelegten Regeln richten. Das Benutzungsverhältnis kann sowohl öffentlich-rechtlich als auch privatrechtlich ausgestaltet sein. Nach der „Zweistufentheorie" (u. a. BVerwGE 32, 333 (334); *Ehlers*, DVBl. 1986, 912 (917)) muss daher stets zwischen dem „Ob" der Zulassung (immer öffentlich-rechtlich) und dem „Wie" der Benutzung (öffentlich-rechtlich oder privatrechtlich möglich) unterschieden werden.

Die Wahl des Privatrechts muss sich eindeutig aus den Umständen erge- **148** ben. Indizien für eine privatrechtliche Ausgestaltung sind beispielsweise die Geltung von AGB statt einer Satzung oder die Vereinbarung eines Entgelts statt der Entrichtung von Gebühren. Bei Zweifelsfällen besteht jedoch eine dahingehende Vermutung, dass das Benutzungsverhältnis öffentlich-rechtlich ausgestaltet ist (OVG NRW, DVBl. 1976, 398 (399); *Stober*, § 16 III 4, S. 241), da das öffentliche Recht quasi das „Hausrecht" der Gemeinden ist.

Hat sich die Gemeinde für ein privatrechtlich ausgestaltetes Benutzungs- **149** verhältnis entschieden, folgt daraus, dass ein Anspruch auf Zulassung vor dem Verwaltungsgericht zu klären ist, der Anspruch auf eine bestimmte Nutzung aber vor dem Zivilgericht. Die Gemeinde darf allerdings den Zulassungsanspruch aus § 18 GO nicht dadurch unterlaufen, dass sie den Abschluss eines privatrechtlichen Vertrags verweigert. Auch hier gilt der Grundsatz „Keine Flucht ins Privatrecht".

dd) Anschluss- und Benutzungszwang

150 In § 17 Abs. 2, 3 GO wird der Gemeinde die Befugnis eingeräumt, mittels Satzung für näher bestimmte öffentliche Einrichtungen einen Benutzungszwang anzuordnen und für grundstücksbezogene Einrichtungen den Anschluss der Grundstücke hieran vorschreiben. Der Anschlusszwang verpflichtet die Grundstückseigentümer, die Verbindung ihrer Grundstücke zu der jeweiligen öffentlichen Einrichtung auf eigene Kosten zu dulden. Der Benutzungszwang knüpft an den Anschlusszwang an; er gebietet die Benutzung der gemeindlichen Einrichtung und verbietet gleichzeitig die Benutzung anderer Einrichtungen. Nach § 17 Abs. 2 S. 2 GO kann die Satzung Ausnahmen vom Anschluss- und Benutzungszwang zulassen, was insbesondere aus Gründen der Unzumutbarkeit im Einzelfall zweckmäßig ist.

151 Tatbestandsvoraussetzung eines Anschluss- und Benutzungszwangs ist – neben dem Vorhandensein einer öffentlichen Einrichtung – allein das Vorliegen eines öffentlichen Bedürfnisses, das in Schleswig-Holstein bereits ausdrücklich außer mit der (Volks-)Gesundheit auch mit dem Umweltschutz gefüllt werden kann (vgl. § 17 Abs. 2 Satz 1 GO SH: „Schutz der natürlichen Grundlagen des Lebens"). Durchgesetzt wird ein Anschluss- und Benutzungszwang im Wege des Verwaltungszwangs.

152 Liegt eine solche Satzung vor, sind die betroffenen Bürger verpflichtet, sich einer öffentlichen Einrichtung anzuschließen, indem sie Vorkehrungen treffen, die es ermöglichen, die von der öffentlichen Einrichtung angebotenen Leistung jederzeit in Anspruch nehmen zu können, und ausschließlich diese öffentliche Einrichtung zu nutzen (*Borchert*, in: KVR SH / GO, B 1, § 17 Rn. 33 f.).

153 Hierdurch wird in die Grundrechte aus Art. 12 Abs. 1 GG und Art. 14 Abs. 1 GG eingegriffen: Der Eingriff in das Grundeigentum der Einwohner ist regelmäßig durch die Sozialpflichtigkeit des Eigentums gemäß Art. 14 Abs. 2 GG gerechtfertigt (vgl. OVG NRW, NWVBl 2011, 322 (322)). Darüber hinaus wird durch die Satzung in die Berufswahlfreiheit aus Art. 12 Abs. 1 GG der privaten Dienstleister eingegriffen, die durch die rechtliche Monopolstellung der Gemeinde ihr Gewerbe in dem von der Satzung erfassten Bereich nicht ausüben können. Eine Rechtfertigung ist dann möglich, wenn wesentliche Gemeinschaftsgüter auf dem Spiel stehen, so etwa die Abwehr von Gefahren für die Volksgesundheit (s. *Gern*, Dt. KommR, Rn. 603).

b) Weitere Rechte der Einwohner

154 Nach § 16b GO kann eine Einwohnerversammlung einberufen werden, um wichtige Angelegenheiten zu erörtern. § 16c GO statuiert die Pflicht, zur Verbesserung des Kontakts zwischen Gemeindevertretung und Einwohnern, eine Einwohnerfragestunde durchzuführen. Nach § 16d GO können Einwohner Hilfe bei Verwaltungsangelegenheiten von der Gemeinde verlangen. § 16e GO regelt das kommunale Beschwerderecht.

Schließlich ist in § 16f GO ein plebiszitäres Element enthalten, der sog. **155** Einwohnerantrag. Der Antrag zielt auf eine Beschäftigung der Gemeindevertretung mit dem Antragsgegenstand, der sich nur auf eine Selbstverwaltungsaufgabe der Gemeinde beziehen darf, vgl. § 16f Abs. 1 GO. Diesen Antrag können alle Einwohner stellen, die mindestens 14 Jahre alt sind. Wird ein solcher Antrag von der erforderlichen Zahl der Einwohner unterzeichnet (vgl. § 16f Abs. 3 GO) und ist dieser von der Gemeindevertretung als zulässig angesehen worden (§ 16f Abs. 5 S. 1 GO), so muss die Gemeindevertretung (bzw. der zuständige Ausschuss) sich unverzüglich zu dem Thema beraten und entscheiden (§ 16f Abs. 5 S. 2 GO).

2. Pflichten der Einwohner

Die Einwohner tragen die Lasten der Gemeinde, § 18 Abs. 1 S. 2 GO. Da- **156** zu gehören v.a. kommunale Abgaben nach § 1 KAG, wie Gebühren für die Benutzung öffentlicher Einrichtungen. Aber auch Naturalleistungen können dazugehören, z.B. die Reinigungs- und Streupflichten der Anlieger nach dem Straßenreinigungsrecht.

3. Rechte der Bürger

Den Bürgern stehen alle Rechte zu, die auch allen anderen Einwohnern **157** zustehen. Darüber hinaus haben sie aber noch weitere Rechte:

a) Wahlrecht

Bürger können nach § 31 GO i.V.m. dem Gesetz über die Wahlen in den **158** Gemeinden und Kreisen in Schleswig-Holstein (GKWG) in der Fassung der Bekanntmachung vom 19.03.1997 (GVOBl. Schl.-H. 1997, 151) die Gemeindevertretung und nach § 57 Abs. 1 GO den Bürgermeister wählen (siehe zum Wahlrecht der EU-Ausländer Rn. 23 f.). Um das aktive Wahlrecht ausüben zu können, muss das 16. Lebensjahr vollendet sein (§ 3 Abs. 1 Nr. 1 GKWG). Dem gegenüber steht das passive Wahlrecht Bürgern ab Vollendung des 18. Lebensjahres zu (§ 6 Abs. 1 Nr. 1 GKWG).

b) Bürgerbegehren und Bürgerentscheid

Mit einem Bürgerbegehren kann durch die Bürger einer Gemeinde bean- **159** tragt werden, über eine Angelegenheit der Gemeinde selbst zu entscheiden, § 16g Abs. 3 S. 1 GO. Auch die Gemeindevertretung kann beschließen, dass die Bürger über eine Selbstverwaltungsaufgabe entscheiden sollen (Bürgerentscheid), § 16g Abs. 1 GO. In § 16g Abs. 2 GO findet sich eine Auflistung von Angelegenheiten, die nicht zum Gegenstand eines Bürgerentscheids gemacht werden können. Die Klausel des § 16c Abs. 3 S. 2 GO a.F., dass ein Bürgerbegehren nur Selbstverwaltungsaufgaben zum Gegenstand haben darf, über die innerhalb der letzten zwei Jahre nicht bereits ein Bürgerentscheid aufgrund eines Bürgerbegehrens durchgeführt worden ist, ist aufgehoben worden.

160   Bei Bürgerbegehren wird zwischen initiierenden und kassatorischen Bürgerbegehren unterschieden: Während bei Letzterem das Begehren sich auf einen konkreten Beschluss der Gemeindevertretung bezieht, zielt Ersteres auf die Behandlung einer neuen Angelegenheit ab, mit der die gemeindliche Aktivität angestoßen werden soll (vgl. *Burgi*, § 11 Rn. 43). § 16g Abs. 3 GO bezieht sich ausdrücklich nur auf initiierende Bürgerbegehren; allerdings sind auch kassatorische Bürgerbegehren zulässig (*Bracker/Dehn*, § 16g zu Abs. 3, Rn. 3). Nach § 16c Abs. 3 S. 3 GO a.F. musste ein kassatorisches Bürgerbegehren noch innerhalb einer Frist von 6 Wochen nach Bekanntgabe des Beschlusses (bzw. der Entscheidung) eingereicht werden. Diese Frist ist nunmehr entfallen, was zu einer Stärkung der Beteiligung des Gemeindevolkes führt. Durch den Wegfall der recht kurzen Frist soll nach Intention des Gesetzgebers v.a. der erhebliche Zeitdruck, der auf den Initiatoren des Begehrens insofern lastete, da sie die erforderliche Unterschriftenzahl innerhalb der 6-Wochenfrist erlangen mussten, vermindert werden (LT-Drs. 18/310, S. 17).

161   Das Bürgerbegehren muss schriftlich und begründet eingereicht werden, eine Übersicht über die zu erwartenden Kosten der verlangten Maßnahme enthalten (zur Unzulässigkeit eines Bürgerbegehrens wegen eines fehlenden, noch nach alter Rechtslage erforderlichen, Kostendeckungsvorschlags siehe OVG SH, SchlHA 2007, 69 ff.) und bis zu 3 Personen als Vertreter benennen (vgl. § 16g Abs. 3 S. 2, 3. GO). Das für ein Bürgerbegehren erforderliche Quorum ergibt sich aus § 16g Abs. 4 GO. Danach gilt, je höher die Einwohnerzahl einer Gemeinde ist, desto geringer muss die Anzahl der Stimmberechtigten sein, die das entsprechende Bürgerbegehren unterzeichnen müssen. Nach § 16c Abs. 4 GO a.F. galt noch, dass ein Bürgerbegehren mindestens von 10% der Bürgerinnen und Bürger unterzeichnet sein musste. Mit der Neuerung sind die Anforderungen an ein Bürgerbegehren erleichtert worden, denn das Quorum i.H.v. 10% war in Gemeinden mit einer höheren Einwohnerzahl schwerer zu erreichen als in Gemeinden mit einer niedrigeren Einwohnerzahl (*Bracker/Dehn*, § 16g zu Abs. 4 Rn. 2).

162   Über die Zulässigkeit eines Bürgerbegehrens entscheidet die Kommunalaufsichtsbehörde, § 16g Abs. 5 S. 1 GO. Wenn es zulässig ist, tritt eine Sperrwirkung ein, d.h. dann darf bis zu der Durchführung des Bürgerentscheids von den Gemeindeorganen keine Maßnahme mehr getroffen werden, die dem Begehren entgegensteht (§ 16g Abs. 5 S. 2 GO).

163   Die Gemeindevertretung hat auch die Möglichkeit, schon vor dessen Durchführung dem Begehren in unveränderter Form oder in einer Form, die von den Vertretern des Begehrens gebilligt wird, zu entsprechen, mit der Folge dass der Bürgerentscheid dann entfällt (§ 16g Abs. 5 S. 3 GO). Der von der Gemeindevertretung entsprechend gefasste Beschluss kann gemäß § 16g Abs. 5 S. 4 GO innerhalb der nächsten zwei Jahre nur durch einen Bürgerentscheid abgeändert werden, die Durchführung eines Bürgerbegehrens zu dieser Angelegenheit ist jedoch innerhalb dieses Zeitraumes nicht möglich.

164   Lehnt die Kommunalaufsicht die Zulässigkeit des Bürgerbegehrens ab, so kann nach erfolglosem Widerspruchsverfahren eine Verpflichtungsklage

auf Erlass des Zulassungsbescheids erhoben werden. Die Gemeinde sowie Drittbetroffene können die stattgebende Entscheidung der Kommunalaufsichtsbehörde mit einer Anfechtungsklage angreifen.

Besondere Beachtung verdient in diesem Zusammenhang die Beteiligungsfähigkeit nach § 61 VwGO. Sie setzt voraus, Subjekt eines Prozessrechtsverhältnisses sein zu können (*Kopp/Schenke*, § 61 Rn. 4): **165**

Beteiligungsfähig i.S.d. § 61 VwGO ist jeder einzelne Unterzeichner des Bürgerbegehrens aufgrund seiner kommunalrechtlichen Teilhabeposition (*Schliesky*, in: KVR SH /GO, § 16g Rn. 128). Dafür, die Beteiligungsfähigkeit darüber hinaus jedem Wahlberechtigten unabhängig von einer vorangegangenen Unterzeichnung des Bürgerbegehrens zuzusprechen (so OVG Schleswig, Die Gemeinde 1992, 310 (311)), streitet, dass die unmittelbar-demokratische Mitwirkungsmöglichkeit des § 16g GO prinzipiell allen Bürgern offen steht. **166**

Teilweise wird angenommen, beteiligungsfähig seien ferner auch oder gar ausschließlich die nach § 16g Abs. 3 S. 3 GO benannten Vertreter des Bürgerbegehrens (vgl. VG Darmstadt, NVwZ-RR 1995, 156 (157)). Insoweit wird davon ausgegangen, dass § 16g Abs. 3 S. 3 GO eine gesetzliche Prozessstandschaft der Vertreter anordne, die gemäß § 61 Nr. 1 Alt. 1 VwGO die Rechte der Unterzeichner im eigenen Namen geltend machten (VG Darmstadt, NVwZ-RR 1995, 156 (157); OVG Nds., NVwZ-RR 2009, 735 (735)). Des Weiteren ist dann fraglich, ob die Vertreter einzel- oder gesamtvertretungsberechtigt sind, was v.a. bedeutsam ist, wenn bei mehr als einem Vertreter nicht alle mit der Klageerhebung einverstanden sind. Für die Gesamtvertretung (vgl. VG Darmstadt, NVwZ-RR 1995, 156 (157)) spricht ein Vergleich mit den §§ 54, 714, 709 BGB. Die Vertreter sollen den Willen eines Bevölkerungsteils durchsetzen. Also müssen die Unterzeichner des Bürgerbegehrens vor möglicherweise unüberlegten „Alleingängen" eines Vertreters geschützt sein. Schließlich kann daran gedacht werden, dem Bürgerbegehren selbst in direkter oder analoger Anwendung des § 61 Nr. 2 VwGO Beteiligungsfähigkeit zuzuerkennen (VGH Kassel, NJW 1997, 1721 f.; OVG NRW, NWVBl. 2002, 346 (347)). **167**

Grundlegend ist indes der Rechtsträgerschaft der Vertreter entgegenzutreten. Denn statt einer (quasi-)organschaftlichen Stellung haben die Vertrauenspersonen nur eine verwaltungsverfahrensrechtliche Vertretungsposition inne (*Rentsch/Ziertmann*, § 16g Rn. 21). Mangels ausdrücklicher Gesetzesbestimmung – die es in anderen Bundesländern gibt – bleibt Zuordnungsobjekt des Rechts aus § 16g GO der einzelne Bürger. Anderenfalls wüchsen die Vertreter unter Umständen in eine Rechtsposition hinein, die ihren eigenen bürgerschaftlichen Rechtsstatus erweitert, weil sie beispielsweise selbst gar nicht wahlberechtigt in der betreffenden Gemeinde sind. Es überzeugt deshalb auch nicht, die Unterschrift eines jeden Unterzeichners als Gründungsakt einer teilrechtsfähigen Vereinigung oder Institution anzusehen; vielmehr handelt es sich beim Bürgerbegehren (wie beim Einwohnerantrag) um das bloße Produkt einer plebiszitären Mitwirkung etlicher Bürger (bzw. Einwohner) (*Schliesky*, in: KVR SH /GO, § 16f Rn. 61 u. 63). **168**

169   Der Umfang der Klagebefugnis gemäß § 42 Abs. 2 VwGO bemisst sich danach, ob und inwieweit eine Verletzung des einfach-gesetzlichen Rechts aus § 16g GO nach dem substantiierten Sachvortrag des Klägers möglich erscheint.

170   Der Bürgerentscheid, dem die Wirkung eines Beschlusses der Gemeindevertretung zukommt, ist erfolgreich, wenn die Mehrheit der abgegebenen gültigen Stimmen mit „Ja" antwortet, wobei die diese Mehrheit in Abhängigkeit von der Gemeindegröße einen näher bestimmten Prozentsatz der dort Stimmberechtigten erreichen muss, vgl. § 16g Abs. 7 S. 1 GO. Bei Stimmengleichheit gilt die Frage als mit „Nein" beantwortet (§ 16g Abs. 7 S. 2 GO).

4. Pflichten der Bürger

171   Die Bürger haben wie alle Einwohner die Gemeindelasten zu tragen. Wichtigste Pflicht des Bürgers ist aber die Übernahme einer ehrenamtlichen Tätigkeit bzw. eines Ehrenamtes, vgl. § 19 Abs. 1 GO. Es kann sich hierbei um eine längerfristige Tätigkeit – das sog. „Ehrenamt" (z.B. Schöffen, Brandmeister, ehrenamtlicher Bürgermeister, § 50 Abs. 6 GO) – oder um eine Tätigkeit von kurzfristiger Dauer (z.B. Mitwirkung bei Wahlen) – eben eine sog. ehrenamtliche Tätigkeit – handeln. Die Vorschriften bezüglich dieser Tätigkeiten finden zum großen Teil über § 32 Abs. 3 GO auf Gemeindevertreter entsprechende Anwendung.

172   Zentrale Pflichten sind die Verschwiegenheitspflicht (§ 21 GO), Mitwirkungsverbote (§ 22 GO) und die Treuepflicht (§ 23 GO). Diese Pflichten sind gemäß § 32 Abs. 3 GO auch auf Gemeindevertreter entsprechend anwendbar, sodass das im Folgenden Gesagte auch für diese gilt.

Nach § 24 Abs. 1 GO haben die ehrenamtlich Tätigen, Ehrenbeamte und Gemeindevertreter einen Anspruch auf Entschädigung, der in einer Satzung festzulegen ist und auf den nicht verzichtet werden kann. Zudem bestehen besondere Kündigungsschutzvorschriften, § 24a GO.

a) Verschwiegenheitspflicht

173   Verschwiegenheit i.S.v. § 21 Abs. 1 S. 2 GO ist in Bezug auf alle Angelegenheiten zu wahren, bei denen die Geheimhaltung gesetzlich vorgeschrieben (§ 11 KAG, § 30 AO), besonders angeordnet oder ihrer Natur nach erforderlich ist (z.B. bei Angelegenheiten, die in nichtöffentlichen Sitzungen der Gemeindevertretung erörtert werden). Auch in Gerichtsverfahren ist die Verschwiegenheit zu wahren, außer, der Bürgermeister genehmigt die Aussage (§ 21 Abs. 3 GO). Die Genehmigung darf nur verweigert werden, wenn die Aussage dem Wohl des Bundes, eines Landes oder eines anderen Trägers der öffentlichen Verwaltung Nachteile bereiten oder die Erfüllung öffentlicher Aufgaben ernstlich gefährden oder erheblich erschweren würde (§ 21 Abs. 4 GO). Die Verschwiegenheitspflicht bleibt auch nach Beendigung der Tätigkeit bestehen (§ 21 Abs. 2 GO).

b) Mitwirkungsverbote

Nach § 22 GO ist ehrenamtlich Tätigen und Ehrenbeamten in bestimmten **174** Fällen die Mitwirkung an Entscheidungsprozessen der Gemeinde untersagt. Der Ausschluss betrifft alle Entscheidungen und Beratungen in der betroffenen Angelegenheit, nicht nur die Beschlussfassung an sich (*Gern*, Dt. KommR, Rn. 511; vgl. auch OVG SH, Die Gemeinde 2007, 18 (19)).

Sinn und Zweck dieser Regelung ist es, einen Interessenkonflikt des Eh- **175** renamtlers aufgrund seiner persönlichen oder sachlichen Beziehung zum Beratungsgegenstand zu verhindern bzw. den bloßen Anschein, die verliehene Position werde ausgenutzt, um sich Vorteile zu verschaffen, zu vermeiden (OVG Nds., NVwZ 1982, 44 (44); *Gern*, Dt. KommR, Rn. 511). Es genügt daher schon die hinreichende Wahrscheinlichkeit eines Interessenkonflikts, auch wenn er tatsächlich vielleicht nicht besteht (VGHBW, VBlBW 1987, 24 (25)). Das Vertrauen der Bürger in die Rechtmäßigkeit der Gemeindeverwaltung soll geschützt werden. Mitwirkungsverbote, die sich aus § 81 LVwG ergeben, bleiben von der Regelung des § 22 GO unberührt (vgl. § 22 Abs. 6 GO).

aa) Persönlicher Anwendungsbereich

Der ehrenamtlich Tätige ist gemäß § 22 Abs. 1 S. 1 GO (ggf. i.V.m. § 32 **176** Abs. 3 GO) von der Mitwirkung ausgeschlossen, wenn die Tätigkeit oder Entscheidung ihm, einer ihm nahe stehenden Person oder einer von ihm vertretenen Person einen Vor- oder Nachteil bringen kann. Die Aufzählung in § 22 GO ist abschließend. Zu den nahestehenden Personen gehören die Ehegatten und Lebenspartner, solang die Ehe bzw. Lebenspartnerschaft nicht rechtskräftig geschieden wurde, sowie die Verwandten (§ 1589 BGB) bis zum dritten und die Verschwägerten (§ 1590 BGB) bis zum zweiten Grad.

Nach § 22 Abs. 2 GO ist auch dann eine Befangenheit anzunehmen, **177** wenn der ehrenamtlich Tätige schon einmal ein Gutachten zu der Angelegenheit verfasst hat (Nr. 1), wenn er bei einer natürlichen oder juristischen Person des öffentlichen oder privaten Rechts oder einer Vereinigung, die ein besonderes persönliches oder wirtschaftliches Interesse an der Erledigung der Angelegenheit hat, gegen Entgelt beschäftigt ist (Nr. 2), oder in einer solchen juristischen Person Vorstands- oder Aufsichtsratmitglied (Nr. 3) oder Gesellschafter (Nr. 4) ist oder eine vergleichbare Position innehat. Eine entgeltliche Beschäftigung kann bei jeder weisungsgebundenen Tätigkeit gegen Vergütung angenommen werden. Im Rahmen der Nr. 3 kann auch eine unentgeltliche Beschäftigung vorliegen. Ist der ehrenamtlich Tätige Gesellschafter einer juristischen Person, die Vor- oder Nachteile aus der Angelegenheit ziehen kann, so muss er eine Bindung zur juristischen Person haben, die über den bloßen Besitz von Aktien hinausgeht (*von Mutius/Rentsch*, Kommverf.R., § 22 Rn. 19).

Wenn der ehrenamtlich Tätige jedoch bloß als Mitglied einer Berufs- **178** oder Bevölkerungsgruppe beteiligt ist, deren gemeinsame Interessen durch die Angelegenheit berührt werden, erfolgt kein Ausschluss (§ 22 Abs. 3 Nr. 1 GO). Deshalb dürfen beispielsweise Hunde besitzende Gemeindevertreter durchaus über die Hundesteuersatzung mitberaten und abstimmen.

bb) Sachlicher Anwendungsbereich

179 Es muss gemäß § 22 Abs. 1 S. 1 GO ein unmittelbarer Vor- oder Nachteil aus der Tätigkeit oder Entscheidung erwachsen können, d.h. es muss ein sog. Sonderinteresse bestehen (OVG NRW, NVwZ 1984, 667 (668); *Gern*, Dt. KommR, Rn. 511). Dieses kann rechtlicher, wirtschaftlicher oder ideeller Art sein, wobei stets auf den Einzelfall abzustellen und zu fragen ist, wie sich die Angelegenheit aus Perspektive des Bürgers darstellt. § 22 Abs. 1 S. 2 GO legaldefiniert die Unmittelbarkeit dahin, dass der Vor- oder Nachteil „sich aus der Entscheidung ergibt, ohne dass weitere Ereignisse eintreten oder Maßnahmen getroffen werden müssen".

180 Sind mehrere Beschlüsse nacheinander zu treffen, so ist darauf abzustellen, inwieweit die vorangegangene Entscheidung die nachfolgende determiniert. Bei Beschlussfassungen der Gemeindevertreter über den Flächennutzungsplan ist zu beachten, dass dieser nur eine vorbereitende Maßnahme ohne Normqualität ist und keine absolute Bindungswirkung für die Gemeinde entwickelt. Allerdings sind Abweichungen im nachfolgenden Bebauungsplan durch das Entwicklungsgebot in § 8 Abs. 2 BauGB nur begrenzt möglich, sodass auch hier im Einzelfall ein unmittelbarer Vor- oder Nachteil für einzelne Grundstücke entstehen kann. Ein solcher ist aber nur dann anzunehmen, wenn ein besonders erkennbarer Zusammenhang zwischen dem Flächennutzungsplan und dem wirtschaftlichen Interesse eines Gemeindevertreters besteht, der in diesem Bereich Grundeigentum hat (OVG Nds., Die Gemeinde 1970, 105 (106 f.)).

181 Bebauungspläne hingegen haben eine unmittelbar rechtsgestaltende Wirkung und deshalb Auswirkungen auf Grundstücks- und Gebäudewerte. In der Regel werden dadurch unmittelbare Vor- oder Nachteile für einzelne Grundstückseigentümer begründet (vgl. z.B. OVG NRW, NVwZ 1984, 667 ff.). Die Grundstückseigentümer im Bereich eines Bebauungsplans sind auch nicht als eine Gruppe i.S.d. § 22 Abs. 3 Nr. 1 GO anzusehen, da sie lediglich einen Teil einer Bevölkerungsgruppe darstellen (*Bracker/Dehn*, § 22 zu Abs. 1 Rn. 7; vgl. für die Zugehörigkeit zu einer Berufsgruppe z.B. OVG Rh-Pfalz, Die Gemeinde 1967, 118 ff.).

182 Das Mitwirkungsverbot gilt nicht bei Wahlen und Abberufungen (z.B. Wahl des ehrenamtlichen Bürgermeisters, § 52 Abs. 1 GO) und bei anderen Beschlüssen (§ 39 GO), mit denen ein Kollegialorgan eine Person aus seiner Mitte auswählt und entsendet.

cc) Rechtsfolgen

183 Es besteht die Pflicht, eine mögliche Befangenheit mitzuteilen (§ 22 Abs. 4 GO). Dann wird unter Ausschluss des Betroffenen beraten und beschlossen, ob tatsächlich eine Befangenheit zu besorgen ist. Ergeht ein solcher Beschluss, muss der Befangene bei der Beratung und Beschlussfassung in der betreffenden Angelegenheit den Sitzungsraum verlassen, denn die Meinungsbildung und -beeinflussung erfolgt nicht erst bei der abschließenden Beschlussfassung, sondern prägt die gesamte Vorbereitung (OVG Nds., Die Gemeinde 1981, 398 (398 f.)). Der Ausgeschlossene kann aber in den

Zuhörerraum wechseln und die Angelegenheit von dort weiterverfolgen (a.A. OVG Nds., Die Gemeinde 1973, 86 (86 f.)).

Wirkt jemand trotz Befangenheit mit, so ist die Entscheidung in dieser **184** Angelegenheit verfahrensfehlerhaft zustande gekommen, d.h. formell rechtswidrig. Handelt es sich dabei um einen Verwaltungsakt, ist dieser gemäß § 113 Abs. 3 Nr. 2 LVwG nicht nichtig, sondern muss angefochten werden. Die Rechtswidrigkeit ist unbeachtlich, wenn die Stimme der befangenen Person nicht entscheidungserheblich war, also ohne diese Stimme das gleiche Abstimmungsergebnis eingetreten wäre, § 22 Abs. 5 Nr. 1 GO. Wenn der Beschluss nicht innerhalb eines Jahres gerügt wird, kann die Rechtswidrigkeit ebenfalls nicht mehr geltend gemacht werden, § 22 Abs. 5 Nr. 2 GO. Wurde eine Satzung erlassen, ist diese unwirksam und kann im Wege des Normenkontrollverfahrens nach § 47 VwGO angegriffen werden.

Ein Beschluss ist aber auch dann formell rechtswidrig, wenn ein Ge- **185** meindevertreter zu Unrecht ausgeschlossen wurde. In diesem Fall greift die Unbeachtlichkeitsregelung des § 22 Abs. 5 Nr. 1 GO nicht. Sie ist auch nicht analog anzuwenden, da nicht sicher ist, wie das zu Unrecht ausgeschlossene Mitglied Einfluss auf den Ausgang der Abstimmung genommen hätte (BayVGH, BayVBl. 1976, 753 (755); a.A. OVG SH, Die Gemeinde 1997, 120 (120)).

Wenn jedoch ein Gemeindevertreter die Sitzung in der irrigen Annahme **186** verlässt, er wäre befangen, ohne dass er förmlich ausgeschlossen wurde, führt das nicht zur Rechtswidrigkeit des Beschlusses (VGHBW, NVwZ 1987, 1103 (1104)).

c) Treuepflicht

§ 23 S. 1 GO statuiert eine besondere Treuepflicht der Ehrenbeamten ge- **187** genüber der Gemeinde. Der Gedanke hinter dieser Regelung ist, dass die Verwaltungsgeschäfte unparteiisch und objektiv geführt werden, und die Ehrenbeamten keinen Interessenkonflikten ausgesetzt werden.

Ehrenbeamte dürfen insbesondere Ansprüche Dritter gegen die Gemein- **188** de nicht geltend machen, es sei denn, dass sie als gesetzliche Vertreter handeln, § 23 S. 2 GO. Während Ehrenbeamte und Gemeindevertreter danach einem absoluten Vertretungsverbot unterliegen, gilt für ehrenamtlich Tätige nach § 23 S. 3 GO ein relatives Vertretungsverbot, weil ein Zusammenhang des Auftrags mit den Aufgaben ihrer ehrenamtlichen Tätigkeit verlangt wird.

Relevant ist diese Pflicht v.a. für Rechtsanwälte und Architekten (vgl. **189** BVerfGE 41, 231 ff.; 52, 42 ff.; 56, 99 ff.; 61, 68 ff.; NJW 1988, 694 f.; BVerwG NJW, 1988, 1994; OVG NRW, NVwZ 1984, 667 (669)). Sie gilt aber nur für den ehrenamtlich Tätigen; Kollegen, die mit ihm z.B. in einer Anwaltssozietät oder einem Architekturbüro arbeiten, sind nicht betroffen (BVerfGE 61, 68 (74)). Die Pflicht erstreckt sich sowohl auf zivil- als auch auf öffentlich-rechtliche Ansprüche, jedoch nicht auf die Vertretung in Straf- oder Ordnungswidrigkeitenverfahren, denn hier wird der Anwalt primär als Organ der Rechtspflege tätig (BVerfGE 41, 231 (242)).

190 § 23 GO verstößt nicht gegen Art. 12 Abs. 1 GG. Zwar ist der Schutzbereich von Art. 12 Abs. 1 GG betroffen. Allerdings ist die Berufsausübungsregelung durch Gründe des Allgemeinwohls (Vermeidung von Interessenkonflikten, reibungsloser Ablauf der Gemeindeverwaltung) gerechtfertigt (BVerfG, NJW 1988, 694 (694 f.)).

191 Bei einem Verstoß gegen die Treuepflicht bleiben Rechtshandlungen im Außenverhältnis wirksam.

Nach Ansicht des Bundesverfassungsgerichts kann bei einem laufenden Prozess das Gericht aber den betroffenen Prozessvertreter analog § 67 Abs. 3 VwGO zurückweisen, wenn er das Mandat nicht freiwillig niederlegt (BVerfGE 52, 42 (53 ff.); *Kopp/Schenke*, § 67 Rn. 22). Nach anderer Ansicht betrifft das Vertretungsverbot nur das Innenverhältnis des Betroffenen zur Gemeinde. Das Recht des Anwalts, vor Gericht aufzutreten, kann nicht durch eine landesgesetzliche Regelung beschränkt werden. Vielmehr erfordert das gemäß Art. 74 Abs. 1 Nr. 1 GG i.V.m. § 3 Abs. 2 BRAO ein Bundesgesetz (*von Mutius*, Kommunalrecht, Rn. 779; vgl auch *Schoch*, NVwZ 1984, 626 ff.).

192 Das Vertretungsverbot kann intern aber zu Sanktionen führen. Soweit dazu in der Gemeindeordnung keine Norm existiert, ist dies eine Lücke im Kommunalrecht. Ein Verstoß gegen das Vertretungsverbot kann aber als Ordnungswidrigkeit gemäß § 134 Abs. 1, 2 GO verfolgt werden.

II. Die Gemeindevertretung

193 Die Gemeindevertretung ist (neben dem Bürgermeister) gemäß § 7 GO ein Organ der Gemeinde, d.h. eine selbständige Organisationseinheit, durch die die Gemeinde handelt. Die Gemeindevertretung ist das oberste Organ und trifft alle für die Gemeinde wichtigen Entscheidungen und überwacht deren Durchführung (§ 27 Abs. 1 S. 2 GO). Unter „wichtige" Entscheidungen fallen dabei zumindest die in § 28 GO genannten und nicht übertragbaren Angelegenheiten.

1. Rechtsstellung der Vertretungskörperschaft

Die Gemeindevertretung stellt zwar die in Art. 28 Abs. 1 S. 2 GG vorgesehene Volksvertretung dar; sie ist gleichwohl ein Verwaltungsorgan und der Exekutive zugehörig und kein Parlament, obwohl sie durch das Volk gewählt wird (vgl. z.B. BVerfGE 65, 283 (289); BVerwGE 90, 359 (362); *Gern*, Dt. KommR, Rn. 314).

194 Die Gemeindevertretung besitzt keine eigene (Außen-)Rechtsfähigkeit. Allerdings ist sie Träger eigener organschaftlicher Rechte. Diese (Innen-)Rechte können durch den Vorsitzenden der Gemeindevertretung gerichtlich geltend gemacht werden, § 33 Abs. 7 GO.

195 Hinzuweisen ist darüber hinaus auf § 54 GO, nach dessen S. 1 in Gemeinden bis zu 70 Einwohnern an die Stelle der Gemeindevertretung die aus den Bürgern der Gemeinde bestehende Gemeindeversammlung tritt.

Die Gemeindeversammlung setzt sich demnach kraft Gesetzes aus den in der entsprechenden Gemeinde wohnenden Bürgern zusammen und wird nicht infolge einer Wahl gebildet.

2. Zusammensetzung und Wahl

Die Gemeindevertretung besteht aus gewählten Vertreterinnen und Vertre- **196** tern, § 31 Abs. 1 GO. Die Zahl der Gemeindevertreter richtet sich nach der Größe der Gemeinde, § 31 Abs. 2 GO i.V.m. § 8 GKWG. Die Gemeindevertretung wird für 5 Jahre gewählt (§ 1 Abs. 1 GKWG). Nach § 3 Abs. 1 GKWG sind Deutsche und Unionsbürger (dazu oben Rn. 23 f.) wahlberechtigt, die das 16. Lebensjahr vollendet haben und seit mindestens sechs Wochen im Wahlgebiet ihren Wohnsitz haben (aktives Wahlrecht). Wählbar sind alle volljährigen Wahlberechtigten, die seit mindestens drei Monaten in Schleswig-Holstein wohnen, § 6 Abs. 1 GO (passives Wahlrecht).

Die Wahlrechtsgrundsätze sind in Art. 3 Abs. 1 LVerf, Art. 28 Abs. 1 **197** GG festgelegt (siehe dazu § 1 Rn. 55 ff.): Die Wahl der Gemeindevertretung muss allgemein, unmittelbar, frei, gleich und geheim stattfinden.

Wie bei der Landtags- oder Bundestagswahl werden auch die Mandate **198** für die Gemeindevertretung nach dem Prinzip der personalisierten Verhältniswahl vergeben, vgl. §§ 7–10 GKWG (zu sog. Überhangmandaten auf kommunaler Ebene vgl. OVG SH, NordÖR 2011, 41 ff.; NordÖR 2001, 69 ff.). Ursprünglich gab es in § 10 Abs. 1 GKWG eine sog. Grundmandatsklausel, d.h. bei der Verteilung der Sitze wurden nur Parteien oder Wählergruppen berücksichtigt, die mindestens 5% der im Wahlgebiet abgegebenen gültigen Stimmen auf sich vereinigen konnten. Diese Klausel wurde jedoch vom Bundesverfassungsgericht für verfassungswidrig erklärt (BVerfG, NVwZ 2008, 407 ff.; Anm. *Groth*, NordÖR 2008, 17 f; zur Verfassungswidrigkeit von kommunalen Sperrklauseln auch ThürVerfGH, NVwZ-RR 2009, 1 ff.). Solche Sperrklauseln verstoßen grundsätzlich gegen den Grundsatz der Wahlgleichheit. Jede Stimme muss denselben Zähl- und Erfolgswert haben. Wird eine Stimme für eine Partei abgegeben, die die 5%-Hürde nicht nimmt, so wird dieser der Erfolgswert jedoch aberkannt. Dieser Verstoß kann nur dann gerechtfertigt sein, wenn ohne die Sperrklausel eine Beeinträchtigung der Funktionsfähigkeit der kommunalen Vertretungsorgane wahrscheinlich ist (BVerfG, NVwZ 2008, 407 (408 ff.)).

Nach Ansicht des Bundesverfassungsgerichts ist dies für die kommuna- **199** len Vertretungskörperschaften in Schleswig-Holstein jedoch nicht der Fall. Anders als der Ministerpräsident im Landtag oder der Bundeskanzler im Bundestag sei der Bürgermeister nicht vom Vertrauen der Gemeindevertretung abhängig. Er wird gemäß § 57 Abs. 1 GO direkt gewählt und trägt in eigener Zuständigkeit die Verantwortung für den ordnungsgemäßen Ablauf der Gemeindeverwaltung. Anders als staatliche Parlamente übten Gemeindevertretungen und Kreistage ferner keine Gesetzgebungstätigkeit aus, für die klare Mehrheiten zur Sicherung einer politisch aktionsfähigen Regierung unentbehrlich sind. Damit sei die Funktionsfähigkeit der Gemeindeverwaltung losgelöst von den in der Gemeindevertretung herrschenden Mehrheitsverhältnissen und eine 5%-Hürde daher nicht notwendig (BVerfG, NVwZ 2008, 407 (410 ff.)).

200　Übersehen wird dabei einerseits, dass jedenfalls den Kreistagen inzwischen insoweit wieder eine Kreationsfunktion zukommt, als sie den Landrat wählen. Andererseits wird die Bedeutung des kommunalen Haushalts als zentralem Steuerungsinstrument der Kommunalpolitik und -verwaltung vom Bundesverfassungsgericht zu gering veranschlagt.

3. Rechtsstellung der Gemeindevertreter

201　Die Gemeindevertreter sind Teil eines Exekutivorgans und somit nicht mit einem Abgeordneten im Landtag oder Bundestag zu vergleichen. So können sie sich beispielsweise nicht auf Indemnität und Immunität berufen. Sie üben vielmehr eine ehrenamtliche Tätigkeit eigener Art aus (*Ehlers*, in: Mann/Püttner (Hrsg), § 21 Rn. 12; vgl. auch *Dolderer*, DÖV 2009, 146 ff.) und bekleiden ein öffentliches Amt, infolge dessen sie als Beamte im haftungsrechtlichen Sinne gemäß § 839 BGB i.V.m. Art. 34 GG anzusehen sind (BGH, NJW 1989, 976 (978)); sie sind jedoch keine Amtsträger im strafrechtlichen Sinne nach § 11 Abs. 1 Nr. 2b) StGB (vgl. BGH, NJW 2006, 2050 (2052)).

202　Gemeindevertreter verfügen über eine Reihe von Rechten, aber auch Pflichten. Zentrale Norm ist dabei § 32 Abs. 1 GO, in der die Freiheit des Mandats der Gemeindevertreter festgelegt ist. Zu den Rechten der Gemeindevertreter zählt insbesondere das Recht auf aktive Teilnahme an den Sitzungen. Diese wird konkretisiert durch das Recht auf Einladung zu den Gemeindevertretungssitzungen (§ 34 GO), das Rederecht, welches aber regelmäßig noch durch die Geschäftsordnung der Gemeindevertretung konkretisiert wird, das Auskunfts- und Akteneinsichtsrecht (§ 30 GO) sowie das Recht, an Abstimmungen teilzunehmen.

203　In der Regel sind die Gemeindevertreter Mitglieder in Fraktionen (§ 32a GO), wobei den Fraktionen ebenfalls eigene Rechte zur Seite stehen (vgl. Rn. 216).

204　Des Weiteren sind die Gemeindevertreter nicht nur zur Teilnahme an den Sitzungen der Gemeindevertretung berechtigt, sondern auch dazu verpflichtet. Dies folgt indirekt aus § 134 Abs. 1 Nr. 3 GO, wonach das unentschuldigte Fernbleiben von Sitzungen der Gemeindevertretung eine Ordnungswidrigkeit darstellt. Unmittelbar basiert die Teilnahmepflicht darauf, dass der Gemeindevertreter mit Annahme des Mandats in das System der repräsentativen Demokratie eingebunden wird und ohne seine Teilnahme die Funktionsfähigkeit dieses Systems nicht zu gewährleisten wäre.

205　Nach § 32 Abs. 3 GO gelten zudem die Rechte und Pflichten der ehrenamtlich Tätigen (siehe dazu Rn. 171 ff.) entsprechend für die Gemeindevertreter.

Die Übertragung des öffentlichen Amts erfolgt – vorbehaltlich einer Ab- **206** lehnungserklärung – „automatisch nach Ablauf der Frist von einer Woche nach Bekanntgabe des Wahlergebnisses" (§ 31 Abs. 2 GO, § 37 GKWG); die Amtszeit beträgt 5 Jahre (§ 31 Abs. 2 GO, § 1 Abs. 1 GKWG).

4. Organisation

Die Vertretungskörperschaft ist ein Kollegialorgan, dessen Aufbau und **207** Funktionieren durch die Regelungen der GO bereits recht detailliert vorgegeben sind und durch Satzungen und Geschäftsordnungen näher ausgestaltet werden. Besondere Bedeutung im Leben der Gemeindevertretung haben der Vorsitzende, die Ausschüsse sowie die Fraktionen.

a) Vorsitz, Ordnung und Hausrecht

Die Sitzungen der Gemeindevertretung eröffnet und leitet der Vorsitzende. **208** Die Gemeindevertretung wählt ihn aus ihrer Mitte (§ 33 Abs. 1 GO). Seine Aufgaben sind die Einberufung der Gemeindevertretung und die Festsetzung der Tagesordnung (§§ 34 Abs. 1, 4, 27 Abs. 3 GO), die Leitung der Sitzungen und die Ausübung des Ordnungs- und Hausrechts (§ 37 GO). Der Vorsitzende kann zudem Gemeindevertreter von Sitzungen ausschließen (§ 42 GO) und die Beschlussfähigkeit der Gemeindevertretung feststellen (§ 38 Abs. 1 GO). Schließlich vertritt er gemäß § 33 Abs. 7 GO die Gemeindevertretung – v.a. in gerichtlichen Verfahren – nach außen.

Ein häufig erörtertes Rechtsproblem ist die Qualität der Maßnahmen des **209** Vorsitzenden, wenn er die Ordnung störende Gemeindevertreter oder Zuhörer von Sitzungen ausschließt:

Unter „Ordnung" in den §§ 37, 42 GO fasst man die Verfahrensrege- **210** lungen der GO, der kommunalen Satzungen, Geschäftsordnungen und aller innerorganisatorischen Verhaltensregeln. Zu diesen Verhaltensregeln zählt insbesondere auch das „Gebot der gegenseitigen Rücksichtnahme", mit dem die Mitwirkungsinteressen der Gemeindevertreter untereinander in einen gerechten Ausgleich gebracht werden sollen (*von Mutius/Rentsch*, Kommverf.R., § 37 Rn. 2) Diesem Gebot entspricht ein sogenannter „innerorganisatorischer Störungsbeseitigungsanspruch" des einzelnen Gemeindevertreters, den dieser gegenüber dem Vorsitzenden geltend machen kann. In materieller Hinsicht muss hier abgewogen werden, welche Störungen einerseits und welches Maß an Rücksichtnahme andererseits für den Betroffenen zumutbar ist (grundlegend hierzu OVG NRW, DVBl. 1983, 53 ff.).

Die Ausübung der Ordnungsgewalt gemäß § 42 GO gegenüber Gemein- **211** devertretern ist in prozessualer Hinsicht eine rein innerorganisatorische Anweisung und mangels Außenwirkung kein Verwaltungsakt. Die Rechtmäßigkeit einer solchen Handlung ist im Wege des Kommunalverfassungsstreits zu klären.

Hausrechtsmaßnahmen gemäß § 37 GO sind gegen Personen gerichtet, **212** die nicht Gemeindevertreter sind, also z.B. Zuhörer oder Medienvertreter. Es sind öffentlich-rechtliche Maßnahmen mit Außenwirkung und damit

Verwaltungsakte. Der Verweis aus der Sitzung kann etwa das Recht des Gemeindeeinwohners aus § 35 GO betreffen, den öffentlichen Sitzungen beizuwohnen. Wird die Rechtmäßigkeit dieses Ausschlusses angezweifelt, so muss der Zuhörer mittels einer Fortsetzungsfeststellungsklage dagegen vorgehen, da sich der Verwaltungsakt regelmäßig durch den Ablauf der Sitzung erledigt hat.

213   Das Recht aus § 37 GO steht dem Vorsitzenden nur innerhalb des Sitzungsraumes zu. Ist der Vorsitzende – in ehrenamtlich verwalteten Gemeinden – gleichzeitig Bürgermeister (vgl. § 48 Abs. 1 GO), kann er in seiner Funktion als Bürgermeister ein Hausverbot gegenüber Personen, die z.B. vor der Tür des Sitzungssaals randalieren, auf sein öffentlich-rechtliches Hausrecht stützen (vgl. hierzu *Papier*, in: Erichsen/Ehlers, Allg. VerwR, § 38 Rn. 50 ff.). Ist der Vorsitzende nicht Bürgermeister, so muss er diesen ersuchen, eine Ordnungsmaßnahme auszusprechen.

b) Fraktionen

214   Eine Fraktion ist ein freiwilliger Zusammenschluss von mindestens zwei Gemeindevertretern, § 32a Abs. 1 S. 2 GO. Dies ist eine wesentliche Änderung zu § 32a Abs. 1 GO a.F., nach welcher diejenigen Gemeindevertreter eine Fraktion gebildet haben, die auf Vorschlag derselben Partei oder Wählergruppe angehörten. § 32a Abs. 1 GO n.F. rückt demzufolge die Entscheidungsfreiheit der Gemeindevertreter stärker in den Vordergrund. Nichtsdestotrotz werden diejenigen Gemeindevertreter, die einer gemeinsamen Partei oder Wählergruppe angehören, typischerweise eine Fraktion bilden. Nach dem Sinn und Zweck der Vorschrift ist zudem zu fordern (vgl. OVG NRW, DVBl. 2005, 651 f.; so auch BVerwG, NVwZ 1993, 375 (376)), dass eine grundsätzliche politische Übereinstimmung der Mitglieder einer Fraktion besteht. Rein taktische Bündnisse können damit nicht als Fraktion anerkannt werden.

215   Die Bildung von Fraktionen dient v.a. der Ordnung und Steuerung des Geschehens in der Gemeindevertretung sowie der Erleichterung der Arbeit der Gemeindevertreter durch die Möglichkeit, sich arbeitsteilig und fachorientiert zu organisieren.

216   Die Fraktionen in der Gemeindevertretung sind jedoch nicht mit den (privatrechtlichen) Parteien zu verwechseln. Sie stellen vielmehr eine öffentlich-rechtliche Organisationseinheit dar, da sie sich auf den öffentlich-rechtlichen Status der Gemeindevertreter gründen. Sie verfügen nur in den Fällen über eigenständige Rechte, in denen die Gemeindeordnung oder andere Rechtsvorschriften ihnen diese zubilligen (*Bracker/Dehn*, Vorbem. zu § 32a Rn. 3). Ein solches Recht ist beispielsweise in § 46 Abs. 1 S. 1 GO geregelt, wonach eine Fraktion verlangen kann, dass die Mitglieder eines Ausschusses nach der Verhältniswahl gewählt werden (vgl. auch §§ 33 Abs. 2, 57e Abs. 1, 62 Abs. 3, 34 Abs. 4 S. 3, 36 Abs. 2, 46 Abs. 2, 5 u. 10, 67 Abs. 1 S. 2 GO). Werden Fraktionen in diesen Rechten beeinträchtigt, können sie dagegen im Wege des Kommunalverfassungsstreits (siehe dazu Rn. 286 ff.) vorgehen. Fraktionen können jedoch nicht geltend machen, es seien z.B. bei der Beschlussfassung der Gemeindevertretung

sonstige Rechtsvorschriften verletzt worden, wenn nicht zugleich eigene Fraktionsrechte beeinträchtigt worden sind (VG Schleswig, Die Gemeinde 2000, 87 (88)).

Einzelheiten über die innere Ordnung einer Fraktion, insbesondere die **217** Aufnahme und das Ausscheiden von Mitgliedern und deren Rechte und Pflichten, können in einer Geschäftsordnung geregelt werden, die sich die Fraktion gibt (§ 32a Abs. 3 GO). Auch diese Regelungen unterliegen aber gewissen Grenzen. Mit dem Beitritt zu einer Fraktion unterwirft sich der Gemeindevertreter einerseits bestimmten Loyalitätspflichten (sog. „Fraktionsdisziplin"), kommt dafür andererseits in den Genuss der Rechte, die nur einer Fraktion zustehen. Aufgrund der Unvereinbarkeit mit dem Grundsatz vom freiem Mandat des Gemeindevertreters ist jedoch die Ausübung von „Fraktionszwang", d.h. die rechtliche Einwirkung auf einen Gemeindevertreter mit dem Ziel, ihn zu einem bestimmten Abstimmungsverhalten zu bewegen, unzulässig (OVG Nds., NVwZ 1994, 506 (507)).

Verstößt ein Fraktionsmitglied wiederholt und schwerwiegend gegen die **218** Fraktionsdisziplin, so kommt ein Ausschluss aus der Fraktion in Betracht. Dieser kann in der Geschäftsordnung der Fraktion geregelt werden, unterliegt gleichwohl aber folgenden, von der Rechtsprechung (vgl. z.B. OVG NRW, NVwZ 1993, 399 f.) entwickelten Mindestvoraussetzungen: Zunächst muss das betroffene Fraktionsmitglied angehört werden. Dann müssen sämtliche Fraktionsmitglieder zu der Sitzung, in der über den Ausschluss entschieden werden soll, eine Ladung zu dieser Sitzung unter Benennung dieses Punktes in der Tagesordnung erhalten. In materieller Hinsicht ist ein wichtiger Grund für den Ausschluss erforderlich. Gegen einen Ausschluss kann sich das Fraktionsmitglied im Wege des Kommunalverfassungsstreits wehren.

c) Ausschüsse

Gemäß § 45 Abs. 1 GO kann die Gemeindevertretung Ausschüsse bilden, **219** die ihre Beschlüsse sachverständig vorbereiten und ihre Arbeit kontrollieren. Die Regelung, dass Ausschüsse auch zur Kontrolle der Arbeit der Gemeindevertretung berufen sind, ist jedoch mit keinen Rechten verbunden und stellt lediglich einen Appell dar (*Dehn*, in: KVR SH/GO, B 1, § 45 Rn. 10). Die Ausschüsse sind vorrangig ein Hilfsmittel, um die Erörterungen in den Sitzungen effektiver und kürzer gestalten zu können, um die Gemeindevertretung zu entlasten und deren Produktivität zu steigern. Die Arbeit der Ausschüsse wird mit einer unverbindlichen Beschlussempfehlung an die Gemeindevertretung abgeschlossen. Die Ausschüsse sind daher keine „echten" Organe der Gemeinde, da ihnen eine eigene Entscheidungskompetenz fehlt; sie haben jedoch eine organähnliche Stellung (*Bracker/Dehn*, § 45 zu Abs. 1 Rn. 1).

Ebenso verfügen die Ausschüsse über kein Initiativrecht. Um eine Ent- **220** scheidung der Gemeindevertretung vorbereiten zu können, muss ihnen die Materie zunächst durch die Gemeindevertretung übertragen werden, was für einen Einzelfall, aber auch generell durch eine Regelung in der Hauptsatzung geschehen kann (*Bracker/Dehn*, § 45 zu Abs. 1 Rn. 11).

221   Die Gemeindevertretung in hauptamtlich verwalteten Gemeinden muss einen Hauptausschuss wählen (§ 45a ff. GO). Der Hauptausschuss kontrolliert, ob die von der Gemeindevertretung festgelegten Ziele und Grundsätze von der Verwaltung eingehalten werden (§ 45b Abs. 1 S. 1 GO) und koordiniert die Arbeit der Fachausschüsse, sodass es keine Themenüberschneidungen gibt. Darüber hinaus kann dem Hauptausschuss auch für bestimmte Aufgaben (§ 27 Abs. 1 S. 3 GO) eine Entscheidungskompetenz von der Gemeindevertretung übertragen werden (§ 45b Abs. 1 S. 2 Nr. 5 GO). Der Hauptausschuss hat zudem ein Devolutionsrecht gegenüber den Fachausschüssen (§ 45b Abs. 3 GO), d.h. er kann – solange der Fachausschuss noch nicht selbst über die Sache entschieden hat – die Entscheidung an sich ziehen. Die Voraussetzung dafür ist, dass nur so die Einheitlichkeit der Arbeit der Ausschüsse gewährleistet werden kann. Des Weiteren ist der Hauptausschuss Dienstvorgesetzter des Bürgermeisters (§ 45b Abs. 5 GO).

222   In verschiedenen spezialgesetzlichen Bestimmungen sind weitere Pflichtausschüsse geregelt, z.B. der Rechnungsprüfungsausschuss nach § 94 Abs. 5 GO oder der Wahlprüfungsausschuss nach § 39 GKWG.

223   Ständige Ausschüsse können nach § 45 Abs. 2 GO nur durch die Hauptsatzung gebildet werden, in der Regel sind dies ein Finanzausschuss, ein Sozial- und Jugendausschuss, ein Kulturausschuss, ein Bauausschuss, ein Umweltausschuss und ein Wirtschaftsausschuss (*Bracker/Dehn*, § 45 zu Abs. 2 Rn. 5). Im Grunde kann die Gemeinde nach ihrem Ermessen für jedes Feld der kommunalen Selbstverwaltung einen Ausschuss bilden. Es ist aber nicht möglich, wie auf Landes- oder Bundesebene einen sog. Untersuchungsausschuss für bestimmte Fragen zu bilden, der Zeugenbefragungs- und Beweiserhebungsrechte hat (vgl. OVG Nds., DVBl. 1968, 848 f.). Neben den ständigen Ausschüssen gibt es vereinzelt auch nichtständige Ausschüsse, die nur für bestimmte, einmalige Projekte einberufen werden, z.B. zur Organisation von Jubiläumsfeiern (*Bracker/Dehn*, § 45 zu Abs. 2 Rn. 1).

224   Die Zusammensetzung der Ausschüsse regelt § 46 GO. Es gibt einen Vorsitzenden sowie die Ausschussmitglieder, die von der Gemeindevertretung grundsätzlich im Wege der Mehrheitswahl gewählt werden, es sei denn, eine Fraktion verlangt eine Verhältniswahl (§ 46 Abs. 1 GO). Findet eine solche Verhältniswahl statt, so reichen die Fraktionen nach den jeweiligen Sitzverhältnissen in der Gemeindevertretung Wahlvorschläge ein, sodass die Ausschüsse im Idealfall eine spiegelbildliche Zusammensetzung der Gemeindevertretung darstellen (*Gern*, Dt. KommR, Rn. 415). Wenn eine Fraktion bei der Sitzverteilung keinen Sitz in einem Ausschuss erlangt, so steht ihr ein sog. Grundmandat zu, d.h. sie kann ein beratendes, aber nicht stimmberechtigtes Mitglied in den Ausschuss entsenden (§ 46 Abs. 2 S. 1 GO).

225   Auch Gemeindevertreter, die keiner Fraktion angehören, können ein solches Grundmandat für einen Ausschuss ihrer Wahl verlangen (§ 46 Abs. 2 S. 4 GO), wenn sie nicht als stimmberechtigtes Mitglied in den Ausschuss gewählt wurden.

Die Sitzungen der Ausschüsse sind gemäß § 46 Abs. 8 GO öffentlich. **226**
Die Vorschriften für die Gemeindevertretung sind gemäß § 46 Abs. 12 GO
weitgehend auf Ausschüsse entsprechend anwendbar.

d) Geschäftsordnung

Das Zusammenwirken der Gemeindevertreter in der Vertretungskörper- **227**
schaft ist in der GO nicht vollständig und abschließend geregelt. Deshalb
verpflichtet § 34 Abs. 2 GO die Gemeindevertretung dazu, eine Geschäftsordnung zu erlassen. Darin sind die Verfahrensregeln für den Sitzungsab-
lauf bestimmt, die nicht schon im Gesetz niedergelegt sind. Häufig ist hier
eine genaue Ausgestaltung des Rederechts der Gemeindevertreter zu finden. Sofern die Geschäftsordnung keine verfassungs- oder einfachgesetzlichen Vorgaben umsetzt, führen Verstöße gegen die Geschäftsordnung
nicht zur Unwirksamkeit der betreffenden Entscheidung.

Die Rechtsnatur der Geschäftsordnung ist umstritten. Im Grunde stellt **228**
sie eine Richtlinie für den internen Verwaltungsbetrieb dar, sodass man sie
als Verwaltungsvorschrift einordnen kann – mangels Außenwirkung kann
man wohl nicht von einer Satzung ausgehen. Dann stellt sich indes das
Problem der gerichtlichen Überprüfbarkeit einer solchen Geschäftsordnung. Zu bedenken ist insofern, dass durch sie in abstrakt-genereller Weise
Rechte und Pflichten der Gemeindevertreter festgelegt werden. Ausnahmsweise ist daher auch für eine Geschäftsordnung der Gemeindevertretung das Normkontrollverfahren gemäß § 47 Abs. 1 Nr. 2 VwGO, § 5
AGVwGO statthaft (BVerwG, NVwZ 1988, 1119 f.; ähnlich *Stober*, § 15
II 5a, S. 196).

5. Aufgaben der Gemeindevertretung

Die grundsätzlichen Aufgaben der Gemeindevertretung sind in § 27 GO **229**
bestimmt: Nach Absatz 1 Satz 1 legt sie die Ziele und Grundsätze für die
Verwaltung der Gemeinde fest. Außerdem trifft sie alle für die Gemeinde
wichtigen Entscheidungen in Selbstverwaltungsangelegenheiten (S. 2). Welche Entscheidungen als „wichtig" einzustufen sind, kann die Gemeinde
selbst entscheiden (OVG SH, Die Gemeinde 1991, 393 (394); *Dehn*, in:
KVR SH/GO, B 1, § 27 Rn. 5; vgl. auch *von Mutius/Rentsch*, Komm-
verf.R., § 27 Rn. 5).

Mit Ausnahme der in § 28 GO genannten Aufgaben, kann die Gemein- **230**
devertretung einzelne Entscheidungen oder Aufgabenbereiche durch Beschluss oder durch die Hauptsatzung auf den Hauptausschuss, einen anderen Ausschuss oder den Bürgermeister übertragen (Satz 3). Diese
Delegationsmöglichkeit ist notwendig, um die Gemeindevertretung für die
bedeutsamen Entscheidungen der Gemeindepolitik handlungsfähig zu erhalten. Die Gemeindevertretung behält aber bei einer Übertragung von
Aufgaben im Einzelfall ein Selbsteintrittsrecht (§ 27 Abs. 1 S. 8 GO), solange noch keine Entscheidung in der Sache getroffen wurde.

Der in § 28 S. 1 GO enthaltene Aufgabenkatalog bestimmt, welche Auf- **231**
gaben die Gemeindevertretung grundsätzlich nicht an den Hauptausschuss

oder den Bürgermeister übertragen darf. Ausnahmsweise können jedoch Aufgaben nach Nr. 11, 14, 15 und 16 durch die Hauptsatzung bei Unterschreitung einer weiteren Wertgrenze außer auf den Bürgermeister auch auf den Hauptausschuss übertragen werden (§ 28 S. 2 GO). In diesen Fällen kann eine Zuständigkeit des Hauptausschusses nur neben der des Bürgermeisters bestehen. Die Hauptsatzungsregelung muss also zwei Wertgrenzen enthalten. Außerdem kann nach § 28 S. 1 Nr. 27 GO die Entscheidung über Ziele und Grundsätze der wirtschaftlichen Betätigung und privatrechtlichen Beteiligung der Gemeinde auf den Hauptausschuss übertragen werden.

232 § 29 GO regelt die Zuständigkeit der Gemeindevertretung in den Fällen, in denen ein Interessenkonflikt des eigentlich zuständigen Entscheidungsträgers zu befürchten ist. Weitere spezielle Zuständigkeitsregelungen finden sich z.B. in § 34 Abs. 2 GO (Erlass einer Geschäftsordnung) und § 2 Abs. 3 S. 5 GO (Bestellung der Gleichstellungsbeauftragten).

233 Der Schwerpunkt der Aufgaben der Gemeindevertretung liegt damit bei grundlegenden Entscheidungszuständigkeiten. Abgesichert wird diese Kompetenz durch die Kontrollzuständigkeit hinsichtlich des Vollzugs der Beschlüsse der Gemeindevertretung durch den Bürgermeister sowie der originären Entscheidungen des Bürgermeisters einschließlich seiner Eilentscheidungen. Damit die Gemeindevertretung ihre Kontrollfunktion ausüben kann, hat der Bürgermeister an den Sitzungen der Gemeindevertretung teilzunehmen (§ 36 Abs. 1 GO) und umfassend über alle Selbstverwaltungsangelegenheiten sowie Aufgaben zur Erfüllung nach Weisung Auskunft zu erteilen (§ 36 Abs. 2 GO). Hinzu kommt das Kontrollrecht eines jeden Gemeindevertreters aus § 30 GO.

III. Der Bürgermeister

234 Nach § 48 Abs. 1 GO werden amtsangehörige Gemeinden, die nicht die Geschäfte des Amtes führen, oder amtsfreie Gemeinden, deren Verwaltungsgeschäfte von einer anderen Gemeinde oder von einem Amt geführt werden, ehrenamtlich verwaltet. Das heißt, sie haben einen ehrenamtlich tätigen Bürgermeister, der zugleich Vorsitzender der Gemeindevertretung für die Dauer der Wahlzeit ist. Alle übrigen Gemeinden werden durch einen hauptamtlichen Bürgermeister verwaltet.

1. Der ehrenamtliche Bürgermeister

235 Der Bürgermeister wird nach § 52 GO von der Gemeindevertretung gewählt. Es gilt nicht § 33 Abs. 2 GO, auch wenn er zugleich Vorsitzender der Gemeindevertretung ist (vgl. § 33 Abs. 3 GO). Gewählt ist, wer in den ersten beiden Wahlgängen mehr als die Hälfte der Stimmen der gesetzlichen Zahl der Gemeindevertreter auf sich vereinigt (absolute Mehrheit). Kann bei mehreren Kandidaten diese Mehrheit nicht erreicht werden, so findet eine Stichwahl zwischen den beiden statt, die im zweiten Wahlgang

die meisten Stimmen auf sich vereinigen konnten. Bei der Stichwahl ist dann der gewählt, der die meisten Stimmen erhält (siehe im Einzelnen § 52 Abs. 1 GO). Der ehrenamtliche Bürgermeister kann gemäß § 40a Abs. 1 GO von der Gemeindevertretung abberufen werden.

Die Hauptaufgaben des ehrenamtlichen Bürgermeisters sind in § 50 GO **236** geregelt. Er bereitet die Beschlüsse der Gemeindevertretung vor und ist für die sachliche Erledigung der Aufgaben (Abs. 1) und Eilentscheidungen (Abs. 3) verantwortlich.

Das Eilentscheidungsrecht steht dem Bürgermeister nur persönlich und **237** unabhängig davon zu, ob die Gemeinde einem Amt angehört oder nicht (*Bracker/Dehn*, § 50 zu Abs. 3). Die Eilentscheidung stellt eine erhebliche Einschränkung der kommunalen Selbstverwaltung dar und darf nur in Notsituationen, etwa zur Gefahrenabwehr und zur Begegnung von Notständen eingesetzt werden. In engen Ausnahmefällen kann gar eine Satzung im Wege der Eilentscheidung erlassen werden (vgl. OVG NRW, DVBl. 1989, 166 (166)). Eine Maßnahme ist dringend, wenn sie so kurzfristig zu treffen ist, dass eine Entscheidung der Gemeindevertretung auch bei Einhaltung der kürzestmöglichen Ladungsfrist nicht einzuholen ist und ohne sofortiges Tätigwerden die Interessen der Gemeinde ernstlich gefährdet würden (*Bracker/Dehn*, § 50 zu Abs. 3; *Gern*, Dt. KommR, Rn. 376).

Ferner führt der Bürgermeister die Aufgaben durch, die der Gemeinde **238** zur Erfüllung nach Weisung übertragen sind, sofern diese nicht durch das Amt wahrgenommen werden (§ 50 Abs. 2 S. 1 GO). In amtsfreien Gemeinden leitet der Bürgermeister außerdem die Verwaltung der Gemeinde nach den Grundsätzen und Richtlinien der Gemeindevertretung und im Rahmen der von ihr bereitgestellten Mittel (§ 50 Abs. 5 GO). Bei amtsangehörigen Gemeinden übernimmt das Amt die Verwaltung; dem Bürgermeister bleibt es dann überlassen, die Interessen der Gemeinde gegenüber dem Amt zu vertreten. Weitere Aufgaben finden sich z.B. in § 43 GO (Widerspruchspflicht gegen rechtswidrige Beschlüsse) und § 4 Abs. 2 GO (Ausfertigung von Satzungen).

Laut § 51 Abs. 1, 2 GO ist der Bürgermeister zudem der gesetzliche Ver- **239** treter der Gemeinde.

2. Der hauptamtliche Bürgermeister

Bei hauptamtlichen Bürgermeistern ist zwischen Bürgermeistern in Ge- **240** meinden und in Städten zu differenzieren. Für Bürgermeister in Gemeinden gelten die §§ 55–58 GO, für Bürgermeister in Städten gelten die §§ 61–65 GO, wobei § 61 Abs. 1 GO die §§ 25, 57–57d GO für entsprechend anwendbar erklärt. So ist beispielsweise für den Bürgermeister einer Stadt § 64 GO für die gesetzliche Vertretung (im Übrigen § 56 GO) und § 65 GO in Bezug auf seine Aufgabenbereiche (sonst § 55 GO) einschlägig. Inhaltlich sind die Regelungen identisch, so dass im Folgenden nur auf die §§ 55 ff. GO eingegangen wird. Die Ausführungen gelten für die §§ 61 ff. GO entsprechend.

a) Wahl und Abberufung

241 Ein hauptamtlicher Bürgermeister wird nach § 57 GO mittels Direktwahl für 6–8 Jahre – je nach Regelung in der Hauptsatzung – ins Amt gewählt. Der Sieger der Wahl ist derjenige, der die absolute Mehrheit erreicht, also mehr als die Hälfte der abgegebenen gültigen Stimmen auf sich vereinigt (vgl. § 57b GO, § 47 Abs. 1 S. 1, 2 GKWG). Wird diese Hürde im ersten Wahlgang nicht genommen, so findet zwischen den beiden Bewerbern des ersten Wahlgangs mit den meisten Stimmen eine Stichwahl statt, § 57b GO, § 47 Abs. 1 S. 3 GKWG.

242 Wählbar ist gemäß § 57 Abs. 3 GO jeder Deutsche oder Unionsbürger, der zum Zeitpunkt der Wahl mindestens 27 und höchstens 60 Jahre alt ist und die für das Amt erforderliche Eignung, Befähigung und Sachkunde besitzt.

243 Der Bürgermeister kann gemäß § 57d Abs. 1 S. 1 GO nur durch die Bürger abberufen werden. Zur Einleitung des Abwahlverfahrens ist entweder ein Beschluss der Gemeindevertretung, der mit einer Mehrheit von mindestens zwei Dritteln der gesetzlichen Zahl der Mitglieder gefasst wurde oder ein Antrag der Wahlberechtigten, der von 20% der Wahlberechtigten unterschrieben worden ist, erforderlich.

b) Aufgaben

244 Die Hauptaufgaben des Bürgermeisters sind in § 55 GO geregelt. Er leitet die Verwaltung der Gemeinde in eigener Zuständigkeit nach den Zielen und Grundsätzen der Gemeindevertretung und im Rahmen der von ihr bereitgestellten Mittel (Abs. 1 S. 1). Das heißt v.a., dass er die innere Organisation der Gemeinde gliedert (durch Dezernate, Abteilungen etc.) sowie Aufgaben und Mitarbeiter an diese Einheiten verteilt. Daneben steht ihm ein Weisungsrecht gegenüber den Mitarbeitern der Verwaltung zu; gegenüber Dritten übt er das Hausrecht in der Gemeindeverwaltung aus (*Gern*, Dt. KommR, Rn. 368).

245 Der Bürgermeister ist verantwortlich für die Geschäfte der laufenden Verwaltung (§ 55 Abs. 1 S. 2 GO). Darunter versteht man Angelegenheiten, die zu den normalerweise, also regelmäßig anfallenden Geschäften der Gemeinde zählen und vom Ausmaß, Umfang und den finanziellen Konsequenzen her für die Gemeinde nur eine untergeordnete Rolle spielen (BGH, DVBl. 1979, 514 (515)). In § 55 Abs. 1 S. 4 GO sind nicht abschließend („insbesondere") Aufgaben aufgezählt, die vom Bürgermeister wahrgenommen werden: U.a. führt er Gesetze aus (Nr. 1), bereitet Beschlüsse der Gemeindevertretung und der Ausschüsse vor und führt diese aus (Nr. 2) und trifft die Entscheidungen, die die Gemeindevertretung ihm übertragen hat (Nr. 3).

246 Auch der hauptamtliche Bürgermeister hat in dringenden Angelegenheiten ein Eilentscheidungsrecht, § 55 Abs. 4 GO. Wie bereits ausgeführt (Rn. 237), ist eine Angelegenheit dringend, wenn keine rechtzeitige Entscheidung der Gemeindevertretung ergehen kann, ohne dass erhebliche Nachteile oder Gefahren für die Gemeinde drohen. Im Grunde ist diese

Eilentscheidung für die Gemeindevertretung verbindlich, kann aber noch aufgehoben werden, solange noch keine Rechte Dritter entstanden sind (§ 55 Abs. 4 S. 3 GO). Wenn die Gemeindevertretung der Ansicht ist, eine solche Eilentscheidung sei unrechtmäßig ergangen, kann sie diese im Wege des Kommunalverfassungsstreits gerichtlich überprüfen lassen.

Der Bürgermeister führt außerdem die Aufgaben durch, die der Gemein- **247** de zur Erfüllung nach Weisung übertragen sind, und ist dafür der Aufsichtsbehörde verantwortlich (§ 55 Abs. 5 GO). Der Gemeindevertretung steht insoweit kein Kontrollrecht zu. Lediglich soweit bei der Erfüllung der Pflichtaufgaben nach Weisung Ermessen eingeräumt ist, kommt eine Beratung durch die Ausschüsse der Gemeindevertretung in Betracht (§ 55 Abs. 5 S. 2 GO).

Eine weitere wichtige Kompetenz des Bürgermeisters enthält § 43 GO, **248** demzufolge er die Pflicht hat, einem seiner Ansicht nach rechtswidrigen Beschluss der Gemeindevertretung zu widersprechen (Abs. 1). Dieser Widerspruch hat aufschiebende Wirkung (Abs. 2 S. 2), ist jedoch mangels Außenwirkung kein Verwaltungsakt. Es handelt sich lediglich um ein verwaltungsinternes Kontrollinstrument (*Bracker/Dehn*, § 43 zu Abs. 1 Rn. 1). Ziel der aufschiebenden Wirkung des Widerspruchs ist eine außergerichtliche innergemeindliche Streitbeilegung und die Vermeidung aufsichtsbehördlichen Einschreitens (*Oster*, DVP 1997, 127 (127)). Die Gemeindevertretung ist verpflichtet, über die Angelegenheit in einer neuen Sitzung nochmals zu entscheiden (VG Schleswig, Die Gemeinde 1972, 386 (386): Akt rechtlicher Selbstkontrolle). Wenn die Gemeindevertretung an ihrem Beschluss festhält, besteht für den Bürgermeister eine Pflicht zur Beanstandung (§ 43 Abs. 3 GO). Die Gemeindevertretung kann dann entscheiden, ob sie die Beanstandung akzeptiert und damit von ihrem Beschluss abläßt oder ob sie Klage vor dem Verwaltungsgericht erhebt (vgl. § 43 Abs. 3 S. 2 GO). Statthafte Klageart ist in diesem Fall eine Feststellungsklage nach § 43 VwGO (OVG Rh.-Pf., NVwZ 1985, 283 (283)).

Der Bürgermeister vertritt die Gemeinde nach außen (§ 56 Abs. 1 GO). **249** Er kann Verpflichtungserklärungen für die Gemeinde abgeben (§ 56 Abs. 2 GO). Bei repräsentativen Anlässen vertritt er die Gemeinde zusammen mit dem Vorsitzenden der Gemeindevertretung (§ 10 GO, § 1 GKAVO).

IV. Interne Willensbildung und Außenvertretung

Die Zuständigkeitsverteilung zwischen den Organen Bürgermeister und **250** Gemeindevertretung ist vielfach verschränkt: Während die Vertretungskörperschaft für grundlegende Entscheidungen zuständig ist, bereitet der Bürgermeister sie vor und führt sie aus, wobei er jeweils unter der Kontrolle der Gemeindevertretung agiert. Dadurch, dass der Bürgermeister im Außenverhältnis exklusiv zuständig ist, muss der gemeindeinterne Willensbildungsprozess von der Außenvertretung unterschieden werden, was insbesondere für Fehlerfolgen bedeutsam ist.

1. Ordnungsgemäße Beschlussfassung der Gemeindevertretung

251 Zunächst muss die Gemeinde für die in Rede stehende Materie die erforderliche Verbandszuständigkeit besitzen, und nicht etwa Kreis oder gar Land oder Bund. Sodann muss innerhalb der Gemeinde die Organzuständigkeit gegeben sein. Dabei können entscheidungszuständig die Gemeindevertretung (insbesondere in den Fällen des § 27 Abs. 1 GO) oder der Bürgermeister (v.a. § 55 Abs. 1 GO) sein.

a) Verfahrensvorschriften

252 Damit ein Beschluss der Gemeindevertretung rechtmäßig ergeht, müssen verschiedene Verfahrensvorschriften beachtet werden, insbesondere ist auf eine ordnungsgemäße Einberufung (§ 34 GO), die Beschlussfähigkeit (§ 38 GO), eventuelle Mitwirkungsverbote (§§ 22, 32 Abs. 3 GO), die richtige Beschlussfassung (§§ 39, 40 GO) und die Einhaltung der Öffentlichkeit (§ 35 GO) zu achten.

aa) Ordnungsgemäße Einberufung

253 Der Vorsitzende muss die Gemeindevertretung mindestens vierteljährlich einberufen (Abs. 1 S. 3), zudem ist er zur Einberufung verpflichtet, wenn ein Drittel der gesetzlichen Gemeindevertreter oder der Bürgermeister dies fordern (Abs. 1 S. 4). Dies gilt unabhängig davon, ob der Gemeinde überhaupt die Verbandskompetenz in Bezug auf den zu beratenden Gegenstand zusteht, der Vorsitzende hat den Wortlaut des angegebenen Beratungsgegenstands zu respektieren und darf ihn weder ablehnen noch modifizieren (OVG Nds., Die Gemeinde 1984, 225 (226); *Bracker/Dehn* § 34 zu Abs. 1 Rn. 8). Die Antragsteller haben jedoch keinen Anspruch darauf, dass die Gemeindevertretung den Beratungsgegenstand auch tatsächlich erörtert (OVG Nds., Die Gemeinde 1984, 24 (24 f.)).

254 Nach § 34 Abs. 3 S. 1 GO hat der Vorsitzende alle Gemeindevertreter grundsätzlich spätestens eine Woche vor der Sitzung zu laden. Die Fristberechnung richtet sich nach den zivilrechtlichen Vorschriften der §§ 187 f. BGB. Fristbeginn ist dabei der Tag nach Zugang der Ladung. Im Ausnahmefall kann die Wochenfrist unterschritten werden, wenn eine Einhaltung der Ladungsfrist begründet nicht möglich ist und der kurzfristigen Ladung nicht widersprochen wurde (§ 34 Abs. 3 S. 2 GO).

255 Die Ladung unterliegt keinen Formerfordernissen, kann also z.B. auch telefonisch erfolgen; es muss jedoch die Tagesordnung, die der Vorsitzende zuvor mit dem Bürgermeister abgestimmt hat, mitgeteilt werden (Abs. 4 S. 1). Dadurch sollen die Gemeindevertreter in die Lage versetzt werden, sich bezüglich jedes Tagesordnungspunktes zu informieren und ausreichend vorzubereiten (*von Mutius/Rentsch*, Kommverf.R., § 34 Rn. 2).

256 Auf Antrag des Bürgermeisters, eines Drittels der gesetzlichen Gemeindevertreter, des Hauptausschusses, eines Fachausschusses oder einer Fraktion muss der Vorsitzende Tagesordnungspunkte mitaufnehmen (§ 34

Abs. 4 S. 3 GO). Auch dabei steht dem Vorsitzenden kein Prüfungsrecht zu (OVG Nds., Die Gemeinde 1984, 225 (226); LVerfG Brandenburg, DÖV 1999, 385 (386)). Die Antragsteller können aber ihrerseits auch nicht verlangen, dass der Beratungsgegenstand an einer bestimmten Stelle der Tagesordnung aufgeführt wird. Es steht der Gemeindevertretung darüber hinaus frei, auch einzelnen Gemeindevertretern durch die Geschäftsordnung ein solches Antragsrecht einzuräumen (OVG NRW, DVP 2005, 436 (436)). Mit Zweidrittelmehrheit der Gemeindevertreter kann die Tagesordnung in dringenden Angelegenheiten auch noch in der Sitzung durch Beschluss erweitert werden (Abs. 4 S. 4).

Sitzungsort, -zeit und die Tagesordnung sind unverzüglich ortsüblich **257** bekanntzumachen, um die Öffentlichkeit zu wahren (§ 34 Abs. 4 S. 2 GO).

bb) Beschlussfähigkeit

Die Handlungsform der Gemeindevertretung ist der Beschluss (Abstim- **258** mung, § 39 GO, oder Wahl, § 40 GO). Laut § 38 Abs. 1 S. 1 GO ist die Gemeindevertretung beschlussfähig, wenn mehr als die Hälfte der gesetzlichen Zahl der Gemeindevertreter anwesend ist. Die Beschlussfähigkeit wird durch den Vorsitzenden von Amts wegen zu Beginn der Sitzung festgestellt (Abs. 1 S. 2). Vergisst der Vorsitzende die Feststellung der Beschlussfähigkeit, obwohl diese gegeben ist, so berührt dies nicht die Rechtswirksamkeit der gefassten Beschlüsse (*Bracker/Dehn*, § 38 zu Abs. 1 Rn. 3).

Ist die Beschlussfähigkeit einmal durch den Vorsitzenden festgestellt **259** worden, so gilt die Gemeindevertretung in dieser Sitzung als beschlussfähig, bis zu dem Zeitpunkt, in dem das Gegenteil festgestellt wird (§ 38 Abs. 1 S. 3 GO). Hiermit wird eine widerlegbare Rechtsvermutung statuiert, die dazu dient, Rechtssicherheit in Bezug auf die Rechtmäßigkeit der von der Gemeindevertretung gefassten Beschlüsse zu gewährleisten (HessVGH, NVwZ 1988, 1155 (1155)).

Die Beschlussunfähigkeit kann entweder durch Antrag eines Gemeinde- **260** vertreters festgestellt werden (§ 38 Abs. 1 S. 3, HS. 2 GO) oder durch Feststellung des Vorsitzenden von Amts wegen, wenn die Beschlussunfähigkeit nach § 38 Abs. 1 S. 4 offenkundig ist (weniger als ein Drittel der gesetzlichen Zahl der Gemeindevertreter oder weniger als drei Gemeindevertreter anwesend). Eine Ausnahme davon ist in § 38 Abs. 2 GO formuliert. Werden z.B. wegen Befangenheit mehr als die Hälfte der Gemeindevertreter ausgeschlossen (§ 38 Abs. 2 S. 1 Nr. 2), so ist die Gemeindevertretung trotzdem beschlussfähig, wenn mindestens drei stimmberechtigte Gemeindevertreter anwesend sind (§ 38 Abs. 2 S. 2).

Wurde eine Angelegenheit schon einmal wegen Beschlussunfähigkeit der **261** Gemeindevertretung zurückgestellt und handelt es sich nun um die zweite Verhandlung zu diesem Gegenstand, so ist die Gemeindevertretung beschlussfähig, wenn mindestens drei stimmberechtigte Gemeindevertreter anwesend sind (§ 38 Abs. 3 S. 1). Allerdings muss zuvor in der Ladung zu dieser zweiten Verhandlung auf diese Norm hingewiesen worden sein (§ 38 Abs. 3 S. 2).

cc) Abstimmung/Wahl

262 Kommt es in einer Sitzung der Gemeindevertretung zu einer Abstimmung, so muss die Abstimmungsfrage so gestellt werden, dass mit „Ja" oder „Nein" geantwortet werden kann. Ein Beschluss wird mit einfacher Stimmenmehrheit gefasst. Teilweise gibt es gesetzliche Ausnahmen von diesem Grundsatz, etwa in § 35 Abs. 2 S. 3 GO, wonach für den Ausschluss der Öffentlichkeit eine Zweidrittelmehrheit der anwesenden Gemeindevertreter erforderlich ist. Bei der Abstimmung werden nur die „Ja"- und „Nein"-Stimmen gezählt, nicht jedoch Enthaltungen (§ 39 Abs. 1 S. 1, 2 GO). Bei Stimmengleichheit ist ein Antrag abgelehnt (§ 39 Abs. 1 S. 3 GO). Zudem wird nicht geheim, sondern offen über die Abstimmungsfrage abgestimmt (§ 39 Abs. 2 GO).

263 Für bestimmte, gesetzlich als Wahl bezeichnete Entscheidungen ist hingegen § 40 GO einschlägig. Die Wahl erfolgt durch Handzeichen, bei Widerspruch dagegen durch Stimmzettel (Abs. 2). Bei Wahlen über eine Personalentscheidung wird im sog. Meiststimmenverfahren gewählt (Abs. 3).

dd) Mitwirkungsverbote

264 Gemäß § 32 Abs. 3 i.V.m. § 22 GO dürfen Gemeindevertreter an Beratungen und Beschlüssen nicht mitwirken, wenn sich dadurch für sie selbst oder eine ihnen nahestehende Person ein unmittelbarer Vor- oder Nachteil ergibt. Ist dies der Fall, muss der Gemeindevertreter von der Beratung und Entscheidungsfindung ausgeschlossen werden (vgl. hierzu Rn. 183).

ee) Öffentlichkeit

265 Die Sitzungen der Gemeindevertretung sind grundsätzlich öffentlich (§ 35 Abs. 1 S. 1 GO). Gegenüber den Bürgern sollen damit Transparenz und die Möglichkeit der Kontrolle der Arbeit der Gemeindevertretung gewahrt werden. Für Gemeindevertreter besteht sogar ein subjektives Organrecht auf Wahrung der Sitzungsöffentlichkeit (OVG NRW, NVwZ-RR 2002, 135 (135)).

266 Die Öffentlichkeit ist zunächst nur dann gewahrt, wenn die Sitzungen der Gemeindevertretung in erreichbarer Nähe für die Gemeindebevölkerung stattfinden (*Dehn*, in: KVR SH / GO, B 1, § 35 Rn. 3). Jedoch liegt beispielsweise keine Verletzung der Öffentlichkeit vor, wenn bei einzelnen Sitzungen nicht jeder einen Platz findet, solange generell genügend Plätze vorhanden sind. Dies darf selbstverständlich nicht dazu führen, dass bewusst einzelne Personen ausgeschlossen werden (vgl. BayObLG, NJW 1982, 395 (395 f.)). Im Sitzungssaal sollten die Zuhörerplätze eindeutig von denen der Gemeindevertreter abgetrennt sein. I.d.R. wird auch ein bestimmter Bereich für die Presse reserviert sein, da diese durch ihre Berichterstattung die Sitzungen einem breiten Publikum nahebringen kann (vgl. *Dehn*, in: KVR SH/GO, B1, § 35 Rn. 5).

267 In diesem Zusammenhang ist umstritten, inwieweit von Zuhörern Tonbandaufnahmen gefertigt werden dürfen. Hier ist eine Abwägung zwischen der Pressefreiheit und dem allgemeinen Persönlichkeitsrecht und dem

Recht am eigenen Wort der Gemeindevertreter vorzunehmen. Die Gemeindevertreter sind in aller Regel keine Berufspolitiker und könnten sich durch das Wissen, dass Tonbandmitschnitte gefertigt werden, gehemmt fühlen (VG Augsburg, Die Gemeinde 2005, 129 (129)). Sind Tonbandaufnahmen verboten, können sich die Pressevertreter zudem immer noch Notizen machen, sodass die Pressearbeit nicht verhindert wird. Die Abwägung kann also mit guten Gründen zugunsten der Rechte der Gemeindevertreter ausfallen. Im Einzelfall kann dies natürlich anders sein, z.B. wenn die Gemeindevertreter sich zuvor einverstanden erklärt haben. In einigen größeren Städten werden die Sitzungen gar bereits live im Lokalfernsehen übertragen, um eine möglichst breite Zuhörerschaft zu ermöglichen und zu erreichen.

Die Öffentlichkeit kann aus Gründen des öffentlichen Wohls oder wenn **268** berechtigte Interessen Einzelner dies erfordern, ausgeschlossen werden, § 35 Abs. 1 S. 2 GO. Berechtigte Interessen Einzelner sind z.B. bei Personalangelegenheiten tangiert, das öffentliche Wohl, wenn über Planungen der Gemeinde beraten wird, die zu Spekulationen führen könnten, beispielsweise bei Beratungen über Grundstücksverkäufe der Gemeinde (OVG NRW, DÖV 2009, 40; dazu auch *Ruff*, KommJur 2009, 201 ff.).

b) Folgen von Verfahrensverstößen

Verfahrensfehlerhaft zustande gekommene Beschlüsse der Gemeindevertre- **269** tung sind formell rechtswidrig. Hinsichtlich der Folgen ist zu differenzieren:

Beschlüsse, die unter Verstoß gegen eine bloße Geschäftsordnungsvor- **270** schrift zustande gekommen sind, sind grundsätzlich wirksam; die Geschäftsordnungswidrigkeit begründet keine formelle Rechtswidrigkeit.

Bei Verstößen gegen einfach-gesetzliche Verfahrensnormen ist zu fragen, **271** ob die Vorschrift wesentlich ist für den grundsätzlichen Verfahrensablauf und die Entscheidung der Gemeindevertretung, also ob sie abstrakt geeignet ist, die materielle Richtigkeit des Entscheidungsergebnisses zu fördern (vgl. ThürOVG, LKV 2002, 534 (535); *Dietlein/Burgi/Hellermann*, § 2 Rn. 225). Liegt nur ein Verstoß gegen eine sog. Ordnungsvorschrift vor, berührt das die Rechtmäßigkeit des Beschlusses nicht; er bleibt wirksam.

Liegt jedoch ein wesentlicher Verfahrensmangel vor, ist wiederum zu unterscheiden: Beschlüsse, die allein das Innenverhältnis der Gemeinde betreffen, also das Verhältnis der Organe zueinander oder der Organbestandteile untereinander, sind nichtig. Gegen einen solchen Beschluss ist ein Kommunalverfassungsstreit anzustrengen. Sind die Beschlüsse hingegen außenwirksam, also Verwaltungsakte der Gemeindevertretung, dann beurteilt sich die Fehlerfolge nach den §§ 113 ff. LVwG. Für Satzungen ergibt sich ein eigenes Fehlerfolgenregime (siehe dazu Rn. 317).

2. Ordnungsgemäße Außenvertretung der Gemeinde

Der Bürgermeister vertritt die Gemeinde gemäß § 56 Abs. 1 GO nach au- **272** ßen. Die Wirksamkeit der Vertretung und damit die Bindung der Gemeinde an das vom Bürgermeister ausgeführte Rechtsgeschäft richten sich allein danach, ob die Gemeinde im Außenverhältnis wirksam vertreten wurde. Die Berechtigung des Bürgermeisters im Innenverhältnis zu dieser Handlung ist davon strikt zu trennen und hat keine Auswirkungen auf das Außenverhältnis (vgl. VGH BW, NVwZ 1990, 892 (893)).

a) Formerfordernisse

273   Vorbehaltlich besonderer Vorschriften ist die gesetzliche Vertretungsmacht des Bürgermeisters exklusiv, umfassend und formlos (*Rentsch/Ziertmann*, § 56 Rn. 1). Verpflichtungserklärungen unterliegen demgegenüber einem Schriftformerfordernis (§ 56 Abs. 2 GO) und müssen vom Bürgermeister handschriftlich unterzeichnet werden. Der dahinter stehende Zweck ist es einerseits, die Gemeinde vor übereilten Entscheidungen zu schützen, und andererseits für den Fall des Missbrauchs der Vertretungsmacht durch den Bürgermeister eine klare Beweislage zu schaffen.

274   Unter „Verpflichtungserklärungen" sind privat- und verwaltungsrechtliche Willenserklärungen zu fassen, durch die dergestalt eine rechtliche Verpflichtung der Gemeinde zu einer Leistung oder zu einem Handeln begründet wird (OVG NRW, NWVBl. 1989, 280 (281)), dass die Verpflichtung nicht nur als unbezweckte Nebenfolge angesehen werden kann. Beispiele für privatrechtliche Verpflichtungserklärungen sind Willenserklärungen zum Abschluss von Kauf-, Werk- oder Mietverträgen sowie Bürgschaftserklärungen; öffentlich-rechtliche Verpflichtungserklärungen liegen etwa bei der Ausübung eines gesetzlichen Vorkaufsrechts, bei Zusicherungen gemäß 108a LVwG und bei Willenserklärungen zum Abschluss von Verwaltungsverträgen i.S.d. § 121 LVwG vor (ebenso *Burgi*, § 13 Rn. 34). Die Erhebung einer Klage ist hingegen keine Erklärung i.S.d. § 56 Abs. 2 GO, denn die Kostenfolge eines gerichtlichen Verfahrens ist nur eine Nebenfolge (*Lütje/Husvogt*, in: KVR SH/GO, B 1, § 56 Rn. 13).

275   § 56 Abs. 3 GO will Umgehungsgeschäfte vermeiden und erweitert das Formerfordernis des Abs. 2 auf die Vollmacht, wenn die Abgabe von Verpflichtungserklärungen vorgesehen ist. § 56 Abs. 4 GO erlaubt die Abgabe formfreier Verpflichtungserklärungen, „wenn der Wert der Leistung der Gemeinde einen in der Hauptsatzung bestimmten Betrag nicht übersteigt".

b) Überschreitung der Kompetenzen im Innenverhältnis

276   Wenn das Formerfordernis aus § 56 Abs. 2 GO erfüllt ist, bindet die Erklärung des Bürgermeisters die Gemeinde aufgrund seiner Vertretungsmacht gemäß § 56 Abs. 1 GO. Eine Beschränkung der Vertretungsmacht, die auch nach außen wirkt, ist der Gemeinde nicht möglich. Wenn der Bürgermeister seine Kompetenzen aus dem Innenverhältnis überschreitet, könnten aber die zivilrechtlichen Grundsätze über den Missbrauch der Vertretungsmacht eingreifen, sofern der Mangel für den Vertragspartner evident erkennbar war oder er diesen positiv kannte (vgl. dazu *Ellenberger*, in: Palandt, BGB-Komm., § 164 Rn. 13 f.; vgl. hierzu auch die in Jura 2005, 351 ff. abgedruckte Klausur).

Überschreitet der Bürgermeister seine Kompetenzen zudem mindestens **277** grob fahrlässig, so haftet er der Gemeinde gegenüber im Innenverhältnis wegen Verletzung seiner Dienstpflichten gemäß § 48 S. 1 BeamtStG. Bei vorsätzlichem Handeln ist dazu noch an eine Haftung gemäß § 823 Abs. 2 BGB i.V.m. § 266 Abs. 1 Alt. 2 StGB und § 826 BGB zu denken, da den Bürgermeister eine Vermögensbetreuungspflicht hinsichtlich des Gemeindevermögens trifft.

c) Rechtsfolgen bei einem Verstoß gegen das Formerfordernis des § 56 Abs. 2 GO

Die Rechtsfolgen, die sich aus einem Verstoß gegen § 56 Abs. 2 GO erge- **278** ben, richten sich nach der im konkreten Fall zugrunde liegenden Handlungsform (*Dietlein/Burgi/Hellermann*, § 2 Rn. 266). Während sich bei öffentlich-rechtlichen Verpflichtungserklärungen die Frage nach den Rechtsfolgen mit Blick auf die der Handlungsform zugrunde liegenden öffentlich-rechtlichen Bestimmungen wesentlich einfacher beantworten lässt (ein Verwaltungsakt beurteilt sich nach den §§ 112 ff. LVwG, eine Zusicherung ist gemäß § 108a Abs. 1 S. 1 LVwG nichtig, ein öffentlich-rechtlicher Vertrag scheitert an § 126 Abs. 1 LVwG), stellt sich dies bei privatrechtlichen Verpflichtungserklärungen bedeutend schwieriger dar.

Dem liegt die Frage zugrunde, ob § 56 Abs. 2 GO als Formvorschrift **279** i.S.d. § 125 BGB anzusehen ist (so BGH, NJW 1956, 1355 (1356), da keine Verletzung von öffentlich-rechtlichen Zuständigkeitsregelungen vorlag; vgl. auch die differenzierte Betrachtung bei *Hefermehl*, in: Soergel, BGB-Komm., § 125 Rn. 2). Der Gesetzeswortlaut des § 56 Abs. 2 S. 1 GO („Schriftform") deutet auf eine dem Zivilrecht zuzuordnende Formvorschrift hin. Folgt man dieser Auslegung, so würde die Vertretungsmacht des Bürgermeisters unberührt bleiben von der mangelhaften Form, jedoch wäre der Vertrag gemäß § 125 S. 1 BGB nichtig.

Ganz überwiegend wird jedoch davon ausgegangen, dass ein solches **280** Schriftformerfordernis eine materielle Einschränkung der Vertretungsmacht des Bürgermeisters bedeutet (so z.B. BGH, NJW 1994, 1528 (1528); NJW 2001, 2626 (2626); HessVGH, NVwZ-RR 2005, 650 (651); *Einsele*, in: MüKo, BGB, § 125 Rn. 30 f.). Verstünde man § 56 Abs. 2 GO als Formvorschrift i.S.d. Zivilrechts, wäre die Norm nämlich verfassungswidrig. Zivilrechtliche Formvorschriften fallen unter die konkurrierende Gesetzgebungskompetenz des Bundes nach Art. 74 Abs. 1 Nr. 1 GG, d.h. die Länder können nur insoweit tätig werden, als der Bund noch keine oder keine abschließende Regelung getroffen hat, Art. 72 Abs. 1 GG. Gemäß Art. 55 EGBGB sind die Formvorschriften des BGB bezüglich der durch Gesetz vorgeschriebenen Form jedoch abschließend. § 56 Abs. 2 GO ist daher verfassungskonform dahingehend auszulegen, dass zumindest in Bezug auf privatrechtliche Erklärungen keine Formvorschrift i.S.d. § 125 BGB vorliegt. Die Folge ist, dass der Bürgermeister, der bei Abgabe der Verpflichtungserklärung die Form nicht einhält, ohne Vertretungsmacht handelt. Anders ist dies bei öffentlich-rechtlichen Erklärungen des Bürgermeisters: Hier kann § 56 Abs. 2 GO ohne weiteres als Formvorschrift interpretiert werden, da den Ländern insoweit eine Gesetzgebungs-kompetenz zusteht.

281 Wird die Vorschrift des § 56 Abs. 2 BGB nicht als Formvorschrift i.S.d. § 125 BGB eingeordnet, stellt sich die Frage, ob dann auch die zivilrechtlichen Grundsätze des Handelns ohne Vertretungsmacht nach § 177 ff. BGB angewendet werden können, insbesondere § 179 Abs. 1 BGB, sodass der Bürgermeister als falsus procurator haften müsste.

282 Nach der Rechtsprechung des Bundesgerichtshofs ist jedoch eine entsprechende Anwendung der zivilrechtlichen Normen abzulehnen: Weder sei eine Genehmigung durch die Gemeinde möglich (entsprechend § 177 Abs. 1 BGB), noch sei eine Haftung auf das Erfüllungsinteresse des Vertragspartners (§ 179 Abs. 1 BGB) gerechtfertigt (BGH, NJW 2001, 2626 (2627 f.)). Dem ist zuzustimmen, denn bei Annahme einer persönlichen Haftung des Bürgermeisters, käme es zu einer Besserstellung des Vertragspartners, die nicht zu rechtfertigen wäre. Denn im Bereich des sonstigen rechtsgeschäftlichen Verkehrs müsste der Vertreter einer natürlichen oder juristischen Person des Privatrechts auch nicht nach § 179 Abs. 1 BGB haften, wenn bestimmte Formvorschriften nicht eingehalten worden sind (BGH, NJW 2001, 2626 (2628)).

283 Das Gleiche gilt für eine Anwendung der Grundsätze der Rechtsscheins- oder Duldungsvollmacht. Es ist zwar anerkannt, dass die für die Duldungs- und Anscheinsvollmacht entwickelten Grundsätze auch gegenüber juristischen Personen des öffentlichen Rechts Anwendung finden können (BGH, NJW 1964, 203 (204)). Dies muss aber dann ausgeschlossen sein, wenn dadurch die im öffentlichen Interesse erlassenen Vertretungsbestimmungen wirkungslos würden (BGH, NJW 1984, 606 (607)).

284 Im Ergebnis ist festzuhalten, dass durch einen Verstoß gegen § 56 Abs. 2 GO der Bürgermeister ohne Vertretungsmacht gehandelt hat und somit der Vertrag zwischen der Gemeinde und dem jeweiligen Vertragspartner unwirksam ist. Eine Heilung ist nur dadurch möglich, dass das Rechtsgeschäft unter Einhaltung der Schriftform ganz neu abgeschlossen wird.

285 Allerding ist der Vertragspartner trotz der Nichtanwendbarkeit des § 179 BGB nicht völlig rechtlos gestellt: Dem Bürgermeister obliegt auch bei seinem Handeln für die Gemeinde im privatrechtlichen Bereich die Amtspflicht, die Bestimmungen der Gemeindeordnung einzuhalten und Sorge dafür zu tragen, dass den Vertragspartnern der Gemeinde aus seinem Verhalten keine Schäden entstehen (BGH, NJW 2001, 2626 (2628)). Grundsätzlich kommt daher eine persönliche Haftung des Bürgermeisters nach § 839 BGB in Betracht, die nicht nach Art. 34 Satz 1 GG auf die Gemeinde überzuleiten ist, weil es sich um keine hoheitliche Tätigkeit handelt (BGH, NJW 2001, 2626 (2629); vgl. dazu auch *Maurer*, § 26 Rn. 12). Je nach Fallkonstellation kann auch eine Haftung gemäß § 823 Abs. 2 BGB i.V.m. § 263 StGB oder § 826 BGB gegeben sein.

V. Kommunale Organ-/Verfassungsstreitigkeiten

Wenn in der Praxis oder in der Theorie Streitfragen im Zusammenhang mit **286** der Binnenorganisation der Gemeinde, üblicherweise um die Abgrenzung von Kompetenzen, auftreten, ist die Prüfung eines Gangs vor die Verwaltungsgerichte oft unvermeidlich. Zu bedenken ist in diesen Konstellationen, dass dabei grundsätzlich Organe (z.B. Gemeindevertretung gegen den Bürgermeister) oder Organteile (z.B. ein Gemeindevertreter gegen den Vorsitzenden) ein und derselben kommunalen Selbstverwaltungskörperschaft streiten. Es handelt sich um eine sogenannte Innenrechtsstreitigkeit, die entsprechend dem Streitgegenstand im Allgemeinen als „Kommunalverfassungsstreit" bezeichnet wird. Aus dem Namen darf jedoch nicht geschlossen werden, dass solcherart Organstreit nur auf kommunaler Ebene vorkommt; genauso denkbar ist, dass etwa der Intendant einer Rundfunkanstalt gegen den Rundfunkrat vorgeht oder Organe bzw. Organteile einer Universität um Zuständigkeiten streiten, also etwa Senat und Präsident.

Einen Kommunalverfassungsstreit zwischen mehreren Organen nennt **287** man „Interorganstreit"; liegt das Streitverhältnis innerhalb eines Organs (z.B. ein einzelner Gemeindevertreter gegen die Gemeindevertretung als Kollegialorgan oder den Vorsitzenden), spricht man von einem „Intraorganstreit" (vgl. auch *Burgi*, § 14 Rn. 2). Es handelt sich hierbei jedoch nicht um eine eigene Verfahrensart, so dass auf die allgemeinen Grundsätze für die Prüfung einer verwaltungsrechtlichen Klage zurückgegriffen werden kann. Freilich muss an verschiedenen Stellen auf die Besonderheiten des Kommunalverfassungsstreits eingegangen werden (ausführlich zum Kommunalverfassungsstreit auch *Martensen*, JuS 1995, 1077 ff.; *Ehlers*, NVwZ 1990, 105 ff.).

1. Besonderheiten in der Zulässigkeit

a) Eröffnung des Verwaltungsrechtswegs

Der Verwaltungsrechtsweg ist – sollte nicht eine aufdrängende Sonderzu- **288** weisung einschlägig sein – gemäß § 40 Abs. 1 S. 1 VwGO eröffnet, wenn eine öffentlich-rechtliche Streitigkeit nichtverfassungsrechtlicher Art vorliegt.

Problematisch an dieser Stelle ist das Merkmal der „Streitigkeit" (emp- **289** fehlenswert zu den Problemfeldern innerhalb der Zulässigkeit auch *Meister*, JA 2004, 414 ff.). Die VwGO ist ursprünglich – Art. 19 Abs. 4 GG folgend – für Außenrechtsstreitigkeiten konzipiert worden und dient grundsätzlich dem Schutz subjektiv-öffentlicher Rechte des Bürgers. Bei kommunalverfassungsrechtlichen Streitigkeiten sind hingegen nur Innenrechtsbeziehungen betroffen. Früher wurde daher die Ansicht vertreten, die Gemeinden seien ein rechtlich ungegliedertes Rechtssubjekt, innerhalb dessen es nur Kompetenzen, jedoch keine eigenen wehrfähigen Rechtspositionen geben konnte („Impermeabilitätstheorie", vgl. zu den Hintergründen *Schnapp*, AöR 105 (1980), 243 ff.). Die Annahme eines solchen „rechtsfreien" Raums im Staat übersieht indes die Steuerungsfunktion des Rechts. Das Rechtsstaatsgebot und die Gesetzesbindung der Verwaltung nach Art. 20 Abs. 3 GG fordern, dass dort, wo sich innerhalb der Verwaltung unterschiedliche Organe mit eigenen Organrechten und -kompetenzen gegenüberstehen, („Kontrastorgane") Streitigkeiten in Bezug auf die zwischen den Organen bestehenden Rechtsbeziehungen verwaltungsgerichtlich geklärt werden können (ausführlich auch *Erichsen/Biermann*, Jura 1997, 157 (158)). Ein Innenrechtsstreit ist daher ein tauglicher Gegenstand einer verwaltungsgerichtlichen Klage.

290   Entgegen des leicht irreführenden Namens („Kommunalverfassungsstreit") handelt es sich auch um eine nichtverfassungsrechtliche Streitigkeit. Der Begriff „nichtverfassungsrechtlich" i.S.d. § 40 Abs. 1 S. 1 bezieht sich nur auf die unmittelbar am Verfassungsleben auf Bundesebene Beteiligten. Vorliegend geht es aber um schlichtes Verwaltungsorganisationsrecht.

b) Statthafte Klageart

291   Ein Schwerpunkt in der Zulässigkeitsprüfung eines Kommunalverfassungsstreits wird regelmäßig bei der Frage nach der statthaften Klageart liegen. Deren Bestimmung richtet sich nach dem Rechtsschutzbegehren des Klägers § 88 VwGO.

292   Früher wurde teilweise vertreten, der Kommunalverfassungsstreit sei eine Klageart sui generis (vgl. OVG NRW, OVGE 17, 261 (265); OVG Nds., OVGE 2, 225 (227 ff., 232 f.)), da die Klagearten der VwGO nur auf Außenrechtsverhältnisse zugeschnitten wären. Der Rückgriff auf eine Klageart eigener Art kann aber nur dann in Betracht kommen, wenn sich das Rechtsschutzbegehren durch die nach der VwGO bereitgestellten Klagearten nicht abbilden lässt. Das ist indes nicht der Fall.

293   Eine Anfechtungs- oder Verpflichtungsklage kann nie die richtige Klageart sein, da der Streitgegenstand eines Kommunalverfassungsstreits kein Verwaltungsakt i.S.d. § 106 LVwG ist. Zum einen sind Organe bzw. Organteile schon keine Behörden gemäß §§ 3 Abs. 2, 11 LVwG, denn es fehlt die notwendige organisatorische Selbstständigkeit (vgl. hierzu *von Mutius/Rentsch*, Kommverf.R., § 7 Rn. 13 f.; *Schoch*, JuS 1987, 783 (788)). Zum anderen haben die Maßnahmen, die von diesen Organen gegenüber anderen Organen bzw. -teilen getroffen werden, keine Außenwirkung (*Schoch*, JuS 1987, 783 (787); *Erichsen/Biermann*, Jura 1997, 157 (161); *Ehlers*, NVwZ 1990, 105 (106)).

294   Für den Kommunalverfassungsstreit kann jedoch auf die Feststellungsklage und die allgemeine Leistungsklage zurückgegriffen werden (so auch *Burgi*, § 14 Rn. 10).

295   Die allgemeine Leistungsklage ist dann statthaft, wenn der Kläger ein Tun, Dulden oder Unterlassen des Klagegegners begehrt. Beispielsweise wenn ein Gemeindevertreter durchsetzen möchte, dass der Vorsitzende einen bestimmten Punkt auf die Tagesordnung setzt (vgl. VGH BW, NVwZ 1984, 664) oder ein Rauchverbot im Sitzungssaal erlässt (OVG NRW, DVBl. 1983, 53 ff.).

Die Feststellungsklage (§ 43 VwGO) ist demgegenüber statthaft, wenn **296** ein Rechtsverhältnis zwischen zwei Organen oder innerhalb eines Organs verbindlich geklärt werden soll. Unter einem solchen Rechtsverhältnis versteht man eine rechtliche Beziehung zwischen zwei Rechtssubjekten aus der Anwendung öffentlich-rechtlicher Normen auf einen konkreten Sachverhalt (vgl. BVerwG, NJW 1996, 2046 (2046); NVwZ-RR 2004, 253 (254)). Gegenseitige Rechte und Pflichten zwischen den Streitparteien stellen dabei immer ein Rechtsverhältnis in diesem Sinne dar. Denkbare Fälle sind u.a. die Klage eines Gemeindevertreters auf Feststellung eines Rechts auf ordnungsgemäße Einberufung zur Sitzung der Gemeindevertretung (vgl. VGH BW, NVwZ-RR 1989, 153 ff.) oder die Feststellung der Rechtswidrigkeit eines Sitzungsausschlusses (HessVGH, NVwZ 1982, 44 f.). Da auch in der Vergangenheit liegende Rechtsverhältnisse feststellungsfähig sind, kann die Feststellungsklage ferner dann erhoben werden, wenn sich der zugrunde liegende Vorfall durch Zeitablauf bereits erledigt hat (*Brüning*, in: Ehlers/Fehling/Pünder (Hrsg), Bes. VerwR., Bd. 3, 10. Kap., § 64 Rn. 147).

Auch einstweiliger Rechtsschutz ist möglich bei einem Kommunalverfas- **297** sungsstreitverfahren. Ist in der Hauptsache die Feststellungs- oder Leistungsklage statthaft, richtet sich der einstweilige Rechtsschutz nach § 123 VwGO.

c) Klagebefugnis

Gemäß § 42 Abs. 2 VwGO analog ist auch bei einem Kommunalverfas- **298** sungsstreit eine unmittelbare Verletzung eigener Rechte geltend zu machen (für die allgemeine Leistungsklage s. BVerwGE 36, 192 (199); für die Feststellungsklage s. BVerwG, NVwZ 1989, 470 (470); 1991, 470 (471)). Der Kläger muss die Verletzung eines organschaftlichen Rechts, also einer „wehrfähigen Innenrechtsposition", geltend machen, welches subjektiv-öffentlichen Rechten gleichgestellt werden kann (*Brüning*, in: Ehlers/Fehling/Pünder (Hrsg), Bes. VerwR., Bd. 3, 10. Kap., § 64 Rn. 148, *Burgi*, § 14 Rn. 13). Solche organschaftlichen Rechte können sich aus der Gemeindeordnung, aber auch aus Satzungen und Geschäftsordnungen ergeben. Ein Berufen auf Grundrechte oder objektive Rechtspositionen reicht hingegen nicht aus. Auch eine Prozessstandschaft, indem etwa ein Gemeindevertreter Rechte der Gemeindevertretung geltend macht, ist nicht möglich (vgl. *Dietlein/Burgi/Hellemann*, § 2 Rn. 282).

d) Richtiger Klagegegner

Die Bestimmung des richtigen Klagegegners im Rahmen eines Kommunal- **299** verfassungsstreits ist umstritten. § 78 VwGO ist nur auf Anfechtungs- und Verpflichtungsklagen anwendbar. Teilweise (OVG Rh-Pfalz, DVBl. 1992, 449 (450); OVG NRW, NWVBl. 1992, 17 (18)) wird darauf abgestellt, dass das zum Handeln verpflichtete Organ der richtige Klagegegner ist. Nach anderer Ansicht (BayVGH, BayVBl. 1984, 77 (77)) wird das Handeln oder Unterlassen des betroffenen Organs/Organteils der Gemeinde zugerechnet, sodass die Gemeinde richtiger Klagegegner sein soll. Gegen letztere Ansicht spricht aber, dass es dadurch zu In-Sich-Prozessen kommen kann, z.B. wenn der Bürgermeister die Gemeindevertretung verklagen will, so würde er als Vertreter der Gemeinde vor Gericht gleichzeitig als Kläger und Beklagter auftreten müssen. Es kann daher nur darauf ankommen, wer der Funktionsträger ist, demgegenüber die geltend gemachte Innenrechtsposition bestehen soll (so auch *Burgi*, § 14 Rn. 13; *Bauer/Krause*, JuS 1996, 512 (516)). Richtiger Klagegegner ist der materielle Streitgegner.

e) Beteiligungs- und Prozessfähigkeit

300   Bei Personenmehrheiten (also z.B. die Gemeindevertretung) ist für die Beteiligungsfähigkeit § 61 Nr. 2 VwGO direkt unter erweiternder Auslegung des Begriffs der „Vereinigung" (so *Kopp/Schenke*, § 61 Rn. 11; vgl. auch *Erichsen/Biermann*, Jura 1997, 157 (159)) oder analog (*Hoppe*, DVBl. 1970, 845 (849)) anzuwenden. Voraussetzung dafür ist nur, dass der „Vereinigung", also dem Organ/Organteil, ein Recht zustehen kann. Dies wird man für die Klägerseite schon in der Klagebefugnis festgestellt haben. Für den Beklagten ist bei der Prüfung der passiven Prozessführungsbefugnis („richtiger Klagegegner") ebenfalls i.a.R. bereits eine Rechtsposition im kontradiktorischen Rechtsverhältnis ermittelt worden.

301   Ist eine Einzelperson (z.B. der einzelne Gemeindevertreter oder der Bürgermeister) Kläger oder Beklagter, ist § 61 Nr. 2 VwGO analog anzuwenden. Auch wenn der Beteiligte im Grunde eine natürliche Person ist, so handelt er nicht als solche, sondern in seiner Funktion als Organ bzw. Organteil, z.B. als Bürgermeister oder als Mitglied eines Organs wie der Gemeindevertreter (so wohl OVG NRW, DVBl. 1983, 53 (54); vgl. auch *Röhl*, in: Schoch, Bes. VerwR, 1. Kap. Rn. 115). Die Prozessfähigkeit ergibt sich dann konsequenterweise in beiden Fällen aus § 62 Abs. 3 VwGO.

f) Allgemeines Rechtsschutzbedürfnis

302   Das Rechtsschutzbedürfnis ist gegeben, wenn kein einfacherer, schnellerer und zweckmäßigerer Rechtsbehelf zur Verfügung steht, um dem klägerischen Begehren zu genügen. Insofern kann ein externes Aufsichtsmittel (§§ 122 ff. GO) eine gerichtliche Kontrolle nicht ersetzen, da es einerseits schon an einem Anspruch auf Einschreiten der Kommunalaufsicht fehlt (sogenanntes Opportunitätsprinzip, siehe dazu oben Rn. 79) und andererseits die Kontrolle durch eine weisungsgebundene Verwaltungsbehörde eine andere Qualität hat (*Bethge*, in: Mann/Püttner (Hrsg), Bd. 1, § 28 Rn. 65). Dasselbe gilt mit Blick auf die gemeindeinterne Widerspruchs- und Beanstandungspflicht des Bürgermeisters (§ 43 GO), jedenfalls soweit nicht das berechtigte Gemeindeorgan selbst ein Kommunalverfassungsstreitverfahren einleitet, anstatt der rechtswidrigen Maßnahme zu widersprechen bzw. den erneuten Beschluss zu beanstanden. Hier streitet gegen das Rechtsschutzbedürfnis einer Klage des Bürgermeisters, dass die Beanstandung nach § 43 Abs. 2 S. 2 GO aufschiebende Wirkung entfaltet und nach § 43 Abs. 3 S. 3 ihrerseits von der Gemeindevertretung gerichtlich angegriffen werden kann. Anderen Organen bzw. Organteilen nimmt die

Pflicht des Bürgermeisters hingegen nicht das Rechtsschutzbedürfnis für einen Kommunalverfassungsstreit.

2. Besonderheiten in der Begründetheit

Bei einem Kommunalverfassungsstreit ergeben sich hinsichtlich der Be-   303
gründetheit der Klage keine Besonderheiten oder Ausnahmen zu einer
„normalen" allgemeinen Leistungsklage oder Feststellungsklage. Die Klage
ist begründet, wenn ein Anspruch auf ein Handeln oder Unterlassen besteht bzw. wenn die Verletzung organschaftlicher Rechte durch eine Or-
ganhandlung vorliegt. Es wird zu prüfen sein, ob eine Rechtsgrundlage für
das Handeln besteht und diese in formeller und materieller Hinsicht
rechtmäßig angewandt wurde. Soweit eine Abwägung der Rechtspositionen der streitbeteiligten Organe bzw. Organteile vorzunehmen ist, muss
berücksichtigt werden, dass Grundrechte dabei nicht einbezogen werden
dürfen. Soweit durch eine Maßnahme bzw. Unterlassung eines Organ(teils)
ein Bürger – und sei es in Person eines Gemeindevertreters – in seinen
Grundrechten betroffen wird, richtet sich der Rechtsschutz nach allgemeinen Regeln; ein Kommunalverfassungsstreit liegt dann jedenfalls nicht vor
(i.d.S. *Burgi*, § 12 Rn. 40).

D. Kommunalverwaltung

Als autonomem Verwaltungsträger kommen den Gemeinden u.a. die Or-   304
ganisations-, Finanz- und Satzungshoheit zu. Über die Selbstorganisation
hinaus wird damit auf die Rechtsverhältnisse zu Einwohnern und Bürgern
eingewirkt.

I. Rechtsetzung der Gemeinden

Die Satzungsbefugnis besteht als Element der Selbstverwaltungsgarantie im   305
Rahmen der Verbandskompetenz. Sie ist von der auf besonderer gesetzlicher Ermächtigung beruhenden Verordnungsbefugnis wesensverschieden,
weil sie in der Eigenverantwortlichkeit wurzelt.

1. Kommunale Satzungen

a) Begriff

In § 65 Abs. 1 LVwG ist die Satzung legaldefiniert: „Satzung ist eine An-   306
ordnung, Festsetzung oder andere Maßnahme zur Regelung einer unbestimmten Anzahl von Fällen, die aufgrund eines Gesetzes im Bereich der
eigenen Angelegenheiten der Gemeinden [...] getroffen wird." Eine Sat-

zung ist im Grunde ein räumlich beschränkt geltendes „Gesetz", d.h. eine abstrakt-generelle Regelung eines selbständigen Verwaltungsträgers, die im Rahmen seiner ihm gesetzlich verliehenen Autonomie erlassen wird (BVerfG, NJW 1972, 1504 (1506)). Aus Art. 28 Abs. 2 S. 1 GG folgt zudem, dass sich Satzungen im Rang unter dem staatlichen Gesetz befinden, da sie sich „im Rahmen der Gesetze" bewegen müssen.

307 Zum Erlass einiger Satzungen sind die Gemeinden verpflichtet (z.B. die Hauptsatzung, § 4 Abs. 1 S. 2 GO), andere können freiwillig erlassen werden (z.B. Satzung über Anschluss- und Benutzungszwang, § 17 Abs. 2 GO).

b) Ermächtigungsgrundlage und Gesetzesvorbehalt

308 In § 4 Abs. 1 GO ist eine Generalermächtigung für die Satzungsgebung durch die Gemeinden enthalten. Diese Rechtsgrundlage reicht jedoch in den Fällen nicht aus, in denen durch Satzungen in Freiheit und Eigentum eingegriffen oder zu solchen Eingriffen ermächtigt wird (BVerwGE 90, 359 (363)). In diesen Konstellationen muss vielmehr eine spezielle gesetzliche Befugnis die Voraussetzungen für den Grundrechtseingriff hinreichend bestimmt enthalten, wobei Art. 80 Abs. 1 S. 2 GG nicht – auch nicht analog – auf Satzungen anwendbar ist (*Maurer*, § 4 Rn. 26). Beispiele für solche besonderen Ermächtigungsgrundlagen sind in § 17 Abs. 2 GO für die Anordnung eines Anschluss- und Benutzungszwangs, in § 2 Abs. 1 KAG für kommunale Abgabensatzungen oder im Bereich des Baurechts in den §§ 1 Abs. 3, 10 BauGB für Bebauungspläne zu finden. Rechtsstaats- und Demokratieprinzip gebieten zudem die Geltung des Vorbehalts des Gesetzes für wesentliche Entscheidungen.

309 Die Gemeinden als Träger mittelbarer Staatsgewalt unterliegen hinsichtlich ihres kommunalen Satzungsrechts dem Vorrang des Gesetzes nach Art. 20 Abs. 3 GG, so das kommunale Satzungen nicht gegen höherrangiges Recht verstoßen dürfen (*Dietlein/Burgi/Hellermann*, § 2 Rn. 310).

c) Rechtmäßigkeitsanforderungen

aa) Formelle Rechtmäßigkeit

310 Zunächst ist die Zuständigkeit der Gemeinde festzustellen. Die Gemeinde muss örtlich und sachlich zuständig sein. Das bedeutet, dass es sich bei der zu regelnden Angelegenheit um eine innerhalb des Gemeindegebiets belegene (örtlich) und in die Verbandskompetenz der Gemeinde (sachlich) fallende Materie handeln muss. Letzteres kann sich unmittelbar aus dem Selbstverwaltungsrecht der Gemeinde ergeben oder gesetzlich der Gemeinde zugewiesen sein (z.B. §§ 1 Abs. 3, 2 Abs. 1 BauGB).

311 Innerhalb der Gemeinde ist die Gemeindevertretung gemäß §§ 27 Abs. 1 i.V.m. 28 Nr. 2 GO das zum Erlass einer Satzung berechtigte Organ (Organkompetenz). In Eilfällen kann auch der Bürgermeister tätig werden (§ 55 Abs. 4 GO; siehe auch unter Rn. 237, 246).

312 In Bezug auf die Verfahrenserfordernisse kann auf die Ausführungen zum Erlass von Beschlüssen in der Gemeindevertretung verwiesen werden.

Teilweise sind darüber hinaus besondere Beteiligungsrechte (z.B. §§ 3 ff.
BauGB), Begründungs- (z.B. § 9 Abs. 8 BauGB) oder Genehmigungspflich-
ten (z.B. § 10 Abs. 2 BauGB, § 4 Abs. 1 S. 3 GO) einzuhalten.

Hinsichtlich der Formerfordernisse bestimmen § 4 Abs. 2 GO und 313
§ 66 LVwG u.a., dass eine Satzung schriftlich ergeht und vom Bürgermeister auszufertigen, also mit vollem Namen zu unterzeichnen ist.

Zur Rechtswirksamkeit muss eine Satzung nach § 68 S. 1 LVwG be- 314
kannt gemacht werden, sie tritt dann, soweit nichts anderes in ihr bestimmt ist, am Tag nach ihrer Bekanntmachung in Kraft (§ 69 LVwG).
Eine nicht ordnungsgemäß bekanntgemachte Satzung ist grundsätzlich
nichtig; allerdings ist eine Heilung nach § 4 Abs. 3 GO möglich.

bb) Materielle Rechtmäßigkeit

In materieller Hinsicht müssen die Satzungen zunächst die Tatbestandsvor- 315
aussetzungen der Ermächtigungsgrundlage erfüllen. Außerdem müssen sie
den Grundsätzen der Bestimmtheit und der Verhältnismäßigkeit genügen
(*Gern*, Dt. KommR, Rn. 252). In diesem Zusammenhang sind auch die
rechtsstaatlichen Grundsätze zur Zulässigkeit von Rückwirkungen zu beachten. Eine echte Rückwirkung ist nur ausnahmsweise zulässig, wenn für den
Rückwirkungszeitraum mit der späteren Regelung zu rechnen war und daher kein schutzwürdiger Vertrauenstatbestand besteht (BVerfGE 37, 363
(397); 45, 142 (173 f.)). Praktisch relevant wird das Problem dann, wenn im
Nachhinein die Nichtigkeit einer Satzung festgestellt wird und die Gemeinde
dann eine neue Satzung mit Rückwirkung erlassen will, um die Rechtswidrigkeit eines auf die ursprüngliche Satzung gestützten Verwaltungsakts zu
heilen. Da der Bürger in diesen Fällen in aller Regel von der Wirksamkeit
der ersten Satzung ausging, kann er sich nicht auf Vertrauensschutz berufen.

Da Satzungen sich „im Rahmen der Gesetze" (Art. 28 Abs. 2 GG) bewe- 316
gen müssen, sind mögliche Verstöße gegen höherrangiges Recht und insbesondere auch gegen Grundrechte zu prüfen. Falls die (spezialgesetzliche)
Befugnisnorm ihrerseits verfassungsgemäß ist und sich der Satzungsgeber
im Rahmen der gesetzlichen Vorgaben hält, verlangen die Grundrechte
dann allerdings nur noch die Berücksichtigung ihrer Ausstrahlungswirkung
bei der Anwendung der Rechtsgrundlage. Statt einer vollständigen Grundrechtsprüfung ist also nur dann, wenn die Satzungsgrundlage Ermessen
einräumt, die Verhältnismäßigkeitsprüfung im Lichte der Grundrechte
vorzunehmen.

d) Fehlerfolgen und Rechtsschutz

Grundsätzlich führen Verstöße gegen formelle oder materielle Rechtmä- 317
ßigkeitsanforderungen zur Nichtigkeit einer Satzung. Im Falle von Fehlern
beim Erlass von Satzungen nach dem BauGB sind jedoch die §§ 214, 215
BauGB zu beachten, die besondere Heilungs- und Unbeachtlichkeitsregeln
enthalten. Ferner muss bei Verstößen gegen Verfahrens- oder Formvorschriften bei Satzungen nach dem BauGB hingegen der Mangel durch den
Bürgermeister, durch die Kommunalaufsicht oder durch Rüge Dritter innerhalb eines Jahres geltend gemacht werden; ansonsten ist der Fehler un-

beachtlich (§ 4 Abs. 3 GO). Es handelt sich dabei um eine Präklusions-vorschrift, die im Bereich städtebaulicher Satzungen für ein erhöhtes Maß an Rechtssicherheit sorgen soll.

318 Satzungen können im Wege der prinzipalen Normkontrolle gemäß § 47 VwGO durch das Oberverwaltungsgericht überprüft werden (bau-rechtliche Satzungen gemäß Abs. 1 Nr. 1, sonstige Satzungen nach Abs. 1 Nr. 2 i.V.m. § 5 AGVwGO). Kommt das Oberverwaltungsgericht zu dem Schluss, dass eine Satzung unwirksam ist, so wird deren Nichtigkeit allge-meinverbindlich festgestellt (§ 47 Abs. 5 S. 2 VwGO).

319 Des Weiteren ist es hinsichtlich aller Satzungen möglich, diese inzident, meist im Rahmen einer Anfechtungsklage gegen einen auf diese Satzung gestützten Verwaltungsakt, überprüfen zu lassen. Allerdings kann dabei keine allgemeinverbindliche Nichtigkeitserklärung erreicht werden, son-dern lediglich die Nichtanwendbarkeit der Satzung im konkreten Fall und die Aufhebung des auf der Satzung beruhenden Verwaltungsakts.

320 Bei der Überprüfung von gemeindlichen Satzungen ist zu beachten, dass den Gemeinden als Satzungsgeber ein gewisser Prognose- und Bewertungs-spielraum zusteht, welcher von den Gerichten nicht voll überprüfbar ist (vgl. BVerwG, NVwZ 2002, 1123 ff. für die Kalkulation bei Abgaben; *Burgi*, § 15 Rn. 45).

321 Hinzuweisen ist schließlich noch darauf, dass der Bürger in aller Regel gerichtlich nicht eine Gemeinde zum Erlass einer Satzung verpflichten kann. Es fehlt in diesen Fällen an der Klagebefugnis, da der Bürger kein subjektiv-öffentliches Recht auf Erlass einer Satzung gegenüber der Ge-meinde hat. Eine Ausnahme ist nur denkbar, wenn die Satzung unmittelbar auch dem Schutz des klagenden Bürgers dient und das Ermessen der Ge-meinde auf Null reduziert ist (str., welche Klageart [allgemeine Leistungs-klage oder Feststellungsklage in Form einer Normerlassklage] in diesem Fall statthaft wäre, vgl. *Kopp/Schenke*, § 43 Rn. 8j, § 47 Rn. 13; *Sodan*, NVwZ 2000, 601 (608 f.)).

2. Rechtsverordnungen

322 Der Begriff der Verordnung ist in § 53 LVwG legaldefiniert. Entgegen den Bezeichnungen als Stadt-, Gemeinde- und Amts- sowie Kreisverordnungen (vgl. § 55 LVwG) kommt den Kommunen mangels gesetzlicher Ermächti-gung i.S.v. Art. 38 Abs. 1 S. 1 LVerf keine Generalermächtigung für die Verordnungsgebung zu. Wo der Gesetzgeber die Befugnis zum Erlass von Verordnungen für Gemeinde-, Amts- oder Kreisgebiete einräumt, stehen Aufgaben zur Erfüllung nach Weisung in Rede. Aufgerufen ist v.a. der Bereich des Polizei- und Ordnungsrechts (vgl. § 175 LVwG; vgl. dazu § 3 Rn. 18, 36 ff.). Im Unterschied zu Satzungen sind Rechtsverordnungen am Maßstab des Art. 80 Abs. 1 S. 2 GG zu prüfen. Demzufolge muss das er-mächtigende Gesetz Inhalt, Zweck und Ausmaß bestimmen, so dass es den Gemeinden in diesem Zusammenhang regelmäßig an einer Selbstgestal-tungsfreiheit fehlen wird (*Brüning*, in: Ehlers/Fehling/Pünder (Hrsg), Bes. VerwR., Bd. 3, 10. Kap., § 64 Rn. 190).

Die Ermächtigungsgrundlagen wenden sich zudem nicht an die Kommu-   323
nen, sondern vielmehr an deren Hauptverwaltungsbeamten, d.h. Bürgermeister, Amtsvorsteher, Landräte. Diese sind für die Wahrnehmung der
Aufgaben zur Erfüllung nach Weisung und damit auch für den Erlass von
Rechtsverordnungen zuständig (s. § 164 Abs. 2 Nr. 2 u. 3 LVwG).

II. Wirtschaftliche Betätigung der Kommunen

In den §§ 101 ff. GO ist die Möglichkeit der wirtschaftlichen Betätigung   324
der Gemeinden geregelt. Damit sind alle die Tätigkeiten gemeint, die auch
von einem Privaten mit Gewinnerzielungsabsicht vorgenommen werden
können (BVerwGE 39, 329 (333)), wie z.B. Versorgungs- und Verkehrsbe-
triebe. Wirtschaftliche Unternehmen der Kommunen können gleichzeitig
Träger öffentlicher Einrichtungen sein.

Bei der Beurteilung einer wirtschaftlichen Betätigung der Kommunen ist   325
zwischen der Zulässigkeit des Unternehmens als solchem und der Art und
Weise der konkreten Betätigung zu differenzieren. Ersteres ist stets dem
öffentlichen Recht zuzuordnen, während letzteres im Falle privatrechtlicher Organisations- und Handlungsformen dem Zivilrecht angehört.

1. Zulässigkeit von kommunalrechtlichen Unternehmen

In § 101 Abs. 1 Nr. 1–3 GO sind Bestimmungen enthalten, die der wirt-   326
schaftlichen Betätigung einer Gemeinde Zulässigkeitsgrenzen ziehen, die
also das „Ob" gemeindlicher Wirtschaftsunternehmen betreffen (*Burgi*,
§ 17 Rn. 37). Die in den Nummern 1–3 genannten Voraussetzungen müssen kumulativ vorliegen. Man spricht von der sog. Schrankentrias.

Ein öffentlicher Zweck ist gegeben, wenn das Unternehmen der Erfül-   327
lung von Aufgaben der Daseinsvorsorge dient (*Bracker/Dehn*, § 101 zu
Abs. 1 Rn. 4). Nicht davon gedeckt sind Tätigkeiten, die von reiner Gewinnerzielungsabsicht getragen werden, mithin nur fiskalische Ziele ver-
folgen. Ein angemessenes Verhältnis zur Leistungsfähigkeit der Gemeinde
ist dann gewahrt, wenn die Gemeinde das Unternehmen finanzieren und
auch mögliche Unternehmensverluste ausgleichen kann. Des Weiteren
muss zuvor aber auch analysiert werden, ob ein entsprechender Bedarf für
das kommunale Unternehmen besteht (*Bracker/Dehn*, § 101 zu Abs. 1
Rn. 4). Mit Nr. 3 wird verdeutlicht, dass die wirtschaftliche Betätigung
von Gemeinden dem Grundsatz der Subsidiarität unterliegt. Die Gemeinde
muss also vor der Aufnahme einer wirtschaftlichen Betätigung prüfen, ob
die Aufgabe nicht von anderen, insbesondere privaten Unternehmen, besser und wirtschaftlicher erfüllt werden kann.

Zu beachten ist die Ausnahmevorschrift in § 101 Abs. 4, der zufolge die   328
Voraussetzungen in Abs. 1 nicht für näher bestimmte Betätigungen gelten.
Es handelt sich dabei teilweise um eine schlichte Fiktion, die teilweise nur
historisch oder politisch erklärt werden kann. Das betrifft vor allem die in
Nr. 2 genannten Einrichtungen, während der Tatbestand der Erfüllung

gesetzlicher Aufgaben (Nr. 1) recht klar ist. Hinzu kommen schließlich Hilfsbetriebe zur ausschließlichen Deckung des gemeindlichen Eigenbedarfs (Nr. 3).

2. Wahl der Organisationsform

329 Die wirtschaftliche Betätigung einer Gemeinde lässt sich auf verschiedene Weisen organisieren. Das Recht der Gemeinde zu entscheiden, welche Organisationsform sie wählen will, ist Ausfluss der Selbstverwaltungsgarantie, genauer: der Eigenverantwortlichkeit („Organisationshoheit"). Wählt sie eine privatrechtliche Organisationsform, so bleibt sie trotzdem an die Vorgaben des öffentlichen Rechts gebunden und kann sich dem nicht entziehen. Eine Gemeinde genießt keine Privatautonomie (vgl. *Burgi*, § 17 Rn. 73, 75).

330 Öffentlich-rechtliche Organisationsformen ohne eigene Rechtspersönlichkeit sind sog. Regiebetriebe und Eigenbetriebe. Ein Regiebetrieb ist Teil der kommunalen (Rathaus-)Verwaltung und verfügt als solcher über keine eigenen Organe (*Burgi*, § 17 Rn. 76). Als Regiebetrieb werden regelmäßig z.B. der Bauhof oder der Fuhrpark geführt. Hingegen ist der Eigenbetrieb (z.B. ein Krankenhaus) organisatorisch und haushaltsmäßig, jedoch nicht rechtlich verselbstständigt. Kennzeichnend für den Eigenbetrieb ist demnach, dass er trotz der Ankoppelung an die Gemeinde gleichzeitig über eine partielle Verselbständigung und eigene Organe verfügt (*Dietlein/Burgi/Hellermann*, § 2 Rn. 424). Die Rechtsgrundlage hierfür bildet § 106 GO; die nähere Ausgestaltung regelt die Landesverordnung über die Eigenbetriebe der Gemeinden – Eigenbetriebsverordnung (EigVO) – vom 15.08.2007 (GVOBl. Schl.-H. 2007, 404).

331 Daneben steht es den Gemeinden im Rahmen der Organisationsfreiheit und der Gesetze offen, als Organisationsform eine juristische Person des öffentlichen Rechts (mit eigener Rechtspersönlichkeit) zu wählen. Nach § 106a GO kann die einzelne Gemeinde durch Satzung ein sog. Kommunalunternehmen in der Rechtsform einer rechtsfähigen Anstalt des öffentlichen Rechts errichten. Die Sparkassen als Anstalten des öffentlichen Rechts fußen auf der spezialgesetzlichen Grundlage des Sparkassengesetzes (vgl. § 1 SpkG). Körperschaften des öffentlichen Rechts sind dabei als Form für Kooperationen mit anderen kommunalen Verwaltungsträgern nach §§ 2 ff. GkZ vorgesehen.

332 Die Gemeinde kann sich auch für eine privatrechtliche Organisationsform mit eigener Rechtspersönlichkeit entscheiden, v.a. für eine GmbH oder AG. Dabei lassen sich Eigengesellschaften und Beteiligungsgesellschaften bzw. gemischtwirtschaftliche Unternehmen unterscheiden. Eigengesellschaften sind Kapitalgesellschaften, die sich in alleiniger Trägerschaft einer oder mehrerer Gemeinde(n) befinden (*Burgi*, § 17 Rn. 79; *Burgi*, in: Erichsen/Ehlers (Hrsg), Allg. VerwR., § 10 Rn. 14). An gemischtwirtschaftlichen Unternehmen sind sowohl die Gemeinde als auch Private beteiligt. Häufig hält die Gemeinde die Mehrheit der Anteile. Allerdings kann die Gemeinde auch als Minderheitsbeteiligter auftreten; dann erstreckt sich die kommunale Beteiligung jedoch allein auf die Verwaltung des kommu-

nalen Anteils (*Dietlein/Burgi/Hellermann*, § 2 Rn. 271; näher dazu *Burgi*, in: Erichsen/Ehlers (Hrsg), Allg. VerwR., § 10 Rn. 14; vgl. hierzu auch *Jarass/Pieroth*, GG, Art. 19 Rn. 19a zu der Frage der Anwendbarkeit von Grundrechten auf gemischtwirtschaftliche Unternehmen).

In § 102 GO sind strenge Voraussetzungen für die Gründung von oder **333** die Beteiligung an privatrechtlichen Rechtsformen formuliert, um den gemeindlichen Einfluss auf das Unternehmen zu sichern (Abs. 1 Nr. 3) und das Haftungsrisiko zu beschränken (Abs. 1 Nr. 2). Bei allen Organisationsformen ist die Anzeige- und Genehmigungspflicht in § 108 GO gegenüber der Kommunalaufsicht zu beachten.

3. Rechtsschutz privater Konkurrenten

Ein privater Unternehmer hat möglicherweise ein Interesse daran, dass eine **334** Gemeinde nicht auf seinem Geschäftsgebiet tätig wird. Um eine wirtschaftliche Betätigung der Gemeinde zu verhindern, muss ihm ein Anspruch auf Unterlassen gegenüber der Gemeinde zustehen. Ein solcher Unterlassungsanspruch könnte sich aus dem allgemeinen öffentlich-rechtlichen Unterlassungsanspruch ergeben, der zwar grundsätzlich anerkannt, in seiner dogmatischen Begründung indes streitig ist (vgl. näher dazu z.B. *Hufen*, Verw.prozessR, § 16 Rn. 1 ff.). Die Voraussetzungen für solch einen Anspruch sind, dass ein hoheitliches Handeln vorliegt, durch das in ein subjektiv-öffentliches Recht eingegriffen wird, wobei das Handeln kausal für den drohenden oder andauernden rechtswidrigen Eingriff sein muss.

Fraglich ist, ob sich aus § 101 GO ein subjektiv-öffentliches Recht des **335** Unternehmers ergeben kann.

Diese Norm müsste dann nicht nur den Interessen der Allgemeinheit, sondern zumindest auch den Individualinteressen des Unternehmers dienen (vgl. *Maurer*, § 8 Rn. 8). Zu der Frage, ob § 101 GO bloße objektiv-rechtliche Schranken für die kommunale wirtschaftliche Betätigung bildet, die allein die Kommunalaufsicht zu kontrollieren hat, oder ob damit gleichzeitig auch die Privatwirtschaft geschützt werden soll mit der Folge von Konkurrentenrechtsschutz, gibt es verschiedene Ansichten.

Zum Teil (vgl. OLG Hamm, NJW 1998, 3504 (3505) für § 107 Abs. 1 **336** GO NW; *Roling*, NVwZ 2009, 226 ff.) wird ein Individualschutz aus § 101 Abs. 1 GO abgeleitet. Unter Bezug auf die Subsidiaritätsklausel des § 101 Abs. 1 Nr. 3 GO wird argumentiert, dass damit auf private Unternehmen Bezug genommen und dem Gedanken Rechnung getragen werde, dass sich die Gemeinde mit ihrer wirtschaftlichen Betätigung in einem Bereich bewege, der die schutzwürdigen Belange der Privatwirtschaft tangiere (OLG Düsseldorf, NVwZ 2002, 248 (249). Demzufolge sei die Vorschrift des § 101 Abs. 1 Nr. 3 GO nicht nur fiskalisch und haushaltsrechtlich ausgestaltet (vgl. OLG Hamm, NJW 1998, 3504 (3505) für § 107 Abs. 1 GO NW), sondern durch sie solle außerdem die Privatwirtschaft geschützt werden. Andere (so wohl OVG Nds., NVwZ 2009, 258 (259) in Bezug auf § 108 Abs. 1 GO Nds.; krit. hierzu *Roling*, NVwZ 2009, 226 ff.) lehnen einen individualschützenden Charakter ab. Die Formulierung in § 101 Abs. 1 Nr. 3 GO trage ausschließlich dem Gebot einer sparsamen und wirtschaftlichen Haushalts-wirtschaft (vgl. § 75 Abs. 2 GO) der Gemeinden Rechnung (OVG Nds., NVwZ 2009, 258 (260) unter Bezug auf den weitgehend kongruenten § 108 Abs. 1 Nr. 3 GO Nds.). Alternativ oder kumulativ kommt in Betracht, dem Merkmal des öffentlichen Zwecks drittschützende Wirkung beizumessen (vgl. OVG NRW, NVwZ 2003, 1520 (1521); 2008, 801 (803 f)).

337 Ungeachtet der Frage verwaltungsgerichtlichen Rechtsschutzes kann sich ein subjektiv-öffentliches Recht des Unternehmers auch aus § 8 i.V.m. § 3 UWG ergeben. Das „Ob" der wirtschaftlichen Betätigung könnte bei einem Verstoß gegen § 101 GO wettbewerbswidrig sein (vgl. OLG Düssel-dorf, NVwZ 2002, 248 (248)). Der Bundesgerichtshof hat jedoch zu § 1 UWG a.F., der durch § 8 i.V.m. § 3 UWG abgelöst worden ist, entschie-den, dass ein wettbewerbsrechtlicher Unterlassungsanspruch nur dann aus einer Norm fließen kann, wenn diese dem Schutz des lauteren Wettbe-werbs dient (BGH, NJW 2002, 2645 (2647)). Ein solcher Zweck sei § 101 Abs. 1 GO aber nicht zu entnehmen, denn auch öffentliche Konkur-renz fördere den Wettbewerb und schade ihm nicht. § 101 Abs. 1 GO betreffe eben nur den Marktzutritt, durch das UWG werde aber das Marktverhalten geregelt. Einen solchen privatrechtlichen Unterlassungsan-spruch kann ein Konkurrent also nur dann geltend machen, wenn er sich gegen das „Wie" der wirtschaftlichen Betätigung wendet.

338 Schließlich kann man sich fragen, ob ein subjektiv-öffentliches Recht für einen Unterlassungsanspruch nicht aus den Grundrechten hergeleitet wer-den kann, in diesem Fall aus Art. 12 Abs. 1 oder Art. 14 Abs. 1 GG. Art. 12 Abs. 1 GG schützt zwar die unternehmerische Betätigung auf dem Markt, schützt jedoch weder vor privater noch vor öffentlicher Konkur-renz (BVerwGE 39, 329 (336)). Auch Art. 14 Abs. 1 GG schützt nur das bereits Erworbene, nicht jedoch Wettbewerbschancen (BVerfG, NJW 1985, 1385 (1389)). Eine Ausnahme von beidem gilt nur dann, wenn die wirtschaftliche Betätigung der Gemeinde eine Monopolstellung und die Gefahr der vollständigen Verdrängung der Privaten zur Folge hätte (vgl. BGH, NJW 2003, 752 (754)).

339 In verwaltungsprozessualer Hinsicht ist bei der Frage nach der richtigen Klageart zu differenzieren: Wurde die Gemeinde selbst tätig, dann ist eine allgemeine Leistungsklage auf Unterlassen statthaft. Hat die Gemeinde aber ein öffentliches Unternehmen eingeschaltet, so ist ebenfalls eine all-gemeine Leistungsklage gegen die Gemeinde statthaft, jedoch gerichtet auf Einwirkung der Gemeinde auf das jeweilige Unternehmen (ebenso *Diet-lein/Burgi/Hellermann*, § 2 Rn. 414).

III. Finanzen und Haushalt

340 Schließlich gehört die Finanzhoheit der Gemeinden zum Kernbestand des kommunalen Selbstverwaltungsrechts (Rn. 37). Im Rahmen ihrer Selbst-ständigkeit dürfen die Gemeinden finanzielle Mittel beschaffen, bewirt-schaften und verausgaben.

1. Haushalt

Das Haushaltsrecht der Gemeinden ist in den §§ 75 ff. GO geregelt. Dem- 341
nach hat die Gemeinde ihre Haushaltswirtschaft so zu planen und zu führen, dass die stetige Erfüllung ihrer Aufgaben gesichert ist (§ 75 Abs. 1
S. 1 GO), nach den Grundsätzen der Sparsamkeit und Wirtschaftlichkeit
zu handeln (§ 75 Abs. 2 GO) und der Haushalt soll in jedem Haushaltsjahr ausgeglichen sein (§ 75 Abs. 3 GO). § 77 Abs. 1 GO bestimmt, dass
in jedem Haushaltsjahr eine Haushaltssatzung zu erlassen ist, deren wich-
tigster Teil der Haushaltsplan (§ 78 GO) ist. In diesem sind die im Haushaltsjahr erwarteten Einnahmen und Ausgaben zu benennen.

2. Finanzmittel

Um die erforderlichen Finanzmittel zu beschaffen, haben Gemeinden ver- 342
schiedene Möglichkeiten: Sie können sich wirtschaftlich betätigen (siehe
Rn. 324 ff.), erhalten Zuweisungen im Rahmen des Finanzausgleichs auf
der Grundlage des einschlägigen Landesgesetzes und der Landesverfassung
und können schließlich auch selbst Abgaben erheben.

a) Arten der Kommunalabgaben

„Abgabe" ist der Oberbegriff für Steuern, Gebühren und Beiträge und 343
sonstige Abgaben (§ 1 Abs. 1 KAG). Eine sonstige Abgabe (§ 10 KAG) ist
beispielsweise eine Kurtaxe.

Unter Steuern (§ 3 KAG) versteht man Geldleistungen, die zur Deckung 344
des allgemeinen Finanzbedarfs dienen und für die es keine direkte Gegen-
leistung gibt. Zu den Steuereinnahmen einer Gemeinde i.S.v. Art. 106
Abs. 6, 105 Abs. 2a GG gehören die Realsteuer (Grundsteuer, Gewerbe-
steuer) sowie die örtlichen Verbrauchs- und Aufwandssteuern, wie z.B.
Hundesteuer oder Vergnügungssteuer (*Bracker/Dehn*, § 76 zu Abs. 1
Rn. 2). Da das Land nach Art. 105 Abs. 2a GG nur die Gesetzgebungskompetenz für örtliche Verbrauch- und Aufwandsteuern besitzt, gilt die
Ermächtigungsgrundlage in § 3 Abs. 1 KAG für die Gemeinden ebenfalls
nur für diese Steuern. Dies hat zur Folge, dass den Gemeinden hinsichtlich
der Verbrauchs- und Aufwandssteuern ein „Steuerfindungsrecht" durch
das KAG eingeräumt wird, wenn diese nicht „bundesgesetzlich geregelten
Steuern gleichartig" sind (*Burgi*, § 18 Rn. 11; vgl. auch OVG SH, Nord-
ÖR 2006, 216 f.). Teilweise werden mit den Steuern auch gewisse Len-
kungszwecke verfolgt, etwa der Umweltschutz. Allerdings muss auch bei
den „Lenkungssteuern" die Einnahmeerzielung zumindest ein Nebenzweck
bleiben (zur Unzulässigkeit einer kommunalen Verpackungssteuer, weil die
Abfallvermeidung abschließend im Abfallrecht des Bundes geregelt sei, so
dass den Kommunen hierfür die entsprechende Kompetenz fehle, vgl.
BVerfG, NJW 1989, 2341 ff.).

Gebühren (§ 4 Abs. 1 KAG) sind Entgelte für eine erbrachte hoheitliche 345
Leistung zur Deckung der Kosten der Leistungserbringung, wobei man

noch zwischen Verwaltungs- (§ 5 KAG) und Benutzungsgebühren (§ 6 KAG) differenzieren kann.

346 Dem sehr ähnlich, aber damit nicht zu verwechseln sind Beiträge (§ 8 KAG): Während Gebühren an eine tatsächlich erfolgte Inanspruchnahme von öffentlichen Einrichtungen anknüpfen, werden Beiträge für die vorteilhafte Möglichkeit der Inanspruchnahme erhoben. Ein Beitrag wird etwa von Anwohnern für die Erschließung ihrer Grundstücke erhoben (u.a. zur Verfassungsmäßigkeit von § 8 KAG siehe OVG SH, NordÖR 2011, 174 ff.).

b) Erfordernis einer Ermächtigungsgrundlage

347 Aus § 2 Abs. 1 KAG folgt, dass Abgaben nur aufgrund einer Satzung erlassen werden dürfen. Die generelle Satzungsermächtigung in § 4 Abs. 1 GO reicht nicht als Rechtsgrundlage für eine Abgabensatzung aus, weil auf diese Generalermächtigung keine Eingriffe in Grundrechte des Bürgers gestützt werden können.

348 Die formelle und materielle Rechtmäßigkeit einer solchen Satzung bemessen sich nach den allgemeinen Regeln, d.h. v.a. danach, ob die Voraussetzungen der Ermächtigungsgrundlage erfüllt sind. Zu beachten ist aber das in § 2 Abs. 2 S. 3 KAG verankerte Gebot, dass durch eine Satzung, die eine andere ersetzt, die Gesamtheit der Abgabepflichtigen nicht schlechter gestellt werden darf, als es die vorige Satzung vorgesehen hat. Wird ein Abgabenbescheid angefochten, gerät regelmäßig auch dessen Rechtsgrundlage in den Blick des Verwaltungsgerichts, so dass inzident eine Prüfung der dem Bescheid zugrunde liegenden Abgabensatzung stattfindet.

E. Das Recht der Kreise

349 In Schleswig-Holstein existieren als kommunale Selbstverwaltungsträger neben den Städten und Gemeinden auch Kreise, die gemäß § 1 Abs. 1 KrO Gemeindeverbände und dem Land eingegliederte Gebietskörperschaften sind. Die Mitglieder des Kreises sind die Kreiseinwohner, also die Einwohner der kreisangehörigen Gemeinden (§ 6 Abs. 1 KrO), und nicht die dem Kreis angehörigen Gemeinden. Das Kreisgebiet besteht aus allen zum Kreis gehörenden Gemeinden (§ 13 S. 1 KrO).

I. Verfassungsrechtliche Garantien und das Recht auf Selbstverwaltung

350 Nach Art. 28 Abs. 2 S. 2 GG haben die Gemeindeverbände im Rahmen ihres gesetzlichen Aufgabenbereichs nach Maßgabe der Gesetze das Recht der Selbstverwaltung. In Art. 46 Abs. 2 LVerf heißt es, dass die Gemeindeverbände im Rahmen ihrer gesetzlichen Zuständigkeit die gleichen Rechte und Pflichten haben (wie die Gemeinden).

Im Vergleich zu den Gemeinden gibt es hierbei jedoch zwei wesentliche **351** Unterschiede: Hinsichtlich der Rechtssubjektsgarantie gilt, dass es dem Gesetzgeber grundsätzlich freisteht, einzelne Gebietskörperschaften aufzulösen bzw. Gebietsänderungen vorzunehmen, soweit die formellen und materiellen Voraussetzungen hierfür gegeben sind (*Brüning*, in: Ehlers/Fehling/Pünder (Hrsg), Bes. VerwR., Bd. 3, 10. Kap., § 64 Rn. 210). Fraglich ist nur, ob der Gesetzgeber den „Kreis" als solchen abschaffen kann. Mit Blick auf die Verfassung fällt ins Auge, dass in Art. 28 Abs. 2 S. 2 GG lediglich von „Gemeindeverbänden" die Rede ist. Der Kreis wird nicht explizit als Institution erwähnt. Anders ist dies in Art. 28 Abs. 1 S. 2 GG, so dass im Zusammenspiel mit dieser Regelung eine gänzliche Beseitigung der Kreise wohl verneint werden muss (vgl. auch *Burgi*, § 20 Rn. 12).

Ein weiterer wesentlicher Unterschied zu den Gemeinden ist in Bezug auf **352** die Rechtsinstitutionsgarantie zu finden. Während Gemeinden nach Art. 28 Abs. 2 S. 1 GG das Recht zusteht, „alle Angelegenheiten der örtlichen Gemeinschaft" zu regeln, haben Gemeindeverbände lediglich im Rahmen ihres „gesetzlichen Aufgabenbereichs" (bzw. im Rahmen ihrer gesetzlichen Zuständigkeit) das Recht der Selbstverwaltung. Daraus folgt, dass den Kreisen zwar die Eigenverantwortlichkeitsgarantie zu Gute kommt, der Schutz der Aufgaben jedoch schwächer ausgestaltet ist (*Burgi*, § 20 Rn. 12). Das bedeutet nicht, dass dem Gesetzgeber in Bezug auf die Aufgabenzuordnung an die Kreise völlig freie Hand gelassen ist. Den Kreisen muss vielmehr ein Mindestbestand an kreiskommunalen Aufgaben zugeordnet sein (BVerfGE 79, 127 (150); BVerfG NVwZ 2008, 183 (186)). Im Verhältnis der Kreise zu den Gemeinden gilt ein Subsidiaritätsgrundsatz dergestalt, dass die Gemeinden grundsätzlich für alle Angelegenheiten der örtlichen Gemeinschaft zuständig sind und eine Aufgabenverlagerung auf die Kreise („Hochzonung") nur aus spezifischen Gemeinwohlgründen erfolgen darf (BVerfGE 79, 127 (150 f.); *Burgi*, § 20 Rn. 12).

II. Aufgaben

Gemäß dem in Schleswig-Holstein bestehenden monistischen Aufgabenmo- **353** dell wird auch auf Kreisebene zwischen Selbstverwaltungsaufgaben (§ 2 KrO) und Aufgaben zur Erfüllung nach Weisung (§ 3 KrO) unterschieden. Zu Abgrenzungsschwierigkeiten zwischen Gemeinde und Kreis kann es v.a. im Bereich der Selbstverwaltungsangelegenheiten kommen. Dabei gilt, dass die Kreise zunächst kreisgebietsbezogene Aufgaben wahrzunehmen haben, die den Bestand und die Funktion der Kreise erst begründen und gewährleisten. Gemeindliche Aufgaben sind von dem Kreis erst dann zu erfüllen, wenn diese durch den Gesetzgeber hochgezont worden sind (*Brüning*, in: Ehlers/Fehling/Pünder (Hrsg), Bes. VerwR., Bd. 3, 10. Kap., § 64 Rn. 214).

Die von den Kreisen wahrzunehmenden Aufgaben lassen sich in 3 Kate- **354** gorien einteilen: Übergemeindliche Aufgaben sind solche, die über das Gebiet einer Gemeinde hinausgehen, wie etwa der Bau und Unterhaltung von Kreisstraßen (*Burgi*, § 20 Rn. 17).

Ergänzungsaufgaben werden von dem Kreis wahrgenommen, wenn diese Aufgaben von einer Gemeinde mangels eigenen Leistungsvermögen nicht selbst erfüllt werden können (BVerwG, NVwZ 1998, 63 (64)) oder eine ordnungsgemäße Aufgabenwahrnehmung durch die Gemeinde nicht mehr gewährleistet ist (BVerfG, NVwZ 1992, 365 (366 f.)). Beispiel hierfür sind die Unterhaltung von größeren Volkshochschulen, Krankenhäusern oder Jugendeinrichtungen (*Burgi*, § 20 Rn. 17).

Von Ausgleichsaufgaben spricht man, wenn eine Aufgabenerledigung auf Gemeindeebene lediglich technisch, logistisch oder beratend unterstützt wird, z.B. im planerischen Bereich (*Burgi*, § 20 Rn. 17).

355   Davon zu unterscheiden ist auf der Kreisebene die Konstruktion der Organleihe, bei der nicht dem Verwaltungsträger staatliche Aufgaben auferlegt werden, sondern sich nur eines Organs, hier des Landrats, bedient wird. Als verlängerter Arm des Landes wir er dann im Kreisgebiet zur unteren staatlichen Verwaltungsbehörde und unterliegt insofern der Fach- und Dienstaufsicht der Ministerialverwaltung. Für Amtspflichtverletzungen in Ausübung dieser Funktion haftet folglich nicht der Kreis, sondern das Land. Anwendungsfälle finden sich im Gesetz über die Errichtung allgemeiner unterer Landesbehörden (ULBErrG).

III. Organe des Kreises

356   Nach § 7 KrO sind die Organe des Kreises der Kreistag und der Landrat. Der Kreistag ist auf Kreisebene das aus demokratischen Wahlen hervorgegangene Hauptorgan und entspricht der Gemeindevertretung auf Gemeindeebene. Nach § 22 Abs. 1 S. 1, 2 KrO legt er die Ziele und Grundsätze der Verwaltung des Kreises fest. Ihm obliegen die wichtigen Entscheidungen in Selbstverwaltungsangelegenheiten und er überwacht deren Durchführung, soweit durch Gesetz keine andere Zuständigkeit gegeben ist. Die Aufgaben des Kreistages ergeben sich aus § 23 KrO, der diesbezüglich einen umfangreichen Katalog enthält. Die Zusammensetzung sowie der Vorsitz bestimmen sich nach den §§ 26, 28, 35a KrO.

357   Nach § 43 Abs. 1 KrO wird der Landrat vom Kreistag (nicht direkt von den Kreiseinwohnern) gewählt; er leitet gemäß 51 Abs. 1 KrO die Verwaltung. Die weiteren Aufgaben des Landrats lassen sich mit einem Blick in § 56 KrO leicht erschließen. Zu denken ist daran, dass der Landrat im Wege der Organleihe auch Aufgaben als untere Landesbehörde wahrnimmt (vgl. hierzu Rn. 355).

IV. Rechte und Pflichten der Kreiseinwohner bzw. der Bürger des Kreises

358   Kreiseinwohner sind die Einwohner der kreisangehörigen Gemeinden (§ 6 Abs. 1 KrO), während die Bürger des Kreises die zur Wahl des Kreistages berechtigten Einwohner sind (§ 6 Abs. 2 KrO). Die Rechte und Pflichten ergeben sich aus den §§ 16a ff. KrO und entsprechen im Wesentlichen denen der Gemeindeeinwohner bzw. -bürger.

F. Ämter

In Schleswig-Holstein ist bislang auf eine umfassende Gebietsreform ver-   359
zichtet und statt dessen die Vielzahl kleiner und kleinster, ehrenamtlich
verwalteter Gemeinden erhalten worden. Um gleichwohl die notwendige
Verwaltungskraft entfalten zu können, ist zwischen diesen Gemeinden und
den Kreisen eine Verwaltungsebene eingezogen worden, nämlich die Ämter. Die wesentliche Funktion der Ämter ist es, die Eingemeindung selbständiger, jedoch allein nicht lebensfähiger Gemeinden zu vermeiden
(*Gern*, Dt. KommR, Rn. 960).

I. Rechtsstellung

Nach § 1 Abs. 1 AO sind Ämter Körperschaften des öffentlichen Rechts,   360
die der Stärkung der Selbstverwaltung der amtsangehörigen Gemeinden
dienen. Die Ämter treten als Träger von Aufgaben der öffentlichen Verwaltung an die Stelle der amtsangehörigen Gemeinden (vgl. § 1 Abs. 1 S. 3
AO). Ihnen selbst kommt kein originärer Wirkungskreis zu, so dass sie
nicht als mit der Selbstverwaltungsgarantie ausgestatteter Gemeindeverband i.S.d. Art. 28 Abs. 2 S. 2 GG, Art. 46 Abs. 2 LVerf angesehen werden können und demzufolge nicht mit einer unmittelbar-demokratisch
legitimierten Volksvertretung ausgestattet sein müssen (vgl. Art. 28 Abs. 1
S. 2 GG, Art. 2 Abs. 2 LVerf). Ämter sind also Personalkörperschaften
ohne Gebietshoheit gemäß § 50 LVwG.

II. Aufgaben

Die wesentliche Aufgabe der Ämter ist es, im Einvernehmen mit dem Bür-   361
germeister die Beschlüsse der Gemeinde vorzubereiten und nach erfolgter
Beschlussfassung die Selbstverwaltungsaufgaben der amtsangehörigen Gemeinden durchzuführen, § 3 Abs. 1 S. 1 AO. Den amtsangehörigen Gemeinden bleibt also die Entscheidungs- und Beschlusskompetenz vorbehalten; das Amt ist Dienstleister.
    Nach § 4 Abs. 1 AO ist das Amt Träger der ihm und den amtsangehörigen   362
Gemeinden übertragenen Aufgaben zur Erfüllung nach Weisung. Eine wesentliche Bestimmung findet sich in § 5 AO, der einen Katalog von näher
bestimmten Selbstverwaltungsaufgaben der amtsangehörigen Gemeinden
enthält, für welche die amtsangehörigen Gemeinden gemeinsam dem Amt die
Trägerschaft von Selbstverwaltungsaufgaben ganz oder teilweise übertragen
können (lesenswert hierzu ist das Urteil des LVerfG, NordÖR 2010, 155 ff.,
welches die unbegrenzte Übertragung von Selbstverwaltungsangelegenheiten
auf die Ämter für verfassungswidrig erklärt hat, da sich hierdurch die Ämter
zu Gemeindeverbänden entwickeln, jedoch die Mitgliederbestimmung der

Amtsausschüsse nicht durch unmittelbare Wahl durch die Bürger erfolgt, vgl. auch die Besprechung des Urteils von *Ernst*, NVwZ 2010, 816 ff.).

III. Organe

363 Als Organe der Ämter sind der Amtsausschuss sowie der Amtsvorsteher zu nennen. Der Amtsausschuss ist das zentrale Entscheidungsorgan des Amtes und besteht aus den Bürgermeistern der amtsangehörigen Gemeinden sowie aus weiteren Mitgliedern, deren Zahl sich nach § 9 Abs. 1 AO bestimmt und die von den jeweiligen Gemeindevertretungen gewählt werden (§ 9 Abs. 2 AO). Der Amtsausschuss trifft alle für das Amt wichtigen Entscheidungen und überwacht deren Durchführung, vgl. § 10 AO.

364 Nach § 11 Abs. 1 AO wählt der Amtsausschuss aus seiner Mitte den Amtsvorsteher. Der Amtsvorsteher führt den Vorsitz des Amtsausschusses und vertritt diesen in gerichtlichen Verfahren (§ 12 Abs. 1 AO). Im Übrigen erklärt § 24a AO die dort aufgeführten Regelungen der GO entsprechend für die Ämter anwendbar.

IV. Leitender Verwaltungsbeamter

365 In ehrenamtlich verwalteten Ämtern (vgl. § 13 AO) wird zudem ein leitender Verwaltungsbeamter bestellt (§ 15 Abs. 1 AO), der u.a. die laufenden Geschäfte führt und die ehrenamtlichen Bürgermeister unter Leitung des Amtsvorstehers berät (vgl. § 15 Abs. 3 S. 2 AO). Daneben ist er nach § 15 Abs. 4 AO verpflichtet, den Amtsvorsteher rechtzeitig auf rechtliche Bedenken gegen beabsichtigte oder getroffene Entscheidungen z.B. des Amtsausschusses hinzuweisen.

§ 3. Polizei- und Sicherheitsrecht

Literaturhinweise:

Lehrbücher: *Brenneisen/Wilkensen/Staack/Martins*, Polizeirechtsreform in S-H, 1. Auflage, 2008; *Drews/Wacke/Vogel/Martens*, Allgemeines Polizei- und Ordnungsrecht, 9. Auflage, 1986; *Epping*, Grundrechte, 5. Auflage, 2012; *Gusy*, Polizei- und Ordnungsrecht, 8. Auflage, 2011; *Götz*, Allgemeines Polizei- und Ordnungsrecht, 15. Auflage, 2013; *Ipsen*, Staatsrecht II, 15. Auflage, 2012; *Isensee/Kirchhof*, Handbuch des Staatsrechts, Band IX, 3. Auflage, 2011; *Jellinek*, System der subjektiven öffentlichen Rechte, 2. Auflage, 1905; *Kalkschmidt/Lütje*, Gefahrenabwehrrecht in Schleswig-Holstein, 1. Auflage, 2003; *Knemeyer*, Polizei- und Ordnungsrecht, 11. Auflage, 2007; *Lisken/Denninger*, Handbuch des Polizeirechts, 5. Auflage, 2012; *Maurer*, Allgemeines Verwaltungsrecht, 18. Auflage, 2011; *Möller/Wilhelm*, Allgemeines Polizei- und Ordnungsrecht, 3. Auflage, 1993; *Pieroth/Schlink*, Grundrechte, 28. Auflage, 2012; *Pieroth/Schlink/Kniesel*, Polizei- und Ordnungsrecht, 7. Auflage, 2012; *Schenke*, Polizei- und Ordnungsrecht, 7. Auflage, 2011; *Schipper/Schneider/Büttner/Schade*, Polizei- und Ordnungsrecht in Schleswig-Holstein, 5. Auflage, 2010 sowie 4. Altauflage, 2003; *Schmidt-Aßmann/Schoch*, Besonderes Verwaltungsrecht, 14. Auflage, 2008; *Schroeder/Verrel*, Strafprozessrecht, 5. Auflage, 2011.

Kommentare: *Henssler/Rebmann*, Münchener Kommentar zum Bürgerlichen Gesetzbuch, Band IV, 6. Auflage, 2012; *Jarass/Pieroth*, Grundgesetz Kommentar, 12. Auflage, 2012; *Landmann/Rohmer*, Gewerbeordnung, Kommentar, Band I, Stand: 58. Ergänzungslieferung 2011; *Maunz/Dürig*, Grundgesetz Kommentar, Band V, Stand: Oktober 2008; Band VI, Stand: Oktober 2008; *von Mangoldt/Klein/Starck*, Grundgesetz Kommentar, Band II, 6. Auflage, 2010; *von Münch/Kunig*, Grundgesetz Kommentar, Band II, 6. Auflage, 2012; Band II, 5. Auflage, 2003; *Pfeifer/Hannich*, Karlsruher Kommentar zur Strafprozessordnung, 6. Auflage, 2008; *Stern/Becker*, Grundrechte-Kommentar, 2. Auflage, 2010.

Aufsätze: *Alberts*, Freizügigkeit als polizeiliches Problem, Neue Zeitschrift für Verwaltungsrecht (NVwZ) 1997, 45 ff.; *Battis/Grigoleit*, Neue Herausforderungen für das Versammlungsrecht?, NVwZ 2001, 121 ff.; *Bäumler*, Neues schleswig-holsteinisches Polizeirecht, NVwZ 1992, 638 ff.; *Becker*, Das Abschleppen verbotswidrig geparkter Fahrzeuge als Klausurproblem, Juristische Arbeitsblätter (JA) 2000, 677 ff.; *Becker/Ambrock*, Datenschutz in den Polizeigesetzen, JA 2011, 561 ff.; *Dorff*, Luftbildaufnahmen und Unverletzlichkeit der Wohnung, Neue juristische Wochenzeitschrift (NJW) 2006, 951 ff.; *Durner*, Ersatzvornahme und unmittelbarer Zwang, JA 2009, 911 ff.; *Erbel*, Zur Polizeipflichtigkeit des sogenannten „Zweckveranlassers", Juristische Schulung (JuS) 1985, 257 ff.; *Gusy*, Lauschangriff und Grundgesetz, JuS 2004, 457 ff.; *Gusy*, Freiheitsentziehung und Grundgesetz, NJW 1992, 457 ff.; *Hecker*, Aufenthaltsverbote im Recht der Gefahrenabwehr, NVwZ 1999, 261 ff.; *Heckmann*, Der Sofortvollzug rechtswidriger polizeilicher Verfügungen, Verwaltungsblätter für Baden-Württemberg (VBlBW) 1993, 41 ff.; *Klüppel*, Zustandsstörerhaftung bei der Altlastsanierung, Juristische Ausbildung (Jura) 2001, 26 ff.; *Knemeyer*, Folgenbeseitigungsanspruch oder Anspruch auf polizeiliches Einschreiten, JuS 1988, 696 ff.; *Leggreit*, Der Verbringungsgewahrsam- ein generell rechtswidriges Instrumentarium der Vollzugspolizei?, NVwZ 1999, 263 ff.; *Maaß*, Der Verbringungsgewahrsam nach dem geltenden Polizeirecht, NVwZ 1985, 151 ff.; *Nolte*, Aufgaben und Befugnisse der Polizeibehörden bei Sportgroßveranstaltungen, NVwZ 2001, 147 ff.; *Poscher*, Der Gefahrverdacht- das ungelöste Problem der Polizeirechtsdogmatik, NVwZ 2001, 141 ff.; *Rinze*, Geschwindigkeitsbegrenzung auf 100 km/h, Neue Zeitschrift für Verkehrsrecht (NZV) 1999, 397 ff.; *Sachs*, Haftung des Grundstückeigentümers für Sanierung von Altlasten, JuS 2000, 1219 ff.; *Schoch*, Grundfälle zum Polizei- und Ordnungsrecht, JuS 1994, 667 ff.; *Schoch*, Grundfälle zum Polizei- und Ordnungsrecht, JuS 1994, 849 ff.; *Schwabe*, Anmerkung: Zur Rechtmäßigkeit der Sicherstellung, Deutsches Verwaltungsblatt (DVBl) 1982, 655 ff.; *Ruder*, Die polizei- und ordnungsrechtliche Unterbringung von Obdachlosen, NVwZ 2001, 1223 ff.; *Weber*, Abschleppen eines Fahrzeuges nach Aufstellen eines mobilen Halteverbotsschildes, NZV 2008, 263 ff.

Zeitschriften sowie Gesetzesblätter: Neben den bereits zitierten Zeitschriften wurden folgende Zeitschriften insbesondere zum Nachweis von Rspr. verwendet: Bundesgesetzblatt (BGBl); Neue Zeitschrift für Sozialrecht (NZS); Rechtsprechungs-Report Verwaltungsrecht (NVwZ-RR); Die öffentliche Verwaltung (DÖV); Neue Zeitschrift für Strafrecht (NStZ); Gesetz- und Verordnungsblatt Schleswig-Holstein (GVOBl Schl.-H.); Umwelt- und Planungsrecht: Zeitschrift für Wissenschaft und Praxis (UPR); Zeitschrift für Flugwissenschaften und Weltraumforschung (ZFW); Beck-Rechtsprechung (BeckRS); Nordrhein-Westfälische Verwaltungsblätter (NWVBl); Baurechtssammlung (BRS).

A. Einführung[*]

1   Das folgende Kapitel beschäftigt sich mit dem Polizei- und Sicherheitsrecht Schleswig-Holsteins. Dieses juristische Gebiet gehört gemäß § 3 Abs. 2, 5 Nr. 4 a) JAVO zu den Pflichtfächern des 1. Staatsexamens. Als solches wird es nicht nur im Überblick geprüft, sondern es werden neben Kenntnissen des Inhalts, der Struktur und Systematik der polizei- und sicherheitsrechtlichen Normen auch Einzelheiten aus Rechtsprechung und Schrifttum erwartet.

Das Polizei- und Sicherheitsrecht ist immer wieder ein beliebtes Klausurthema, da es zum einen systematisch auf dem allgemeinen Verwaltungsrecht aufbaut und sich zum anderen aufgrund seiner Natur als allgemeines Gefahrenabwehrrecht mit grundrechtlichen Problemstellungen der Eingriffsverwaltung kombinieren lässt.

I. Sicherheit als Staatsaufgabe

2   Die Gewährleistung von Sicherheit ist die prägende Aufgabe des modernen Staates. Zu ihr sind im Laufe der historischen und gesellschaftlichen Entwicklung weitere Aufgaben wie etwa die der Schaffung von sozialer Sicherheit und sozialem Ausgleich sowie des Schutzes der natürlichen Le-

---

[*] Für maßgebliche Unterstützung bei der Abfassung dieses Kapitels danke ich Herrn *Dr. Jens Ambrock* und Herrn *Alexander Merschmann*.

bensgrundlagen getreten, aber auch deren Erfüllung ist nur möglich, wenn das Gemeinwesen die existentiellen Gefahren für Leib und Leben seiner Einwohner abwehren und Rechtsfrieden herstellen kann (*Depenheuer*, in: Maunz/Dürig, GG, Art. 87a Rn. 1 ff.; *Isensee*, in: HStR IX, § 191 Rn. 1 ff.). Der Staat hat daher nicht nur die Befugnis, sondern auch die Pflicht, Gefahren von seinen Bürgern abzuwenden.

Maßnahmen der Gefahrenabwehr führen aber notwendigerweise zur 3 Grundrechtseinschränkung bei denjenigen, die für die Verursachung der Gefahr verantwortlich und daher auch Adressat der Gefahrenabwehrmaßnahme sind. Noch prekärer ist die Inanspruchnahme Dritter, die nicht für die Verursachung einer Gefahr zuständig sind.

Damit ist das verfassungsrechtliche Spannungsfeld beschrieben, in dem 4 sich das Polizei- und Sicherheitsrecht bewegt. Dieses besteht einerseits aus der Berechtigung und Verpflichtung des Staates, Maßnahmen zum **Schutz von Rechtsgütern zu ergreifen** und andererseits aus der Notwendigkeit, hierbei auch die **Grundrechte des Störers** zu respektieren und zu schützen (*Gusy*, POR, Rn. 2). Der grundrechtliche Kreis schließt sich durch den status positivus, der dem einzelnen sogar einen Anspruch gegen den Staat auf Schutz einräumt (*Jellinek*, System der subjektiven öffentlichen Rechte, 114 ff.; *Isensee*, in: HStR IX, § 191 Rn. 3 ff.).

II. Rechtsquellen des Polizei- und Sicherheitsrechts

In dem vorliegenden Abschnitt geht es um allgemeine Regelungen zur Ge- 5 fahrenabwehr. Für das Rechtsgebiet gibt es weitere, inhaltlich weitgehend deckungsgleiche Bezeichnungen: z.B. Polizeirecht, Ordnungsrecht. Allerdings kann durch die unterschiedlichen Bezeichnungen auch darauf hingewiesen werden, dass die Aufgabe der Gefahrenabwehr im Allgemeinen sowohl den („zivilen") Ordnungsbehörden (vgl. § 164 Abs. 1 des Allgemeinen Verwaltungsgesetzes für das Land Schleswig-Holstein (Landesverwaltungsgesetz, LVwG)) als auch der Polizei (vgl. § 164 Abs. 2 i.V.m. dem Polizeiorganisationsgesetz (POG)) obliegt (§ 163 Abs. 1 LVwG).

Bei den hier vorzustellenden allgemeinen Regeln des Gebiets handelt es 6 sich gleichsam um den allgemeinen Teil des besonderen Verwaltungsrechts, da in ihm die Grundstrukturen staatlichen Eingreifens (und zum Teil auch staatlichen Leistens) zum Zwecke der Gefahrenabwehr enthalten sind. Ihre Eingriffsstruktur und insbesondere die relevanten Tatbestandsmerkmale finden sich in vielen anderen Bereichen des besonderen Verwaltungsrechts (Baurecht, Umweltrecht, Wirtschaftsverwaltungsrecht) wieder, die sich zum Teil erst historisch aus dem allgemeinen Recht der Gefahrenabwehr heraus zu einem besonderen von Fachbehörden verwalteten Rechtsgebiet entwickelt haben.

Das in Schleswig-Holstein anzuwendende Polizei- und Sicherheitsrecht 7 speist sich aus verschiedenen Rechtsquellen, die zugleich auf verschiedenen Ebenen der Rechtsquellenhierarchie angesiedelt sind.

8   Eine erste Differenzierung besteht zwischen Bundes- und Landesrecht. Nach verbreiteter Auffassung (*Kunig* in: ders./von Münch, GG, Band II, 6. Aufl. 2012, Art. 70 Rn. 8, 25; *Rozek* in: von Mangoldt/Klein/Starck, GG, Band II, Art. 70 Abs. 1 Rn. 48) liegt die Gesetzgebungskompetenz für die allgemeinen Regeln zur Gefahrenabwehr nach Art. 70 GG mangels einer abweichenden Zuweisung an den Bund bei den Ländern.

9   Der Kern der Regelungen zum allgemeinen Gefahrenabwehrrecht findet sich daher in §§ 162 ff. LVwG, die folgendermaßen gegliedert sind:
1. Aufgaben und Zuständigkeit (Behördenaufbau, Trennung von Polizei und Ordnungsbehörde, sachliche/örtliche Zuständigkeit, Handlungen fremder Beamte in SH und von SH Beamten in anderen Bundesländern)
2. Maßnahmen zur Aufrechterhaltung der Öffentlichen Sicherheit
   a. Allgemeine Vorschriften (Aufgabenzuweisung, Subsidiarität des allgemeinen POR (§ 173 Abs. 2 LVwG))
      i. Generalklausel für Verfügungen (§§ 168, 174, 176 LVwG)
      ii. Ermächtigungsgrundlage für Verordnungen
   b. Eingriffe in das Grundrecht auf informationelle Selbstbestimmung und andere Privatheitsrechte durch die Erhebung personenbezogener Daten
   c. Besondere Maßnahmen (sog. Standardermächtigungen)
3. In Anspruch zu nehmende Personen
4. Entschädigungsansprüche

10   Schleswig-Holstein verfügt anders als andere Bundesländer nicht über ein selbstständiges, so benanntes Polizeigesetz. Vielmehr sind hier die entsprechenden Regelungen in ein allgemeines Gesetz integriert, das etwa auch Normen zum allgemeinen Verwaltungsrecht (§§ 72 ff. LVwG), zum Recht der Verwaltungsorganisation (§§ 2 ff. LVwG) oder zur Gesetzgebung durch die Verwaltung (§§ 53 ff. LVwG) enthält.

11   Speziell auf die Polizei im engeren Sinne bezogen gibt es noch ein Gesetz über die Organisation der Polizei in Schleswig-Holstein (POG), welches vorwiegend den Aufbau der Polizeibehörden, die kommunale Mitwirkung bei den Polizeiaufgaben, die Rechtsstellung von Hilfsbeamten und die Kosten der Polizei regelt.

12   Hinzu treten weitere Gesetze zur Gefahrenabwehr, wie etwa das schleswig-holsteinische „Gesetz über den Brandschutz und die Hilfeleistungen der Feuerwehren", das ebenfalls der ausschließlichen Landesgesetzgebungskompetenz zuzuordnen ist.

13   Eine Bundesgesetzgebung in dem Bereich der Gefahrenabwehr ermöglichen die Kompetenzzuweisungen aus Art. 73 Abs. 1 Nr. 9 a), 10, 12; 74 Abs. 1 Nr. 22 GG.

14   Von diesen Kompetenzen hat der Bund beispielsweise durch Einführung des Gesetzes über die Bundespolizei Gebrauch gemacht. Auch das Waffengesetz ist diesen Kompetenzen zuzuordnen.

15   Unter Inanspruchnahme der konkurrierenden Gesetzgebungskompetenz hat der Bund etwa das Straßenverkehrsgesetz (Art. 74 Abs. 1 Nr. 22 GG), das Ausländergesetz (Art. 74 Abs. 1 Nr. 4 GG), das Bundes-Immissionsschutzgesetz (Art. 74 Abs. 1 Nr. 24 GG), das Bundes-Bodenschutzgesetz (Art. 74 Abs. 1 Nr. 18 GG) und (noch) das Versammlungsgesetz (Art. 74

Abs. 1 Nr. 3 a.F. GG) erlassen. Diese Gesetze regeln die Gefahrenabwehr in Bereichen, die zwar strukturell noch dem allgemeinen Gefahrenabwehrrecht entsprechen, sich aber im Laufe der Zeit zu eigenständigen Rechtsgebieten des besonderen Verwaltungsrechts entwickelt haben (so z.B. das Umweltrecht). Sie gehören deswegen nicht mehr zu dem *allgemeinen* Recht der Gefahrenabwehr, sondern greifen nur auf dessen Strukturen zurück, um die Gefahrenabwehr in ausdifferenzierten Lebensbereichen zu gewährleisten.

Hinsichtlich des Versammlungsgesetzes gilt es zu bedenken, dass die Gesetzgebungskompetenz durch die Föderalismusreform 2006 auf die Länder übergegangen ist (vgl. Art. 74 Abs. 1 Nr. 3 a.F., neugefasst durch Art. 1 Nr. 7 a) bb) des Gesetzes zur Änderung des Grundgesetzes v. 28.08.2006, BGBl. 2006 I 2034, 2035). Der schleswig-holsteinische Gesetzgeber hat von dieser Befugnis jedoch bislang keinen Gebrauch gemacht (anders z.B. Bayern mit dem Bayerischen Versammlungsgesetz aus dem Jahre 2008 sowie Sachsen mit dem Sächsischen Versammlungsgesetz von 2012). **16**

Die Kompetenzverteilung im Bundesstaat (vgl. Art. 84 Abs. 1 GG) sieht vor, dass die Bundesgesetze im Regelfall im Wege der Landeseigenverwaltung vollzogen werden, wenn in dem Gesetz selbst nicht etwas anderes vorgesehen ist. Aus Respekt vor diesem Grundsatz halten sich Bundesgesetze bei den für die Anwendung der Bundesgesetze erforderlichen Regelungen zurück und überlassen diese dem Landesgesetzgeber. Dieser muss dann die Bundesgesetze durch Ausführungsgesetze oder -verordnungen konkretisieren und anwendbar machen. In solchen Landesgesetzen werden vor allem Zuständigkeit und Verfahren bei der Anwendung der bundesgesetzlichen Normen geregelt (z.B. Landesverordnung über die Zuständigkeit der Bodenschutzbehörden oder Landesverordnung über die zuständigen Behörden nach dem Versammlungsgesetz). **17**

Des Weiteren existieren landesrechtliche Normen auf der Ebene des Gesetzes oder der Rechtsverordnung in Bereichen, die der Bundesgesetzgeber den Ländern zur Regelung überlassen hat. Eine solche Gestaltung findet sich etwa in § 28 Abs. 1 S. 1 LNatSchG SH, durch den von der Kompetenzzuweisung des § 43 Abs. 4 BNatSchG Gebrauch gemacht wurde. Hieran wird deutlich, dass die Länder nicht nur durch förmliche Parlamentsgesetze, sondern auch durch materielle Gesetze (v.a. Rechtsverordnungen) Gefahrenabwehrrecht schaffen können. Als Beispiel sei die auf die Generalklausel der §§ 174, 175 LVwG gestützte Landesverordnung zur Abwehr der von Hunden ausgehenden Gefahren genannt (Gefahrhundeverordnung), die allerdings vom BVerwG (Urt. v. 18.12.2002 – 6 CN 1/02) für teilweise nichtig erklärt wurde und daher durch das Gefahrhundegesetz abgelöst wurde. Auch die „Stadtverordnung über das Führen von Waffen und waffenähnlichen Gegenständen im Kieler Stadtgebiet" vom 12.03.2013, in der die Kieler Bergstraße zur Waffenverbotszone erklärt wurde, gehört zu dieser Gruppe von Gesetzen. Natürlich können die Länder in den Bereichen der konkurrierenden Gesetzgebung, in denen der Bund bislang nicht tätig geworden ist, selbst Gesetze erlassen, da ihnen hier nach wie vor die Gesetzgebungskompetenz so lange zusteht, bis der Bund seinerseits eine Regelung trifft. Von dieser Möglichkeit wurde in **18**

Schleswig-Holstein etwa mit dem Landesnaturschutzgesetz Gebrauch gemacht (§ 1 Abs. 1 LNatSchG).

B. Überblick über die Rechtsformen des polizei- und ordnungsbehördlichen Handelns

19 Das LVwG gibt den Ordnungsbehörden verschiedene Instrumente an die Hand, um Gefahren abzuwehren. Hierbei kann es sich zum einen um Verwaltungsakte in Form von Verfügungen und Erlaubnissen handeln, zum anderen aber auch um Verordnungen; schließlich kommt auch ein Handeln durch Realakt in Betracht. Für jede dieser Handlungsformen benötigt die Verwaltung eine gesetzliche Grundlage, wie es sich aus dem Grundsatz der Gesetzesmäßigkeit (§ 72 LVwG) ergibt.

I. Verfügungen (Verwaltungsakte)

20 Gebots- und Verbotsverfügungen (Verwaltungsakte) sind klassische Mittel zur Gefahrenabwehr. Ihr Inhalt kann vielfältig sein. So kann die Gefahrenabwehrbehörde beispielsweise verfügen, dass eine Person einen Ort zu verlassen hat (Platzverweis nach § 201 LVwG) oder dass Fußballfans bei der Anreise zu einem bestimmten Spiel keine Getränkedosen mit sich führen dürfen (OVG SH, Urt. v. 30.07.2010 – 4 MB 43/10).

21 § 176 Abs. 1 LVwG nennt zum einen **selbstständige Polizeiverfügungen**. Diese dürfen nur bei Vorliegen einer konkreten Gefahr auf der Grundlage der polizeilichen Generalermächtigung (auch Generalklausel genannt, vgl. §§ 174, 176 LVwG) ergehen. Daneben nennt die Norm **unselbstständige Polizeiverfügungen**, die sich auf ein besonderes Gesetz oder eine Polizeiverordnung stützen, deren drohender Verletzung begegnet bzw. deren Verletzung abgestellt werden soll. Einen solchen Fall stellt beispielsweise die baurechtliche Verfügung nach § 59 Abs. 1, 2 LBO dar.

22 Der Rückgriff auf die Polizeiverfügung ermöglicht der für die Gefahrenabwehr verantwortlichen Behörde, eine bislang gegebenenfalls rechtlich oder tatsächlich unklare Lage einseitig-hoheitlich zu klären und die sich hieraus für den Bürger ergebenden Handlungs- oder Unterlassungspflichten bestandskräftig zu regeln. Ist der Betroffene mit der Regelung nicht einverstanden, bleiben ihm nur Widerspruch und Anfechtungsklage gegen den Verwaltungsakt. Wehrt der Bürger sich nicht oder bleiben die Rechtsmittel erfolglos, wird die Polizeiverfügung als Verwaltungsakt bestandskräftig (§ 112 Abs. 2 LVwG).

23 Der Widerspruch gegen die belastende Verfügung hat dabei gemäß § 80 Abs. 2 S. 1 Nr. 2 VwGO keine aufschiebende Wirkung. Sie bleibt wegen der Unaufschiebbarkeit der Maßnahme vollziehbar. Um die Vollziehung durch die Behörde zu verhindern, obliegt es dem Betroffenen daher, neben dem Widerspruch auch einen Antrag auf einstweiligen Rechtsschutz beim Verwaltungsgericht gemäß § 80 Abs. 5 S. 1 Alt. 1 VwGO zu stellen.

Den Widerspruch muss der Betroffene bei der die Verfügung erlassende 24
Behörde grundsätzlich innerhalb eines Monats ab Bekanntgabe des Verwaltungsaktes erheben (§ 70 Abs. 1 S. 1 VwGO). Handelt es sich dabei
um eine Polizeiverfügung, wird diese in der Regel mündlich ergehen. Dies
ist gemäß § 108 Abs. 2 S. 1 LVwG ausdrücklich zulässig, jedoch ist die
Regelung des § 58 VwGO zu beachten. Nach dessen Abs. 1 beginnt die
Widerspruchsfrist erst mit Erteilung der Rechtsmittelbelehrung. Dies soll
sicherstellen, dass dem Bürger mit Ergehen des Verwaltungsaktes auch der
Weg aufgezeigt wird, gegen die Maßnahme vorzugehen. Ist der Verfügung
keine oder nur eine unrichtige Rechtsmittelbelehrung beigefügt, so läuft
eine Widerspruchsfrist von einem Jahr ab Bekanntgabe (§ 58 Abs. 2 S. 1
VwGO). Da eine Rechtsmittelbelehrung gemäß § 58 Abs. 1 VwGO schriftlich oder elektronisch zu erfolgen hat, läuft bei polizeilichen Anordnungen
somit in der Regel eine einjährige Widerspruchsfrist.

Der Verwaltungsakt bietet spätestes ab diesem Zeitpunkt (aus den ge- 25
nannten Gründen aber auch oftmals schon vor seiner Bestandskraft) der
Behörde eine Rechtsgrundlage für **Vollstreckungs- bzw. Vollzugshandlungen,** wenn die Verfügung auf ein Tun oder Unterlassen gerichtet ist (§ 228
Abs. 1 LVwG). In Schleswig-Holstein sind die Vorschriften über den Vollzug von Verwaltungsakten, anders als in anderen Ländern, allgemein, also
nicht nur für den Bereich des Polizei- und Ordnungsrechts, in den
§§ 228 ff. LVwG geregelt. Die Vollstreckung erfolgt mit den Mitteln der
Ersatzvornahme, des Zwangsgeldes oder des unmittelbaren Zwangs (§ 235
Abs. 1 LVwG).

Es gilt aber auch zu beachten, dass die Polizei- und Ordnungsverwal- 26
tung gegebenenfalls auch ohne zugrunde liegenden Verwaltungsakt im Wege des
sofortigen Vollzugs (§ 230 LVwG) vorgehen kann. In weniger dringlichen
Fällen ist ein Verwaltungsakt zwar erforderlich, das Vollstreckungsverfahren kann allerdings abgekürzt werden (§ 236 Abs. 1 S. 2 LVwG).

Dies zeigt, dass die Behörde gegenüber dem Bürger im Vorteil ist: Dieser 27
muss sich seine Vollstreckungsgrundlagen für die Durchsetzung seiner
Rechte erst gerichtlich erstreiten (siehe für das zivilrechtliche Rechtsverhältnis § 704 ZPO). Demgegenüber kann die Behörde sich ihren Vollstre-
ckungstitel durch Erlass eines Veraltungsakts selbst schaffen.

Im Anschluss an die Vollstreckung stellt sich meist die Frage nach den 28
für die Vollstreckung zu erhebenden Gebühren und den für die Vollstreckung verauslagten **Kosten,** die die handelnde Behörde bei dem Bürger
zurückverlangen möchte. Die Kostentragungspflichten werden in § 249
LVwG sowie in der Landesverordnung über die Kosten im Vollzugs- und
Vollstreckungsverfahren weiter präzisiert.

II. Erlaubnisse

Gefahrenabwehr aufgrund von Gefahrenabwehrverfügungen ist notwendi- 29
gerweise reaktiv, da die Verfügung einzelfallbezogen nur auf eine konkrete
Gefahr hin erfolgen kann. Es gibt allerdings auch aktive Gestaltungsmög-

lichkeiten durch die Verwaltung, um eine typischerweise mit Gefahren verbunden Situation gar nicht erst auftreten zu lassen.

30   Als eine solche präventive Regelung wirkt die in vielfältigen Spezialgesetzen vorgesehene Steuerung individuellen Verhaltens durch Verbotsgesetze in Verbindung mit **Erlaubnisvorbehalten**. Diese Konstruktion findet sich in vielen Bereichen des Wirtschaftsverwaltungsrechts, etwa hinsichtlich des Betreibens von Gaststätten (§ 2 Abs. 1 GastG) oder umweltschädlichen Anlagen (§ 4 BImSchG) oder der besonderen Nutzung öffentlicher Straßen und Wege (§ 21 Abs. 1 StrWG SH).

31   Die genannten Tätigkeiten können Gefahren mit sich bringen und sind daher nicht erlaubt, ohne dass die zuständige Behörde zuvor die Gelegenheit hatte, sich von der Unbedenklichkeit der Person und der von ihr ausgeübten Tätigkeit zu überzeugen.

32   Zur Bekämpfung der Gefahren findet eine **präventive Kontrolle** statt, deren Wirksamkeit dadurch abgesichert wird, dass die fragliche Tätigkeit ohne eine solche Kontrolle nicht durchgeführt werden darf. Im Falle des Betriebes einer genehmigungspflichtigen Anlage findet die präventive Kontrolle im Laufe des Genehmigungsverfahrens statt. Dabei wird geprüft, inwieweit von der Anlage in Zukunft Gefahren für die Allgemeinheit ausgehen werden. Erfolgt keine absolut positive Prognose, bleiben neben der Versagung der Genehmigung die Möglichkeiten, eine mit **Nebenbestimmungen** (§ 107 LVwG) versehene Genehmigung zu erteilen oder nach erfolgter Genehmigung weitere Anordnungen zur Bekämpfung der Gefahr zu treffen.

33   Bei der Frage, ob eine Erlaubnis im Einzelfall zu erteilen ist, sind die durch das Verbot hervorgerufenen **Grundrechtsbeeinträchtigungen** zu berücksichtigen (VG Schleswig, NJW 2001, 387 (387)). Daher ist im Regelfall, sofern die Tatbestandsvoraussetzungen vorliegen, eine Erlaubnis auszusprechen.

34   Zu differenzieren ist zwischen präventiven und repressiven Verboten. Bei **präventiven Verboten mit Erlaubnisvorbehalt** zielt der Gesetzgeber nicht darauf ab, eine Tätigkeit grundsätzlich zu verhindern. Vielmehr soll ihre Vereinbarkeit mit materiell rechtlichen Vorschriften im Vorfeld sichergestellt werden. Die Erlaubnis stellt sodann die grundrechtlich garantierte Freiheit wieder her, erweitert den Rechtskreis des Betroffenen aber nicht. Beispielhaft ist die Baugenehmigung zu nennen, die der in Art. 14 Abs. 1 GG wurzelnden Baufreiheit zur Geltung verhilft, nachdem im Baugenehmigungsverfahren die Vereinbarkeit mit materiellem Baurecht festgestellt wurde.

35   Anders ist dies bei **repressiven Verboten mit Befreiungsvorbehalt**. In diesen Fällen missbilligt und untersagt der Gesetzgeber ein Verhalten, welches er als sozial schädlich oder unerwünscht einstuft. Für die Ausübung einer entsprechenden Tätigkeit bedarf es einer Befreiung von dem Verbot, die jedoch **nur ausnahmsweise** bewilligt werden kann. Mithin erweitert ein entsprechender Dispens den Rechtskreis. In diese Kategorie fällt etwa die in § 31 Abs. 2 BauGB vorgesehene Befreiung von den Festsetzungen des Bebauungsplans (*Maurer*, Allg. VerwR, § 9 Rn. 51 ff.).

III. Verordnungen

Ein weiteres präventives Mittel der Gefahrenabwehr stellen ordnungsbe- **36**
hördliche Verordnungen dar. Vielfältige Ermächtigungsgrundlagen im
Sonderordnungsrecht, aber auch in den allgemeinen Gefahrenabwehrgeset-
zen verleihen der ~~Ordnungsbehörde~~, nicht aber der Polizei, die ~~Befugnis,~~
~~bereichsspezifische Nichtstörerpflichten~~ zu normieren (§ 175 Abs. 1
~~LVwG~~). Sie dienen der schnellen Reaktion auf unvorhergesehene Entwicklungen, wenn neuartige Gefahren auftreten, deren Bekämpfung nicht bis
zum Erlass eines Parlamentsgesetzes warten kann und denen in generell-
abstrakter Form begegnet werden muss oder die lediglich eine lokale Bedeutung haben, so dass eine Befassung des Landesparlaments mit den sich
hieraus ergebenden Fragen nicht tunlich ist.

Die grundsätzliche Zulässigkeit der Delegation von Gesetzgebungskom- **37**
petenzen durch das Parlament an die Verwaltung ergibt sich aus Art. 38
LVerf SH, der Art. 80 GG für die parallele Berechtigung des Bundesgesetzgebers ähnelt.

Bedenklich an dieser Form der Rechtssetzung ist, dass die Ermächti- **38**
gungsgrundlage, auf der sie basiert (§ 175 LVwG), kaum den ebenfalls an
Art. 80 GG angelehnten verfassungsrechtlichen Bedingungen des Art. 38
LVerf SH im Hinblick auf „Inhalt, Zweck und Ausmaß der erteilten Ermächtigung" genügt. Der gesetzgeberische Rückgriff auf eine solche Generalklausel zum Erlass ordnungsbehördlicher Verordnungen ist aber wohl
dennoch unbedenklich, weil ihre Aussage „in jahrzehntelanger Entwicklung durch Rechtsprechung und Lehre nach Inhalt, Zweck und Ausmaß
hinreichend präzisiert, in ihrer Bedeutung geklärt und im juristischen
Sprachgebrauch verfestigt ist" (BVerfGE 54, 143 (144 f.); BVerwG,
NVwZ 2003, 95 ff.).

Maßstäbe für die **formelle Rechtmäßigkeit** sind neben dieser Norm auch **39**
in den §§ 53 ff. LVwG festgeschrieben. Insbesondere kann eine Verordnung nicht konkludent ergehen. Eine formell rechtswidrige Verordnung
ist, anders als ein an formellen Fehlern leidender Verwaltungsakt, stets
nichtig. Dies folgt daraus, dass eine dem § 112 Abs. 3 LVwG entsprechende Norm für die Rechtsverordnung nicht existiert. Sachlich zuständig für
den Erlass einer Verordnung ist jede allgemeine Ordnungsbehörde entsprechend dem räumlichen Umfang der abzuwehrenden Gefahr (§ 175 Abs. 1
LVwG). Gemäß § 55 Abs. 4 LVwG bedürfen Verordnungen über die öffentliche Sicherheit der Kreise und Städte mit mehr als 20.000 Einwohnern
der Genehmigung der zuständigen obersten Landesbehörde. Die §§ 56 ff.
LVwG stellen weiterhin spezielle Anforderungen an Form, Inhalt und Bekanntmachung der Verordnung.

In **materieller Hinsicht** muss – abgesehen von den allgemeinen inhaltli- **40**
chen Anforderungen der §§ 57, 58 LVwG – eine Verordnung nach § 175
Abs. 1 LVwG der Abwehr von Gefahren dienen. Im Gegensatz zur Polizeiverfügung, die eine konkrete Gefahr erfordert, kann, da die Verordnung
für eine unbestimmte Zahl von Anwendungsfällen erlassen wird, nur eine

abstrakte Gefahr gemeint sein. Demnach muss auch die Gefahrenabwehr-
verordnung wie die Verfügung auf einer in tatsächlicher Hinsicht genügend abgesicherten Prognose beruhen. Da aber die Verordnung anders als
die Gefahrenabwehrverfügung nicht auf der Stelle erlassen werden kann,
muss zum Zeitpunkt der behördlichen Entscheidung über die Verordnung,
anders als im Falle der Anscheinsgefahr beim Verwaltungsakt, die Gefahr
auch objektiv vorliegen.

41   Eine Verordnung zur Gefahrenabwehr normiert **Verhaltenspflichten**. Zusätzliche Konkretisierungen sind nicht erforderlich. Soweit die Verordnung
einen Bußgeldtatbestand ausdrücklich enthält, erfolgt die **Durchsetzung**
dieser verordneten Rechtspflichten durch die Androhung von Bußgeldern.
Die Verordnung ist aber darüber hinaus als Gesetz im materiellen Sinne
Element der „öffentlichen Sicherheit" (vgl. §§ 174, 176 LVwG). Seine Verletzung stellt eine Gefahr bzw. bereits einen Schaden dar, der einen eingrei-
fenden Verwaltungsakt der Gefahrenabwehrbehörden ermöglicht.

42   Adressat einer Verordnung kann nur der potenziell Ordnungspflichtige
sein. Sie muss sich also an diejenigen Personen richten, die durch ihre
Handlungen für die abzuwehrende Gefahr verantwortlich sind oder für
eine Sache haften, von der ihrerseits eine Gefahr ausgeht.

43   Bezüglich des Inhalts kommt dem Verordnungsgeber ein Normsetzungs-
ermessen zu. Dieses muss innerhalb der durch Gesetz und Verfassung ge-
zogenen Grenzen ordnungsgemäß ausgeübt werden. Es ist darauf zu achten, dass die verwendeten Begrifflichkeiten nicht zu allgemein und
unbestimmt sind, sondern sie eine Ausgestaltung der umzusetzenden gesetzlichen Grundlage für den geregelten Lebensbereich darstellen. Dabei
darf das abverlangte Verhalten dem Bürger nicht unmöglich sein. Auch
darf die Normsetzung nicht allein der Erleichterung ordnungsbehördlicher
Aufgaben dienen (§ 58 Abs. 4 LVwG).

44   Hinsichtlich der Maßnahmen der Gefahrenabwehr steht es dem Verordnungsgeber frei, eigenständige und abschließende Instrumentarien zur Abwehr der Gefahr zu regeln. Diese können einerseits präventiv ausgestaltet
sein als normatives Verbot mit Erlaubnisvorbehalt. Dann bedarf der Bürger für eine bestimmte Tätigkeit einer Genehmigung, die ihm bei Vorliegen
der sonderrechtlichen Gefahr zu versagen ist. Andererseits kann der Verordnungsgeber auch allein reaktive Gefahrabwehrmaßnahmen vorsehen.

45   Rechtsschutz gegen eine Landesverordnung ist nach § 47 Abs. 1 Nr. 2
VwGO nur dann gegeben, wenn Landesrecht dies bestimmt. Eine solche
Regelung existiert in Schleswig-Holstein in § 5 AGVwGO. Danach entscheidet das Schleswig-Holsteinische Oberverwaltungsgericht in Schleswig
über die Gültigkeit der Rechtsverordnung mit Wirkung inter omnes.
Daneben wäre nur eine Anfechtungsklage gegen den auf der Grundlage der
Verordnung erlassenen Veraltungsakt möglich, in deren Rahmen das Verwaltungsgericht auch die Vereinbarkeit der Verordnung mit höherrangi-
gem Recht überprüft. Kommt es dabei zu dem Ergebnis, dass eine Vereinbarkeit nicht besteht, kann es die Verordnung allerdings nicht einfach für
ungültig erklären, da dieser Ausspruch nur im Rahmen der Normenkontrolle nach § 47 VwGO durch das Oberverwaltungsgericht möglich ist.

Das Verwaltungsgericht kann die Norm nur mit Wirkung zwischen den konkreten Parteien für unanwendbar erklären.

IV. Realakte

Zunehmende Bedeutung im Recht der Gefahrenabwehr kommen Realak- 46
ten der Gefahrenabwehrbehörden zu. Es handelt sich um informelles, **tatsächliches Handeln**, das mangels eines Regelungscharakters keine rechtlich verbindliche Wirkung entfaltet. Beispiele für Realakte sind Warnungen, Mitteilungen oder Hinweise der Behörde.

Diese Handlungsform bringt aufgrund ihrer Informalität die Gefahr der 47
Loslösung von rechtlichen Bindungen mit sich. Aus dem Blickwinkel der Gefahrenabwehr ist die **fehlende Vollstreckbarkeit** problematisch. Seitens des Betroffenen entstehen häufig **Lücken im Rechtsschutz** und auch der grundrechtliche Eingriffsbegriff deckt diese Grundrechtsbeschränkungen nicht immer ab.

Obwohl derartiges Handeln nicht an den Rechtmäßigkeitsvoraussetzun- 48
gen von Verfügungen, Erlaubnissen und Verordnungen zu messen ist, ist den für die Gefahrenabwehr zuständigen Behörden gegenüber dem Bürger nicht vollkommen freie Hand gegeben. So bleibt es selbstverständlich bei einer Bindung an die Grundrechte (Art. 1 Abs. 3 GG), das Demokratieprinzip (Art. 20 Abs. 2 S. 1 GG) und andere verfassungsrechtliche Grundsätze; insbesondere das Verhältnismäßigkeitsprinzip (vgl. weiterführend *Maurer*, Allg. VerwR, § 15 Rn. 3 ff.).

C. Organisationsrecht der Polizei- und Ordnungsbehörden

I. Allgemeine Organisationsgrundsätze

Die **Zuständigkeit** der handelnden Behörde ist Grundvoraussetzung für die 49
Rechtmäßigkeit von Gefahren abwehrenden Maßnahmen. Handelt eine nicht zuständige Stelle, führt dies zwar nicht zur Nichtigkeit einer Maßnahme i.S.d. § 113 LVwG (vgl. aber § 113 Abs. 2 Nr. 3 LVwG), wohl aber zu deren formeller Rechtswidrigkeit.

Es muss zwischen sachlicher (§ 165 LVwG) und örtlicher Zuständigkeit 50
(§ 166 LVwG) unterschieden werden. Die **sachliche Zuständigkeit** ist eine Berechtigung und Verpflichtung zur Vornahme bestimmter Aufgaben innerhalb des Sachbereichs der Gefahrenabwehr. Die **örtliche Zuständigkeit** bezieht sich entweder auf den räumlichen Wirkungskreis des Trägers der zuständigen Behörde (kommunale, oberste Landes- und Landesoberbehörden) oder auf einen zugewiesenen Teil des Wirkungsbereichs.

Die Zuweisung der sachlichen in Kombination mit der örtlichen Zustän- 51
digkeit hat ein Entscheidungsmonopol einer ganz bestimmten Behörde zur Folge. Dies entspricht dem **Verbot der Doppelzuständigkeit**, wonach der

Betroffene sich nicht mehreren, sich gegebenenfalls widersprechenden Anordnungen ausgesetzt sehen soll.

52 Die Gefahrenabwehr erfolgt nach § 163 Abs. 1 LVwG im Grundsatz durch (allgemeine) **Ordnungsbehörden** und durch die **Polizei**. Der Begriff der Ordnungsbehörden wird in § 164 Abs. 1 LVwG definiert, der der Polizei wird in § 164 Abs. 2 LVwG und im Schleswig-Holsteinischen Polizeiorganisationsgesetz (POG) näher präzisiert.

II. Allgemeine Ordnungsbehörden

53 Aus § 164 Abs. 1 LVwG ergibt sich die folgende Qualifizierung von Behörden als allgemeine Ordnungsbehörden:

Sachlich/instanziell	Behörde (§ 164 Abs. 1 LVwG)	
Land	Landesordnungsbehörde ist jedes Ministerium in seinem Geschäftsbereich, § 164 Abs. 1 Nr. 1 LVwG	
Kreis (Kreisordnungsbehörde)	Kreis	Städte 1. kreisangehörig über 20.000 Einwohner, vgl. § 22 Abs. 2 LVwG 2. kreisfrei
	Landrat	Bürgermeister
	§ 164 Abs. 1 Nr. 2 LVwG	
Ort (Örtliche Ordnungsbehörde)	Amtsfreie Gemeinde	Amt
	Bürgermeister	Amtsvorsteher/Amtsdirektor (ehrenamtlich)
	§ 164 Abs. 1 Nr. 3 LVwG	

III. Polizeibehörden

54 Zur Polizei werden nach § 164 Abs. 2 LVwG die nach Landesrecht errichteten Behörden der Polizei gezählt. Diese Errichtung ist mittels des Polizeiorganisationsgesetzes (POG) geschehen:

Sachlich/instanziell	Behörde
Land	Innenministerium als *oberste* Landespolizeibehörde (§ 1 Abs. 2 Nr. 1 POG); angegliederte Behörden: Polizeiverwaltungsamt (§ 2 POG) und Landeskriminalamt (§ 3 POG). Polizeidirektionen (§ 4 Abs. 1 POG) als *untere* Landesbehörden.

IV. Sonderordnungsbehörden

Schließlich existieren Sonderordnungsbehörden, deren Zuständigkeit 55 durch besondere Rechtsvorschriften für einen speziellen Gefahrenbereich festgesetzt wurde. Diese spezielleren Regelungen verdrängen die Zuständigkeiten der allgemeinen Ordnungsbehörden und der Polizei.

Sachlich/instanziell	Behörde (vgl. z.B. § 3 Landesnaturschutzgesetz)
Land	§ 164 Abs. 1 Nr. 4 LVwG i.V.m. § 2 Abs. 1 Nr. 1 LNatSchG
Mittlere Ebene (selten)	§ 2 Abs. 1 Nr. 2 LNatSchG
Untere Ebene	§ 2 Abs. 1 Nr. 4 LNatSchG

V. Die Zuständigkeit als Rechtmäßigkeitsvoraussetzung

1. Zuständigkeit der Ordnungsbehörden

a) Örtliche Zuständigkeit (§ 166 LVwG)

Die örtliche Zuständigkeit regelt § 166 LVwG. Als Grundsatz legt Absatz 1 der Norm die Kompetenz der Ordnungsbehörde fest, in deren Bezirk 56 die zu schützenden Interessen verletzt oder gefährdet wurden. Maßgeblich ist somit der Erfolgsort. Dieser muss sich nicht zwangsläufig mit dem Handlungsort decken. Auch die strafprozessrechtlichen Anknüpfungspunkte des Wohn- oder Aufenthaltsortes einer Person (vgl. §§ 8, 9 StPO) bzw. eines Störers sind dem Gefahrenabwehrrecht fremd.

Betrifft eine Gefahr übergreifend **mehrere benachbarte Bezirke**, so kann 57 die gemeinsame Fachaufsichtsbehörde nach Absatz 2 eine der beteiligten Behörden im Hinblick auf eine erhöhte Zweckmäßigkeit für allein zuständig erklären.

Absatz 3 sichert die Handlungsfähigkeit der Gefahrenabwehrbehörden 58 bei Gefahr im Verzug. Danach besteht im Falle unaufschiebbarer Maßnahmen der Ordnungsbehörde eines angrenzenden Gebietes eine Eintrittsmöglichkeit. Aufgrund des Verbots der Doppelzuständigkeit ist für den konkreten Fall die eintretende Behörde dann allein und nicht etwa nur neben der am Erfolgsort ansässigen Stelle zuständig.

b) Sachliche Zuständigkeit (§ 165 LVwG)

Aus § 165 Abs. 1 LVwG ergibt sich hinsichtlich der sachlichen Zuständigkeit der Grundsatz, dass die **Ordnungsbehörden vor der Polizei** zuständig 59 sind. Eine vorrangige Kompetenz der Polizei bedarf stets einer ausdrücklichen Rechtsvorschrift, die ihr die Zuständigkeit überträgt. Solche abweichenden Regelungen existieren unter anderem im Hinblick auf Verkehrsregelungsmaßnahmen und Eilmaßnahmen im Straßenverkehr (§ 44 Abs. 2

StVO) und Gefahrenfeststellungen (§ 168 Abs. 1 Nr. 1 LVwG). Von besonderer Bedeutung ist die polizeiliche Zuständigkeit für gefahrenabwehrende Eilentscheidungen (§ 168 Abs. 1 Nr. 3 LVwG).

60   Fehlt es aber an einer solchen Regelung, sind die Ordnungsbehörden zuständig (§ 165 Abs. 1 LVwG). Dabei ist die **örtliche** Ordnungsbehörde zuständig, soweit keine besondere **Rechtsvorschrift** eine **Ausnahme** bildet (§ 165 Abs. 2 LVwG). Solche Rechtsvorschriften werden nach Maßgabe des § 26 Abs. 2 LVwG erlassen, wenn Wirtschaftlichkeit, Zweckmäßigkeit, personelle und sachliche Mittel oder die erforderliche Sachkunde einer Behörde dies nahe legen. In vielen wesentlichen Rechtsbereichen wurde die sachliche Zuständigkeit der unterschiedlichen Ebenen der Ordnungsbehörden durch Gesetz, Zuständigkeitsverordnung oder Ausführungsverordnung abweichend geregelt. Dazu zählen Atomgesetz, Immissionsschutzgesetz, Gewerbeordnung, Ladenschlussgesetz, Naturschutzgesetz, Personenbeförderungsgesetz, Straßenverkehrsrecht, Versammlungsgesetz, Waffengesetz und Wassergesetz. In diesen Fällen wurde die sachliche Zuständigkeit durch Rechtsvorschrift in der Regel der Kreisordnungsbehörde übertragen und damit der prinzipiell zuständigen örtlichen Ordnungsbehörde gemäß § 165 Abs. 2 LVwG entzogen.

61   Der örtlichen Ordnungsbehörde bleibt damit eine Zuständigkeit nur für die nicht geregelten Fälle oder ein **Selbsteintrittsrecht bei Gefahr im Verzuge** (§ 165 Abs. 3 LVwG). Kann die zuständige Behörde nicht ohne eine Verzögerung erreicht werden und ist hierdurch der Erfolg des Eingreifens beeinträchtigt, ist zum einen jede örtlich zuständige Ordnungsbehörde (höher oder niedriger) bei Gefahr im Verzuge auch sachlich zuständig (§ 165 Abs. 3 LVwG) und zum anderen die Polizei bei unaufschiebbar notwendigen Maßnahmen ebenfalls zuständig (§ 166 Abs. 1 i.V.m. § 168 Abs. 1 Nr. 3 LVwG). Die Begriffe „Gefahr im Verzuge" und „unaufschiebbare Maßnahme" sind dabei identisch (*Schipper*, in: Schipper u.a., POR in S-H, 5. Aufl. 2010 Rn. 100). Die Eilzuständigkeit ist nach diesen Kriterien gegeben, wenn ohne das sofortige Einschreiten der Polizei der drohende Schaden eintreten würde (*Knemeyer*, POR, Rn. 94).

62   Eine Besonderheit bildet der Fall, in dem der Verwaltungsträger selbst gestört wird. Insoweit hat jeder Verwaltungsträger eine primäre Zuständigkeit zur Abwehr von Störungen der eigenen Tätigkeit, wobei allerdings die Rechtsgrundlage für Abwehrhandlungen nicht immer einfach zu ermitteln ist. Soweit Störung von außen den behördlichen Ablauf stören (etwa Straßenlärm bei Staatsprüfung), hat der gestörte Verwaltungsträger ohnehin keine Sonderrechte. Soweit eine Störung durch *Benutzer* der Behörde o.ä. erfolgt, also eine Sonderverbindung zwischen Einrichtung und Störer besteht, kann diese bei einem privatrechtlichen Nutzungsverhältnis nicht hoheitlich abwehrend tätig werden. In öffentlich-rechtlichen Zwangseinrichtungen (Schulen, Gefängnisse) unterliegen belastende Regelungen einem Gesetzesvorbehalt. In der Leistungsverwaltung wird die nicht normierte „Anstaltsgewalt" als Ermächtigungsgrundlage für abwehrende Eingriffe herangezogen. Oder die Einrichtungsordnung wird als Nebenbestimmung zu dem den Nutzer zulassenden Verwaltungsakt behandelt, so

dass dieser bei einem entsprechenden Verstoß widerrufen oder modifiziert werden kann. Soweit eine Störung durch einen *Besucher* erfolgt, zu dem die Behörde keine Sonderverbindung unterhält, ist entweder nur eine Ausübung eines privaten Hausrechts oder aber (so die h.M.) die Abwehr der Störung auf Grundlage einer auf Gewohnheitsrecht beruhenden sonderordnungsrechtlichen Annexkompetenz zur Sicherstellung und zum Schutz des eigenen Betriebs zulässig. Nur zum Teil existieren Rechtsgrundlagen, die diese Abwehrbefugnis ausdrücklich normieren (Art. 40 Abs. 2 GG, § 164 StPO).

2. Zuständigkeit der Polizei

Während die örtliche Zuständigkeit der Polizei in den §§ 169–171 LVwG **63** und § 8 POG geregelt ist, findet sich ihre sachliche Zuständigkeit in § 168 LVwG.

Diese besteht nach Absatz 1 Nr. 1 zunächst in der **Gefahrfeststellung**. **64** Die Polizei ist damit durch ihre Präsenz „Auge und Ohr" des Staates. Absatz 1 Nr. 3 regelt die **Eilkompetenz** der Polizei für den Fall einer konkreten Gefahr. Erforderlich hierfür ist eine zeitliche Dringlichkeit bzw. Gefahr im Verzuge, die z.B. bei Ölspuren auf der Fahrbahn, verkehrsunsicheren Fahrzeugen oder geplanten Versammlungsstörungen vorliegt. Wird der Polizist tätig, so stützt er die vorläufigen Maßnahmen auf seine eigenen polizeirechtlichen Befugnisse und nicht auf das grundsätzlich einschlägige Ordnungsrecht (*Pieroth/Schlink/Kniesel*, POR, § 5 Rn. 18).

In den übrigen Gefahrensituationen kann die dann zuständige Ord- **65** nungsbehörde zudem nach Absatz 2 die Polizei um Übernahme von Vollzugs- oder Ermittlungsmaßnahmen ersuchen. Die Erfüllung des **Ersuchens** ist dann eine „eigene Aufgabe" der Polizei, die teilweise den Anforderungen über die Amtshilfe nach den §§ 32 bis 36 LVwG unterliegt.

Ferner ist die Polizei außerhalb der Gefahrenabwehr zuständig für die Verfolgung von Straftaten (§ 163 StPO) und Ordnungswidrigkeiten (§ 53 OWiG).

D. Die Polizei- und ordnungsbehördliche Generalklausel

I. Erfordernis einer Ermächtigungsgrundlage

Aus dem verfassungsrechtlich gebotenen Vorbehalt des Gesetzes ergibt sich **66** das Erfordernis, dass jeder polizeiliche Eingriff auf eine Ermächtigungsgrundlage gestützt ist. In der Klausur sollten für das Auffinden einer Ermächtigungsgrundlage folgende Schritte (ggfs. gedanklich) bedacht werden:

1. Ist die Materie durch **spezielles Gefahrenabwehrrecht** des Bundes oder des Landes geregelt und ist dieses anwendbar?
2. Existiert eine passende **Standardmaßnahme** in den §§ 199 ff. LVwG?

3. Erst im dritten Schritt darf, wenn die ersten beiden Optionen erfolglos geblieben sind, auf die **Generalklausel** der §§ 174, 176 Abs. 1 LVwG zurückgegriffen werden.

II. Tatbestandsvoraussetzungen der Generalklausel

1. Schutzgüter

67   Beide Einzelnormen, die zusammen die polizeiliche Generalklausel bilden (§§ 174, 176 Abs. 1 LVwG), machen deutlich, dass Zielrichtung die Abwehr von Gefahren für die öffentliche Sicherheit ist.

a) Öffentliche Sicherheit

68   Die öffentliche Sicherheit umfasst die Unverletzlichkeit der (objektiven) Rechtsordnung, der (subjektiven) Individualrechtsgüter sowie des Bestandes und der Funktionsfähigkeit des Staates (BVerfGE 69, 315 (352); OVG SH, NVwZ 2001, 1300 (1301)).

69   Vorrangig zu prüfen ist dabei eine Gefahr für die objektive Rechtsordnung. Zu ihr zählen alle Normen des öffentlichen Rechts. Auch Tatbestände des Straf- oder Ordnungswidrigkeitenrechts fallen darunter, soweit sie rechtswidrig verwirklicht werden bzw. zu werden drohen. Auf subjektive Merkmale wie Vorsatz und Fahrlässigkeit sowie den Schuldvorwurf kommt es für die Bejahung einer Gefahr demgegenüber nicht an. Sie sind allein für die strafrechtlichen, nicht aber die polizeirechtlichen Folgen relevant.

70   **Individualrechtsgüter** sind subjektive Rechte des Einzelnen, die aber meist schon durch strafrechtliche Normen geschützt werden. Klassische Anwendungsfelder sind die grundrechtlich und einfachgesetzlich geschützten Güter Leben, Gesundheit, Ehre, Freiheit und Vermögen. Im Rahmen des Subsidiaritätsprinzips ist der Schutz zivilrechtlich begründeter Rechte und Ansprüche aber eingeschränkt. Danach handeln die Gefahrenabwehrbehörden nur dann, wenn (zivil-)gerichtlicher Schutz nicht rechtzeitig zu erlangen ist und die Gefahr besteht, dass die Verwirklichung des Rechts vereitelt oder wesentlich erschwert wird (§ 162 Abs. 2 LVwG).

71   Eine Einschränkung des Tatbestandes muss in Fällen der Selbstgefährdung angenommen werden, in denen beispielsweise ein Extremsportler sich bewusst in Lebensgefahr begibt, indem er einen Gipfel besteigt. Im Regelfall liegt hier keine Gefahr für die öffentliche Sicherheit vor. Dies ergibt sich aus einem dem Begriff der öffentlichen Sicherheit zugrundeliegenden Erfordernis eines öffentlichen Interesses an der Gefahrenabwehr. Der Einzelne soll nur als „Mitglied des Publikums" geschützt sein, das Handeln des die Gefahr Verursachenden muss in die Öffentlichkeit ausstrahlen. Fehlt es daran, muss schon aus grundrechtlicher Betrachtung (Art. 2 Abs. 1 GG bzw. spezielle Grundrechte) das Prinzip der Selbstverantwortung gelten. Überschritten ist die Grenze der Selbstverantwortung dort, wo der sich Gefährdende die Relevanz seines Tuns nicht überblickt, weil er etwa unter

Drogeneinfluss steht oder es sich um ein Kind handelt (*Götz*, Allg. POR, § 4 Rn. 31). Wo das Verhalten auch andere gefährdet, handelt es sich nicht mehr um einen Fall ausschließlicher Selbstgefährdung. Beispiele für eine solche Selbstgefährdung, die zugleich andere gefährdet, sind das Riskieren einer Infektion, das zum Schutz der Volksgesundheit unterbunden werden darf oder das anhaltende Rauchen in der Öffentlichkeit gegen den Willen weiterer Personen, die zur Anwesenheit verpflichtet sind (VG Schleswig, JR 1975, 130 (131)).

Einen Sonderfall bildet die Problematik der **Selbsttötung**. Hier ist die Polizei zum Einschreiten verpflichtet, weil der Selbstmord nicht Bestandteil einer Entfaltung der Persönlichkeit ist. Stattdessen handelt es sich um einen Unglücksfall i.S.d. § 323c StGB, der eine allgemeine Hilfeleistungspflicht auslöst (BGHSt 6, 147 ff.; 13, 162 ff.; 32, 375 ff.). Die Polizei muss damit rechnen, dass der Suizident zur Zeit der Tat nicht voll zurechnungsfähig ist, so dass er keine freie Entscheidung in voller Einsichtsfähigkeit getroffen hat. Im Übrigen sind die wenigsten Selbstmorde echte Bilanzselbstmorde, sondern sollten als „Hilfeschrei" verstanden werden (*Pieroth/Schlink/Kniesel*, POR, § 8 Rn. 31). **72**

Zu Bestand und **Funktionsfähigkeit des Staates** zählen sämtliche Institutionen und ihre Veranstaltungen und Maßnahmen des Staates oder sonstiger Träger von Hoheitsgewalt. Neben terroristischen Aktivitäten werden auch simplere Aktionen wie die Warnung von Verkehrsteilnehmern vor einer Radarkontrolle darunter verstanden, da die polizeiliche Maßnahme damit konterkariert wird (OVG NRW, NJW 1997, 1596 (1596); siehe auch VG Schleswig, NZV 2000, 103 (103)). Dies wird zum Teil mit dem Hinweis bestritten, der Polizeiaktion werde gerade zum Erfolg verholfen: Alle Gewarnten fahren vorschriftsmäßig. **73**

b) Öffentliche Ordnung

Die polizeiliche Generalklausel Schleswig-Holsteins enthält anders als die einiger anderer Bundesländer (z.B. § 3 Abs. 1 SOG HH) nicht mehr das Schutzgut der öffentlichen Ordnung. Dieses war in der **Ursprungsfassung des LVwG** noch gleichrangig mit der öffentlichen Sicherheit als Schutzgut aufgeführt, wurde aber mit der Neufassung 1992 gestrichen, da Bedenken hinsichtlich des Grundsatzes der Normenklarheit bestanden (*Bäumler*, NVwZ 1992, 638 (639)). Die Gründe dafür lagen in der zunehmenden Liberalisierung der Wertevorstellungen und in der immer enger werdenden Dichte von Gesetzen, deren Regelungen und Freiheitsbeschränkungen bereits als Element der öffentlichen Sicherheit erfasst werden. **74**

Die öffentliche Ordnung bildet die Gesamtheit der **ungeschriebenen Verhaltensregeln**, die vom ganz überwiegenden Teil der Bevölkerung als unerlässliche Mindestvoraussetzung eines geordneten **sozialen Zusammenlebens** betrachtet werden (BVerfGE 69, 315 (352)). Es handelt sich dabei um Sozialnormen, die nur empirisch, also durch Erhebungen in der Bevölkerung, festgestellt werden können. Die Ausübung eines Grundrechts kann nicht darunter fallen. Da der offene Rechtsbegriff von der momentanen allgemeinen Stimmungslage abhängig ist, bestehen rechtsstaatliche und **75**

demokratische Bedenken. Das BVerfG hat in Bezug auf die Versammlungs-
freiheit die Nutzbarkeit dieses Rechtsbegriffs grundsätzlich bestätigt, ihn
aber dahingehend eingeschränkt, dass eine Verletzung der öffentlichen
Ordnung im Regelfall nur eine Auflage anstelle von Verbot und Auflösung
der Versammlung zur Folge haben darf (BVerfGE 69, 315 (353)). Dies ist
aber lediglich ein Gesichtspunkt der Verhältnismäßigkeit.

76   Trotz eines Fehlens des Begriffes in der gefahrenabwehrrechtlichen Generalklausel ist dieser auch in Schleswig-Holstein von Belang. Zum einen
ist er in **Art. 13 Abs. 7 GG** (Unverletzlichkeit der Wohnung) aufgeführt,
zum anderen kann das Verbot einer Versammlung oder eine Auflagenertei-
lung vom Kriterium der öffentlichen Ordnung abhängig gemacht werden
(**§ 15 Abs. 1 VersammlG**). Die in diesem Zusammenhang häufig aufkom-
mende Frage nach einer Verbotsmöglichkeit für **Demonstrationen mit nationalsozialistischer Botschaft** wird unterschiedlich beurteilt. Literatur
(*Battis/Grigoleit*, NVwZ 2001, 121 ff. m.w.N.) und obergerichtliche
Rechtsprechung (OVG NRW, NJW 2001, 2111 (2113 f.)) nehmen unter
Verweis auf die Prägung der öffentlichen Ordnung durch das Wertesystem
des Grundgesetzes weitestgehend eine Verbotsmöglichkeit an. Die Schleswig-Holsteinische Rechtsprechung (VG Schleswig, Urt. v. 03.06.2009 –
3 B 75/09) widerspricht dem ebenso wie das BVerfG (NJW 2001, 2069
(2072)). Aufgrund der abschließenden Regelungen im StGB bezüglich des
Inhalts von nationalsozialistisch geprägten Äußerungen bedarf danach
§ 15 Abs. 1 VersammlG einer Auslegung, die nicht weiter gehen darf als
die des StGB. Zudem bemisst sich die Beurteilung des Inhalts einer Kund-
gebung nicht nach versammlungsrechtlichen Kategorien, sondern stellt eine
Frage der Meinungsfreiheit dar. Lediglich äußere Umstände wie die Art des
Auftretens können die öffentliche Ordnung verletzen, diese lassen sich aber
durch das mildere Mittel der Auflage steuern. In besonders gelagerten Einzelfällen weicht aber auch das BVerfG von dieser Haltung ab (BVerfG,
NVwZ 2004, 1111 ff. – **Demonstration gegen Synagogenbau**).

77   Aber auch wenn die öffentliche Ordnung als ausdrückliches Schutzgut
aus der Generalklausel entfernt worden ist, bleibt dieses Tatbestandsmerkmal in leicht veränderter Form als Element der öffentlichen Sicherheit
durch **§ 118 OWiG** präsent. Danach handelt ordnungswidrig, wer eine
grob ungehörige Handlung vornimmt, die geeignet ist, die Allgemeinheit
zu belästigen oder zu gefährden und die öffentliche Ordnung zu beeinträchtigen. Diese Norm macht als Teil der objektiven Rechtsordnung den
Begriff der öffentlichen Ordnung wieder zum Gegenstand der öffentlichen
Sicherheit. Aufgrund rechtsstaatlicher Bedenken ist die Norm jedoch sehr
restriktiv auszulegen und daher nur in Einzelfällen als Schutzgut der polizeilichen Generalklausel heranzuziehen. Damit nicht schlicht Geschmacks-
urteile als ordre public ausgegeben werden, müssen sich die Sozialnormen,
die im Rahmen der öffentlichen Ordnung geltend gemacht werden, im
Rückgriff auf die Wertordnung des Grundgesetzes und folglich im normativen Diskurs reformulieren lassen. Nach derzeitiger Betrachtung lassen
sich drei Fallgruppen bilden, in denen ein Eingreifen der Polizei zum
Schutz der öffentlichen Ordnung in Betracht kommt:

1. Erniedrigende Formen sexueller Darstellung und Betätigung,

   z.B. Telefondienstleistungen mit sexuellem Inhalt (LSG Schleswig, NZS 1999, 32 ff.; LAG Schleswig, Urt. v. 14.10.2002 – 4 Sa 31/02), Peepshow (BVerwGE 84, 314 ff.), Fotografieren unter den Rock fremder Frauen ohne deren Einwilligung (VG München, Beschl. v. 04.03.2009 – 22 S 08.5986).

2. Menschenunwürdige Gewalthandlungen und Leichenschauen,

   z.B. Lasertötungsspiele (BVerwGE 115, 189 (198 ff.); bestätigt durch EuGH Rs. C-36/02, Slg. 2004 I-9606), Zurschaustellung umstrittener Ganzkörperleichenplastiken in der Ausstellung „Körperwelten" (BayVGH, NJW 2003, 1618 (1620 f.)), Aufstellen von „Kriegsspielautomaten" (*Marcks*, in: Landmann/Rohmer, GewO, § 33i Rn. 13; kritisch hierzu aber VGH München, NJW 1981, 1001 (1002)).

3. Verbreitung nationalsozialistischen Gedankenguts

   z.B. Hissen der Reichskriegsflagge in Verbindung mit dem Skandieren nationalsozialistischer Parolen (OVG NRW, NJW 1994, 2909 (2910)), Führen eines LKW mit Rudolf-Hess-Konterfei und Rudolf Hess verehrendem Text darauf (VG Kassel, Urt. v. 28.092009 – 4 K 1403/07).

c) Vorbeugende Bekämpfung von Straftaten

Weder die vorbeugende Bekämpfung von Straftaten noch die Vorbereitung 78 auf die Gefahrenabwehr finden im LVwG ausdrückliche Erwähnung. Dennoch geht der Landesgesetzgeber in seiner amtlichen Begründung zum Novellierungsentwurf des LVwG (LT-Drs. 12/1575, 43) davon aus, dass diese Aufgaben zu denen der Polizei im Rahmen der Gefahrenabwehr gehören, ohne dass dies besonderer Erwähnung im Gesetzestext bedarf. Dies ist unproblematisch, solange sich die Polizei dabei auf grundrechtsneutrales Verhalten wie Streifengänge oder Aufklärungsarbeit beschränkt. Sobald sie hingegen in die Rechte der Bürger eingreift, bedarf ihr Handeln einer Ermächtigungsgrundlage.

Bei der Auslegung des Tatbestandsmerkmals „Verhütung einer dringen- 79 den Gefahr" in Art. 13 Abs. 7 GG hat das Bundesverfassungsgericht (BVerfGE 17, 232 (251 f.)) festgestellt, dass es dafür nicht erforderlich ist, dass der Schaden konkret bevorsteht. Es reicht hingegen aus, dass Vorfeldmaßnahmen zur **Verhinderung eines Zustandes** getroffen werden, **in dem eine dringende Gefahr** für die öffentliche Sicherheit **herrschen würde.** Auf das allgemeine Polizeirecht übertragen bedeutet dies, dass die Polizei auch im Bereich des Polizei- und Ordnungsrechts zur Bekämpfung der abstrakten Gefahr einer Begehung von Straftaten ermächtigt ist.

Äußerste Grenze ist der Gefahrenabwehrauftrag des § 162 LVwG, in 80 dem die Aufgabe der Gefahrenabwehr gesetzlich normiert ist, so dass die Verhütung von Straftaten zumindest **mittelbar auf die Abwehr konkreter Gefahren** ausgerichtet sein muss (vgl. hierzu *Schipper*, in: ders. u.a., POR in S-H, 5. Aufl. 2010 Rn. 31 ff.). Hiervon sind Ermittlungen „ins Blaue" hinein nicht abgedeckt. Wenn dann das polizeiliche Erfahrungswissen auf strafrechtlich relevantes Verhalten schließen lässt, kann dieser Aufgabenkreis wohl der allgemeinen Gefahrenabwehr zugerechnet werden (*Denninger*, in: Lisken/ders. Handbuch des Polizeirechts, 189).

d) Modifizierung der Schutzgüter in Spezialgesetzen

81 Wenn der Tatbestand einer Standardmaßnahme oder eine Eingriffsermächtigung in einem Spezialgesetz nur von einer Gefahr als Eingriffsvoraussetzung sprechen, ohne die Schutzgüter näher zu bestimmen, sind die Schutzgüter der Generalermächtigung heranzuziehen. Es besteht aber auch die Möglichkeit einer ausdrücklichen oder impliziten (nach dem gesamten Gesetzeszweck zu bestimmenden) Modifizierung der Schutzgüter in Standardmaßnahmen oder Spezialgesetzen.

82 Ist beispielsweise eine **erhebliche Gefahr** gefordert (z.B. §§ 179 Abs. 4 S. 1 Nr. 2, 208 Abs. 1 LVwG), bezieht sich diese auf ein bedeutsames Rechtsgut wie Leben, Gesundheit, Freiheit oder den Bestand des Staates. Andere Ermächtigungsgrundlagen benennen die Schutzgüter direkt. So erfordert das Anhalten und Durchsuchen von Fahrzeugen nach § 180 Abs. 3 Nr. 1 LVwG „Straftaten von erheblicher Bedeutung, bei denen Schaden für Leib, Leben oder Freiheit oder gleichgewichtiger Schaden für Sach- oder Vermögenswerte oder die Umwelt" zu erwarten sind. Um zu ermitteln, ob eine „Straftat von erheblicher Bedeutung" vorliegt ist ein Rückgriff auf den Katalog des § 138 StGB (Nichtanzeige geplanter Straftaten) notwendig.

2. Der Gefahrbegriff

83 Nach der Ermittlung des betroffenen Schutzguts der §§ 174, 176 Abs. 1 LVwG gilt es festzustellen, ob dieses Rechtsgut „gefährdet" ist. Es handelt sich bei der Gefahr um den Schlüsselbegriff des Polizeirechts, der die Funktion der Polizei und Ordnungsbehörden als präventiv tätige Behörden beschreibt und gleichzeitig eine Eingriffsschwelle für ihr Handeln markiert. Nur wenn sich ein bestimmtes tatbestandliches Schutzgut (i.d.R. öffentliche Sicherheit) in einer Gefahrenlage befindet, ist die zuständige Behörde auf der Grundlage der verschiedenen Spezialermächtigungen, Standardbefugnisse und letztlich der Generalklausel des LVwG zu Eingriffsmaßnahmen befugt.

84 Eine Gefahr ist eine Sachlage, die bei ungehindertem Ablauf des Geschehens mit gewisser Wahrscheinlichkeit zu einem Schaden führt (BVerwGE 45 (51, 57); OVG Nds. als gemeinsames OVG für SH und Nds., NJW 1986, 2007 (2007)). Ein **Schaden** oder eine **Störung** (vgl. § 176 Abs. 1 Nr. 1 LVwG) liegt bei bereits eingetretener Verletzung eines Schutzgutes vor (*Götz*, Allg. POR, § 6 Rn. 5).

85 Der Schaden ist abzugrenzen von der reinen Belästigung, die zwar störend ist, aber kein Rechtsgut verletzt. Diese kann nur ausnahmsweise eine Störung darstellen (u.a. § 3 Abs. 1 BImSchG für unangenehme Gerüche). Keine Gefahr liegt vor, wenn lediglich eine entfernte Möglichkeit des Schadenseintritts gegeben ist. Es ist nicht Sache der Polizei, sondern des Gesetzgebers über das Niveau der „Risikovorsorge" bzw. des noch sozialadäqua-

ten Lebensrisikos zu entscheiden. Dies ist allerdings in einer Vielzahl von Spezialgesetzen geschehen (§ 7 AtomG, § 5 BImSchG, § 6 GenTG, § 7 BBodSchG).

§ 176 Abs. 1 Nr. 2 LVwG konkretisiert die erforderliche Gefahr dahin- 86 gehend, dass sie, soweit nicht bereits eine Störung eingetreten ist (Nr. 1), im einzelnen Falle bevorstehend sein muss.

a) Gegenwärtigkeit der Gefahr

Die Einwirkung des schädigenden Ereignisses auf das polizeiliche Schutz- 87 gut muss in zeitlicher Hinsicht begonnen haben oder unmittelbar bevorste- hen (LT-Drs. 12/1575, 64). Dieses Tatbestandsmerkmal beschreibt die zeitliche Nähe zwischen Ereignis und Schaden bei weiterem ungehinderten Geschehensablauf.

Zwar ist eine **gewisse Wahrscheinlichkeit** des Schadenseintritts erforder- 88 lich, aber je wichtiger das gefährdete Rechtsgut (Wasserhaushalt, Men- schenleben) ist, desto geringere Anforderungen werden an die Eintritts- wahrscheinlichkeit gestellt. Auch bereits eingetretene Schäden (**Störungen**) können unter Berufung auf den Gefahrenbegriff beseitigt werden, wenn eine Gefahr der Schadensintensivierung besteht.

b) Konkretheit der Gefahr

Für den Erlass einer Gefahrenabwehrverfügung auf Grundlage der Gene- 89 ralklausel muss die Gefahr „im einzelnen Falle bevorstehen", also **konkret** sein. Nach dem BVerwG (NJW 1970, 1890 (1892)) liegt eine konkrete Gefahr vor, wenn in dem zu beurteilenden konkreten Einzelfall irgend- wann, freilich in überschaubarer Zukunft, mit dem Schadenseintritt hinrei- chend wahrscheinlich gerechnet werden muss; eine abstrakte Gefahr ist gegeben, wenn eine generell-abstrakte Betrachtung für bestimmte Arten von Verhaltensweisen oder Zuständen zu dem Ergebnis führt, dass mit hinreichender Wahrscheinlichkeit ein Schaden im Einzelfall einzutreten pflegt". Zusammengefasst bedeutet dies, dass die **konkrete Gefahr** auf den **Einzelfall**, die **abstrakte Gefahr** hingegen auf den **typischen Fall** bezogen ist.

Überquert beispielsweise ein Fußgänger trotz roten Ampelsignals eine 90 Straße, so ist seine Gesundheit nur dann konkret gefährdet, wenn in dem Moment ein Fahrzeug auf den Fußgängerübergang zufährt. Das Überque- ren von Fahrbahnen bei rotem Ampelsignal ist jedoch unabhängig vom Einzelfall abstrakt gefährlich für die Gesundheit der Fußgänger, da Zu- sammenstöße mit Fahrzeugen generell zu befürchten sind. Freilich liegt in allen Fällen ein Verstoß gegen § 37 Abs. 2 Nr. 1 S. 7 i.V.m. Nr. 5 StVO, also gegen die objektive Rechtsordnung vor.

Während die einzelne Gefahrenabwehrverfügung der Bekämpfung einer 91 konkreten Gefahr dient, erfordert der Erlass ordnungsrechtlicher **Rechts- verordnungen** nach § 175 Abs. 1 LVwG (nur) eine **abstrakte Gefahr**. Dies hat zur Folge, dass auf den Nachweis der Gefahr eines Schadenseintritts im Einzelfall verzichtet werden kann (BVerwGE 116, 347 (351)). Ein Verstoß gegen die Verordnung bedeutet allerdings auch dann, wenn keine konkrete

Gefahr für das Rechtsgut vorliegt, eine konkrete Gefahr für die objektive Rechtsordnung und damit für die öffentliche Sicherheit.

c) Prognoseentscheidung

92 Die Einschätzung, ob ein Lebenssachverhalt eine polizeiliche Gefahr darstellt, ist eine gerichtlich voll überprüfbare behördliche Prognoseentscheidung. Um diese umzusetzen, bedarf es einer Sachverhaltsermittlung, einer Prognose zum Ausmaß des möglichen Schadens aufgrund Erfahrungswissens oder naturwissenschaftlicher Erkenntnisse und einer objektiven Verlaufsprognose. Letzteres bedeutet, dass die Wahrscheinlichkeit objektiv vorliegen muss. Subjektive Ängste des handelnden Beamten genügen nicht. Dennoch muss der Schadenseintritt aber weder gewiss sein noch unmittelbar bevorstehen.

93 Die Beurteilung erfolgt **ex ante**, eine konkrete Wahrscheinlichkeit der Beeinträchtigung genügt, völlige Gewissheit ist unnötig. Die ex-ante-Beurteilung führt aber auch dazu, dass eine Maßnahme, die ins Blaue hinein veranlasst wurde, nicht dadurch rechtmäßig wird, dass sich nun tatsächlich im Nachhinein eine Gefahr gezeigt hat, die – wäre sie bekannt gewesen – einen Eingriff erlaubt hätte.

94 Bei der Prognose zum Schadensausmaß gilt es zu bedenken, dass ein **proportionales Verhältnis** zwischen geforderter **Wahrscheinlichkeit und gefährdetem Rechtsgut** bzw. drohendem Schaden bestehen muss. Welcher Wahrscheinlichkeitsgrad im konkreten Fall „hinreichend" für die Bejahung einer Gefahr ist, hängt entsprechend dem rechtsstaatlichen Verhältnismäßigkeitsgrundsatz wesentlich von der Bedeutung des bedrohten Rechtsguts und dem Ausmaß des möglichen Schadens ab. Je ranghöher das Schutzgut und je größer und folgenschwerer der drohende Schaden ist, umso geringere Anforderungen sind an die Wahrscheinlichkeit des Schadenseintritts zu stellen.

95 Ausdruck dieses Grundsatzes sind zahlreiche spezialgesetzliche Eingriffstatbestände und Standardbefugnisse, die besondere Anforderungen an das Ausmaß des drohenden Schadens (erhebliche Gefahr, Gefahr für Leib und Leben, gemeine Gefahr) und/oder die zeitliche Nähe ihres Eintritts stellen (Gefahr im Verzug, unmittelbare bzw. unmittelbar bevorstehende Gefahr, gegenwärtige Gefahr, dringende Gefahr).

96 Von besonderer Bedeutung ist die **Gefahr im Verzug**, deren Vorliegen oftmals Voraussetzung für eine Durchbrechung der regulären Zuständigkeiten zur wirksamen Gefahrenabwehr ist (z.B. Art. 13 II GG, § 165 Abs. 3 S. 1 LVwG). Sie beschreibt eine Sachlage, bei der ein Schaden einträte, wenn nicht an Stelle des an sich zuständigen Kompetenzträgers ein anderer tätig würde (*Gusy*, POR, Rn. 129).

97 Die **unmittelbare bzw. unmittelbar bevorstehende Gefahr** (z.B. in § 15 Abs. 1 VersammlG) bezeichnet hingegen eine Lage, bei der der Schaden jederzeit eintreten kann. Sie dürfte begrifflich der gegenwärtigen Gefahr (z.B. in § 230 Abs. 1 LVwG) inhaltlich entsprechen und beschreibt ein besonders enges zeitliches Verhältnis zwischen Eingriffspunkt und potentiellem Schaden.

3. Besondere Gefahrenlagen

Die Notwendigkeit, kurzfristig eine Entscheidung zur Abwehr bevorste- 98
hender Gefahren gegebenenfalls ohne vollständige Sachverhaltsermittlung
treffen zu müssen, führt zu den unvermeidlichen Unsicherheiten, die Prog-
noseentscheidungen mit sich bringen. Eine Situation, die im Vorfeld sehr
gefährlich anmutete, kann sich oft später rückblickend als möglicherweise
nie objektiv gefährlich darstellen.

Zu unterscheiden sind daher über die objektiv bestehende Gefahrensitu-
ation hinaus folgende Konstellationen:

a) Anscheinsgefahr

Stellt sich dem handelnden Beamten als objektivem Beobachter eine Sachla- 99
ge ex ante als gefährlich dar, stellt sich aber im Nachhinein heraus, dass
keine Gefahr bestand, sprechen also objektive Verdachtsmomente für eine in
Wirklichkeit nicht vorhandene Gefahr, wird dies Anscheinsgefahr genannt.

Eine solche Konstellation liegt beispielsweise vor, wenn bei einem Haus- 100
brand ein Polizeibeamter ein Übergreifen der Flammen auf das Haus des
Nachbarn befürchtet, sich ex post aber herausstellt, dass aufgrund einge-
zogener Brandmauern, von deren Existenz der Beamte nichts wusste, ein
Übergreifen der Flammen objektiv nicht zu befürchten gewesen wäre. Der
handelnde Beamte durfte bei verständiger Würdigung des Falles also von
dem Vorliegen einer Gefahr ausgehen und Abwehrmaßnahmen einleiten,
obgleich die Gefahr in Wirklichkeit nie bestand.

Es handelt sich bei der Anscheinsgefahr um eine Hilfskonstruktion, da- 101
mit Polizei und Ordnungsbehörden nicht solange warten müssen, bis ein
Schaden eingetreten ist. Hat der Polizeibeamte sich trotz sorgfältigen Handelns geirrt, darf er somit in Form von Verwaltungsakten, Standardmaßnahmen und unmittelbarer Ausführung eingreifen. Der Eingriff ist damit
rechtmäßig.

Ob die Anscheinsgefahr als „echte" Gefahr im Sinne des Polizei- und 102
Ordnungsrechts angesehen werden kann oder lediglich wie eine solche
behandelt wird, ist (ohne besondere Konsequenzen) umstritten. Unter Berufung auf den Beurteilungshorizont aus der ex-ante-Perspektive wird dies
von vielen bejaht (BVerwG, DVBl. 1960, 725 ff.; OVG Nds. als gemeinsames OVG für SH und Nds., DVBl 1983, 464 (465); *Gusy*, POR,
Rn. 122; *Schenke*, POR, Rn. 81). Es wird jedoch auch mit guten Argumen-
ten vertreten, dass keine Gefahr vorliegt, da diese die objektive Möglichkeit eines Schadens voraussetzen würde (*Schwabe*, DVBl. 1982, 655 (655);
Poscher, NVwZ 2001, 141 ff.).

Dennoch muss die Anscheinsgefahr auch dann wegen der objektiven Ge- 103
fahrenlage aus der ex-ante-Sicht bei der Prüfung der Rechtmäßigkeit der
Maßnahme (Primärebene) gleichgestellt werden. Für die Beurteilung von
Ausgleichsansprüchen (Sekundärebene) ist hingegen die tatsächliche Situation maßgeblich (ex-post-Betrachtung). Hier besteht nämlich keine Notwendigkeit mehr, das Erfordernis einer vollständigen Aufklärung des

Sachverhalts sowie die Kenntnis über tatsächliche Kausalverläufe zum Zwecke einer schnellen und effektiven Gefahrenabwehr hintenanzustellen.

104   Dabei hat der Anscheinsstörer in **analoger Anwendung der Entschädigungsvorschriften** für Nichtstörer (BGHZ 117, 303 (308); OLG Hamm, NWVBl. 1992, 110 ff.) regelmäßig einen Entschädigungsanspruch, es sei denn, er hat den Anschein einer Gefahr selbst veranlasst und zu verantworten (OVG Hamburg, NJW 1986, 2005 (2006)). Nur in diesem Fall muss er auch für die Kosten der Polizeimaßnahme aufkommen.

b) Putativgefahr

105   Die sogenannte Putativgefahr bzw. Scheingefahr ähnelt der Anscheinsgefahr insofern, als auch hier keine Situation gegeben ist, in der tatsächlich ein Schaden eintreten kann. Allerdings bildet sich in dieser Konstellation der handelnde Beamte aufgrund rein subjektiver Umstände und ohne entsprechende objektive Verdachtsmomente das Vorliegen einer Gefahr ein (*Pieroth/Schlink/Kniesel*, POR, § 4 Rn. 63).

106   Verfügt beispielsweise ein Polizist die Räumung eines Hauses, das von dem brennenden Haus durch einen 100 Meter breiten Fluss getrennt ist, so ist bereits im maßgeblichen Zeitpunkt (ex ante) erkennbar, dass eine Gefahr nicht vorliegt.

Ein polizeilicher Eingriff ist in einer solchen Situation rechtswidrig, da eine Gefahr nicht vorliegt und der Beamte nicht die erforderliche Sorgfalt bei der Gefahrprognose hat walten lassen.

c) Gefahrverdacht

107   Anscheinsgefahr und Putativgefahr liegen in Situationen vor, in denen der handelnde Beamte im einen Fall aus gutem Grund, in dem anderen ohne einen solchen Grund, davon ausgeht, dass eine Gefahr vorliegt. Es existieren jedoch auch Konstellationen, in denen Unsicherheit über die künftige Entwicklung herrscht, die auch bei hinreichender Sachverhaltsermittlung und verständiger Würdigung nicht auszuräumen ist.

108   Es kann beispielsweise nach einem Zwischenfall in einer Chemiefabrik unklar sein, ob ein Nachbargrundstück bereits durch ausgelaufene Chemikalien kontaminiert ist oder nicht. In solchen Fällen besteht lediglich ein Gefahrverdacht.

109   Es handelt sich nach überwiegender Ansicht um eine Gefahr im polizeirechtlichen Sinne, die jedoch eine Ermessensbegrenzung bei der Wahl des Mittels unter dem Gesichtspunkt der Verhältnismäßigkeit hervorruft. So darf die Gefahrenabwehrbehörde rechtmäßigerweise nur Gefahrerforschungseingriffe vornehmen (OVG SH, NVwZ 2000, 1196 ff.; *Götz*, Allg. POR, § 6 Rn. 30 f.).

110   Im Beispielsfall wäre eine an den Eigentümer des Nachbargrundstücks gerichtete Verfügung, sofort das gesamte Erdreich abzutragen, unverhältnismäßig. Gerechtfertigt ist nur ein Erforschungseingriff – etwa eine Verpflichtung zu Probenentnahmen oder Probebohrungen. Anders ist allerdings dann zu entscheiden, wenn aufgrund der Gefährlichkeit der möglichen Kontaminierung nur ein sofortiger Aushub die Gefahr für Leib

und Leben von Menschen abwenden könnte: Hier ist ein Aushub verhältnismäßig.

Aus dem Untersuchungsgrundsatz (§ 83 Abs. 1 LVwG) lässt sich eine **111** Duldungspflicht ableiten, so dass der Grundstückseigentümer den Proben entnehmenden Mitarbeitern Zutritt verschaffen muss (*Schoch*, JuS 1994, 667 (670) m.w.N.).

Der Ausgleich zwischen den Anforderungen einer effektiven Gefahren- **112** abwehr und dem notwendigen grundrechtlichen Schutz des von dem Gefahrerforschungseingriff Betroffenen ist erneut auf der Sekundärebene, also der Ebene der Entschädigung und der Kostentragung zu suchen: Grundsätzlich trägt der Verdachtsstörer nur dann die **Kosten**, wenn sich der Verdacht bestätigt hat (OVG SH, NVwZ-RR 1995, 567 (568)). Erweist sich eine Gefahr als nicht gegeben, trägt die Behörde die Kosten, wenn nicht der Betroffene das Entstehen bzw. Fortbestehen des Verdachts zu verantworten hat (BGHZ 117, 303 (308)).

d) „Latente Gefahr"

Die latente Gefahr bezeichnet eine Sachlage, die zunächst ungefährlich **113** war, im Laufe der Zeit oder unter gewandelten Verhältnissen aber zu einer Gefahr geworden ist. Das zunächst ungefährliche Handeln wurde dabei erst durch das Hinzutreten **weiterer, externer Umstände** gefährlich (*Schenke*, POR, Rn. 87). Dies führt in der Folge zu einem Abwehranspruch des latenten Störers, damit er nicht endgültig zum Störer wird.

Typische Fälle sind Grundstücksnutzungskonflikte, die durch Verände- **114** rung der Umwelt entstehen, z.B. dadurch, dass eine Wohnbebauung an einen landwirtschaftlichen Betrieb heranrückt, der aufgrund seiner Emissionen latent stört (OVG NRW, OVGE 11, 250 ff. – **Schweinemästerfall**) oder dadurch, dass eine ordnungsgemäß betriebene Tankstelle nur deshalb das Grundwasser zu verunreinigen droht, weil ein in der Nähe befindlicher stillgelegter Brunnen verfallsbedingte Risse in der Abdichtung aufweist (VG Schleswig, Urt. v. 14.06.2004 – 14 A 116/03). Ein weiteres Beispiel ist der Fall einer in rechtmäßiger Weise errichteten und geführten Tankstelle, bei welcher infolge der Zunahme des Verkehrsaufkommens durch die zur Tankstelle abbiegenden Fahrzeuge vermehrt Verkehrsgefahren entstanden (OVG Nds., OVGE 14, 396 ff. – **Tankstellenfall**).

Die Figur ist indes **nach Ansicht vieler überflüssig** (u.a. *Gusy*, POR, **115** Rn. 132). Eine „latente" Gefahr existiert danach im Polizei- und Ordnungsrecht nicht; eine Sachlage wird erst dann zur Gefahr, wenn die hinreichende Wahrscheinlichkeit eines Schadens besteht.

Soweit man die latente Gefahr nicht für überflüssig hält, erfolgt die Be- **116** urteilung der Rechtmäßigkeit von Sicherungsmaßnahmen nach dem Kriterium der **Absehbarkeit** im Zuge einer Abwägung zwischen dem Grundsatz der Störungsneutralität und dem der Priorität. War die Entwicklung absehbar, liegt eine von dem latenten Störer verursachte Gefahr vor, da von Anfang an eine erhöhte Gefahrentendenz seines Handelns gegeben war. In nicht vorhersehbaren Fällen ist auch keine Gefahr gegeben.

III. Rechtsfolge: Auswahl des Eingriffs und des Mittels

117 Bei Vorliegen einer Gefahr für die öffentliche Sicherheit und Ordnung hat die Polizei gemäß § 174 LVwG die nach pflichtgemäßem Ermessen notwendigen Maßnahmen zu treffen. Dies bedeutet nicht etwa, dass sie dann in jedem Fall aktiv tätig werden muss, sondern lediglich, dass sie in jedem Fall überprüfen muss, ob sie einschreiten soll (*Schenke*, POR, Rn. 99). Ihr steht insofern ein **Entschließungsermessen** zu. Während in dem Recht der Strafverfolgung prinzipiell das Legalitätsprinzip (*Pfeifer/Hannich*, in: Karlsruher Kommentar StPO, Einleitung Rn. 5.; *Schroeder/Verrel*, StPO, Rn. 63 ff.; zu den Ausnahmen: *Schroeder/Verrel*, StPO, Rn. 97 ff.) herrscht (§ 163 StPO, durch § 258a StGB gesichert), gilt im Gefahrenabwehrrecht wegen der Notwendigkeit von Gefahrprognosen und des oft kurzfristigen knappen Einsatzes personeller Ressourcen das Opportunitätsprinzip.

118 Bei der Auswahl des für die Abwehr der Gefahr einzusetzenden Mittels (**Auswahlermessen**) unterliegt die Gefahrenabwehrbehörde verschiedenen Einschränkungen. Zunächst sind die Vorschriften des allgemeinen Verwaltungsverfahrens zu beachten. Hierzu zählt die erforderliche **Bestimmtheit des Mittels** (§ 108 LVwG). Ferner darf die Umsetzung der Regelung durch den Adressaten nicht tatsächlich oder rechtlich **unmöglich** sein. Ist etwa der Inanspruchgenommene durch die Verfügung genötigt, in den Rechtskreis Dritter einzugreifen, so sind diese durch die Behörde mit einer Duldungsverfügung „stillzuhalten". Fehlt eine solche Verfügung, ist es strittig, ob dies schon den Hauptverwaltungsakt rechtlich unmöglich macht. Während teilweise angenommen wird, dass der Verwaltungsakt dann rechtswidrig ist, nimmt die h.M. lediglich ein Vollstreckungshindernis an (BVerwG, BRS 25 Nr. 338; OVG Hamburg, NVwZ-RR 1993, 602 (603)).

119 Schließlich muss die Mittelauswahl auch **verhältnismäßig** sein. Stehen der Behörde mehrere rechtmäßige Mittel zur Verfügung, kann sie dasjenige auswählen, das sie für das effizienteste hält, solange es nicht unverhältnismäßig ist.

120 Als spezieller Ausfluss dieses Grundsatzes ist in vielen Polizeigesetzen (z.B. § 4 Abs. 4 SOG HH, § 3 Abs. 2 PolG NRW) die rechtmäßige Ablehnung des Mittelaustausches niedergelegt. Danach muss der in Anspruch genommenen Person auf deren Antrag hin gewährt werden, dass ein anderes, ebenso wirksames Mittel angewandt wird, das die Allgemeinheit nicht stärker beeinträchtigt. Trotz der fehlenden Normierung muss dies aufgrund des Verhältnismäßigkeitsprinzips im Hinblick auf die Mittelauswahl auch in Schleswig-Holstein gelten.

IV. Der Adressat polizeilicher Maßnahmen

121 Jeder Bürger ist verpflichtet, die öffentliche Sicherheit zu wahren. Wer gegen diese Pflicht verstößt kann als Störer zur Beseitigung der Gefahr und zu den daraus resultierenden Kosten herangezogen werden. Diese soge-

nannte **Polizeipflicht** ist Maßnahme- und damit Rechtmäßigkeitsvoraussetzung für polizeiliche Verfügungen.

Im Allgemeinen und im besonderen Gefahrenabwehrrecht ist der Adressat einer Maßnahme bisweilen ausdrücklich **in der Ermächtigungsgrundlage bezeichnet**: Verkehrsteilnehmer nach § 1 Abs. 2 StVO, Halter nach § 17 Abs. 1 StVZO, Versammlungsteilnehmer etwa nach § 19 Abs. 2, 4 VersammlG. Auch in den Standardermächtigungen des LVwG finden sich teilweise besondere Adressatenregelungen: § 179 LVwG (Geschädigter, Zeuge), § 183 Abs. 1 LVwG (der Verdächtige), § 208 LVwG (Inhaber von Sachen). Diese Aussagen sind in der Regel abschließend, so dass nicht zusätzlich auf die Verantwortlichkeitsregelungen des allgemeinen Polizei- und Ordnungsrechts (§§ 217 ff. LVwG) zurückgegriffen werden kann. **122**

Spricht das Gesetz hingegen von einem **Verantwortlichen**, so muss auf allgemeines Polizeirecht zurückgegriffen werden (z.B. § 35 Abs. 1 S. 2 StVO: der für ein Verkehrshindernis Verantwortliche). In einem solchen Fall kann aber mangels Verantwortung nicht der Nichtstörer in Anspruch genommen werden. Wo genaue Bestimmungen zu dem Adressaten einer Verfügung ganz fehlen, greift das allgemeine Polizeirecht ein (vgl. § 173 Abs. 2 LVwG). **123**

1. Der Verhaltensstörer (§ 218 LVwG)

Die überwiegende Zahl der Gefahren wird durch das Fehlverhalten einer Person verursacht. Entsprechend nennt das LVwG in § 218 zunächst den Verhaltensstörer als Person, die durch ihr Verhalten eine Gefahr oder Störung der öffentlichen Sicherheit verursacht hat und damit als „Verantwortlicher" durch eine Verfügung in Anspruch genommen werden kann. **124**

a) Verursachung durch aktives Tun

Würde tatsächlich die „Verursachung" einer Gefahr ausreichen, wäre lediglich eine **Kausalitätsbeziehung** zwischen einer Handlung und der entstehenden Gefahr erforderlich (*Gusy*, POR, Rn. 332); dies würde die Störerhaftung allerdings zu weit ausweiten. Im Gegensatz zum Straf- oder Zivilrecht, die ihrerseits auch nicht allein auf eine Kausalität zwischen Handlung und Erfolg abstellen, kann bei der Feststellung der polizeirechtlichen Störereigenschaft nicht auf den Korrekturfilter des Verschuldens zurückgegriffen werden. **125**

Stürzt beispielsweise ein morscher Baum auf die Straße und erschlägt einen Spaziergänger, so ist dessen Anwesenheit im Sinne der Äquivalenz Bedingung für den eingetretenen Schaden. Dennoch würde es zu weit führen, wenn die Polizei einfache Passanten zur Beseitigung eines Baumes verpflichten würde, der umzustürzen droht. Auch die im Zusammenhang des § 823 BGB bekannte Adäquanztheorie, nach der nur solche Handlungen kausal sind, die nach allgemeiner Lebenserfahrung geeignet sind, die Gefahr zu verursachen, genügt nicht, da sie außergewöhnliche Umstände nicht berücksichtigt. Es ist aber gerade die Natur der Gefahrenabwehr, sich mit außergewöhnlichen, kaum vorhersehbaren Lagen zu befassen. **126**

127 Um den dargestellten Besonderheiten der Gefahrenabwehr gerecht zu werden, muss eine Kausalität im Sinne der Theorie der **unmittelbaren Verursachung** (bzw. der **Relevanztheorie**) gegeben sein (VG Schleswig, Urt. v. 14.06.2004 – 14 A 118/03, BeckRS 2004, 24285; *Götz*, Allg. POR, § 9 Rn. 10 ff.; *Schoch*, in: Schmidt-Aßmann/ders., Bes. VerwR, Rn. 127 ff. m.w.N.). Danach begründen nur die Handlungen eine Verantwortlichkeit, die die Gefahr unmittelbar herbeiführen. Dies erfordert einen engen Wirkungs- und Verantwortungszusammenhang: Störer ist, wer in einer Kausalkette die letzte Ursache setzt, die ein polizeiliches Rechtsgut unmittelbar gefährdet beziehungsweise wessen Handeln selbst die **Gefahrgrenze** überschreitet. Nicht ausreichend ist das Setzen einer Vorbedingung oder die bloße Veranlassung, der Verhaltensstörer muss das letzte Glied der Ursachenkette erzeugt haben.

128 Dies darf jedoch nicht dazu führen, dass eine Person durch den **Gebrauch von Grundrechten** zum Verhaltensstörer wird, selbst wenn sie dadurch den Anstoß zur Gefährdung eines polizeilichen Schutzgutes gibt.

129 Lässt beispielsweise ein Vermieter eine Familie, die ihre Miete nicht gezahlt hat, auf der Grundlage eines gerichtlichen Urteils aus der Wohnung exmittieren, so wird die Familie, sofern sie sich keine neue Bleibe gesucht hat, wohnungslos. Unfreiwillige Obdachlosigkeit stellt eine Gefahr für die öffentliche Sicherheit dar (OVG SH, NJW 1993, 413 (413); *Ruder*, NVwZ 2001, 1223 (1223)), da zumindest die Gesundheit und nach teilweise vertretener Ansicht auch die Menschenwürde durch sie beeinträchtigt werden. Dennoch liegt die polizeirechtliche Verursachung der Gefahr nicht beim Vermieter, da er zur Räumung befugt war. Die Ordnungsbehörden müssen zunächst selbst versuchen, die Familie unterzubringen. Erst bei fehlenden Kapazitäten in Obdachlosenunterkünften dürfen Nichtstörer wie der Vermieter herangezogen werden.

b) Verursachung durch qualifiziertes Unterlassen

130 Als „Verursachung" im Sinne des § 218 Abs. 1 LVwG kann nicht nur aktives Tun verstanden werden, sondern auch das Unterlassen einer Handlung. Dies setzt jedoch voraus, dass diese Handlung durch eine öffentlich-rechtliche Pflicht geboten war (*Schenke*, POR, Rn. 239). Diese Pflicht darf sich nicht aus dem Polizei- und Ordnungsrecht ergeben, da sonst jede Zustandsverantwortlichkeit stets auch wegen des zu behebenden ordnungsrechtlichen Verstoßes eine Unterlassungsverantwortlichkeit beinhalten würde. So kann zum Beispiel eine polizeirechtliche Verhaltensverantwortlichkeit bestehen, wenn ein Fahrzeughalter es unterlässt, den Wechsel in der Person des Halters der Zulassungsbehörde mitzuteilen, damit die Meldepflicht aus § 13 IV 1, 2 FZV verletzt und sich der neue Halter nicht ermitteln lässt (VG Saarlouis, Beschluss vom 07.03.2008 – 10 L 47/08). Auch ein Rückgriff auf Handlungspflichten des Privatrechts würde zu weit führen (*Drews/Wacke/Vogel/Martens*, Allg. POR, § 20 Rn. 1; *Schoch,* JuS 1994, 849 (853); a.A. *Schenke*, POR, Rn. 239). Den Gefährdeten selbst trifft ebenfalls keine Handlungspflicht. Ausnahmen hiervon gibt es allerdings in dem Bereich des besonderen Gefahrenabwehrrechts (Immissions-

und Atomrecht), wo auch der Betreiber der Anlage zur Abwehr von Störungen verpflichtet ist (siehe § 5 BImSchG, § 7 c AtomG).

c) Zurechnung fremden Verhaltens

In Einzelfällen bestimmt das Polizei- und Ordnungsrecht eine Zurechnung 131 fremden Verhaltens. Dieses tritt als **Zusatzverantwortlichkeit** neben die Verantwortung des Beaufsichtigten. Zum einen betrifft dies den Aufsichtspflichtigen über ein Kind bis zu dessen 14. Lebensjahr oder den Betreuer einer nach den §§ 1896 ff. BGB wegen mangelndem Urteilsvermögen unter Betreuung stehenden erwachsenen Person (§ 218 Abs. 2 LVwG), zum anderen den Besteller eines Verrichtungsgehilfen i.S.d. § 831 BGB (§ 218 Abs. 3 LVwG).

2. Der Zweckveranlasser

Es existieren auch Situationen, in denen das Verhalten Einzelner nicht dem 132 engen Begriff der unmittelbaren Verursachung unterfällt, in denen aber dennoch das Bedürfnis besteht, den Handelnden als Veranlasser einer Gefahr für deren Beseitigung heranzuziehen.

Als Schulbeispiel dient hierfür der **Borkum-Lied-Fall** (PrOVGE 80, 176) 133 aus dem Jahr 1925, in dem eine Kurkapelle täglich die Melodie eines Lieds spielte, zu der ein Großteil der Badegäste einen antisemitischen Text sang. Obwohl der Kapelle selbst keine Darbietung antisemitischer Texte vorgeworfen werden konnte, hat sie doch durch das Spielen des Lieds die Reaktion des Publikums verursacht und konnte wohl auch damit rechnen.

Als aktuelleres Beispiel kann auf Aufrufe im Internet zu sogenannten 134 **Flashmob-Partys** verwiesen werden, bei denen ein Internetnutzer seinen Lesern vorschlägt, sich an einem bestimmten Tag am Strand von Westerland auf Sylt zu treffen, um gemeinsam exzessiv zu feiern. Zwar hat der Urheber des Aufrufes weder selbst den Strand verschmutzt, noch kann er als Veranstalter bezeichnet werden, jedoch hat er die Verunreinigung und sonstigen Gefahren, die von einer solchen unkontrolliert verlaufenden Veranstaltung ausgehen, in Kauf genommen.

Um derartigen Fällen gerecht zu werden, wurde mit der Einführung der 135 Figur des Zweckveranlassers die Unmittelbarkeitslehre um Rechtswidrigkeitselemente ergänzt und so normativ korrigiert. Zweckveranlasser ist danach zunächst, wer aufgrund seines Verhaltens andere objektiv dazu veranlasst, ein polizeiliches Schutzgut zu gefährden (kritisch aber *Erbel*, JuS 1985, 257 (261 ff.)). Zweckveranlasser ist damit nicht derjenige, der nach der Theorie der unmittelbaren Verursachung den letzten Handlungsbeitrag geleistet hat, sondern es ist der „vorletzte" Verursacher, der zur Verwirklichung einer möglichst effektiven Gefahrenabwehr (und zur Tragung der Kosten) als Störer in Anspruch genommen werden soll.

Zunächst wurde hierbei eine nur rein subjektive Betrachtungsweise vor- 136 genommen. Es wurde auf die Absicht bzw. billigende Inkaufnahme der Verursachung einer Störung durch Dritte abgestellt (so noch *Knemeyer*, POR). Entscheidend kann im Gefahrenabwehrrecht jedoch nicht ausschließlich die Absicht des Einzelnen sein, sondern ob objektiv eine Gefahr vorliegt und ob der mögliche Zweckveranlasser gefahrerhöhende, typische Risiken geschaffen hat. Danach ist derjenige ein Zweckveranlasser, der eine für sich genommen neutrale Handlung vornimmt, die bezweckt oder sich typischerweise dazu eignet, Dritte dazu zu veranlassen, die Gefahrenschwelle zu überschreiten (BVerwG, DVBl. 1989, 59 (60); *Pieroth/Schlink/Kniesel*, POR, § 9 Rn. 27; *Schoch*, in: Schmidt-Aßmann/ders., Bes. VerwR, Rn. 138 ff.). Handlung und Erfolg bilden hier eine natürliche Einheit, die nötigt, einen Wertungszusammenhang herzustellen.

137 Die Möglichkeit, eine Person als Zweckveranlasser heranzuziehen, ist jedoch durch deren **Grundrechte begrenzt**. Dies zeigt sich deutlich etwa im Versammlungsrecht: Das Versammlungsrecht des „Zweckveranlassers" aus Art. 8 Abs. 1 GG wird verkürzt, wenn man ihn statt der gewalttätigen Gegendemonstranten in Anspruch nimmt, obwohl diese die Gefahr unmittelbar verursachen. Richtigerweise müsste die ursprüngliche Versammlung polizeilich geschützt werden. Ihre Teilnehmer könnten dann allenfalls als Nichtstörer (also subsidiär gegenüber den Störern und dem Einsatz polizeilicher Eigenmittel; vgl. 220 LVwG) in Anspruch genommen werden. Oftmals erweist sich der Rückgriff auf den Zweckveranlasser als die aus Sicht der Behörde bequemere Methode. Wird zudem der Zweckveranlasser als Nichtstörer in Anspruch genommen, trägt die Behörde die bei der Inanspruchnahme entstehenden Kosten selbst und muss gegebenenfalls sogar noch eine Entschädigung an den in Anspruch Genommenen leisten. Dies zeigt, dass die Frage oftmals nicht ist, ob die Polizei überhaupt gegen die Person einschreiten darf, sondern nur unter welchen Bedingungen und mit welchen finanziellen Folgen. Hier ist dann der Behörde aber durch ein enges Verständnis der Zweckveranlasserschaft der allzu leichte Rückgriff auf § 218 LVwG zu versperren, wo dessen Inanspruchnahme nur der Bequemlichkeit der Behörde geschuldet ist oder der Umgehung der Konsequenzen einer Nichtstörerhaftung dient.

3. Der Zustandsstörer (§ 219 LVwG)

138 Geht Gefahr von der **Beschaffenheit einer Sache** oder ihrer **Lage im Raum** aus, so ist der Inhaber der Sache oder des Raumes auch bei Fehlen einer persönlichen Verursachung verantwortlich (*Schenke*, POR, Rn. 268). Der Besitzer, der die tatsächliche Gewalt ausübt, ist dann stets Zustandsstörer. Er teilt sich die Verantwortlichkeit grundsätzlich kumulativ mit dem Eigentümer (§ 219 Abs. 2 LVwG). Übt er die Sachherrschaft beispielsweise als Dieb gegen den Willen des Eigentümers aus, ist er alleiniger Verantwortlicher (§ 219 Abs. 2 Nr. 1 LVwG).

139 Beschränkungen der Zustandsverantwortlichkeit ergeben sich aus dem Übermaßverbot, wenn der Eigentümer durch eine alleinige Inanspruchnahme unzumutbar belastet würde und gegebenenfalls die Gefahrenursache in die Risikosphäre der Allgemeinheit fällt (BVerfGE 102, 1 ff.; *Klüppel*, Jura 2001, 26 ff.; *Sachs*, JuS 2000, 1219 (1219)).

4. Nichtstörer (§ 220 LVwG)

Gemäß § 220 LVwG können auch Personen, die nach dem Gesagten keine 140
Störereigenschaft aufweisen, unter engen Voraussetzungen zur Gefahrenabwehr herangezogen werden. Diese Möglichkeit ist, wie es sich schon aus
der Bezeichnung als „polizeilichen Notstand" ablesen lässt, als **ultima ratio**
angelegt und daher sehr restriktiv anzuwenden. § 220 LVwG Abs. 1 enthält drei Kriterien.

Zunächst ist es erforderlich, dass „die **Verantwortlichen nicht** oder nicht 141
rechtzeitig **in Anspruch genommen werden können** oder Maßnahmen gegen sie keinen Erfolg versprechen". Hierbei ist vor allem an Naturkata-
strophen, die auf keinen menschlichen Störer zurückzuführen sind, oder an
Störer, die wegen Bewusstlosigkeit oder aus vergleichbaren Gründen nicht
zur Ausführung einer ihr auferlegten Handlung imstande sind, zu denken.
Auch Fallgruppen, in denen dem Störer bei der Inanspruchnahme ein vollkommen unverhältnismäßiger Schaden, dem Nichtstörer aber nur ein geringer Schaden droht, werden darunter gezählt. So darf beispielsweise eine
rechtmäßige Versammlung wegen gewaltsamer Gegendemonstranten aufgelöst werden, wenn der Schutz von Leib und Leben nicht anders zu gewährleisten ist. Die Beeinträchtigung des Versammlungsrechts der Teilnehmer der rechtmäßigen Demonstration wiegt insofern deutlich weniger
stark als das Schutzgut aus Art. 2 Abs. 2 S. 1 GG.

Weiter ist nach § 220 Abs. 1 Nr. 2 LVwG erforderlich, dass die „Stö- 142
rung oder Gefahr **nicht durch die Behörde** selbst oder durch eine Beauftragte oder einen Beauftragten **beseitigt werden kann**". Die Gefahrenabwehrbehörde muss ihre Mittel also vollständig ausgeschöpft haben.
Finanzielle Erwägungen sind unbeachtlich. Dies kann beispielsweise bedeuten, dass im ländlichen Raum der Traktor eines unbeteiligten Land-
wirts genutzt werden darf, wenn schweres Gerät der Feuerwehr nicht in
der erforderlichen Zeit herangeschafft werden kann. Auch die Einweisung
eines Obdachlosen in eine leer stehende Privatwohnung ist nur dann zulässig, wenn die räumlichen Kapazitäten der Gemeinde erschöpft sind (OVG
SH, NJW 1993, 413 (413)). Zudem darf die Einweisung als Ausfluss einer
strengen Verhältnismäßigkeitsprüfung in der Regel nur zeitlich befristet
erfolgen, so dass die Behörde innerhalb eines Zeitfensters eine längerfristige Unterbringung organisieren muss.

Schließlich wird in § 220 Abs. 1 Nr. 3 LVwG verlangt, dass dem in An- 143
spruch genommenen Nichtstörer **keine erhebliche eigene Gefährdung** oder
Verletzung anderer überwiegender Pflichten entstehen darf.

Als Rechtsfolge der Inanspruchnahme ergibt sich die ~~Duldungspflicht~~ 144
~~des Nichtstörers auf der Primärebene, die jedoch zugleich eine~~ **Entschädi-**
gungspflicht nach § 221 LVwG auf der ~~sekundären Ebene auslöst~~.

5. Störerauswahl

145   Lassen sich nach den dargestellten Grundsätzen mehrere Störer ermitteln, steht der Gefahrenabwehrbehörde ein **Auswahlermessen** zu, welche der Personen sie in Anspruch nimmt. Fasst die Behörde dann von vorneherein lediglich einen Störer ins Auge, liegt ein Ermessensfehler in Gestalt des Ermessensnichtgebrauchs vor.

146   Die behördliche Entscheidung ist für den Ausgewählten von besonderer Bedeutung, da der finanzielle Aufwand für das Abstellen der Störung im Einzelfall immens sein kann. Einen Gesamtschuldnerausgleich (vgl. § 426 Abs. 1 BGB) kann der in Anspruch genommene Störer gegenüber den übrigen, nicht in Anspruch genommenen nicht geltend machen, solange keine spezialgesetzliche Vorschrift existiert (*Gusy*, POR, Rn. 367).

147   Aufgrund der besonders hohen Kosten, die bei der Reinigung kontaminierten Erdreichs entstehen, ist beispielsweise in § 24 Abs. 2 BBodSchG eine solche **bereichsspezifische Störerausgleichsregel** normiert.

148   Auswahlfragen ergeben sich immer (und nur) dann, wenn mehrere Verantwortliche zusammentreffen. Im ersten Schritt müssen dabei **ausdrückliche Heranziehungsgebote** (z.B. § 219 Abs. 2 S. 2 LVwG) oder **-verbote** (Subsidiarität der Nichtstörerinanspruchnahme aus § 220 Abs. 1 LVwG) beachtet werden. Im zweiten Schritt sind neben den Wertungen des Polizei- und Ordnungsrechts immanente **Wertungskriterien** heranzuziehen, die sich aber keineswegs zu strengen Regeln verdichten lassen.

149   Zu diesen Kriterien zählt in erster Linie, dass die Inanspruchnahme die **Effektivität der Gefahrenabwehr** gewährleisten soll, so dass derjenige in Anspruch zu nehmen ist, der die Gefahr am schnellsten und am nachhaltigsten beseitigen kann. Die Inanspruchnahme Anwesender geht für gewöhnlich der Inanspruchnahme Abwesender vor, da durch die Ermittlung des Aufenthaltsortes und das Heranholen des Abwesenden Zeit verloren geht und damit der Anwesende zur schnelleren Eindämmung der Gefahr in der Lage ist.

150   Ferner sollte auf Zustandsverantwortliche vor den Handlungsstörern zurückgegriffen werden, wenn dies zur Gefahrenabwehr langfristig erfolgversprechender ist (OVG NRW, NJW 2000, 2124 ff.).

      Befinden sich beispielsweise regelmäßig störende Personen auf einem Grundstück, so ist es grundsätzlich effektiver, dem Grundeigentümer aufzuerlegen, solche Zutritte zu unterbinden, als in jedem Einzelfall die eindringende Person in Anspruch zu nehmen.

151   Ein weiteres Kriterium stellt die **Leistungsfähigkeit** des Polizeipflichtigen dar (OVG Rh.-Pf., DÖV 1990, 844 (846)). Zum einen ist damit natürlich die finanzielle Situation gemeint, da es effektiver ist, solvente Störer zu Leistungspflichten heranzuziehen als solche, die der Pflicht nur mit Mühe nachkommen können. Zum anderen fällt die rechtliche Leistungsfähigkeit darunter. Wenn zur Gefahrenabwehr ein fremdes Grundstück betreten werden muss, ist dessen Eigentümer durch eine eigene Verfügung zur Duldung zu verpflichten.

Wie auch sonst im Verwaltungsrecht muss auch die Störerauswahl ver- 152
hältnismäßig sein. Dabei gilt es auf der Ebene der Erforderlichkeit zu beachten, dass jedem einzelnen Störer gegenüber das mildere Mittel denkbar
wäre, einen anderen heranzuziehen, so dass zur Vermeidung eines Zirkel-
schlusses dieses Argument außen vor bleiben muss (*Gusy*, POR, Rn. 371).
Im Zuge der Angemessenheit sind aber besondere Belastungen zu berücksichtigen. So darf ein Grundeigentümer, der verpflichtet ist, anderen ein
Wegerecht auf seinem Grundstück einzuräumen, nicht für die Beseitigung
von Abfällen herangezogen werden, die sein Grundstück passierende Personen hinterlassen (BVerfG, NJW 1998, 1004 (1005)).

Ferner können aus Erwägungen der Billigkeit heraus die Grundsätze 153
Mehrfachstörer (also eine Person, die aufgrund ihrer Handlungen und als
Inhaber der tatsächlichen Gewalt über eine Sache in Anspruch genommen
werden kann) vor Einfachstörer, Verhaltensstörer vor Zustandsstörer und
eine primäre Heranziehung des Urhebers der schwersten oder der letzten
Ursache angewandt werden, soweit dies im Einzelfall zu einer effektiveren
und langfristigeren Gefahrenabwehr führt.

Der ausgewählte Störer trägt grundsätzlich die **Kosten** der Gefahrenab- 154
wehrmaßnahme. Wurde er zur Handlung oder Duldung verpflichtet, finanziert er seine Aufwendungen ohnehin selbst. Hat hingegen die Gefahrenabwehrbehörde selbst gehandelt, kann sie dem Störer gemäß den
§§ 249, 238 Abs. 1 LVwG in Verbindung mit § 20 Abs. 1 Nr. 8 der Voll-
zugs- und Vollstreckungskostenverordnung (VVKO) die verauslagten Kosten nachträglich auferlegen.

Im Ausnahmefall einer übermäßigen Härte kann die zwar auf der Pri- 155
märebene rechtmäßig in Anspruch genommene Person auf der Sekundärebene Ersatz für die Kosten der Maßnahme erhalten bzw. entsprechend
entlastet werden. Eine solche besondere Härte kann im Einzelfall angenommen werden, wenn z.B. ein atypisches Risiko eingetreten ist, es am
Verschulden fehlt, die Störung durch Dritteinwirkung verursacht wurde
oder die Problematik eines mit Altlasten kontaminierten Grundstückes
vorliegt (BVerfGE 102, 1 ff. – Altlasten).

Damit kann eine etwaige **besondere Härte** an mehreren Stellen des Prü- 156
fungsaufbaus berücksichtigt werden:

I. **Primärebene** (Frage nach der Rechtmäßigkeit der Inanspruchnahme)
   1. Tatbestand der Haftung nach Rechtsprechung trotz Härte gegeben;
   2. Rechtsfolge – Berücksichtigung der Härte bei Störerauswahlermes-
      sen, falls möglich.
II. **Sekundärebene** (Frage nach der Kostenpflicht von Ersatzvornahme/
   Sofortmaßnahme)
   1. in Härtefällen keine Kostenabwälzung auf Störer trotz Zustands-
      haftung;
   2. bei Schäden aus Inanspruchnahme: Ersatzanspruch des Störers wie
      Notstandspflichtiger.

---

6. Nachfolge in Polizeipflicht

157 Ein Sonderproblem stellen Situationen dar, in denen auf den ursprünglich Verantwortlichen nicht (mehr) zugegriffen werden kann. Dies kann passieren, weil es ihn wegen Todes oder Insolvenz nicht mehr gibt oder aber, weil ein Gegenstand, aus dem eine Zustandsverantwortlichkeit abzuleiten ist, der Sachherrschaft entzogen wurde. Verkompliziert wird die Situation dann, wenn der ursprünglich Verantwortliche bereits Adressat einer Ordnungsverfügung geworden ist, und sich nun im Zusammenhang mit deren Vollstreckung die Frage stellt, ob diese auch gegenüber dem Rechtsnachfolger vollstreckt werden kann.

158 Die Lösung derartiger Fragen muss unter Berücksichtigung verschiedener Differenzierungen erfolgen: (1.) Zustands- oder Verhaltensverantwortlichkeit; (2.) vor oder nach Konkretisierung durch eine Polizeiverfügung; (3.) Übergang durch Einzel- oder Gesamtrechtsnachfolge. Zwei Aspekte sind zu beachten: Ist die fragliche Pflicht überhaupt übergangsfähig *und* gibt es für die Rechtsnachfolge in die Polizeipflicht eine gesetzliche Grundlage?

159 Die Polizeipflicht aus einer **Zustandshaftung** beginnt nach der Weitergabe des gefährlichen Gegenstandes an einen nachfolgenden Besitzer von neuem. Es besteht deshalb vor der Konkretisierung der Polizeipflicht durch einen Verwaltungsakt der Gefahrenabwehrbehörde kein Bedürfnis an der Überleitung an den Rechtsnachfolger, da dieser nach Erlangung der Sachherrschaft ohnehin selbst Zustandsstörer ist.

160 Wurde die Konkretisierung bereits vorgenommen, ist bei einer Gesamtrechtsnachfolge wegen der §§ 1922, 1967 BGB auch die Polizeipflicht mit vererbt, so dass der ursprüngliche Verwaltungsakt auch gegen den Rechtsnachfolger Gültigkeit hat (BVerwG, NJW 1971, 1624 ff.).

161 Nach überwiegender Ansicht gilt dies auch für die Einzelrechtsnachfolge aufgrund der dinglichen Bindung der Zustandshaftung und aus Praktikabilitätsgründen (*Pieroth/Schlink/Kniesel*, POR, Rn. 54 m.w.N.). Das von der Gegenansicht vorgebrachte Argument, dass auch die Person des Störers bei der einstigen Ermessensentscheidung eine Rolle gespielt habe, ist nicht entscheidend, da persönliche Härten im Vollstreckungsrecht ausgeglichen werden können.

162 Unterschiede ergeben sich bei einer Haftung als **Verhaltensstörer**. Soweit diese sich auf höchstpersönliche Pflichten bezieht, ergibt es keinen Sinn, dem Rechtsnachfolger diese Pflicht aufzubürden. Handelt es sich aber um eine vertretbare Handlung wie z.B. eine Geldzahlung, so kann auch der Rechtsnachfolger belangt werden. Zudem kann auch das aus einer gesellschaftsrechtlichen Gesamtnachfolge hervorgegangene Unternehmen für Gefahren, die die Vorgängergesellschaft verursacht hat, polizeirechtlich in Anspruch genommen werden (OVG NRW, UPR 1984, 279 ff.; VGH München, ZfW 1989/90, 274 ff.). Wäre dem nicht so, könnte jedes Unternehmen sich seiner Verantwortung einfach durch Verschmelzung oder Umgründung entledigen. Für die Beseitigung von Bodenverunreinigungen ist dies ausdrücklich in § 4 Abs. 3 S. 1 Alt. 3 BBodSchG geregelt.

7. Verwaltungsträger

Aus der Gesetzesbindung der Hoheitsträger nach Art. 20 Abs. 3 GG ergibt **163** sich, dass **Verwaltungsträger materiell ordnungspflichtig** sind. Dies bedeutet, dass sie an das für sie unter Umständen fachfremde Ordnungsrecht gebunden sind und ihre Aufgaben nicht unter Verstoß gegen die öffentliche Sicherheit durchführen dürfen. Verwaltungsträger können daher auch Störer sein, etwa, wenn Lärmemissionen von einem kommunalen, als Anstalt des öffentlichen Rechts organisierten Schwimmbad ausgehen oder eine Gebietskörperschaft Eigentümer eines durch Altlasten kontaminierten Grundstücks ist.

Ausnahmen von dieser prinzipiellen materiellen Pflichtigkeit bilden **spe-** **164** **zialgesetzliche Regelungen** wie z.B. § 35 StVO. Die Norm gestattet Hoheitsträger, wie Feuerwehr und Polizei, Verkehrsregeln zu brechen, wenn dies dringend geboten ist. § 10 Abs. 11 BImSchG belässt es zwar bei der Ordnungspflicht des staatlichen Betreibers einer Anlage der Landesverteidigung, unterwirft deren Erfüllung aber einem gesonderten Verfahren.

Von der Frage nach der materiellen Ordnungspflicht im Sinne einer Bin- **165** dung an das Polizei- und Ordnungsrecht zu differenzieren ist die Frage nach der Befugnis der Ordnungsbehörden, in die Kompetenzen anderer Verwaltungsträger eingreifen zu dürfen (*formelle* Ordnungspflicht). Nach h.M. ist nur eine Information der Aufsichtsbehörde der störenden Behörde zulässig, die dann im Wege der Rechtsaufsicht einschreitet. Nach anderer Ansicht darf die allgemeine Ordnungsbehörde sogar selbst gegenüber der störenden Behörde tätig werden, zumindest soweit die Aufgabenerfüllung des anderen Hoheitsträgers durch ihr Eingreifen nicht beeinträchtigt wird. In jedem Falle darf die allgemeine Ordnungsbehörde aber eingreifen, wenn es sich um einen Eilfall handelt oder der störende Verwaltungsträger nicht hoheitlich, sondern fiskalisch tätig wird.

Bezüglich der polizeirechtlichen Inanspruchnahme von Verwaltungsträ- **166** gern gilt es § 234 LVwG zu beachten, wonach der **Vollzug öffentlich-rechtlicher Pflichten** gegen Träger der öffentlichen Verwaltung nur in Ausnahmefällen möglich ist.

E. Die traditionellen Standardmaßnahmen der Polizei

I. Allgemeines

In den §§ 199 ff. LVwG finden sich, wie in dem Polizei- und Ordnungs- **167** recht aller anderen Bundesländer, eine Reihe von **Spezialermächtigungen** (**Standardmaßnahmen**) zu **polizeilichen Einzelmaßnahmen**, die teilweise bereits im preußischen Polizeirecht separat normiert waren.

Der Grund für die selbstständige Regelung liegt entweder darin, dass es **168** sich um **typische**, besonders häufig angewandte Maßnahmen handelt oder um solche, die besonders **grundrechtsintensiv** sind und daher an strenge Voraussetzungen geknüpft wurden. Soweit polizeiliche Maßnahmen separat normiert wurden, sind die getroffenen Regelungen **abschließend**, so dass insoweit nicht mehr auf die Generalklausel zurückgegriffen werden kann (*Knemeyer*, POR, § 19 Rn. 157 ff.). Diese abschließende Wirkung bezieht sich auf den Tatbestand der Standardmaßnahme ebenso wie auf ihre Rechtsfolge.

169   Wird beispielsweise gegen den Willen des Eigentümers verfügt, dass eine obdachlose Person in einer Wohnung untergebracht werden soll, dann richtet sich dies nach der Vorschrift des § 210 LVwG über die Sicherstellung und nicht nach der polizeilichen Generalklausel. Insofern müssen die engeren Voraussetzungen des § 210 LVwG, wie etwa eine gegenwärtige Gefahr und eine Befristung der Maßnahme, vorliegen, während es nicht genügt, dass eine einfache Gefahr nach den §§ 174, 176 Abs. 1 LVwG gegeben ist. Allerdings ist von der gegenüber dem Eigentümer ergehenden Beschlagnahmeverfügung die an den Obdachlosen adressierte, auf die Generalklausel gestützte Einweisungsverfügung zu trennen, welche dem Obdachlosen ein Nutzungsrecht an den Räumlichkeiten einräumt, aber auch eine Pflicht zur Nutzung begründen kann.

170   Aus den Standardmaßnahmen folgt auch, dass sie es **ausschließen, weiterreichende polizeiliche Befugnisse** als die in ihnen geregelten auf die polizeiliche Generalermächtigung zu stützen. Wenn etwa in § 201 Abs. 1 LVwG lediglich der nur kurzfristig geltende Platzverweis in eine Standardmaßnahme geregelt ist, ist es nicht möglich, ein längeres Aufenthaltsverbot unter Rückgriff auf die polizeiliche Generalklausel zu rechtfertigen (vgl. aber den wegen dieses Problems später geschaffenen § 201 Abs. 2 LVwG).

171   Zumeist sind Standardmaßnahmen als **Verwaltungsakte** zu qualifizieren. Die dafür erforderliche „Regelung" i.S.d. § 106 Abs. 1 LVwG liegt in der Anordnung derartiger Maßnahmen gegenüber dem Betroffenen, der hierdurch zu einem Handeln, Dulden oder Unterlassen verpflichtet wird. Unproblematisch ist dies z.B. bei der Vorladung (§ 199 Abs. 1 LVwG) oder dem Platzverweis (§ 201 Abs. 1 LVwG), die den Betroffenen dazu verpflichten, aktiv seinen Aufenthaltsort zu wechseln. Maßnahmen wie die Durchsuchung von Personen, Sachen oder Räumen (§§ 202 ff. LVwG) werden zwar durch die Gefahrenabwehrbehörden aktiv durchgeführt, dem Betroffenen wird jedoch, zumindest konkludent, die Pflicht auferlegt, dies zu dulden.

172   Es handelt sich bei diesen Konstellationen um sogenannte **Ausführungsermächtigungen**, bei denen die Regelung mit der tatsächlichen Ausführungshandlung gekoppelt ist. Während die **Duldungsverfügung** einen Verwaltungsakt darstellt, handelt es sich bei der behördlichen Umsetzung um einen Realakt. Aus verfahrensökonomischen Gründen hat der Gesetzgeber beide Komponenten zu einer einheitlichen Maßnahme zusammengefasst, die wegen ihres Regelungselements primär als Verwaltungsakt behandelt wird und deren Vollziehungshandlung nur als unselbständiger Annex bewertet wird.

Die Gegenansicht (*Drews/Wacke/Vogel/Martens*, Allg. POR, 216 f.) **173** blendet das der Standardmaßnahme innewohnende Regelungselement aus und stuft diese typischerweise als bloßen Realakt ein. Dieses Verständnis wirkt sich zulasten des Bürgers aus: Eine Beschlagnahme oder Durchsuchung trüge als Realakt die Vollstreckung gleichsam in sich und dies wäre – insbesondere in Abwesenheit des Gewahrsam- oder Wohnungsinhabers – unabhängig von den Vollstreckungsvoraussetzungen (vgl. § 230 LVwG) möglich, welche aber weitere Restriktionen vorsehen, die in den Ermächtigungsgrundlagen nicht stets verlangt werden (erhöhter Gefahrengrad, besonders wichtige Rechtsgüter). Bei der Anwesenheit des Betroffenen bedürfte es außerdem immer noch einer Duldungsverfügung, wenn der Betroffene mit der Durchführung der Standardmaßnahme nicht einverstanden wäre; dann aber steht die Frage im Raum, auf welcher *Rechtsgrundlage* diese ergehen sollte. Wenn man die Rechtsgrundlagen der Standardmaßnahmen nicht als Ermächtigungsgrundlagen für einen Verwaltungsakt einstufen möchte, dann bliebe allein die Generalklausel, die aber die strengeren Voraussetzungen der Standardermächtigung umgehen würde. Insgesamt ist daher eine Charakterisierung der Standardmaßnahmen als Verwaltungsakt vorzuziehen.

Zwar sind die Standardermächtigungen unterschiedlich konstruiert, aber **174** sie lassen sich doch anhand ihrer **Tatbestandsvoraussetzungen** in verschiedene **Gruppen** einteilen: Zunächst enthält das LVwG eingriffsschwache Ermächtigungen mit niedrigen Voraussetzungen (z.B. Vorladung, § 199 Abs. 1, Betreten von Geschäftsräumen, § 208 Abs. 2). Andere Maßnahmentypen erfordern eine bevorstehende Gefahr (z.B. Identitätsfeststellung, § 181 Abs. 1 S. 1, Platzverweis, § 201). Intensivere Eingriffe stellen besondere, gesteigerte Anforderungen an die Gefahr (z.B. Vorladung, § 199 Abs. 3, Betreten von Geschäftsräumen, § 208 Abs. 1 und 3 Nr. 2). Schließlich kennt das LVwG auch Ermächtigungen mit einem vollständig eigenen Tatbestand (z.B. Identitätsfeststellung, § 181 Abs. 1 S. 2) und Ermächtigungen zur Durchführung oder Sicherung anderer Maßnahmen, die nicht das Vorliegen einer Gefahrenlage verlangen, sondern die Rechtmäßigkeit einer anderen Maßnahme, die ihrerseits eine konkrete Gefahr erfordert (z.B. erkennungsdienstliche Maßnahmen, § 183 Abs. 1).

II. Vorladung und Vorführung (§§ 199, 200 LVwG)

Eine **Vorladung** (§ 199 LVwG) ist das **rechtliche Gebot** an eine bestimmte, **175** namentlich bekannte Person, zu einer bestimmten Zeit an einem bestimmten **Ort zu erscheinen** und dort bis zur Erledigung der in der Vorladung bezeichneten Angelegenheit **zu verweilen** (*Gusy*, POR, Rn. 225). Sie begründet für sich genommen noch keine Auskunftspflicht (*Schenke*, POR, Rn. 131), ist daher lediglich ein Hilfsmittel der Polizei. Demgegenüber steht die **Vorführung** (§ 200 LVwG), bei der es sich um die **zwangsweise Durchsetzung** der Vorladung mit unmittelbarem Zwang handelt.

176   Abzugrenzen von beidem ist zum einen die unverbindliche **Bitte um Erscheinen**, die durch die verbindliche Regelung zur Vorladung nicht ausgeschlossen wird und im Rahmen der Aufgabenzuweisung rechtlich vertretbar ist, ohne dass die Standards des § 199 LVwG ausgelöst werden.

177   Zum anderen ist die **Vorladung im Strafverfahren** durch den Richter (§ 133 StPO) und den Staatsanwalt (§ 163a Abs. 3 StPO) zu unterscheiden, die ebenfalls mit der Möglichkeit der zwangsweisen Durchsetzung gekoppelt ist und deren Rechtsgrundlagen auch für Vorladungen im Rahmen von § 81 b StPO durch die Polizei gelten.

178   Die Vorladung stellt einen **Eingriff in das Grundrecht** auf allgemeine Handlungsfreiheit (Art. 2 Abs. 1 GG) dar. Allerdings liegt kein Eingriff in die körperliche Bewegungsfreiheit (Art. 2 Abs. 2 S. 2 GG) vor, wenn jemand durch die öffentliche Gewalt verpflichtet wird, an einem bestimmten Ort zu erscheinen (BVerfGE 22, 219 ff. zur Vorladung zum Verkehrsunterricht).

179   Hinsichtlich der **Durchsetzung einer Vorladung mit unmittelbarem Zwang** in Form der Vorführung ist es jedoch umstritten, ob eine **Freiheitsentziehung oder eine Freiheitsbeschränkung** vorliegt. Insgesamt dürften im Hinblick auf Zweck und Kurzfristigkeit der Maßnahme die besseren Gründe für eine Freiheitsbeschränkung sprechen, so dass Art. 104 Abs. 2 GG nicht anwendbar ist. Die Ausgestaltung des Verfahrens nach § 200 LVwG bei der Vorführung, vor allem der Verweis in Abs. 4 auf § 181 Abs. 4 LVwG (richterliche Entscheidung über Zulässigkeit und Fortdauer der Freiheitsentziehung), macht allerdings deutlich, dass der Schleswig-Holsteinische Landesgesetzgeber von einer Freiheitsentziehung i.S.v. Art. 104 Abs. 2 GG ausgeht.

180   Die Vorladung des LVwG **dient ausschließlich der Gefahrenabwehr**. Wenn § 199 Abs. 1 Nr. 1 LVwG die Aufgabenerfüllung erwähnt, ist hier lediglich die gefahrenabwehrende Aufgabe der Polizei erfasst. Vorladungen auf dieser Grundlage im Zusammenhang mit der Verfolgung von Straftaten und Ordnungswidrigkeiten scheiden aus. Trotz der Zielrichtung der Gefahrenabwehr erfordert der Tatbestand **keinen gesteigerten Gefahrgrad**. Den sehr weiten Anforderungen unterfallen selbst die **Gefahrenvorsorge** und die Vorbereitung auf die Gefahrenabwehr. Einzig die Vorladung einer Person mit dem Ziel der allgemeinen Ausforschung oder zu einem nicht der allgemeinen Aufgabenzuweisung „Gefahrenabwehr" unterfallenden Zweck ist unzulässig. Die zwangsweise Durchsetzung durch eine **Vorführung** erfordert hingegen einen **gesteigerten Gefahrengrad** (§ 199 Abs. 3 LVwG).

181   Die Vorladung beinhaltet für sich genommen noch **keine Pflicht zur Auskunft**. Ermächtigungen zum Einholen von Auskünften enthalten erst die §§ 177 ff. LVwG. Damit kann die Vorladung selbst kein eigenes Mittel der Gefahrenabwehr sein. Sie dient der **Gefahrenabwehr nur mittelbar** und steht insofern immer im Zusammenhang mit anderen Eingriffsermächtigungen, wie Datenerhebung, Auskunftserteilung oder erkennungsdienstliche Maßnahmen (§ 179, 180, 183 LVwG). Da die Vorladung nur zum Zweck der Auskunftserteilung (§ 199 Abs. 1 Nr. 1 LVwG) oder der

Durchführung erkennungsdienstlicher Maßnahmen (§ 199 Abs. 1 Nr. 2 LVwG) zulässig ist, müssen die Voraussetzungen dieser Rechtsgrundlagen gegeben sein. Es genügt jedoch, dass Tatsachen, die über reine Spekulation hinausgehen, dafür sprechen, dass die Person sachdienliche Angaben machen kann, eine absolute Gewissheit besteht nicht.

Der **Grund** der Vorladung ist **anzugeben** (§ 199 Abs. 2 S. 1 LVwG). Eine **182** allgemeine Formulierung oder eine abstrakte Umschreibung dieses Grundes ist ungenügend, es sei denn, auf andere Weise lässt sich der Zweck der Gefahrenabwehr nicht verwirklichen.

Der in § 199 Abs. 4 LVwG enthaltene Verweis auf die Schranken der **183** Befugnis zu Vernehmungen der Strafverfolgungsbehörden nach § **136a** StPO hat zur Folge, dass auch im Zuge der polizeirechtlichen Vorladung keine willensbrechenden oder täuschenden Maßnahmen zulässig sind. Auch die **Zeugnis- und Aussageverweigerungsrechte** der StPO muss die Gefahrenabwehrbehörde beachten, so dass bereits das Recht zur Vorladung entsprechend eingeschränkt ist.

III. Platzverweis und Aufenthaltsverbot (§ 201 LVwG)

Unter einem Platzverweis ist die Aufforderung an eine Person oder Perso- **184** nenmehrheit zu verstehen, einen bestimmten **Ort zu verlassen** oder nicht zu betreten (§ 201 Abs. 1 LVwG). Im Gegensatz zum Aufenthaltsverbot (§ 201 Abs. 2 LVwG) ist der Platzverweis nicht auf eine längere Dauer hin angelegt, sondern nur vorübergehender Natur.

Aufgrund des betont kurzfristigen Charakters handelt es sich bei der **185** Platzverweisung um **keine Freiheitsentziehung** i.S.d. Art. 104 GG. Diese liegt erst dann vor, wenn die Person zur Durchsetzung des Platzverweises in Gewahrsam genommen wird. Ebenfalls nicht betroffen ist das Grundrecht auf Freizügigkeit im Bundesgebiet (Art. 11 GG). Jedoch muss sich die Maßnahme an den Maßstäben des einschlägigen Art. 2 Abs. 2 S. 2 GG (**körperliche Bewegungsfreiheit**) und gegebenenfalls auch des Art. 13 GG (**Unverletzlichkeit der Wohnung**) messen lassen, wenn der Inhaber einer Wohnung aus dieser verwiesen wird oder an ihrem Betreten gehindert wird.

Der Platzverweis ist nur zulässig zur „Abwehr einer **im einzelnen Falle 186 bevorstehenden Gefahr**" (§ 201 Abs. 1 S. 1 LVwG). Nicht ausdrücklich genannt wird im Gesetz, welches Schutzgut genau gefährdet sein muss, so dass zu ergänzen ist, dass es sich um eine Gefahr **für die öffentliche Sicherheit handeln** muss. Damit bestehen zunächst keine Unterschiede zu den Tatbestandsvoraussetzungen der Generalklausel aus § 176 Abs. 1 Nr. 2 LVwG. Unter dem Gesichtspunkt der Integrität staatlicher Funktionen als polizeilichem Schutzgut kann eine solche Sachlage insbesondere dann vorliegen, wenn polizeiliche Amtshandlungen im Rahmen der Gefahrenabwehr gestört werden. § 201 Abs. 1 S. 2 LVwG hat in dieser Hinsicht zum einen klarstellende Funktion, weitet aber auch den Schutzbereich der Norm auf private Rettungsdienste aus.

187   Nicht explizit gefordert ist die **Polizeipflicht** der zu verweisenden Person. Dies lässt den Schluss zu, dass mit der Bezeichnung der „Person" eine eigenständig definierte Form des Verfügungsadressaten abweichend von der allgemeinen Regelung polizeipflichtiger Personen eingeführt werden sollte. Aufgrund der systematischen Stellung des § 201 und der §§ 217 ff. gemeinsam im Abschnitt III (Öffentliche Sicherheit) des LVwG kann jedoch davon ausgegangen werden, dass bei einer solchermaßen neutralen Formulierung die Standardermächtigung ebenso wie die Generalklausel durch die Störer- und Nichtstörervorschriften ergänzt werden muss – zumal hier schon durchaus gewichtiger Grundrechtseingriff in Rede steht.

188   Adressat ist stets eine **Person** oder Personengruppe. Dies schließt jedoch nicht aus, dass auch mitgeführte Tiere oder ein vom Pflichtigen gesteuertes Fahrzeug ebenfalls auf Grundlage der Platzverweisung zu entfernen sein können. In **örtlicher** Hinsicht können Platzverweisungen sowohl auf Orte unter freiem Himmel als auch auf geschlossene Räume bezogen ausgesprochen werden. Wird der Zugang zur eigenen Wohnung beschränkt ist jedoch Art. 13 Abs. 7 GG zu beachten.

189   Als **Rechtsfolge** kann die Verpflichtung zum Verlassen bzw. Nicht-Betreten eines Ortes ausgesprochen werden, der nach seinen **räumlichen Ausmaßen begrenzt** ist. Dies können Straßen, Straßenteile, Grundstücke, Gebäude oder Plätze sein. Nicht erfasst werden hingegen gesamte Stadt- oder Gemeindegebiete oder auch nur Gemeindeteile. Die Befugnisnorm erlaubt auch Richtung und Entfernung vorzugeben. Besonders wichtig ist bei Bestimmung der Rechtsfolge die Befolgung des Bestimmtheitsgrundsatzes.

190   Ausgeschlossen sind aufgrund des eindeutigen Wortlautes Maßnahmen mit Dauercharakter („vorübergehend"). Die zulässige **Dauer** der Maßnahme wird durch Art und Ausmaß der Gefahrenlage begrenzt. Die im Rahmen der Verhältnismäßigkeitsprüfung zu beachtende Abhängigkeit von der Gefahr kann auch dazu führen, dass bei einer dauerhaft anhaltenden Gefahr auch längerfristige Verweise möglich sind. Eine feste zeitliche Grenze, bis zu der eine längere Maßnahme noch als vorübergehend bezeichnet werden kann, hat sich bislang nicht gebildet.

191   Praktische Relevanz erhielten diese Überlegungen, als zu Beginn der 90er Jahre auch in Schleswig-Holstein **längerfristige Aufenthaltsverbote** auf der Grundlage des § 201 Abs. 1 LVwG im Zusammenhang mit der Kontrolle von Hooligans oder offenen Drogenszenen diskutiert wurden (*Petersen*, in: Brenneisen/Wilkensen/Staack/Martins, Polizeirechtsreform in S-H, 303). Diese stellen keine Platzverweise dar, weil sie sich über Wochen und Monate hinziehen und damit den Rahmen des Vorübergehenden endgültig sprengen. Schleswig-Holsteinische Behörden hatten daher Aufenthaltsverbote auf Grundlage der Generalklausel (§§ 174, 176 Abs. 1 LVwG) ausgesprochen (*Schipper* u.a., POR in S-H, 4. Altaufl. 2003, Rn. 398). Dieses Vorgehen war umstritten, da üblicherweise doch die Normierung der Spezialermächtigung zum Platzverweis eine Sperrwirkung für den Erlass von Aufenthaltsverboten auf der Grundlage der Generalklausel nach sich zieht (*Alberts*, NVwZ 1997, 45 (47); *Hecker*, NVwZ 1999, 261 (262)). Hier wurde die Abgeschlossenheit der Rechtsfolge des § 201 Abs. 1 LVwG ignoriert.

Dies wurde – nicht nur in Schleswig-Holstein – damit begründet, dass   192
Platzverweis und Aufenthaltsverbot zwei qualitativ unterschiedliche Maßnahmen darstellten, die nach Art und Ausmaß auf nicht vergleichbare Ge-
fahrenlagen reagierten, so dass der Weg zur Anwendung der Generalklausel eröffnet sei (OVG Bremen, NVwZ 1999, 314 (315); VGH Mannheim,
NVwZ 2003, 115 (115)). Dadurch, dass Schleswig-Holstein im Jahre 2007
als eines der letzten Bundesländer eine eigenständige Spezialermächtigung
für Aufenthaltsverbote in § 201 Abs. 2 LVwG eingefügt hat (GVOBl. SH
2007, 234), hat diese Auseinandersetzung indes an Bedeutung verloren,
sollte aber nach wie vor als Warnung dafür dienen, sich nicht leichtfertig
und unter Hinweis auf einen „aliud" Charakter einer Maßnahme über die
abschließende Wirkung einer Standardmaßnahme hinwegzusetzen und auf
die Generalklausel zurückzugreifen.

§ 201 Abs. 2 LVwG gestattet Verfügungen über einen Zeitraum von zu-   193
nächst nicht mehr als drei Monaten. Durch richterlichen Beschluss kann
sie jedoch beliebig ausgeweitet werden (§ 201 Abs. 2 a.E. LVwG), was zu
einer fließenden Ausweitung zur Freiheitsentziehung führen kann (vgl.
BVerfG v. 01.09.2009, 2 BvL 10/07; BeckRS 2009, 39182 zur unzulässi-
gen Vorlage des AG Neumünster).

Eine besondere Form der Platzverweisung stellt die sogenannte **Wegwei-**   194
sung dar, bei der eine Person aufgefordert wird, ihre Wohnung für einige
Tage zu verlassen. Relevant wird dies in Fällen häuslicher Gewaltanwendung. Die Frage, ob sich die Maßnahme, wie früher diskutiert, tatsächlich
noch im Bereich der Platzverweisung bewegt oder ob auf die Generalklausel abzustellen ist, hat sich mit der Schaffung der speziellen Regelung des
§ 201a LVwG in Schleswig-Holstein ebenfalls erledigt.

Der Vorschrift des § 201 LVwG ist ihre **Vollstreckung nicht immanent.**   195
Die auf ihrer Grundlage ergangene Verfügung kann nur eine Grundlage
für eine Vollstreckung im Wege des Verwaltungszwangs nur unter den
Voraussetzungen der §§ 228 ff. LVwG sein. Regelmäßig wird der unmittelbare Zwang als Vollstreckungsmittel in Betracht kommen.

IV. Ingewahrsamnahme (§ 204 LVwG)

Die Ingewahrsamnahme stellt den **Entzug der Bewegungsfreiheit** von Per-   196
sonen gegen bzw. ohne ihren Willen durch Einsperren oder Festhalten an
einem eng **umgrenzten Ort** dar (*Pieroth/Schlink/Kniesel*, POR, § 17
Rn. 1a). Dieser Ort kann nicht nur der Arrestort der Polizeiwache sein,
sondern auch die Schließung der Ausgänge eines Fußballstadions oder die
Einkesselung von Demonstranten durch eine Kette von Polizisten fallen
darunter (*Schenke*, POR, Rn. 142).

Im allgemeinen Polizeirecht findet sich die schleswig-holsteinische   197
Rechtsgrundlage hierfür in § 204 Abs. 1 LVwG. Jedoch greifen in speziellen Fällen zum Schutz von z.B. psychisch kranken oder minderjährigen
Personen die §§ 7 ff. PsychKrankG oder § 42 SGB VIII. Die Abschie-
bungshaft zur Sicherung der Abschiebung ist in § 62 Abs. 1 bis 5 Auf-

enthG geregelt. Diese Ermächtigungen zu präventivem Gewahrsam zur Gefahrenabwehr dürfen nicht mit den Festnahmemöglichkeiten des § 127 StPO gleichgesetzt werden, die der Strafverfolgung dienen. Jedoch kann eine polizeirechtliche Ingewahrsamnahme in eine Festnahme übergehen (*Knemeyer*, POR, Rn. 221).

Die Einbindung in die Gefahrenabwehr macht deutlich, dass die Maßnahme aufgehoben werden muss, sobald die Gefahr vorüber ist.

1. Verfassungsrechtliche Rahmenbedingungen

198 Die Befugnis, Personen in Gewahrsam zu nehmen, ist an der verfassungsrechtlichen Grundentscheidung aus Art. 2 Abs. 2 GG zu messen, nach der die **Freiheit der Person unverletzlich** ist. Hinzu kommen die Voraussetzungen des Art. 104 Abs. 1 und 2 GG, die sich nicht nur ergänzend auf den Gefahrentatbestand auswirken, sondern auch auf das Verfahren.

199 Die in Art. 104 Abs. 1 und 2 GG niedergelegten Kategorien der Freiheitsbeschränkung und der Freiheitsentziehung werden nach der Intensität des Eingriffs abgegrenzt (*Gusy*, POR, Rn. 300). Die **Freiheitsbeschränkung** (Abs. 1) liegt vor, wenn jemand durch die öffentliche Gewalt gegen seinen Willen nicht nur ganz geringfügig daran gehindert wird, einen Ort aufzusuchen oder sich dort aufzuhalten, der ihm an sich (tatsächlich und rechtlich) zugänglich ist (*Epping*, Grundrechte, Rn. 730; *Ipsen*, Staatsrecht II, Rn. 265).

200 Art. 104 Abs. 1 GG wiederholt für derartige Maßnahmen nicht nur den schon in Art. 2 Abs. 2 S. 3 GG enthaltenen Gesetzesvorbehalt, sondern verstärkt ihn noch dadurch, dass in der Norm die Einhaltung der im einfachen parlamentarischen Gesetz vorgeschriebenen Form gefordert wird (*Müller-Franken*, in: Stern/Becker, Grundrechte-Kommentar, Art. 104 Rn. 54 ff.). Damit wird die Einhaltung dieser einfachgesetzlichen Verfahrensvorschriften zum Verfassungsgebot erhoben.

201 Die schwerste Form der Freiheitsbeschränkung ist die **Freiheitsentziehung** (BVerfGE 10, 302 (323)). Ihr Tatbestand erfordert, dass die (tatsächlich und rechtlich) an sich gegebene körperliche Bewegungsfreiheit nach jeder Richtung hin aufgehoben wird (BVerfGE 94, 166 (198); BVerwGE 62, 325 (327 f.)). Dieser Zustand muss für eine mehr als kurzfristige Dauer bestehen (BVerfG, NJW 2004, 3697 (3697); *Müller-Franken*, in: Stern/Becker, Grundrechte-Kommentar, Art. 104 Rn. 33). Ob die Beschränkung der Bewegungsfreiheit von der handelnden Behörde bezweckt sein muss, anstatt bloß der Verwirklichung eines übergeordneten Zweckes zu dienen, ist umstritten (so *Gusy*, NJW 1992, 457, (459); a.A. *Jarass*, in: ders./Pieroth, GG, Art. 2 Rn. 86; *Kunig*, in: von Münch/ders., GG, 5. Aufl. 2003, Art. 104 Rn. 19). Relevant wird diese Frage beispielsweise im Fall einer Blutentnahme auf der Dienststelle, bei der der Betroffene still sitzen muss.

202 Neben dem nach Abs. 1 erforderlichen Gesetzesvorbehalt tritt für die Freiheitsentziehung der verfahrensrechtliche Vorbehalt einer **richterlichen Entscheidung** aus Art. 104 Abs. 2 GG. Im schleswig-holsteinischen Lan-

desrecht wurde dieses Erfordernis etwas versteckt in der Verweisung des § 204 Abs. 6 auf § 181 Abs. 4 LVwG umgesetzt. Hier findet sich ein Richtervorbehalt für das Festhalten von Personen zur Identitätsfeststellung.

In der Vergangenheit wurde auch unter dem Gesichtspunkt des Art. 104 **203** Abs. 2 GG für zulässig gehalten, wenn die Gefahrenabwehrbehörde zunächst eine Ingewahrsamnahme durchführte und erst in der Zeit danach unverzüglich die Anrufung eines Richters erfolgte (BVerwGE 45, 51 (63)). Im Jahre 2002 hat das Bundesverfassungsgericht jedoch den Vorrang des Satzes 1 vor den weiteren Sätzen des Art. 104 Abs. 2 GG betont, sodass auch beim polizeilichen Gewahrsam grundsätzlich eine vorrangige richterliche Entscheidung einzuholen ist, die eine originäre eigene Entscheidung und gerade nicht die Kontrolle einer anderweitigen Entscheidung darstellt.

Die Freiheitsentziehung erfordert danach grundsätzlich eine **vorherige** **204** richterliche Anordnung. Eine nachträgliche richterliche Entscheidung, deren Zulässigkeit in Ausnahmefällen Art. 104 Abs. 2 GG voraussetzt, genügt nur, wenn der mit der Freiheitsentziehung verfolgte verfassungsrechtlich zulässige Zweck nicht erreichbar wäre, sofern der Festnahme die richterliche Entscheidung vorausgehen müsste (BVerfGE 22, 311 (317)). Für diesen Fall fordert Art. 104 Abs. 2 S. 2 GG, die richterliche Entscheidung **unverzüglich nachzuholen** (BVerfGE 10, 302 (321)). „Unverzüglich" ist dahin auszulegen, dass die richterliche Entscheidung ohne jede Verzögerung, die sich nicht aus sachlichen Gründen rechtfertigen lässt, nachgeholt werden muss (BVerfGE 105, 239 (249)).

Das Abwarten der richterlichen Entscheidung darf natürlich nicht zu einer **205** Verlängerung des Gewahrsams führen. Ohne richterliche Bestätigung muss der Gewahrsam spätestens am Ende des Tages nach der Ingewahrsamnahme beendet werden (§ 201 Abs. 5 S. 2 LVwG); er dauert also maximal 48 Stunden an.

Die zulässige Dauer des Gewahrsams nach der richterlichen Entschei- **206** dung ist in Schleswig-Holstein im Gegensatz zu den meisten anderen Ländern (vgl. statt vieler § 17 Abs. 2 S. 2 a.E POG Rheinland-Pfalz) nicht geregelt. Eine Begrenzung kann und muss jedoch im Sinne des Verhältnismäßigkeitsprinzips angenommen werden, die bei einer länger als einige Tage dauernden Freiheitsentziehung überschritten sein wird. Diese landesrechtliche Situation ist im Hinblick auf den Grundsatz der Normenklarheit problematisch.

2. Tatbestandsvoraussetzungen

§ 204 Abs. 1 LVwG nennt verschiedene Tatbestandskonstellationen. Dazu **207** zählen Schutzgewahrsam (Nr. 1), Sicherheitsgewahrsam (Nr. 2), Sicherungsgewahrsam (Nr. 3) und der Durchsetzungsgewahrsam (Nr. 4, 5). Hinzu treten der Gewahrsam zur Sicherung des Personensorgerechts (Abs. 2) sowie die Wiederherstellung des Gewahrsams eines Entflohenen, das auf einer anderen gesetzlichen Grundlage beruht (Abs. 3).

Eine Person kann zum Schutz ihres **eigenen Leib oder Lebens** in **Schutz-** **208** **gewahrsam** (§ 204 Abs. 1 Nr. 1 LVwG) genommen werden. Darunter fällt beispielsweise die Unterbringung eines Betrunkenen zur Ausnüchterung auf der Polizeidienststelle. Obwohl die Verhinderung einer Selbsttötung anders als in den Polizeigesetzen anderer Länder seit 1991 nicht mehr im § 204 LVwG explizit erwähnt ist, erfüllt auch sie die Anforderungen der Norm (LT-Drs. 12/1575, 62).

209   Der **Schutzgewahrsam** richtet sich weder gegen den Verursacher der Gefahr noch gegen den Inhaber der gefährlichen Güter, es sei denn, er ist mit dem Gefährdeten identisch. Es ist damit unerheblich, wer die Situation verursacht hat und ob sie von dem Gefährdeten selbst verschuldet ist. Liegt jedoch eine Bedrohung durch eine andere Person vor, so ist der Gefährdete als Nichtstörer grundsätzlich nur nachrangig in Anspruch zu nehmen, während primär auf den Störer zurückzugreifen ist.

210   Auch im Übrigen ist eine strenge Verhältnismäßigkeitsprüfung erforderlich. Kann beispielsweise die gefährdete Person Verwandten übergeben werden, die genauso gut für ihre Sicherheit sorgen können, so ist eine Verbringung auf die Polizeidienststelle nicht angemessen.

211   Bei der Variante des **Sicherheitsgewahrsams** (§ 204 Abs. 1 Nr. 2 LVwG) wird nicht die zu schützende Person, sondern diejenige, von der die Gefahr ausgeht, festgehalten. Zulässig ist sie nur zur Verhinderung von unmittelbar bevorstehenden **Normverstößen**. Dabei ist ein Verschulden des Verletzers aus polizeirechtlicher Sicht unerheblich. Zwar schränkt der Gesetzestext den Katalog der zu verletzenden Straftaten anders als den der Ordnungswidrigkeiten nicht ein. Im Wege der Verhältnismäßigkeit muss jedoch sichergestellt werden, dass drohende Bagatelldelikte nicht zu einer präventiven Festnahme führen können. Insbesondere im Begriff der Unerlässlichkeit ruft die Norm das Verhältnismäßigkeitsprinzip in Erinnerung.

212   Der **Sicherungsgewahrsam** (§ 204 Abs. 1 Nr. 3 LVwG) zielt ebenfalls auf den Schädiger ab, jedoch nicht wegen der Verletzung von Straf- oder Ordnungswidrigkeitsvorschriften, sondern wegen der Verletzung **privater Rechte**. Er dient der Sicherung der in den §§ 229, 230 Abs. 3 BGB niedergelegten Selbsthilferechte. Der Schutz privater Rechte durch § 204 LVwG ist erforderlich, um den Berechtigten beim tatsächlichen Vorhandensein der obrigkeitlichen Hilfe nicht schlechter zu stellen, als im Rahmen eigenverantwortlichen Wirkens bei der Selbsthilfe. Es besteht daher für die Polizei die Möglichkeit der Freiheit entziehenden Maßnahme, bis eine richterliche Entscheidung über den Antrag des Gläubigers auf persönlichen Sicherheitsarrest (§ 230 Abs. 3 BGB i.V.m. § 918 ZPO) ergeht. Die Arrestentscheidung des Richters ersetzt dabei nicht die unverzügliche richterliche Entscheidung über Zulässigkeit und Fortdauer der Gewahrsamnahme durch die Polizei. Allerdings soll es in Anlehnung an § 204 Abs. 6 i.V.m. § 181 Abs. 4 S. 2 LVwG statthaft sein, die polizeiliche Vorführung vor den Richter vorzunehmen, der für die Anordnung des Arrestes zuständig ist. Dies gilt zumindest, sofern der Gläubiger den persönlichen Sicherheitsarrest beim Amtsgericht bereits beantragt hat. Zu beachten ist, dass im Fall des Sicherungsgewahrsams die Gewahrsamnahme für den Schutz der zivilrechtlichen Ansprüche unerlässlich sein muss. Dies ist nicht der Fall, wenn ein milderes Mittel wie die Identitätsfeststellung möglich ist. Da diese im

Regelfall ausreichend ist, ist die Gewahrsamnahme zum Schutz privater Rechte von äußerst geringer praktischer Bedeutung.

Das **Durchsetzungsgewahrsam** (§ 204 Abs. 1 Nr. 4 und 5 LVwG) dient **213** der Durchsetzung eines **Platzverweises oder Aufenthaltsverbots** nach den §§ 201, 201a LVwG, wenn der Betroffene der Aufforderung, sich zu entfernen oder fern zu bleiben, nicht Folge leistet. Auch diese Maßnahme muss „unerlässlich" sein, woraus folgt, dass zum einen dem Verhältnismäßigkeitsprinzip besondere Bedeutung zukommt, zum anderen der Vollzug der Platzverweisung bzw. des Aufenthaltsverbots vorrangig ist.

Somit ist zunächst zu prüfen, ob die Anordnung des Platzverweises **214** durch Anwendung unmittelbaren Zwangs (§ 239 LVwG), etwa durch Wegdrängen der Person, durchgesetzt werden kann. Erst dann, wenn dies nicht möglich ist oder die Gefahr dadurch nicht beseitigt werden kann, weil beispielsweise der Störer regelmäßig zurückkehrt, darf er in Durchsetzungsgewahrsam genommen werden. Es handelt sich bei den Befugnisnormen von Platzverweisung und Durchsetzungsgewahrsam um aufeinander aufbauende Eingriffsbefugnisse der Grundverfügungsebene. Auch die Gewahrsamnahme kann selbstverständlich, wenn die betroffene Person sich dagegen wehrt, nach § 239 LVwG zwangsweise durchgesetzt werden.

Ein Gewahrsam kann ferner auch zur **Sicherung eines Personensorge- 215 rechts** angeordnet werden (§ 204 Abs. 2 LVwG). Nach der Norm können **Minderjährige** festgesetzt werden, um sie den Sorgeberechtigten oder dem Jugendamt zuzuführen, wenn sie sich ihrer Obhut entzogen haben. Anknüpfungspunkt der Gewahrsamsregelung ist nach der Gesetzesbegründung (LT-Drs. 12/1575, 63) der Begriff der elterlichen Sorge (§§ 1626 ff. BGB), woraus folgt, dass der Schutzzweck der Befugnisnorm unabhängig von einer Gefahrenlage ausschließlich der Durchsetzung des Sorgerechts dient (str.; vgl. *Büttner/Schade*, in: Schipper u.a., POR in S-H, 5. Aufl. 2010 Rn. 177); sowie ohne die schleswig-holsteinische Besonderheit der Gesetzesbegründung zu berücksichtigen *Rachor*, in: Lisken/Denninger, Handbuch des Polizeirechts, 463).

Gemäß § 204 Abs. 3 LVwG ist die Polizei zudem befugt, Personen, die **216** ohnehin bereits **aufgrund anderer Vorschriften** zur Untersuchungshaft (§ 114 StPO), Freiheitsstrafe oder zu freiheitsentziehenden Maßregeln der Besserung und Sicherung (§§ 61 ff. StGB) **festgesetzt** sind, in Gewahrsam zu nehmen, wenn diese sich **ohne Erlaubnis entfernt** haben. Obwohl diesen Personen bereits die Freiheit entzogen wurde, ist die Rechtsgrundlage zur erneuten Ingewahrsamnahme erforderlich, da die Zuständigkeit der Polizei im Hinblick auf § 87 Abs. 1 des Strafvollzugsgesetzes, das die Befugnis nur der Strafvollzugsbehörde zur Festnahme flüchtiger Gefangener regelt, ansonsten äußerst fraglich wäre (*Brenneisen/Wilksen*, in: Schipper u.a., POR in S-H, 4. Altaufl. 2003, Rn. 431).

Nicht auf der Grundlage des LVwG möglich ist der sogenannte **Verbrin- 217 gungsgewahrsam**. Dabei wird eine drohende Gefahr dadurch abgewendet, dass der Störer von der Polizei an einen Ort gebracht wird, der so weit vom Ursprungsort entfernt ist, dass er in nächster Zeit nicht in der Lage ist, zurückzukehren. Dies geschieht beispielsweise in der Form, dass gewalttätige Demonstranten an den Stadtrand verbracht werden, so dass sie ohne Zugriff auf ein Fahrzeug aus faktischen Gründen erst nach Beendigung der Versammlung an deren Ort zurückkehren können (OVG Bremen, NVwZ 1987, 235 ff.). Diese Maßnahme kann weder direkt unter die Tatbestandsalternativen des § 204 LVwG subsumiert werden, noch ist es möglich, sie auf die Generalklausel zu stützen, da die Formen des Gewahrsams in § 204 LVwG abschließend normiert sind.

218   Es wird jedoch teilweise angenommen, dass der Verbringungsgewahrsam als Minusmaßnahme des Gewahrsams nach § 204 LVwG (teilweise auch des Platzverweises nach § 201 Abs. 1 LVwG) anzusehen sei, da es in seiner Wirkung vergleichbar sei, aber ein milderes Mittel darstelle (BayObLG, NVwZ 1990, 194 (196 f.); *Leggreit*, NVwZ 1999, 263 ff.). Weite Teile der Rechtsprechung und Literatur folgen diesem Gedanken jedoch zu Recht nicht (LG Hamburg, NVwZ-RR 1997, 537 ff.; *Gusy*, POR, Rn. 297; *Maaß*, NVwZ 1985, 151 (154)).

219   Nachdem ein alkoholisierter Lübecker Gymnasiast 2002 infolge eines Verbringungsgewahrsams verstarb und die verantwortlichen Polizisten gemäß § 221 Abs. 1 Nr. 1, Abs. 3 StGB (Aussetzung mit Todesfolge) verurteilt wurden (LG Kiel v. 17.09.2008, Az. 8 Ks 6/08; zuvor BGH, NStZ 2008, 395 f.), ist die praktische Bedeutung dieser Maßnahme insbesondere in Schleswig-Holstein gesunken.

3. Verfahren

220   Für die Durchführung des Gewahrsams ist gemäß § 204 Abs. 4 LVwG **allein die Polizei originär zuständig**. Die Ordnungsbehörden können die Polizei unter Angabe des tatsächlichen und rechtlichen Grundes der Maßnahme ersuchen, eine Person in Gewahrsam zu nehmen. Das Verfahren der Ingewahrsamnahme ergibt sich aus § 205 LVwG. Der dort verwendete Gewahrsamsbegriff ist weit. Er geht über § 204 LVwG hinaus und erfasst alle Fälle des Gewahrsams aufgrund besonderen Gefahrenabwehrrechts und auch außerhalb der Gefahrenabwehr. Für die Anwendung von § 205 LVwG ist es unerheblich, ob die richterliche Entscheidung gemäß Art. 104 Abs. 2 GG bereits eingeholt worden ist oder nicht. Stets muss jedoch der Zweck der Maßnahme eine Freiheitsentziehung sein, so dass eine Einschränkung der Bewegungsfreiheit als Folge einer anderen polizeilichen Maßnahme nicht genügt, um die Pflichten der Behörde aufleben zu lassen.

221   Die **Mitteilung des Grundes** für die Gewahrsamnahme sowie die **Belehrung** über eventuelle Rechtsmittel soll den Betroffenen ermöglichen, gegen unberechtigte Freiheitsentziehungen sofort vorzugehen. Die §§ 204 Abs. 1, 200 Abs. 2 LVwG regeln die Benachrichtigungsrechte des Betroffenen sowie die entsprechenden Pflichten der Behörde. § 205 Abs. 3 LVwG, der die gemeinsame Unterbringung mit weiteren Personen beschränkt, gilt nur für den Raum, der für den endgültigen Verbleib vorgesehen ist, nicht für Beförderungsmittel oder sonstige Diensträume, in denen z.B. Personalien festgestellt werden. Eine Fesselung des in Gewahrsam genommenen ist nur

unter den besonderen Voraussetzungen des § 255 LVwG zulässig, der insofern eine Spezialvorschrift zur Beschränkung des Gewahrsams darstellt.

V. Betreten und Durchsuchen von Räumen (§ 208 LVwG)

§ 208 LVwG gestattet das Betreten (Abs. 1, 2) und Durchsuchen (Abs. 3) **222** von Wohn- und Geschäftsräumen sowie sonstigem umfriedeten Besitztum. Im Gegensatz zu § 123 Abs. 1 StGB genügt für befriedetes Besitztum jedoch nicht jede eingehegte Ackerfläche (*Pieroth/Schlink/Kniesel*, POR, § 18 Rn. 19), sondern es muss sich um einen elementaren Lebensraum (BVerfGE 42, 212 (219)) handeln, der als Rückzugsort der **räumlichen Privatsphäre** dient (BVerfGE 65, 1 (40)).

Unter dem **Betreten** dieser Orte ist das Eintreten, Verweilen und Beo- **223** bachten zu verstehen. Das Betrachten der Objekte, die dabei offen herumliegen genügt auch dann noch nicht für den Begriff der Durchsuchung, wenn der Wohnungsbesitzer sie lieber nicht vorgezeigt hätte. **Durchsuchen** ist erst die zielgerichtete Suche nach Personen oder Sachen bzw. die Ermittlung eines sonstigen Sachverhalts, um etwas aufzuspüren, das der Betroffene von sich aus nicht offen legt (BVerfGE 78, 83 (89); BVerwGE 47, 31 (36)). Es werden somit aktive Handlungen wie das Öffnen von Schränken vorgenommen, die etwas zutage fördern sollen.

1. Verfassungsrechtliche Rahmenbedingungen

Die Voraussetzungen des § 208 LVwG sind verfassungsrechtlich determi- **224** niert. Art. 13 Abs. 1 GG garantiert die **Unverletzlichkeit der Wohnung**, die jedoch hinsichtlich polizeilicher Durchsuchungen und anderer Maßnahmen in den nachfolgenden Absätzen des Art. 13 GG begrenzt wird. Der **Schutzbereich** des Grundrechtes zielt, im Einklang mit dem Grundrecht auf freie Entfaltung der Persönlichkeit (Art. 2 Abs. 1 GG), auf den Anspruch des einzelnen ab, im Bereich seiner räumlichen Lebenssphäre „**in Ruhe gelassen zu werden**" (BVerfGE 103, 142 (150); 109, 279 (313); *Gusy*, JuS 2004, 457 ff.).

Diese räumliche Privatsphäre wird dadurch konstituiert, dass der einzel- **225** ne nach außen erkennbar den Willen zu ausschließlich privater Zugänglichkeit kundtut und diese private Zweckbestimmung rechtlich anerkannt wird. Neben der Eigentums- und Mietwohnung inklusive Keller, Dachböden und Garage zählen dazu beispielsweise auch gemeinsam oder allein genutzte Zimmer in Krankenhäusern und Internaten sowie Wohnwagen, Zelte und Yachten (*Stern*, in: *ders.*/Becker, Grundrechte-Kommentar, 2010, Art. 13 Rn. 29). Auch umfriedete Gartengrundstücke und Hinterhöfe schützt Art. 13 Abs. 1 GG etwa gegen Luftbildaufnahmen (*Dorff*, NJW 2006, 951 ff.).

Nicht umfasst sind gewöhnliche Kraftfahrzeuge, Strandkörbe, Bushalte- **226** stellenhäuschen usw. (*Pieroth/Schlink/Kniesel*, POR, § 18 Rn. 21), da sie nicht primär als privater Rückzugsort dienen. Wegen der in Art. 12 und 14

GG zum Ausdruck kommenden Bedeutung von Arbeit und Beruf für die menschliche Selbstverwirklichung gehören grundsätzlich auch Geschäftsräume zum Schutzbereich (*Pieroth/Schlink*, Grundrechte, Rn. 949). Aufgrund der teilweise öffentlichen Zugänglichkeit sind diese jedoch nur geschützt gegen Durchsuchungen oder das Betreten von für jedermann offenstehenden Laden- und Verkaufsräumen außerhalb der Geschäftszeiten (BVerfGE 78, 251 (254 ff.)).

227   **Eingriffe** in den Schutzbereich können durch das Eindringen in die Wohnung mittels staatlicher Gewalt erfolgen. Konkrete, durch Art. 13 GG unter engen Voraussetzungen vorgesehene Maßnahmen stellen die Durchsuchung zur Aufspürung von Objekten, die der Inhaber nicht von sich aus offenlegen will (Abs. 2) oder die Datenerhebung durch Einsatz technischer Mittel im Rahmen des sogenannten „Lauschangriffs" (Abs. 3 bis 6) dar. Ferner sieht Art. 13 GG sonstige Eingriffe und Beschränkungen vor (Abs. 7), zu denen vor allem das Betreten zählt, nicht aber substanzielle Maßnahmen wie Beschlagnahme und Abriss.

Für die verfassungsrechtliche **Rechtfertigung** dieser möglichen Eingriffe sieht Art. 13 GG sehr konkrete Anforderungen vor, die sich je nach Eingriffsart unterscheiden.

228   **Durchsuchungen** (Abs. 2) unterliegen als besonders grundrechtsintensiver Eingriff schärferen Anforderungen als die von Abs. 7 umfassten „sonstigen Eingriffe". Im Grundsatz werden eine richterliche Anordnung und die Einhaltung von einfachgesetzlich festgeschriebenen Verfahrensvorschriften wie die Anwesenheit von Zeugen und die Niederschrift eines Protokolls verlangt. Besteht Gefahr im Verzug, dürfen auch andere Organe wie Polizei oder Staatsanwaltschaft die Anordnung treffen. Anders als bei der Gewahrsamnahme muss die richterliche Anordnung in diesem Fall nicht nachgeholt werden.

229   **Sonstige Eingriffe** (Abs. 7) wie das Betreten können ohne einfachgesetzliche Grundlage zur Abwehr einer gemeinen Gefahr oder einer Lebensgefahr erfolgen (1. Halbsatz). Dabei handelt es sich um eine eng zu interpretierende verfassungsunmittelbare Eingriffsermächtigung. Hinzu kommt die Möglichkeit, „aufgrund eines Gesetzes" einzugreifen, wenn dies der Verhütung dringender Gefahren dient. Aufgrund der niedrigeren Schutzbedürftigkeit von Geschäftsräumen nimmt das BVerfG das Betreten dieser von den Anforderungen des Abs. 7 aus und nimmt Betretungsbefugnisse aufgrund einer verhältnismäßigen Grundlage für die Betretung zu üblichen Zeiten mit einer Informationspflicht gegenüber dem Grundrechtsträger an.

2. Tatbestandsvoraussetzungen

230   Im schleswig-holsteinischen Polizeirecht werden diese verfassungsrechtlichen Vorgaben durch § 208 LVwG umgesetzt. Die Norm regelt abschließend die Zulässigkeit des Betretens und Durchsuchens von Wohnungen auf der Grundlage des allgemeinen Gefahrenabwehrrechts, so dass die Anwendung der Generalklausel für wohnungsbezogene Eingriffe ausgeschlossen ist. Das **Betreten von Räumen** am Tage ist danach zulässig, wenn

es der Verhütung einer erheblichen Gefahr dient (Abs. 1). „Verhütung"
liegt zeitlich bereits vor Eintritt der Gefahr, eine laufende Kontrolle oder
ein Betreten aufgrund einer vagen Vermutung genügt jedoch nicht. Es
reicht allerdings ein Gefahrverdacht aus. Arbeits-, Betriebs- und **Geschäftsräume** dürfen zu den Geschäftszeiten auch ohne das Vorliegen einer konkreten Gefahr betreten werden, solange der Zweck in der Gefahrenabwehr
liegt.

Abs. 4 i.V.m. Abs. 1 oder 2 gestattet in Ausnahmefällen das **Betreten zur**   231
Nachtzeit von 21:00 bis 6:00 Uhr (§ 324 LVwG). Der Hinweis in Abs. 4
S. 1 auf Abs. 2 ist insofern missverständlich, als dass Abs. 2 immer wäh-
rend der Öffnungszeiten lex specialis ist, unabhängig davon, ob diese tags-
über oder nachts sind. Außerhalb der Öffnungszeiten gilt tagsüber immer
Abs. 1, nachts Abs. 4.

Die Rechtsgrundlage für die **Durchsuchung von Räumen** ist ebenfalls   232
nach der Ausführung am Tage (Abs. 3) oder in der Nacht (Abs. 4 S. 1
i.V.m. Abs. 3) aufgeteilt. Bei Tage ist, abgesehen von den Spezialfällen des
Abs. 3 Nr. 1 und 2, eine gegenwärtige erhebliche Gefahr erforderlich. Hier
kommt zum gesteigerten zeitlichen Element somit ein qualitatives hinzu
(LT-Drs. 12/1575, 64).

VI. Durchsuchung von Sachen (§ 206 LVwG)

1. Begriff und Allgemeines

Eine **Durchsuchung** ist das planvolle, systematische Suchen nach verborge-   233
nen Personen, Sachen oder Spuren (*Pieroth/Schlink/Kniesel*, POR, § 18
Rn. 23). Ist der Ort, an dem sich das Gesuchte befindet, bereits bekannt,
handelt es sich schon begrifflich um keine Durchsuchung mehr. **Sachen**
sind alle körperlichen Gegenstände, unabhängig von ihrer Beweglichkeit
(vgl. § 90 BGB). Damit können nach § 206 LVwG nicht nur Gegenstände
wie Taschen, die eine Person mit sich führt, durchsucht werden, sondern
auch Grundstücke, Wälder, Wiesen und Flüsse, soweit diese nicht als befriedetes Besitztum dem strengeren § 208 LVwG (Durchsuchen von Räumen) unterfallen (*Büttner/Schade*, in: Schipper u.a., POR in S-H, 5. Aufl.
2010 Rn. 179).

Der praktisch bedeutsamste Fall ist die Durchsuchung von Kraftfahrzeu-   234
gen (*Götz*, Allg. POR, § 8 Rn. 47). Am Körper getragene Kleidung fällt
nicht unter § 208 LVwG, da § 202 LVwG (Durchsuchung von Personen)
insoweit spezieller ist (vgl. *Pieroth/Schlink/Kniesel*, POR, § 18 Rn. 12).

Die Durchsuchung erfüllt eine **Annexfunktion**. Da durch sie allein eine   235
Gefahr nicht abgewendet werden kann, bezieht sie ihre Rechtfertigung
allein aus ihrem sachlichen Zusammenhang mit anderen Polizeiverfügungen. So werden beispielsweise bei der Durchsuchung gefundene gefährliche
Gegenstände beschlagnahmt (§ 210 LVwG) oder die gewonnenen Informationen zur weiteren Gefahrenabwehr verwendet, indem etwa die Person,
die durchsucht wurde, in Gewahrsam genommen wird (§ 204 LVwG).

236   Hinsichtlich der **Zuständigkeit** für eine Durchsuchung bestehen keine gesonderten Bestimmungen, so dass Angehörige aller Gefahrenabwehrbehörden i.S.d. § 164 LVwG sie vornehmen dürfen. Dies gilt freilich nicht für
die Durchsetzung gegen den Willen des Inhabers nach § 239 LVwG, die im
Grundsatz nur durch Polizisten vorgenommen werden darf (§ 252 LVwG).
Da sich § 206 LVwG an mehreren Stellen auf Befugnisse bezieht, die nur
der Polizei zustehen (z.B. § 181 Abs. 1 S. 2 LVwG), darf in diesen Fällen
auch nur die Polizei die Durchsuchung vornehmen (*Büttner/Schade*, in:
Schipper u.a., POR in S-H, 5. Aufl. 2010, Rn. 179).

2. Tatbestandsvoraussetzungen

237   § 206 LVwG nennt eine Reihe von Konstellationen, in denen Sachen
durchsucht werden dürfen. Nr. 1 verweist auf die **Voraussetzungen der
Personendurchsuchung** nach § 202 LVwG bezüglich der die Sache mit sich
führenden Person. Damit erfordert diese Tatbestandsalternative das Vorliegen einer Gefahr, während die weiteren Alternativen lediglich der Gefahrenerforschung dienen und somit noch keine konkrete Gefahr erforderlich sein kann (*Pieroth/Schlink/Kniesel*, POR, § 18 Rn. 18).

238   Nach Nr. 2 können Sachen durchsucht werden, wenn lediglich „Tatsachen dafür sprechen", dass sich **darin eine andere Sache befindet, die sichergestellt werden kann.** Es kann sich dabei nur um Sachen handeln, die
nicht von einer Person mitgeführt werden, da ansonsten die engeren Voraussetzungen der Nr. 1 erfüllt sein müssten (*Brenneisen/Wilksen*, in:
Schipper u.a., POR in S-H, 4. Altaufl. 2003, Rn. 446).

239   § 206 Nr. 3 LVwG dient der **Suche nach einer Person,** die aus verschiedenen dargelegten Gründen aufzufinden ist. Auch diese Eingriffsgrundlage
ermächtigt, wie es die Formulierung „wenn Tatsachen dafür sprechen"
zeigt, bereits zur Gefahrenerforschung. Das bei der Befreiung widerrecht-
lich festgehaltener oder hilfloser Personen verteidigte Schutzgut ist die Unverletzlichkeit der Rechtsordnung (*Pieroth/Schlink/Kniesel*, POR, § 18
Rn. 17).

240   Als weitere Ermächtigungen enthält § 206 LVwG solche zu vereinfachten Durchsuchungen an **gefährlichen** (Nr. 4) und **gefährdeten Orten**
(Nr. 5) im Sinne des § 181 Abs. 1 LVwG sowie an Kontrollstellen zur
Durchsuchung von Fahrzeugen (Nr. 6). Die letztgenannte Rechtsgrundlage
ermächtigt insbesondere zur Öffnung von Kofferräumen im Zuge allgemeiner Verkehrskontrollen (*Büttner/Schade*, in: Schipper u.a., POR in S-H,
5. Aufl. 2010, Rn. 179).

3. Formvorschriften (§ 207 LVwG)

241   Zur bestmöglichen Sicherung der Privatsphäre des Inhabers der durchsuchten Sache und um einen sorgsamen Umgang zu gewährleisten sind in § 207
LVwG bestimmte Verfahrensbestimmungen niedergelegt. Danach darf der
Inhaber der Sache oder ein Vertreter **anwesend** sein. Der Inhaber ist derjenige, der den tatsächlichen Gewahrsam ausübt, unabhängig von seiner

rechtlichen Befugnis (*Büttner/Schade*, in: Schipper u.a., POR in S-H, 5. Aufl. 2010, Rn. 181). Anschließend kann die Ausstellung einer **Quittung** verlangt werden. Das Schriftstück dient der Durchsetzung von Staatshaftungsansprüchen im Fall einer Beschädigung der durchsuchten Sache durch die Gefahrenabwehrbehörde.

VII. Sicherstellung von Sachen (§ 210 LVwG)

1. Begriff und Allgemeines

Die Sicherstellung ist die Begründung des Gewahrsams an einer Sache **242** durch die Verwaltung oder eine von ihr beauftragte Person, so dass eine **alleinige hoheitliche Sachherrschaft** ausgeübt wird (*Götz*, Allg. POR, § 8 Rn. 52; *Schenke*, POR, Rn. 158). Eine Unterteilung in Sicherstellung und Beschlagnahme, wie sie in den Polizeigesetzen anderer Bundesländer teilweise zu finden ist (§ 33 PolG B-W und § 27 PolG Sachsen), existiert in Schleswig-Holstein nicht, so dass alle die oben genannte Definition erfüllenden staatlichen Akte eine Sicherstellung darstellen. Verfolgt die Behörde nicht die Absicht, die Sache in Gewahrsam zu nehmen, so greift § 210 LVwG nicht.

Besondere Relevanz hat die Sicherstellung in den vielgestaltigen sog. **Ab-** **243** **schleppfällen, d.h. bei der Entfernung verbotswidrig geparkter Fahrzeuge** (Typisierung der Fallgestaltungen bei *Becker*, JA 2000, 677 ff.). Zweck der Maßnahme ist lediglich die Entfernung des Fahrzeuges vom bisherigen Platz. Weder geht es der Behörde darum, eigenen Gewahrsam zu erlangen, noch soll der Halter vom Gebrauch des Fahrzeugs abgehalten werden. Daher handelt es sich nicht um eine Sicherstellung, sondern eine auf die polizeiliche Generalklausel zu stützende Vollstreckungsmaßnahme (*Knemeyer*, POR, Rn. 252). Eine andere Beurteilung wird lediglich dann erforderlich, wenn der staatliche Zugriff auf ein Fahrzeug deshalb erfolgt, weil es technische Mängel aufweist, so dass sein Betrieb eine Gefahr für die öffentliche Sicherheit darstellen würde oder aber das Fahrzeug mit eingeschlagener Fensterscheibe im öffentlichen Straßenraum abgestellt ist und damit dem Zugriff Dritter offensteht. In solchen Fällen geht es der Behörde gerade darum, den Zugriff des Halters bzw. Dritter auszuschließen, so dass eine Sicherstellung vorliegt (*Brenneisen/Wilksen*, in: Schipper u.a., POR in S-H, 4. Altaufl. 2003, Rn. 470).

Weil Art. 14 Abs. 1 GG nicht nur die abstrakte rechtliche Zuordnung, **244** sondern auch die Nutzung einer Sache durch den Inhaber schützt (BVerfGE 53, 257 (290)), betrifft die Sicherstellung grundsätzlich seine **Eigentumsfreiheit**. Allerdings werden gemäß Art. 14 Abs. 1 S. 2 GG Inhalt und Schranken des Eigentums durch die Gesetze bestimmt. Bei gefahrenabwehrrechtlichen Bestimmungen handelt es sich aufgrund der Sozialbindung des Eigentums um solche den Schutzbereich begrenzenden Normen, so dass auch kein Anspruch auf Entschädigung besteht (*Becker*, in: Stern/ders., Grundrechte-Kommentar, Art. 14 Rn. 213).

245 Einen Sonderfall bildet die Sicherstellung von **Presseerzeugnissen**, die aufgrund des § 1 Abs. 2 LPresseG S-H nicht wegen des Inhalts der Publikationen möglich ist, sondern allenfalls, wenn Art und Verbreitung Gefahren in sich bergen. Diese Vorschrift verdrängt § 210 LVwG als lex specialis (*Schenke*, POR, Rn. 158). Sie entspricht dem bereits vom PrOVG entwickelten Grundsatz von der Polizeifestigkeit der Pressefreiheit (*Götz*, Allg. POR, § 8 Rn. 62).

246 Eine weitere Regelung, die § 210 LVwG verdrängt, findet sich in Art. 25 der Landesverfassung. Danach dürfen Sicherstellungen in den Räumen des **Schleswig-Holsteinischen Landtages** nur mit Zustimmung des Landtagspräsidenten erfolgen. Damit sollen die Arbeitsfähigkeit des Parlamentes gesichert, Repressionen gegen einzelne Fraktionen verhindert und insgesamt die Integrität des Verfassungsorgans gegen Übergriffe der Verwaltung sichergestellt werden. Art. 14 Abs. 3 S. 1 der Landesverfassung macht ohnehin durch den Hinweis auf „Ausübung der Ordnungsgewalt im Landtag und des Hausrechts in den Räumen des Landtages" deutlich, dass die allgemeinen Polizei- und Ordnungsbehörden hier ohnehin keine Zuständigkeiten besitzen.

247 Neben § 210 LVwG bestehen noch zahlreiche **weitere Ermächtigungsgrundlagen**, die die Einziehung von Gegenständen ermöglichen. Dazu zählen zum einen speziellere Normen der Gefahrenabwehr wie § 30 VersammlG, § 56 WaffG und § 21 StVG. Daneben treten die (repressiven) Normen des Strafverfolgungsrechts (§§ 94, 98, 108 StPO).

2. Voraussetzung der Sicherstellung von Sachen

248 § 210 Abs. 1 LVwG ermächtigt zu Sicherstellungen zur Abwehr einer gegenwärtigen Gefahr (Nr. 1), im Zuge der Ingewahrsamnahme einer Person (Nr. 2) oder zum Schutz der sichergestellten Sache (Nr. 3).

249 Der gesteigerte Gefahrengrad der **gegenwärtigen Gefahr** nach § 210 Abs. 1 Nr. 1 LVwG kann zum einen von der sichergestellten Sache selbst ausgehen wie z.B. bei einem defekten Fahrzeug, dessen weiterer Betrieb im Straßenverkehr eine erhöhte Unfallgefahr mit sich bringen würde. Zum anderen kann auch die konkrete Benutzung durch den Besitzer die Gefahr auslösen. Dies ist etwa der Fall, wenn eine alkoholisierte Person ein technisch intaktes Fahrzeug führt (*Götz*, Allg. POR, § 8 Rn. 57). Auch das Mitführen einer Sache wie einer Waffe kann eine entsprechende gegenwärtige Gefahr bedeuten, wenn dies gegen Vorschriften wie § 2 Abs. 3 VersammlG verstößt (*Brenneisen/Wilksen*, in: Schipper u.a., POR in S-H, 4. Altaufl. 2003, Rn. 470).

250 Ferner dürfen Personen, die in **Gewahrsam** nach § 204 LVwG genommen wurden, Sachen abgenommen werden, die sie bei sich führen, wenn dies der Verhinderung einer missbräuchlichen Verwendung dient (Nr. 2). Damit soll neben Übergriffen auf die Beamten auch Suizidversuchen entgegengewirkt werden. Eine konkrete Gefahr ist insoweit nicht erforderlich.

251 § 210 Abs. 1 Nr. 3 LVwG ermächtigt zur Sicherstellung einer Sache zur Verhinderung von Verlust oder Beschädigung. Die Norm dient damit dem

Schutz der **privaten Rechte** von Eigentümern und Besitzern. Da auch dies zum Aufgabenbereich der Gefahrenabwehr zählt (§ 163 Abs. 2 LVwG), ergeben sich Überschneidungen zu § 210 Abs. 1 Nr. 1 LVwG. Die Bestimmung der Nr. 3 soll dies hier klarstellen (LT-Drs. 12/1575, 65). Vor dem Hintergrund des Verhältnismäßigkeitsgebots ist zu beachten, ob die mildere Maßnahme der Benachrichtigung des Berechtigten möglich ist. Die Ermächtigung primär dient daher zur Sicherung der Sache bei Abwesenheit des Berechtigten. Insbesondere hatte der Landesgesetzgeber die Sicherstellung eines im öffentlichen Verkehrsraum abgestellten Pkw nach einem Aufbruch im Sinne, dessen Eigentümer längere Zeit abwesend ist (LT-Drs. 12/1575, 65).

Die Sicherstellung unterliegt **zeitlichen Grenzen.** So ist sie nach § 210 **252** Abs. 2 LVwG aufzuheben, sobald die Voraussetzungen weggefallen sind oder der Zweck erreicht ist. Hat die Polizei die Sicherstellung vorgenommen, so ist die Sache zudem gemäß Abs. 3 nach drei Tagen aufzuheben, solange keine ordnungsbehördliche Bestätigung vorliegt. In beiden Fällen erlangt der Betroffene einen sich aus dem Umkehrschluss der Herausgabepflicht ergebenden Herausgabeanspruch (*Knemeyer*, POR, Rn. 245). Damit stellen § 210 Abs. 2 und 3 LVwG eine konkrete Ausprägung des Folgenbeseitigungsanspruches dar (*Knemeyer*, JuS 1988, 696 ff.).

3. Formvorschriften (§§ 211 LVwG ff.)

Die Sicherstellung durch die **Wegnahme** erfolgt durch einen Vollzugsbeam- **253** ten (§ 211 Abs. 1 LVwG). Auch ein Dritter, z.B. ein Abschleppunternehmer, kann durch den Vollzugsbeamten zur Ausführung angewiesen werden (*Knemeyer*, POR, Rn. 259). Adressat ist zunächst der Pflichtige. Befindet sich die Sache bei einer anderen Person, so kann sie dieser erst weggenommen werden, nachdem ihr gegenüber ein (weiterer) Verwaltungsakt auf Herausgabe ergangen ist (*Büttner/Schade*, in: Schipper u.a., POR in S-H, 5. Aufl. 2010, Rn.187).

Nach ihrer Wegnahme wird die Sache **amtlich verwahrt** (§§ 211 Abs. 5, **254** 212 LVwG). Dies bedeutet, dass die Behörde den Gegenstand in ihren tatsächlichen Herrschaftsbereich übernimmt. Bei der amtlichen Verwahrung handelt es sich um ein öffentlich-rechtliches Schuldverhältnis, auf das die den zivilrechtlichen Verwahrungsvertrag betreffenden Normen mit Ausnahme des § 690 BGB analoge Anwendung finden (*Pieroth/Schlink/Kniesel*, POR, § 19 Rn. 15; *Schenke*, POR, Rn. 160). Verletzungen der sich aus diesem Schuldverhältnis ergebenden Pflichten aus der Verwahrung werden anhand der allgemeinen staatshaftungsrechtlichen Regeln über die Verletzung verwaltungsrechtlicher Schuldverhältnisse beurteilt (OLG Jena, Urt. v. 31.05.2011 – 4 U 1012/10; *Henssler*, in: MüKo BGB, § 688 Rn. 59, 63).

In Ausnahmefällen, in denen die Beschaffenheit der Sache die amtliche **255** Verwahrung nicht zulässt oder diese unzweckmäßig erscheint, können nach § 211 Abs. 5 S. 2 LVwG die Umsetzung des Zwecks der Sicherstellung auf andere Weise erfolgen. So können besonders schwierig zu transportierende Gegenstände statt der Verbringung zur Lagerstätte auch vor Ort eingezäunt und so dem Zugriff anderer entzogen werden. Auch die Lagerung durch einen Dritten, der über die Kapazitäten oder Erfahrung im Umgang mit der Sache verfügt, ist möglich. So kann ein sichergestelltes Tier bei einem privaten Züchter oder Lebensmittel einem Kühlhausbetreiber übergeben werden. In jedem Fall hat die Behörde das erforderliche zu veranlassen, um ihrer aus § 212 LVwG resultierende Obhutspflicht gerecht zu werden.

256   In Einzelfällen darf die sichergestellte Sache **verwertet, vernichtet, eingezogen** oder **unbrauchbar gemacht** werden (§ 213 Abs. 1, 4 LVwG). Die Verwertung der Sache bedeutet die Umsetzung in einen Geldbetrag, der dann nach § 213 Abs. 3 LVwG an die Stelle der Sache tritt (*Knemeyer*, POR, Rn. 263). Dies betrifft zum einen Fälle, in denen die Aufbewahrung oder Unterhaltung mit unverhältnismäßig hohen Kosten verbunden wäre, weil es sich z.B. um leicht verderbliche, aber geringwertige Lebensmittel handelt. Zum anderen betrifft dies Konstellationen, in denen bei Herausgabe die Voraussetzungen für die Sicherstellung erneut eintreten würden.

257   Ein Radarwarngerät, das Fahrzeugführer vor Geschwindigkeitskontrollen warnt, dient ausschließlich dazu, ungeahndete Überschreitungen der zulässigen Höchstgeschwindigkeit zu ermöglichen. Da kein zulässiger Gebrauch denkbar ist, besteht nach der Rückgabe die Gefahr, dass es erneut zu diesem Zweck eingesetzt wird, so dass es verwertet werden darf (VG Schleswig, NZV 2000, 103 (103)). Der Betroffene verliert durch diese Maßnahmen das Eigentum. Bei der Verwertung erhält er einen Anspruch auf Herausgabe des Veräußerungserlöses. Die Vernichtung, die Einziehung und die Unbrauchbarmachung erfolgen ohne Entschädigung, da sie nach allgemeiner Ansicht keine Enteignung, sondern eine Realisierung der eigentumsgrundrechtlichen Sozialbindung darstellen (BVerfGE 20, 351 ff.).

F. Datenerhebung und Datenverarbeitung

258   Die Behörden sind nur in der Lage, ihre Aufgaben der Gefahrenabwehr und -vorsorge sachgerecht zu erfüllen, wenn sie über die notwendigen Informationen darüber verfügen, wo eine Gefahr sich entwickelt, besteht, welche Ausmaße sie hat und welche Personen mit ihr im Zusammenhang stehen. Dies macht es unausweichlich, dass sie sich auch Einzelpersonen betreffendes Datenmaterial beschafft und dieses auswertet. Hierbei erfolgen typischerweise Eingriffe in das Grundrecht auf **informationelle Selbstbestimmung** (ausf. *Becker/Ambrock*, JA 2011, 561 ff.). Die im Folgenden dargestellten Regelungen der §§ 177 ff. LVwG konkretisieren diesen Widerstreit aus dem Informationsbedürfnis der Gefahrenabwehrbehörden und dem Datenschutzinteresse der betroffenen Bürger.

I. Das Grundrecht auf informationelle Selbstbestimmung

Bei den §§ 177 ff. LVwG handelt es sich um spezielle, **bereichsspezifische** 259
Regelungen, wie das Bundesverfassungsgericht sie als Voraussetzung für
staatliche Datenerhebung und -verarbeitung in seinem **Volkszählungsurteil**
(BVerfGE 65, 1 ff.), der Leitentscheidung des deutschen Datenschutz-
rechts, gefordert hat.

Seit der Entscheidung von 1983 schützt Art. 2 Abs. 1 i.V.m. Art. 1 260
Abs. 1 GG als Recht auf informationelle Selbstbestimmung den Einzelnen
gegen die Erhebung, Speicherung, Verwendung, Verknüpfung und Weitergabe seiner persönlichen Daten. Damit ist für den Grundrechtsberechtigten
gewährleistet, dass er prinzipiell selbst über die Preisgabe und Verwendung
persönlicher Daten bestimmen kann. Zugleich muss er ~~Einschränkungen~~
~~seines Rechts nur bei überwiegendem Allgemeininteresse und aufgrund~~
~~einer ausdrücklichen gesetzlichen Befugnisnorm hinnehmen.~~

Im Rahmen der hoheitlichen Aufgabenwahrnehmungen liegt häufig ein 261
dominierendes Interesse an der Verarbeitung personenbezogener Daten
vor. Aber das Recht auf informationelle Selbstbestimmung setzt den exekutiven Eingriffsmaßnahmen auch **Schranken**, die zum Teil unüberwind-
bar sind. So müssen Eingriffe auf eine gesetzliche Ermächtigungsgrundlage
zurückführbar sein, die hinsichtlich ihrer Genauigkeit und Vorherseh-
barkeit der jeweiligen Intensität gerecht wird. So sind beispielsweise an eine
verdeckte Erhebung höhere Maßstäbe zu setzen als an eine offene, für den
Betroffenen als solche erkennbare.

Nicht ausreichend ist eine pauschale Ermächtigungsgrundlage, die staat- 262
lichen Behörden gestattet, Daten aller Art zu sammeln oder zu verwenden.
Vielmehr muss eine **konkret formulierte Norm für ein bestimmtes Rechtsgebiet** präzise festlegen, welche personenbezogenen Daten zu welchem
Zweck für eine Verarbeitung geeignet und erforderlich sind. Eine solche
bereichsspezifische Regelung für das Gebiet der Gefahrenabwehr stellen
die §§ 177 ff. LVwG dar (*Büttner/Schade*, in: Schipper u.a., POR in S-H,
5. Aufl. 2010, Rn. 111). Da in anderen Bereichen wie beispielsweise dem
Gewerberecht oder Ausländerrecht andere Anforderungen aufzustellen
sind, bestehen dort jeweils eigene Normen, die Datenerhebungen und -
verarbeitungen ermöglichen und beschränken.

Die gesetzlichen Regelungen haben zudem **verfahrensrechtliche Schutz-** 263
vorkehrungen wie Aufklärungs- und Auskunftspflichten gegenüber betroffenen Personen, Prüf- und Löschungspflichten, Entscheidungsvorbehalte
sowie Verarbeitungsregeln für Dateien zu treffen. Als Schutz gegen eine
zweckentfremdete Verarbeitung der personenbezogenen Daten sind darüber hinaus spezielle Übermittlungs- und Nutzungsverbote vorzusehen.

Schließlich sieht das Bundesverfassungsgericht in der möglichst frühzei- 264
tigen Beteiligung unabhängiger **Datenschutzbeauftragter** eine erhebliche
Bedeutung für den effektiven Schutz des Grundrechts. Dementsprechend
ist bei bestimmten Maßnahmen der Datenverarbeitung (insbesondere unbemerkt ablaufende) der zuständige Datenschutzbeauftragte zu unterrich-

ten. Für die Aufsicht der schleswig-holsteinischen Gefahrenabwehrbehörden ist das vom Landesdatenschutzbeauftragten geleitete Unabhängige
Landeszentrum für Datenschutz zuständig (§ 39 Abs. 1 S. 1 LDSG).

II. Systematik des Datenschutzes

265   Die vom Bundesverfassungsgericht aufgestellte Vorgabe, adäquate Rechtsgrundlagen für Datenerhebung und -verarbeitung zu schaffen, haben Lan-
des- und Bundesgesetzgeber umgesetzt. So wurden in diverse **Gesetze des
besonderen wie des allgemeinen Verwaltungsrechts** entsprechende Befugnisnormen eingefügt: vgl. §§ 177 ff. LVwG, § 11 GewO, § 22 Landesab-
fallwirtschaftsgesetz. Hinzu treten allgemeine, behördenbezogene Regelungen des Bundesdatenschutzgesetzes und des schleswig-holsteinischen
Landesdatenschutzgesetzes (**BDSG, LDSG**). Darin sind allgemeine Grundsätze datenschutzkonformen Behördenhandelns sowie Schutz- und Schadensersatzansprüche geregelt. Schließlich lassen sich noch allgemeine
Grundsätze aus dem Verfassungsrecht ableiten.

266   In der **Falllösung** ist zum Auffinden der Befugnisnorm stets, wo vorhanden, das **bereichsspezifische Gesetz** heranzuziehen. Daher gehen auch im
Gefahrenabwehrrecht die Regelungen des Sonderordnungsrechts wie z.B.
§ 11 GewO den allgemeinen Regelungen des LVwG vor. Soweit dieses
Schutzansprüche regelt, darf in der Hinsicht auch nicht mehr auf die Da-
tenschutzgesetze zurückgegriffen werden. Ist hingegen im bereichsspezifi-
schen Gesetz zwar der Eingriff, nicht aber die Schutznorm geregelt, so ist
das nächstallgemeinere Gesetz anzuwenden.

III. Allgemeine Grundsätze der Datenerhebung und Datenverarbeitung (§§ 177 f. LVwG)

267   § 177 Abs. 1 LVwG macht die Eingriffsintensität personenbezogener Da-
tenerhebungsmaßnahmen deutlich und stellt den allgemeinen Grundsatz
auf, dass Beschränkungen des Rechts auf informationelle Selbstbestimmung im Bereich der Gefahrenabwehr nur zulässig sind, soweit dies **durch
Gesetz zugelassen** ist oder eine **Einwilligung** der betroffenen Person besteht. Dies entspricht den üblichen Regelungen, wie sie auch in § 11 Abs. 1
Nr. 1, 2 LDSG bzw. § 4 Abs. 1 BDSG niedergelegt sind.

268   Auch der zentrale Begriff der „personenbezogenen Informationen" bzw.
„personenbezogenen Daten" in den §§ 177 f. LVwG ist dem allgemeinen
Datenschutzrecht entlehnt. Es handelt sich dabei um Einzelangaben über
persönliche oder sachliche Verhältnisse einer bestimmten oder bestimmbaren natürlichen Person (§ 2 Abs. 1 LDSG bzw. § 3 Abs. 1 BDSG).

269   Dieser Begriff ist bewusst weit gefasst, damit sie auch auf den ersten
Blick wenig sensible Daten zu einer Person umfasst. Selbst für sich genommen unwichtig erscheinende Informationen lassen sich mittels neuarti-
ger Datenbanktechnologien mit weiteren Informationen verknüpfen, so

dass sie zu einer umfassenden Profilbildung der betroffenen Person beitragen können. Aus diesem Grund gibt es kein wirklich belangloses Datum mehr (BVerfGE 65, 1 (45)), so dass auch der Schutzbereich weit zu fassen ist.

Bereits vor der Datenverarbeitung muss die **Einwilligung** vorliegen, die **270** zweckgebunden erteilt wird (§ 177 Abs. 2 LVwG). Die Verarbeitung darf entsprechend nur zu dem Zweck geschehen, zu dem die Einwilligung erteilt wurde. Da das LVwG keine Formvorschrift enthält, ist in diesem Punkt auf § 12 LDSG zurückzugreifen (*Brenneisen/Wilksen*, in: Schipper u.a., POR in S-H, 4. Altaufl. 2003, Rn. 218), der grundsätzlich die **Schriftform** verlangt.

Soweit besondere Umstände des Einzelfalls ein Abweichen von diesem **271** Formerfordernis angemessen erscheinen lassen, kann die Einwilligung jedoch auch mündlich oder konkludent geschehen, was im Bereich der Gefahrenabwehr oftmals der Fall sein dürfte. Soweit eine solche Einwilligung nicht vorliegt, kommen als Rechtsgrundlage nur die §§ 177 bis 198 LVwG in Betracht, es sei denn, es liegt eine spezialgesetzliche Regelung vor. In jedem Fall scheidet jedoch die Anwendung der allgemeinen Befugnis Generalklausel aus.

Die **Datenerhebung** umfasst die aktive Beschaffung von personenbezo- **272** genen Informationen. Ihre Rechtmäßigkeit richtet sich im allgemeinen Polizeirecht nach den §§ 178 bis 187 LVwG. Ebenso wie es Standardmaßnahmen in den §§ 199 ff. LVwG für polizeiliche Eingriffe gibt, wurden in den §§ 180 ff. LVwG **Standardermächtigungen** für typischerweise genutzte Maßnahmen wie Identitätsfeststellungen oder Befragungen erlassen. Übergreifende und ermächtigungsbegrenzend wirkende **Grundsätze** finden sich in § 178 LVwG. § 179 LVwG bildet eine bereichsspezifische Generalklausel zur Datenerhebung. Die Existenz dieser Norm schließt einen Rückgriff auf die allgemeine Generalklausel des schleswig-holsteinischen Sicherheitsrechts aus (*Becker/Ambrock*, JA 2011, 561 (562)).

Als allgemeinen, für alle Datenerhebungen im Bereich der Gefahrenab- **273** wehr unabhängig von der Ermächtigungsgrundlage geltenden Grundsatz, verlangt § 178 Abs. 1 LVwG die **unmittelbare Datenerhebung**. Danach sollen personenbezogene Informationen bei dem Betroffenen direkt erhoben werden und nicht durch Befragung Dritter oder Einholung einer Auskunft aus einem Register wie dem des Einwohnermeldeamtes. Auf diese Weise erhält der Betroffene Kenntnis von der Erhebung und bleibt von ihn belastenden Falschangaben verschont. Zudem können nur im direkten Kontakt die Belehrungspflichten nach § 178 Abs. 3 LVwG umgesetzt werden. Von dem Erfordernis kann allerdings in vielen Fällen abgewichen werden, da Ausnahmeregelungen für Eilbedürftigkeit und für die erhebliche Gefährdung der polizeilichen Aufgabe bestehen.

Eine weitere allgemeine Anforderung stellt der **Grundsatz der offenen 274 Datenerhebung** aus § 178 Abs. 2 LVwG dar. Es darf sich damit im Regelfall nicht um eine verdeckte Datenerhebung handeln, bei der die vorgenommenen Handlungen unmittelbar beim Betroffenen heimlich oder getarnt vorgenommen werden, was insbesondere dann der Fall ist, wenn die

Behörde die Maßnahme bewusst verschleiert (LT-Drs. 12/1575, 46). Dem Recht auf informationelle Selbstbestimmung steht die verdeckte Erhebung diametral entgegen. Daher kann sie nur die Ausnahme sein und ist strengen Voraussetzungen unterworfen (*Becker/Ambrock*, JA 2011, 561 (563)). So erfordert sie das Vorliegen des gesteigerten Gefahrengrades der erheblichen Gefahr für die polizeiliche Aufgabenerfüllung oder ein überwiegendes Interesse des Betroffenen (§ 178 Abs. 2 LVwG). Ferner besteht eine Unterrichtungspflicht bei einer Speicherung oder Übermittlung einer verdeckt erhobenen Datei, sobald dies ohne eine Gefährdung des Zwecks möglich ist. Dies dient der Transparenz, der Selbstkontrolle und dem Rechtsschutz bei Datenerhebungen.

275   Die Datenerhebung geschieht stets zu einem festzulegenden Zweck. Bei der Datenverarbeitung ist die Behörde an diesen **Zweck gebunden.** Danach dürfen alle rechtmäßig erhobenen Daten auch gespeichert und genutzt werden, soweit dies weiterhin durch den Zweck gerechtfertigt ist, zu dem die Daten erhoben wurden. Nur in Ausnahmefällen ist eine Zweckänderung zulässig, so dass aus Gründen der Gefahrenabwehr erhobene Daten dann auch zum Zweck der Strafverfolgung eingesetzt werden können.

IV. Bereichsspezifische Generalklausel für Eingriffe in das Grundrecht auf informationelle Selbstbestimmung (§ 179 LVwG)

276   Die **Generalklausel** des § 179 LVwG ermächtigt die Gefahrenabwehrbehörden zu Datenerhebungen, die keinen der nachfolgend geregelten Standardmaßnahmen wie Identitätsfeststellung oder Befragung entsprechen (*Becker/Ambrock*, JA 2011, 561 (562 f.)). Dies kann nicht nur zur Abwehr einer **im Einzelfall bevorstehenden Gefahr geschehen** (Abs. 1), sondern auch mit dem Ziel der **vorbeugenden Verhinderung von Straftaten** oder der allgemeinen **Vorbereitung für Hilfeleistung und Handeln in Gefahrfällen** (Abs. 4). Diese Voraussetzungen sind dadurch, dass auch vorbeugende Maßnahmen dazu zählen, sehr weit gefasst. Dennoch sind die Datenerhebungen ausschließlich zur Gefahrenabwehr und, wie sich aus § 179 Abs. 1 („soweit") ergibt, nur im erforderlichen Umfang zulässig (*Bäumler*, NVwZ 1992, 638 (639)).

277   Liegen die weiten Voraussetzungen der Generalklausel vor, so sind dadurch nur Eingriffe in das Grundrecht auf informationelle Selbstbestimmung legitimiert. Werden im Zusammenhang mit der Datenerhebung beispielsweise durch das Betreten einer Wohnung weitere Grundrechtseingriffe vorgenommen, so ist zusätzlich noch die Rechtmäßigkeit nach den entsprechenden weiteren Ermächtigungsgrundlagen wie § 208 LVwG zu prüfen (*Büttner/Schade*, in: Schipper u.a., POR in S-H, 5. Aufl. 2010, Rn. 127).

278   § 179 Abs. 1, 2 und 4 LVwG enthalten spezielle Bestimmungen darüber, wessen personenbezogene Daten die Gefahrenabwehrbehörde im Zuge der **Verantwortlichkeit** abfragen darf. Dazu zählen neben den polizeipflichtigen Personen nach den §§ 217 ff. LVwG auch geschädigte, hilflose oder

vermisste Personen, deren Angehörige, gesetzliche Vertreter oder Vertrauenspersonen, Hinweisgeber oder sonstige Auskunftspersonen. Gerade die Formulierung „sonstige Auskunftspersonen" macht deutlich, dass jedermann, dessen personenbezogene Daten für die Bekämpfung der Gefahr potentiell hilfreich sein könnten, umfasst ist. Eine Begrenzung des Kreises der Pflichtigen kann daher nicht über die ausführlichen Regelungen der Verantwortlichkeit i.S.d. § 179 LVwG erfolgen, sondern ausschließlich aus der Erforderlichkeit zur Gefahrenabwehr (*Bäumler*, NVwZ 1992, 638 (639); *Becker/Ambrock*, JA 2011, 561 (563)).

Die Polizei könnte ihre Aufgabe der **präventiven Gefahrenbekämpfung** 279 nicht erfüllen, wenn sie nicht dazu ermächtigt wäre, im Vorfeld einer eventuell später eintretenden Gefahr Ermittlungen anzustellen. Aus diesem Grund ermächtigt § 179 Abs. 2 LVwG sie zur Datenerhebung. Jedoch ist eine gewisse **Schwere der Tat** erforderlich, so dass nur Vergehen, die gewerbs-, gewohnheits- oder bandenmäßig begangen werden sollen oder Verbrechen einen Eingriff rechtfertigen.

Die aus dem Strafrecht bekannten Definitionen greifen auch hier. So 280 handelt der Täter gewerbsmäßig, wenn er die Absicht verfolgt, sich durch wiederholte Begehung eine Einnahmequelle von einer gewissen Dauer und Erheblichkeit zu schaffen (BGHSt 49, 177 (181)). Gewohnheitsmäßig handelt, wer einen durch Übung erworbenen Hang zur Wiederholung besitzt (BGHSt 15, 377 (379)). Eine Bande setzt nunmehr den Zusammenschluss von mindestens drei Personen voraus, die sich mit dem Willen verbunden haben, künftig für eine gewisse Dauer mehrere selbstständige, im Einzelnen noch ungewisse Straftaten zu begehen (BGHSt 46, 321 (325)). § 179 Abs. 2 LVwG verlangt hinsichtlich der Wahrscheinlichkeit, dass Tatsachen für die Planung der dargestellten Taten sprechen. Darunter sind objektive Fakten zu verstehen, die Beobachtungen, Hinweisen und Aussagen entspringen. Allgemeine Erfahrungssätze oder Indizien genügen hingegen nicht.

Die Tatbestandsalternative des § 179 Abs. 4 LVwG, die bereits die **Vor-** 281 **bereitung zur Hilfe oder Handlung bei Gefahrenfällen** im Allgemeinen zum Gegenstand hat, ist in ihren Voraussetzungen hinsichtlich Adressat und Inhalt der Datensammlung entsprechend enger. Danach dürfen Register von Personen, auf die wegen spezieller Fähigkeiten oder der Verantwortlichkeiten für Anlagen oder Versammlungen in Gefahrenfällen zurückgegriffen werden sollte, angelegt werden. So kann beispielsweise für immer wieder auftretende Fälle, in denen ein den Verkehr behinderndes Fahrzeug umgehend zu entfernen ist, eine Liste örtlicher Abschleppunternehmer vorgehalten werden, die eine zeitaufwändige Recherche im Einzelfall unnötig macht.

V. Standardermächtigungen zur Datenerhebung

1. Befragung (§ 180 LVwG)

282 Die einfachste und praktisch relevanteste Art der Datenerhebung stellt die Befragung von Personen durch die Polizei- oder Ordnungsbehörde dar. Die Ermächtigung des § 180 LVwG ermöglicht den Gefahrenabwehrbehörden nicht nur ein Auskunftsverlangen hinsichtlich der **personenbezogenen Daten des Befragten oder anderer Personen**, sondern auch hinsichtlich **nicht- personenbezogener Sachinformationen** im Rahmen ihrer Aufgabenerfüllung. Dies ist erforderlich, da eine Befragung nicht nur einen Eingriff in das Grundrecht auf informationelle Selbstbestimmung bedeuten kann, sondern auch in den aus Art. 2 Abs. 1 GG abgeleiteten Anspruch des Bürgers, von der Polizei und den Ordnungsbehörden grundsätzlich in Ruhe gelassen zu werden (LT-Drs. 12/1575. 47).

283 Die befragte Person trifft eine **Auskunftspflicht** (§ 180 Abs. 2 LVwG), ohne die ein Befragungsrecht auch seinen Zweck nicht erfüllen könnte. Durch den Verweis auf die §§ 52 ff. StPO sind die **Zeugnisverweigerungsrechte** für Familienangehörige des Betroffenen wegen beruflicher Schweigepflicht oder um sich nicht selbst zu belasten auch für das Gefahrenabwehrrecht adaptiert. Jedoch besteht das Verweigerungsrecht **nicht bei einer Gefahr für Leib, Leben oder Freiheit einer Person.** Familienangehörige eines Entführers sind somit verpflichtet, ihnen bekannte Einzelheiten, die zur Rettung des Opfers hilfreich sein können, den Gefahrenabwehrbehörden mitzuteilen, obwohl sie den Entführer damit belasten (*Becker/Ambrock*, JA 2011, 561 (563)). Ist das Opfer hingegen bereits verstorben, steht ihnen ein Zeugnisverweigerungsrecht gegenüber den Strafverfolgungsbehörden zu. Durch den Verweis zu § 136a StPO gilt es zudem, vor allem das **Folterverbot** des Strafverfolgungsrechts zu berücksichtigen, das sich auch unmittelbar aus der Verfassung (Art. 104 Abs. 1 S. 2 GG) und dem Völkerrecht (Art. 3 EMRK) ergibt. Da willensbeugende Mittel ausgeschlossen sind, darf auch der Vollzug nicht durch unmittelbaren Zwang, sondern lediglich durch die Verhängung von Zwangsgeld erfolgen.

284 **Der Befragte darf kurzfristig angehalten werden.** Diese der Befragung eigentlich immanente Zusatzbefugnis ist in § 180 Abs. 3 S. 1 LVwG ausdrücklich geregelt. Längerfristige Maßnahmen, wie die Verbringung zum Polizeirevier, lassen sich hingegen nicht mehr auf § 180 LVwG stützen (*Becker/Ambrock*, JA 2011, 561 (563 f.)). Wird jedoch die Namensnennung verweigert, so liegt zum einen ein Verstoß gegen § 111 OWiG (Falsche Namensangabe) vor, zum anderen ist eine Verbringung zur Dienststelle nach § 163b StPO (Feststellung der Identität) i.V.m. § 46 OWiG (Anwendung von Vorschriften der StPO) zulässig, soweit dies verhältnismäßig ist (*Brenneisen/Wilksen*, in: Schipper u.a., POR in S-H, 4. Altaufl. 2003, Rn. 253).

2. Identitätsfeststellung (§ 181 LVwG)

Die Identitätsfeststellung bietet den Gefahrenabwehrbehörden die Mög- **285** lichkeit, die Personalien einer Person zu ermitteln. Dies kann zum einen erforderlich sein, um auf die Person zu einem **späteren Zeitpunkt noch einmal zugreifen** zu können, weil beispielsweise überprüft werden soll, ob sie sich an einen ausgesprochenen Platzverweis gehalten hat oder sie eine Auskunft getätigt hat, zu der später weitere Detailfragen aufkommen könnten. Zum anderen kann der **Abgleich der Identität** mit polizeilichen Informationssystemen wie der Datei „Gewalttäter Sport" notwendig sein, um etwa als Hooligans bekannte Personen von einer Großveranstaltung fernzuhalten (*Nolte*, NVwZ 2001, 147 (150)).

Voraussetzung ist nach § 181 Abs. 1 S. 1 LVwG eine **konkrete Gefahr** **286** für die öffentliche Sicherheit. Dabei ist nicht erforderlich, dass die Identitätsfeststellung diese Gefahr auch abwehrt. Vielmehr dient sie in der Regel der Vorbereitung der Gefahrenabwehr, die dann mittels weiterer Maßnahmen wie beispielsweise dem Platzverweis erfolgt (*Pieroth/Schlink/ Kniesel*, POR, § 14 Rn. 30). Eine **abstrakte Gefahr** kann auch zur Identitätsfeststellung ermächtigen, wenn eine Konstellation des § 181 Abs. 1 S. 2 LVwG greift. Darunter fallen sogenannte **gefährliche Orte**, an denen mit Straftaten zu rechnen ist (Nr. 1), **gefährdete Orte**, die besonders schutzbedürftig sind (Nr. 2, 3), oder **Kontrollstellen**, die beispielsweise im Vorfeld zu Demonstrationen eingerichtet werden können (Nr. 4). Ferner können im Küstengebiet sowie nahe der dänischen Grenze Identitätsfeststellungen durchgeführt werden, wenn Tatsachen auf eine Verbindung zu **grenzüberschreitender Kriminalität** schließen lassen (Nr. 5). Die Möglichkeit, engmaschige Kontrollen im Hinterland der Staatengrenze durchführen zu können, soll der Problematik entgegenwirken, dass seit dem Schengen-Durchführungsübereinkommen von 1990 (ABl. 2000 Nr. L 239 S. 19) keine generellen Kontrollen mehr an der deutsch-dänischen Grenze vorgenommen werden.

Neben der mündlichen Nennung der Identität können auch Maßnahmen **287** zur zweifelsfreien Feststellung getroffen werden (§ 181 Abs. 2 bis 5). Dazu zählt zunächst die Einsichtnahme in die **Ausweispapiere**. Auch eine **Verbringung auf die Dienststelle** ist zu diesem Zweck möglich, wobei besondere Bestimmungen über einen Richtervorbehalt zu beachten sind. Ferner darf dabei keinerlei Verzögerung auftreten (OLG Schleswig, NVwZ 2003, 1412 (1412)).

3. Erkennungsdienstliche Maßnahmen (§ 183 LVwG)

Die Durchsicht der Ausweispapiere oder die Befragung von Zeugen zum **288** Zwecke der Identitätsfeststellung ist bisweilen nicht möglich, weil beides nicht vorhanden ist. Die Durchführung einer Identitätsfeststellung kann auch nicht zielführend sein, weil beispielsweise Zweifel bestehen, ob die betroffene Person mit der auf dem vorliegenden Personalausweis abgelichteten Person identisch ist. In solchen Fällen kann es erforderlich sein, ~~Fingerabdrücke~~ zu entnehmen, ~~Lichtbilder~~ anzufertigen, ~~körperliche Merkmale~~ zu bestimmen, ~~Messungen~~ am Körper vorzunehmen oder ~~Tonbandaufzeichnungen~~ anzufertigen, um die gewonnenen Informationen mit einem Register abzugleichen oder ein solches anfertigen zu können.

289　　Es handelt sich dabei um erkennungsdienstliche Maßnahmen, deren Rechtmäßigkeit sich nach § 183 LVwG bemisst. **Nicht davon umfasst** ist hingegen die Erstellung des sogenannten **„genetischen Fingerabdrucks"**, da es sich dabei nicht um die Feststellung eines äußeren Merkmals handelt und da dieser als besonders schwerwiegender Eingriff in das informationelle Selbstbestimmungsrecht einer ausdrücklichen Erwähnung in einer Ermächtigungsgrundlage bedarf (*Schenke*, POR, Rn. 125; a.A. *Pieroth/Schlink/Kniesel*, POR, § 14 Rn. 57). Eine solche ausdrückliche Ermächtigung ist in § 183a LVwG (medizinische und molekulargenetische Untersuchungen) zu finden.

290　　Erkennungsdienstliche Maßnahmen dürfen in zwei Fallkonstellationen durchgeführt werden. Zum einen können sie zur Feststellung der Identität einer Person erfolgen sind, wenn die Voraussetzungen des § 181 LVwG (**Identitätsfeststellung**) gegeben sind, die Maßnahme aber auf andere Weise nicht oder nur unter erheblichen Schwierigkeiten möglich ist (§ 183 Abs. 1 S. 1 LVwG). Darüber hinaus können Lichtbilder, Fingerabdrücke usw. erstellt und archiviert werden, wenn dies zur Verhütung oder Aufklärung **künftiger Straftaten** erforderlich erscheint (§ 183 Abs. 1 S. 3 LVwG). Erforderlich hierfür ist der dringende Verdacht einer Straftat, verbunden mit der besonders begründeten Gefahr, dass der mutmaßliche Täter weitere Straftaten begehen würde. Auf diese Weise ist es der Polizei gestattet, ein Register aufzubauen, das zum Abgleich mit Fingerabdrücken, die am Tatort einer künftigen Tat aufgefunden werden, oder anderen Spuren vorzunehmen. In diesen Fällen gilt es jedoch, die Konkurrenz zu § 81b StPO (Lichtbilder und Fingerabdrücke) zu beachten, der dann Vorrang genießt, wenn nicht die Verhütung künftiger Straftaten, sondern die Strafverfolgungsvorsorge im Zentrum steht (*Schenke*, POR, Rn. 126).

4. Überwachung von Zusammenkünften (§ 184 LVwG)

291　　Die Überwachung von Zusammenkünften unter Einsatz technischer Mittel dient der Verhinderung von Straftaten sowie der Sicherung privatrechtlicher Ansprüche bei Beschädigungen. Neben der sich aus der Maßnahme ergebenden Möglichkeit, Beweise für die spätere Verfolgung dieser Delikte vorweisen zu können, steht der Gedanke der **Abschreckung** im Vordergrund. Dadurch, dass sichtbare Kameras auf die Menschenmenge gerichtet sind, zeigt die Polizei Präsenz, die friedliches Verhalten fördert (*Becker/Ambrock*, JA 2011, 561 (564)).

292　　Soweit es sich um Versammlungen im Sinne des § 1 VersammlG handelt, bilden die §§ 12a, 19a VersammlG (Bild- und Tonaufnahmen durch die Polizei) die **bereichsspezifische Ermächtigungsgrundlage**. Nur bei sonstigen öffentlichen Veranstaltungen oder Ansammlungen kann auf § 184 Abs. 3

LVwG zurückgegriffen werden. Die allgemein gehaltene Regelung des § 20 LDSG (Video-Überwachung und -Aufzeichnung) greift im Bereich der Gefahrenabwehr höchstens dann, wenn die Maßnahme der Wahrung des Hausrechts der Polizei oder Ordnungsbehörde dient *(Brenneisen/Wilksen,* in: Schipper u.a., POR in S-H, 4. Altaufl. 2003, Rn. 253).

5. Verdeckte Datenerhebung (§ 185 LVwG)

Unter dem Begriff der „besonderen Mittel der Datenerhebung" fasst das **293** LVwG einen Befugniskatalog für besonders schwerwiegende Formen der Datenerhebung zusammen. Diese Maßnahmen haben die Gemeinsamkeit, dass sie heimlich und vom Betroffenen unbemerkt angewandt werden. Dazu zählen die Observation, der verdeckte Einsatz technischer Mittel zur Video- oder Tonüberwachung und der Einsatz von Privatpersonen als Informanten (sogenannte V-Leute). Auf den Einsatz von verdeckten Ermittlern, also Polizisten, die unter einer veränderten Identität auftreten, wurde vom schleswig-holsteinischen Gesetzgeber ebenso bewusst verzichtet wie auf die zunächst geplante Aufnahme „sonstiger technischer Mittel" (*Bäumler,* NVwZ 1992, 638 (640)). Dem liegt ein Bemühen zu einer rechtsstaatlichen Begrenzung der besonderen Eingriffsintensität der verdeckten Ermittlung zugrunde. Entsprechend hoch sind auch die Rechtmäßigkeitsvoraussetzungen angesetzt worden. So ist nicht nur eine konkrete Gefahr für Leib, Leben und Freiheit bzw. eines gleichwertigen Schadens für die Umwelt, Sach- oder Vermögenswerte erforderlich (§ 186 Abs. 2 S. 1 LVwG), sondern es sind auch ausführliche Verfahrensanforderungen einzuhalten (§§ 186 f. LVwG)

VI. Datenabgleich durch die Polizei (§§ 195 f. LVwG)

Die §§ 195, 195a LVwG enthalten Bestimmungen zur im Allgemeinen als **294** Rasterfahndung bekannten Maßnahme (hierzu BVerfGE 93, 181 ff. und 115, 320 ff. – **Rasterfahndung I und II**). Anders als der Begriff „Fahndung" es vermuten lässt, stellt dies keine Form der Datenerhebung dar, sondern es handelt sich um einen Sonderfall der Verwendung der bereits erhobenen Daten. Die Rasterfahndung dient dazu, Personen, denen das Potenzial zugeschrieben wird, Terrorakte oder ähnlich gravierende Taten zu begehen, aus der Masse der Bevölkerung herauszufiltern, um diese gezielt überwachen zu können.

Dazu werden zunächst **allgemeine Kriterien** zu einem Datenraster zu- **295** sammengestellt, von denen vermutet wird, dass die gesuchten Personen sie erfüllen. In Bezug auf islamistische Terroristen können darunter Eigenschaften wie islamischer Glaube, technisches Studium und ein Lebensalter zwischen 20 und 40 Jahren zählen (*Becker/Ambrock,* JA 2011, 561 (565); *Pieroth/Schlink/Kniesel,* POR, § 15 Rn. 51). Die Anmietung von Wohnungen in Autobahnnähe in großen Wohnblöcken mit Fahrstühlen wurde den Terroristen der RAF zusammen mit weiteren Kriterien wie dem Alter und der Marke ihres Fahrzeugs in den 70er Jahren zugeschrieben. Auf der Grundlage solcher Muster werden **nicht-polizeiliche Datenverarbeiter** aufgefordert, **ihre Dateien auf Personen zu durchsuchen**, die den Kriterien entsprechen. Dazu können nicht nur staatliche Behörden wie Einwohnermeldeämter und Universitäten zählen, sondern auch Unternehmen wie Wohnungsbaugesellschaften und Elektrizitätswerke. Die Personen, die in dem automatisierten Verfahren eine hohe Übereinstimmung mit den Kriterien aufweisen, werden als **potentiell verdächtig** angesehen und unter Beobachtung gestellt.

296   Die besondere Problematik dieser Maßnahme besteht darin, dass eine große Zahl völlig ungefährlicher Personen in die Fahndung mit einbezogen wird. Dies betrifft zum einen die Personen, deren Daten abgeglichen und die erst im Ergebnis als unverdächtig eingestuft werden, zum anderen aber auch diejenigen, die wegen nicht verwerflicher Eigenschaften wie ihres Studienfaches als Verdächtiger eingestuft werden (*Gusy*, POR, Rn. 208). Diese Form des Eingriffs ist daher nur Abwehr einer erheblichen Gefahr für so hochrangige Rechtsgüter wie den Bestand und die Sicherheit des Staates, Leib, Leben oder Freiheit eines Menschen oder die Umwelt (§ 195a Abs. 1 LVwG). Zudem ist die Maßnahme gegenüber anderen subsidiär und unterliegt engen Verfahrensvorschriften.

VII. Entscheidung des Bundesverfassungsgerichts zur schleswig-holsteinischen Kennzeichenerfassung

297   Ein Sonderproblem des schleswig-holsteinischen Polizei- und Sicherheitsrechts stellt die in § 184 Abs. 5 LVwG vorgesehene automatische Kennzeichenerfassung dar. Die Ermächtigung zu dieser Maßnahme wurde 2008 vom Bundesverfassungsgericht für mit dem Grundrecht auf **informationelle Selbstbestimmung unvereinbar** erklärt (BVerfGE 120, 378 (397 ff.)) Sie ist zwar bislang noch in ihrer Ursprungsfassung im LVwG enthalten, darf jedoch nicht mehr angewandt werden (GVOBl. 2008, 212).

298   Die Norm erlaubte das **automatisierte Erfassen der Kennzeichen** von Fahrzeugen, die sich auf öffentlichen Straßen bewegten. Dies geschah mithilfe eines Gerätes, das vorbeifahrende Wagen fotografieren und den Text des jeweiligen Nummernschildes extrahieren konnte (*Becker/Ambrock*, JA 2011, 561 (565)). Die gewonnenen Informationen durften ebenfalls automatisiert mit „dem Fahndungsbestand" abgeglichen werden. Wurde dabei eine Übereinstimmung gefunden, weil das Fahrzeug beispielsweise als gestohlen gemeldet war, so wurde eine entsprechende Meldung generiert und die abgeglichene Information gespeichert. Andernfalls hatte die sofortige Löschung zu erfolgen. Der flächendeckende Einsatz dieser Maßnahme wurde ausdrücklich ausgeschlossen.

299   Wenngleich sich Probleme hinsichtlich des Rechtsschutzes Betroffener dadurch ergeben, dass die eingesetzten Kameras nicht für jedermann erkennbar waren, hatte das Bundesverfassungsgericht nur geringe Bedenken gegen die Maßnahme an sich, weil die Erfassung auf den öffentlichen Ver-

kehrsraum beschränkt waren und die Information, dass ein bestimmtes Fahrzeug einen bestimmten Ort passiert hat, von vergleichsweise geringer Persönlichkeitsrelevanz ist. Es stellte hingegen fest, dass die Ausformulierung in § 184 Abs. 5 LVwG nicht den rechtsstaatlichen Anforderungen der Bestimmtheit und Klarheit einer gesetzlichen Ermächtigung genügen konnte. Dies betraf im Wesentlichen den zu weit gefassten Begriff des „Fahndungsbestandes", mit dem die gewonnenen Informationen abgeglichen werden durften. Zum einen bestand Unklarheit darüber, ob auch eine strafprozessuale Verwendung zulässig sein sollte, zum anderen wurde damit lediglich das Mittel, mit dem ein Ermittlungszweck nach der Erhebung weiter verfolgt werden sollte, dargestellt. Welchem Zweck genau die Datenerhebung dienen durfte, blieb offen. Damit musste angenommen werden, dass alle denkbaren Verwendungszwecke eingeschlossen waren. Hinzu kam, dass die Begrifflichkeit des „Fahndungsbestandes" den Charakter einer dynamischen Verweisung aufwies und damit die Möglichkeit bestand, dass sich der Umfang der einbezogenen Datenbestände laufend und in nicht vorhersehbarer Weise verändern konnte.

Auch der Ausschluss des „flächendeckenden Einsatzes" entsprach nicht **300** den notwendigen Bestimmtheitsanforderungen. Zwar erfolgte damit eine Begrenzung auf die Vornahme bei **Verkehrskontrollen**, jedoch dürfen diese insbesondere nach § 36 Abs. 5 StVO in weitem Umfang erfolgen. Die Ermächtigungsgrundlage hat mit diesem Erfordernis zudem nur den Anlass der Kennzeichenerfassung festgelegt, jedoch nicht gesichert, dass auch die Kennzeichenerfassung nur zu dem Zweck der Verkehrskontrolle erfolgen durfte, so dass auch ein Abgleich mit dem Fahndungsbestand möglich war, der keinen spezifischen Bezug zum Anlass der Kontrolle besaß. Schließlich ging mit dem Fehlen einer Zweckbestimmung auch eine grundrechtswidrige Unbestimmtheit hinsichtlich der **Art der erhebbaren Informationen** einher. So war nicht einmal geregelt, ob im Falle einer positiven Abfrage nur der Text des Nummernschildes oder etwa auch die zugrundeliegende Fotografie inklusive der Innenansicht des Fahrzeuges und der darin sitzenden Personen gespeichert werden durften.

Aus den unbestimmten Angaben musste gefolgert werden, dass die **301** Norm im Zweifel eine sehr weit gehende Überwachung zu allen denkbaren Zwecken gestattete. Daraus ergab sich eine **Unverhältnismäßigkeit** der Eingriffsgrundlage. Aufgrund der Verknüpfungsmöglichkeit der automatisch erhobenen digitalen Daten konnte bei den Bürgern der Eindruck einer ständigen Kontrolle entstehen, der nicht hinnehmbar war. Dem hätte durch tatbestandliche Eingrenzungen, materielle Anforderungen oder verfahrensrechtliche Sicherungen begegnet werden können. Da jedoch der Landesgesetzgeber stattdessen breite Formulierungen genutzt hatte, wurde die Ermächtigung zur automatisierten Kennzeichenerfassung für nichtig erklärt.

(P) Automatische Kennzeichenerfassung in SH

G. Die Vollstreckung polizeilicher Verfügungen

I. Allgemeines

302 Es gehört zum Wesen öffentlicher Verwaltung und öffentlicher Gewalt, dass diese ~~ihre Befugnisse zwangsweise durchsetzen~~ kann. Der Verwaltungsakt ist zugleich Rechtsfolgenanordnung und Vollstreckungsgrundlage für die Verwaltung. Da gemäß § 231 LVwG im Grundsatz die den Grundverwaltungsakt erlassende Behörde für die Vollstreckung zuständig ist, kann sie sich somit ihre **Vollstreckungsgrundlage selbst schaffen** (*Pieroth/Schlink/Kniesel*, POR, § 24 Rn. 2).

303 ~~Weil die Vollstreckung aber eine eigenständige Beschwer enthält~~ (*Götz*, Allg. POR, § 13 Rn. 1), unterliegt sie dem ~~Vorbehalt des Gesetzes~~. Aus diesem Grund existieren **Vollstreckungsvorschriften** des Bundes (z.B. VwVG, UZwG) und der Länder (z.B. §§ 228 ff. LVwG). Welche jeweils anwendbar sind, ist wie bei der Auswahl des richtigen Verfahrensrechts zu beurteilen, da Vollstreckungsrecht lediglich dessen Bestandteil ist.

304 Gesetze des besonderen Verwaltungsrechts können eigene vollstreckungsrechtliche Regelungen enthalten. So ist beispielsweise im Ausländerrecht die Abschiebung (§ 58 AufenthG) als Vollstreckung der Ausweisung geregelt. Im Übrigen richtet sich die Kompetenz zum Erlass des Vollstreckungsrechts nicht nach den Sachgesetzgebungskompetenzen der Art. 70 ff. GG, sondern nach der Verteilung der Verwaltungskompetenzen (*Uhle*, in: Maunz/Dürig, GG, Art. 70 Rn. 125). Ein Verwaltungsakt einer Bundesbehörde wird demnach, soweit das materielle Recht die Vollstreckung nicht regelt, nach dem allgemeinen Vollstreckungsrecht des Bundes durchgesetzt. Der von einer Landesbehörde auf der Grundlage von Bundesrecht (z.B. im Ausländerrecht) erlassene Verwaltungsakt wird nach den Vollstreckungsvorschriften des Bundes vollzogen, soweit das Gesetz solche aufweist (z.B. § 58 AufenthG).

305 Die Polizeigesetze der Länder enthalten entweder eigene Abschnitte über die Vollstreckung oder es existiert ein allgemeines Vollstreckungsgesetz des Landes. In Schleswig-Holstein wurde eine Kombination aus beidem gewählt. Aufgrund der regelungstechnischen Besonderheit, dass hier die polizeirechtlichen Vorschriften nicht in einem separaten Polizeigesetz geregelt sind, sondern in ein Gesetz zum allgemeinen Verwaltungsrecht integriert wurden, befinden sich die Vorschriften zur Vollstreckung im direkten Anschluss an das Sicherheitsrecht; sie beanspruchen aber für das gesamte schleswig-holsteinische Verwaltungsrecht Gültigkeit.

306 Enthält der zu vollstreckende Grundverwaltungsakt eine **Zahlungspflicht**, so wird der Geldbetrag nach den §§ 262 ff. LVwG, die den Regelungen der ZPO entsprechen, liquidiert. Handelt es sich um ein Handlungs-, Duldungs- oder Unterlassungsgebot z.B. im Wege einer **Gefahrenabwehrverfügung**, so sieht § 235 Abs. 1 LVwG die Mittel des Zwangsgeldes, der Ersatzvornahme mit anschließendem Kostenbescheid und des unmittelbaren Zwanges vor.

II. Allgemeine Vollzugsvoraussetzungen

1. Die Vollzugsfähigkeit des Verwaltungsaktes (§ 228 LVwG)

Verwaltungsakte zur Gefahrenabwehr sind vollzugsfähig, wenn sie auf 307
eine **Handlung, Duldung** oder ein **Unterlassen** gerichtet sind (§ 228 Abs. 1
LVwG) oder einen ansonsten belastenden Charakter besitzen. Feststellende
und gestaltende Verwaltungsakte entfalten ihre Wirkungen hingegen unmittelbar und bedürfen nicht der Vollziehung, sind deswegen auch nicht
vollzugsfähig. So müssen und können Rücknahme und Erlaubnis aufgrund
ihres gestaltenden Charakters nicht vollstreckt werden. Wird eine erlaub-
nispflichtige Tätigkeit wie der Betrieb einer Gaststätte trotz der Rücknahme der Erlaubnis nach § 15 GastG dennoch fortgeführt, so ist dies illegal
und kann mit einer zusätzlichen Verbotsverfügung unterbunden werden.
Diese ist wiederum auf ein Unterlassen gerichtet, so dass sie vollstreckbar
ist.

Zudem muss der Verwaltungsakt nach § 112 LVwG wirksam sein, also 308
bekanntgegeben und **nicht aufgehoben** oder erledigt sein. **Unanfechtbarkeit**
ist nach § 229 Abs. 1 LVwG ebenfalls in der Regel Vollzugsvoraussetzung,
kann jedoch entbehrlich sein, wenn eine gegenwärtige Gefahr für die öffentliche Sicherheit oder eine Straftat oder Ordnungswidrigkeit auf andere
Weise nicht abgewendet werden kann (§ 229 Abs. 2 LVwG). Daher können Verfügungen im Rahmen der Gefahrenabwehr häufig vor ihrer Unanfechtbarkeit vollstreckt werden.

2. Rechtmäßigkeit des Verwaltungsakts?

Ob auch die Rechtmäßigkeit des Grundverwaltungsaktes eine Vorausset- 309
zung für dessen Vollstreckung darstellt, ist ein vieldiskutiertes Thema.
Eindeutig zu verneinen ist diese Frage hinsichtlich der Verwaltungsakte,
die gemäß § 229 Abs. 1 Nr. 1 LVwG **unanfechtbar** sind. Wie sich aus
§ 112 Abs. 2 LVwG ergibt, ist dieser nach fruchtlosem Einsatz von Rechts-
mitteln bzw. verstrichener Rechtsmittelfrist wirksam, unabhängig davon,
ob er jemals rechtmäßig war. Daher spricht auch nichts dagegen, ihn zu
vollstrecken. Ebenfalls unstrittig ist die Beurteilung von Maßnahmen im
Sofortvollzug nach § 230 LVwG. In diesem Fall darf eine Vollstreckung
ohne vorhergegangenen Grundverwaltungsakt ergehen, wenn dies aufgrund besonderer Eile geboten ist und wenn das hypothetische Aussprechen eines Verwaltungsaktes rechtmäßig wäre. Obwohl kein Verwaltungsakt erlassen wurde, ist also in Fällen des § 230 LVwG zwingend zu prüfen,
ob ein solcher rechtmäßig wäre.

Umstritten ist jedoch die Frage, wie in Fällen des § 229 Abs. 1 Nr. 2 310
LVwG vorzugehen ist, in denen die Widerspruchsfrist zwar noch nicht
abgelaufen ist, die Einlegung eines solchen **Rechtsbehelfs** aber **keine aufschiebende Wirkung** haben würde. Dies geschieht in Fällen des § 80 Abs. 2
VwGO, von dessen Alternativen insbesondere S. 1 Nr. 2 für das Polizei-

recht von Relevanz ist. Danach entfällt die aufschiebende Wirkung von Widerspruch und Anfechtungsklage bei unaufschiebbaren Anordnungen und Maßnahmen von Polizeivollzugsbeamten.

311 In der Literatur wird die Auffassung vertreten, dass nur der Vollzug eines rechtmäßigen Grundverwaltungsaktes zulässig ist (*Heckmann*, VBlBW 1993, 41 (42); *Knemeyer*, POR, Rn. 358; *Möller/Wilhelm*, Allg. POR, Rn. 211 f.). Dies wird primär mit dem aus dem Rechtsstaatsprinzip abzuleitenden Grundsatz von der Gesetzmäßigkeit der Verwaltung (Art. 20 Abs. 3 GG) begründet. Auch die Rechtsschutzgarantie des Art. 19 Abs. 4 S. 1 GG wäre ansonsten gefährdet, da selbst vorläufiger Rechtsschutz zu spät käme.

312 Dem widerspricht die inzwischen ~~wohl herrschende Meinung~~, vor allem in der Rechtsprechung (BVerfG, NVwZ 1999, 290 (292); BVerwG, NJW 1984, 2591 (2592); OVG Nds. als gemeinsames OVG für S-H und Nds, NVwZ 1984, 323 ff.; *Schenke*, POR, Rn. 540 f.). Danach ~~berühren Einwände gegen die Rechtmäßigkeit des Verwaltungsaktes nicht dessen Vollstreckung, sondern lediglich den Verwaltungsakt selbst~~. Sie müssen daher im Rahmen von § 80 Abs. 5 VwGO vorgebracht werden. Das Hauptargument dafür findet sich im Wortlaut der Vollstreckungsnormen. Während § 230 Abs. 1 LVwG (Sofortvollzug) mit der Formulierung „innerhalb ihrer gesetzlichen Befugnisse" das Erfordernis der Rechtmäßigkeit des hypothetischen Grundverwaltungsaktes aufstellt, ist in § 229 LVwG (gestrecktes Verfahren) keine entsprechende Formulierung niedergelegt. Daher kann davon ausgegangen werden, dass in Fällen des § 229 Abs. 1 Nr. 2 LVwG ebenso wie in solchen des Nr. 1 die Rechtmäßigkeit des Grundverwaltungsaktes auch gerade keine Voraussetzung des Vollzuges darstellt.

3. Androhung

313 Zwangsmittel müssen wirksam angedroht werden (§ 236 LVwG). Die Androhung muss sich auf ein bestimmtes Zwangsmittel beziehen, eine Frist nennen und teilweise schriftlich erfolgen. In Fällen des **beschleunigten** oder **sofortigen Vollzuges** kann sie wegen der besonderen Eilbedürftigkeit **unterbleiben** (§ 236 Abs. 1 S. 2 LVwG).

4. Keine Vollstreckungshindernisse

314 Ferner dürfen der Durchsetzung keine Vollstreckungshindernisse entgegenstehen. Diese Einwände leiten sich aus dem Sinn und Zweck eines auf Willensbeugung gerichteten Vollstreckungsverfahrens ab. So muss das Verfahren etwa eingestellt werden, wenn sein **Ziel erreicht** ist oder das Verfahren **keine Aussicht auf Erfolg** bietet (§ 241 Abs. 1 LVwG). Dies kann insbesondere der Fall sein, wenn der Pflichtige materielle Einwände gegen den titulierten Anspruch erheben kann, die erst nach dem Erlass entstanden sind. Ein klassisches Beispiel stellt die **Erfüllung** dar: Hat der Pflichtige die von ihm in der Ordnungsverfügung verlangte Leistung erbracht, so darf nicht weiter gegen ihn vorgegangen werden.

Ein weiteres Vollstreckungshindernis stellt die Unmöglichkeit dar. Von 315 besonderer Relevanz ist hier die **rechtliche Unmöglichkeit**. Sie besteht beispielsweise dann, wenn eine Nebenberechtigung eines Dritten an einer störenden Sache besteht. So kann ein Eigentümer nicht auf eine Sache einwirken, die er vermietet hat.

Vollstreckungshindernisse berühren nicht den Grund der Inanspruch- 316 nahme und damit auch nicht die Rechtmäßigkeit des Grundverwaltungsaktes. Sie führen jedoch zu einem Verbot der Durchsetzung (BVerwGE 40, 101 (103)). Damit entspricht ihre Regelung dem Rechtsgedanken des § 767 ZPO.

III. Vollzugsadressat und Vollzugsbehörde

Der Adressat der Vollzugsmaßnahme entspricht nach § 232 Abs. 1 LVwG 317 dem **Adressaten des Grundverwaltungsaktes**. Gegebenenfalls kann auch der **Rechtsnachfolger** in Anspruch genommen werden, wenn der Verwaltungsakt auch gegen ihn wirkt. Dies betrifft im Wesentlichen die Nachfolger von Zustandsstörern sowie Verhaltensstörern mit einer nicht höchstpersönlichen Pflicht. Gegen Träger der öffentlichen Verwaltung ist der Vollzug nur in seltenen Ausnahmefällen möglich, wenn das Gesetz dies ausdrücklich zulässt (§ 234 LVwG).Vollzugsbehörde ist gemäß § 231 LVwG diejenige Behörde, **die den Verwaltungsakt erlassen hat.** Gleiches gilt für Widerspruchsentscheidungen. So ist etwa die Ordnungsbehörde für den Vollzug des sich aus einem Verkehrsschild ergebenden Wegfahrgebots zuständig, wenn sie das Schild zuvor aufgestellt hat. Für die Polizei besteht hinsichtlich der von Ordnungsbehörden aufgestellten Schilder daher zunächst keine Vollzugszuständigkeit nach § 231 LVwG. Polizeiliche Abschleppmaßnahmen bedürfen vielmehr einer eigenständigen Grundverfügung der Polizei und deren Vollzug beziehungsweise der Vornahme eines sofortigen Vollzugs (§ 230 LVwG). Die Zuständigkeit für den Erlass einer solchen, in Fällen des sofortigen Vollzugs stets nur hypothetischen Grundverfügung kann sich für die Polizei aus der Eilzuständigkeit des § 168 Abs. 1 Nr. 3 LVwG ergeben. Für die Vollstreckung dieser eigenständigen Polizeiverfügung ist dann die Polizei auch Vollzugsbehörde i.S.d. § 231 LVwG.

IV. Einfacher Vollzug („gestrecktes Verfahren")

Der Regelfall des Vollzugs ist das aus mehreren Schritten bestehende ge- 318 streckte Verfahren. Dem Erlass des **Grundverwaltungsaktes** folgt zunächst die **Androhung** des Vollzugs (§ 236 LVwG). Dabei handelt es sich um einen weiteren Verwaltungsakt.

Soll durch Zwangsgeld vollzogen werden, hat zusätzlich zur Androhung 319 die **Festsetzung** § 237 Abs. 2 LVwG zu erfolgen, die wiederum einen weiteren Verwaltungsakt darstellt. Die Festsetzung ist die schriftliche Festlegung, welches Zwangsmittel aus dem Katalog des § 235 Abs. 1 LVwG von der Behörde ausgewählt wurde. In anderen Bundesländern ist sie für alle Vollstreckungsmaßnahmen erforderlich, in Schleswig-Holstein nur für die Auferlegung von Zwangsgeld.

Erst dann folgt die tatsächliche **Anwendung des Zwangsmittels.**

V. Beschleunigter Vollzug (§ 229 Abs. 2 LVwG)

320 Unter den besonderen Voraussetzungen des § 229 Abs. 2 LVwG ist ein beschleunigter Vollzug (bzw. verkürztes Verfahren) möglich. Danach ist eine Vollzugshandlung bereits möglich, obwohl der **Grundverwaltungsakt noch anfechtbar** bleibt, weil beispielsweise die Anfechtungsfrist nach § 70 Abs. 1 S. 1 VwGO noch nicht abgelaufen ist. Auch kann die **aufschiebende Wirkung** eines eingelegten Rechtsbehelfs auf diese Weise **umgangen** werden. Erforderlich hierfür ist, dass eine gegenwärtige Gefahr für die öffentliche Sicherheit oder die Begehung einer Straftat oder Ordnungswidrigkeit auf andere Weise nicht beseitigt werden kann.

321 Dies kann beispielsweise der Fall sein, wenn ein Baum von einem Privatgrundstück auf eine Straße zu fallen droht und die Ordnungsbehörde dem Eigentümer bereits postalisch die Fällung aufgetragen hat. Wenn sich nun innerhalb kurzer Zeit herausstellt, dass die Schieflage des Baumes dramatisch zugenommen hat und ein Herabstürzen in allernächster Zeit möglich erscheint, kann die Behörde den Baum selbstständig fällen und muss keine Reaktion des Eigentümers abwarten. Das Beispiel verdeutlicht, dass die Anordnung von Zwangsgeld im Rahmen des § 229 Abs. 2 LVwG unzweckmäßig ist, so dass lediglich Ersatzvornahme und unmittelbarer Zwang im beschleunigten Vollzug möglich sind.

VI. Der sofortige Vollzug (§ 230 LVwG)

1. Begriff und Anwendung des sofortigen Vollzugs

322 Die Vollstreckung im Wege der Ersatzvornahme oder des unmittelbaren Zwangs setzt im gestreckten und im beschleunigten Verfahren voraus, dass dem Betroffenen zuvor ein Grundverwaltungsakt nach § 112 Abs. 1 LVwG zugegangen ist. Es sind jedoch auch Konstellationen denkbar, in denen dieser **Zugang nicht möglich** ist, weil der Pflichtige z.B. abwesend oder bewusstlos ist oder aber so schnell gehandelt werden muss, dass auch dem Anwesenden gegenüber keine Verfügung mehr ergehen kann (selten). Wenn die Abwendung der Gefahr so dringlich ist, dass nicht abgewartet werden kann, bis ihm ein Brief zugehen kann bzw. er das Bewusstsein wiedererlangt, muss die Gefahrenabwehrbehörde dennoch in der Lage sein, zu handeln.

Dies kann beispielsweise der Fall sein, wenn ein Polizeibeamter in eine Wohnung eindringen muss, aus dessen Fenstern Rauch hinaus weht. Verlangt er lautstark Einlass, bevor er die verschlossene Tür gewaltsam öffnet, so kann darin nur dann ein wirksamer Grundverwaltungsakt gesehen werden, wenn sich jemand in der Wohnung befand, der dies vernommen hat. Befindet sich niemand darin, so wurde **sofortiger Vollzug** nach § 230 **LVwG ohne vorausgegangenen Verwaltungsakt** ausgeübt. Ebenso verhält es sich, wenn ein Fahrzeug zur Beseitigung einer Gefahr sofort beseitigt werden muss, weil es aus zeitlichen Gründen nicht möglich ist, den Halter zu ermitteln und ihm das Entfernen des Wagens aufzutragen. Dann liegt eine einzige Handlung vor, die die Elemente Verwaltungsakt, Androhung und Anwendung ersetzt.

Einen in der Vergangenheit relevanten Anwendungsfall stellte das Ab- **323** schleppen eines Fahrzeugs aufgrund eines erst nach dessen Abstellen aufgestellten **Parkverbotsschild** dar. Verkehrszeichen stellen nach einhelliger Auffassung Verwaltungsakte in Form der Dauerallgemeinverfügung nach § 106 Abs. 2 LVwG dar (BVerfG, NJW 1965, 2395 (2395)). Hinsichtlich dessen Zugangs wurde bis 1996 angenommen, das Verkehrszeichen sei zwar im Rahmen seiner äußeren Wirksamkeit gemäß § 110 Abs. 3 S. 2 LVwG allgemein bekanntgegeben, entfalte gegenüber dem betroffenen Verkehrsteilnehmer jedoch erst dann Wirksamkeit, wenn er sich erstmalig in dessen Regelungsbereich befände und es wahrnehmen könne (innere Wirksamkeit). In BVerwGE 102, 316 (318 f.) wurde diese Differenzierung nach innerer und äußerer Wirksamkeit aufgegeben. Stattdessen ist das Verkehrszeichen danach mit der Aufstellung gegenüber jedem bekanntgegeben, der bei Einhaltung der nach § 1 StVO erforderlichen Sorgfalt das Zeichen erfassen kann, gleichgültig, ob er es im Einzelfall tatsächlich wahrgenommen hat oder nicht. Erforderlich ist hierfür nicht einmal Anwesenheit am Ort, da nicht nur derjenige Verkehrsteilnehmer ist, der sich im Straßenverkehr bewegt, sondern auch der Halter, der sich regelmäßig über geänderte Parkregelungen zu informieren hat (BVerfG, NZV 2009, 622 (623); *Gusy*, POR, Rn. 390; a.A. *Rinze*, NZV 1999, 397 (399); *Weber*, NZV 2008, 263 f.). Damit ist das Parkverbot dem Halter des verkehrswidrig geparkten Fahrzeugs in der Regel bekanntgegeben, so dass das Abschleppen dann eine Ersatzvornahme des im Verkehrszeichen enthaltenen Befehls, sich zu entfernen (*Schenke*, POR, Rn. 714), darstellt.

Nicht zu verwechseln ist der sofortige Vollzug von der sofortigen Voll- **324** ziehung eines Verwaltungsaktes nach § 80 **Abs. 2 S. 4 VwGO**, die Widerspruch und Anfechtungsklage die aufschiebende Wirkung nimmt und gemäß § 229 Abs. 1 LVwG den Vollzug des Verwaltungsaktes gestattet.

2. Voraussetzungen für den sofortigen Vollzug

Wie es sich aus der Formulierung „innerhalb ihrer gesetzlichen Befugnisse" **325** (§ 230 LVwG) entnehmen lässt, müssen für den Sofortvollzug sämtliche Rechtmäßigkeitsvoraussetzungen vorliegen, die erforderlich wären, wenn tatsächlich ein Verwaltungsakt erlassen würde. Damit bedarf es der **Rechtmäßigkeit eines hypothetischen Grundverwaltungsaktes** (*Pieroth/ Schlink/Kniesel*, POR, § 24 Rn. 38). Dazu zählen die formelle Rechtmäßigkeit (Zuständigkeit, Verfahren, Form) und die materielle Rechtmäßigkeit (Tatbestandsvoraussetzungen der Ermächtigungsgrundlage und Inanspruchnahme des korrekten Adressaten). Ferner darf eine gegenwärtige Gefahr nicht anders abgewendet werden können. Dies beinhaltet, dass ein Verwaltungsakt gegen den Pflichtigen nicht oder nicht rechtzeitig möglich ist (*Kalkschmidt/Lütje*, Gefahrenabwehrrecht in S-H, Rn. 205).

326   Die Maßnahme ist nach dem Erreichen des polizeilichen Erfolges einzustellen. Damit entfällt der Eingriff in die Rechte des Bürgers, so dass ein Verwaltungsakt nicht mehr erforderlich wäre. Eine Anfechtungsklage ist daher nicht mehr möglich. Es bleibt nur noch die Möglichkeit festzustellen, ob der abgeschlossene Verwaltungsakt rechtmäßig oder rechtswidrig war. Dies kann nur im Rahmen der an enge Zulässigkeitsvoraussetzungen geknüpften **Fortsetzungsfeststellungsklage** (§ 113 Abs. 1 S. 4 VwGO) geschehen.

VII. Zwangsmittel

Das LVwG kennt drei Zwangsmittel: ~~Ersatzvornahme (§ 238)~~, ~~unmittelbaren Zwang (§ 239)~~ und die ~~Verhängung von Zwangsgeld (§ 237)~~.

1. Ersatzvornahme (§ 238 LVwG)

327   Ersatzvornahme ist ein Zwangsmittel zur Durchsetzung **vertretbarer Handlungen**. Die geschuldete Handlung wird dabei nicht vom Pflichtigen ausgeführt, sondern von der Vollzugsbehörde (Selbstvornahme) oder einer von ihr beauftragten Person (Fremdvornahme). Relevant wird die Verantwortlichkeit des Vollstreckungsschuldners jedoch im Rahmen der **Kosten**, die auf ihn abgewälzt werden können. Damit ergibt sich ein Unterschied des schleswig-holsteinischen Vollstreckungsrechts zu dem des Bundes.

328   Der für Handlungen von Bundesbehörden maßgebliche § 10 VwVG kennt nur Fremdvornahme, nicht aber die Selbstvornahme. Agiert diese Behörde selbstständig, muss es sich dabei deshalb stets um unmittelbaren Zwang handeln (*Pieroth/Schlink/Kniesel*, POR, § 24 Rn. 10), dessen Kosten nicht vom Pflichtigen zu übernehmen sind.

329   Der Einsatz des Zwangsmittels steht im **pflichtgemäßen Ermessen** und unterliegt der Anwendung des **Verhältnismäßigkeitsgrundsatzes**. Dies wirkt sich beispielsweise bei **Parkverstößen** aus: Der bloße Verstoß gegen die StVO für sich genommen kann nicht ohne weiteres als hinreichende Rechtfertigung für ein Abschleppen ausreichen. Es bedarf in aller Regel einer konkreten Behinderung anderer Verkehrsteilnehmer, wie sie beim Blockieren von Rettungswegen oder beim sichtbehindernden Parken entsteht. Allerdings kann auch die negative Vorbildwirkung für andere Verkehrsteilnehmer eine Abschleppmaßnahme rechtfertigen. Zudem kann unter Umständen das mildere Mittel der Kontaktierung des Fahrers möglich sein, wenn dieser seine Mobilfunknummer deutlich sichtbar hinter der Windschutzscheibe hinterlegt. Allerdings ist ein solcher Weg nur gangbar,

wenn Nachforschungen nach dem Fahrer ohne Verzögerungen zu erledigen sind und auch der Ankunft des Fahrers keine weiteren Verzögerungen mehr entgegen stehen, was im Regelfall fraglich ist (BVerwG, NJW 2002, 2122 (2123)). Zudem kann unter Umständen der spezial- und generalpräventive Zweck des Abschleppens überwiegen, wenn aufgrund der Aufmachung des hinterlegten Schriftstückes eine dauerhafte Praxis des Fahrers erkennbar ist (OVG Hamburg, NJW 2001, 3647 (3648)).

2. Unmittelbarer Zwang (§ 239 LVwG)

Unmittelbarer Zwang stellt die direkte Einwirkung auf Personen, z.B. mittels Anwendung des „Polizeigriffes", oder auf Sachen, z.B. durch Tötung eines Tieres mit **körperlicher Gewalt** dar. Auch der Gebrauch von Hilfsmitteln wie Handschellen, Wasserwerfer, Diensthunden und Waffen zählt dazu (§ 251 LVwG). Aufgrund der besonders hohen Eingriffsintensität ist dieses Zwangsmittel **subsidiär** zu Ersatzvornahme und Zwangsgeld. Zudem sind besonders strenge Anforderungen an die Verhältnismäßigkeit zu stellen. **330**

Einen Sonderfall des unmittelbaren Zwanges stellt der Gebrauch von **Schusswaffen** dar. Er unterliegt den besonders strengen Verfahrens- und Rechtmäßigkeitsvoraussetzungen der §§ 256 ff. LVwG. Danach darf er unter anderem nur als ultima ratio (§ 257 Abs. 1 LVwG) und nur durch bestimmte Personen (§ 256 LVwG) nach Abgabe eines Warnschusses oder einer anderen Warnung (§ 259 Abs. 1 S. 3 LVwG) erfolgen. Zusätzlich sind die allgemeinen Zulässigkeits- und Verfahrensvorschriften des unmittelbaren Zwanges (§ 239 i.V.m. §§ 250 ff. LVwG) einzuhalten. Hinsichtlich der Art und Weise der Vollstreckung stellt sich die zentrale Frage, ob und unter welchen Voraussetzungen die Abgabe eines Schusses zulässig ist, der mit großer Wahrscheinlichkeit tödlich wirkt (**finaler Rettungsschuss**). **331**

Im Gegensatz zu den Polizeigesetzen der meisten übrigen Bundesländer findet sich im LVwG keine ausdrückliche Befugnis. § 258 Abs. 1 LVwG gestattet hingegen den Schusswaffengebrauch gegen Personen nur zu dem Ziel, diese angriffs- oder fluchtunfähig zu machen. Nach der amtlichen Begründung ist trotz dieser Formulierung auch die Tötung des Betroffenen rechtmäßig, wenn der Polizeivollzugsbeamte alle Sorgfaltspflichten beachtet (LT-Drs. 12/1575, 69). Dem Erlass IV 4 des Innenministers Schleswig-Holsteins vom 07.08.1992 zufolge ist von der Ermächtigungsgrundlage sogar das gezielte Töten von Personen gedeckt (vgl. *Bock* in Schipper u.a., POR in S-H, 5. Aufl. 2010, Rn. 231). Da aber aufgrund der immensen Bedeutung des Grundrechts auf Leben besonders hohe Anforderungen an den Bestimmtheitsgrundsatz zu stellen sind, kann dem nur gefolgt werden, wenn sich diese Auffassung auch im Gesetzeswortlaut wiederspiegelt. Zwar ließe sich vertreten, dass die Tötung die Übersteigerung der Fluchtunfähigkeit darstellt. Diese Auslegung ist jedoch kaum mit dem **Gesetzesvorbehalt** vereinbar. **332**

Je intensiver in Grundrechte eingegriffen wird, desto höher sind die Anforderungen an die Regelungsdichte im Gesetz (*Epping*, Grundrechte, **333**

Ⓟ Finaler Rettungsschuss in SH

Rn. 405). Wenn der Landesgesetzgeber in Kenntnis der seit Jahren in Deutschland existierenden Diskussion über die Einführung des finalen Todesschusses diesen **nicht ausdrücklich normiert** hat, dann hat er damit seinen Willen zum Ausdruck gebracht, dass er in Schleswig-Holstein **nicht zulässig** sein soll (*Pieroth/Schlink/Kniesel*, POR, § 24 Rn. 20; *Schenke*, POR, Rn. 561; a.A. *Schipper* in: ders. u.a., POR in S-H, 5. Aufl. 2010, Rn. 232). Auch aus § 32 StGB (Notwehr) kann keine Rechtfertigung für staatliche Todesschüsse gefolgert werden, da sie lediglich den Polizeibeamten als Person rechtfertigen kann, nicht aber den Staat, der hinter diesem Täter steht. Solange eine ausdrückliche Befugnisnorm fehlt, ist der finale Todesschuss daher in Schleswig-Holstein rechtswidrig.

334   Bei der Einwirkung auf die Person des Pflichtigen liegt stets unmittelbarer Zwang vor. Hingegen gilt es bei der **Einwirkung auf eine Sache** zu differenzieren. Entspricht die Maßnahme der Polizei der Handlung, die dem Pflichtigen obliegt, stellt sich das Vorgehen als Ersatzvornahme dar. Anderenfalls handelt es sich um unmittelbaren Zwang. Dementsprechend ist von einem Fall des unmittelbaren Zwangs auszugehen, wenn die Polizei eine Tür gewaltsam öffnet, die der Verantwortliche ohne Gewaltanwendung hätte öffnen können (VGH München, Urteil vom 17.04.2008 – 10 B 07.219, besprochen von *Durner* in JA 2009, 911 f.). Der Verantwortliche wäre in dieser Konstellation nämlich nicht verpflichtet gewesen seine Sache zu beschädigen.

335   Eine **Fremdvornahme,** also die Beauftragung eines Dritten, kann nicht als unmittelbarer Zwang qualifiziert werden, da eine Delegation der Befugnis zur Anwendung des unmittelbaren Zwangs in § 239 LVwG nicht vorgesehen ist. Lässt die Polizei also die Öffnung der Tür durch einen Schlüsseldienst vornehmen, handelt es sich um eine Ersatzvornahme (*Pieroth/Schlink/Kniesel*, POR, § 24 Rn. 15).

3. Zwangsgeld (§ 237 LVwG)

336   Beim Zwangsgeld handelt es sich um ein **Beugemittel zur Durchsetzung eines Verwaltungsaktes,** um ein Verhalten zu erzwingen, welches allein vom Willen des Pflichtigen abhängt. Soll beispielsweise ein Störer davon abgehalten werden, weiterhin Ruhestörungen zu begehen, dann ist eine Ersatzvornahme durch die Polizei nicht möglich, da es sein persönliches Schweigen ist, das gefordert ist.

337   Das Zwangsgeld ist in einer Höhe zwischen 15 und 50.000 Euro **schriftlich festzusetzen** (§ 237 Abs. 2, 3 LVwG). Das Zwangsgeld stellt **keine Abgabe** im finanzverfassungsrechtlichen Sinn dar, weil sie nicht dazu dient, staatliche Einnahmen zu erzielen, sondern allein den Bürger zur Erfüllung der im Verwaltungsakt niedergelegten Pflicht anhalten soll. Auch ist sie streng von der Strafe und dem Bußgeld zu unterscheiden, die der Durchsetzung allgemeiner Rechtsnormen dienen. Daher kann ein Zwangsgeld auch verschuldensunabhängig festgesetzt werden (*Gusy*, POR, Rn. 444).

§ 4. Öffentliches Baurecht

Literaturhinweise:

Lehrbücher: *Brenner*, Öffentliches Baurecht, 3. Auflage, 2009; *Brohm*, Öffentliches Baurecht, 3. Auflage, 2002; *Dürr/Alberts*, Baurecht, Schleswig-Holstein, 1. Auflage, 2005; *Hellermann*, Öffentliches Baurecht, in: Dietlein/Burgi/Hellermann, Öffentliches Recht in Nordrhein-Westfalen, 2. Auflage, 2007; *Krebs*, Baurecht, in: Schoch (Hrsg), Besonderes Verwaltungsrecht, 15. Auflage, 2013; *Muckel*, Öffentliches Baurecht, 2010; *Oldiges*, Baurecht, in: Steiner (Hrsg), Besonderes Verwaltungsrecht, 8. Auflage, 2006; *Schmidt-Aßmann*, Grundfragen des Städtebaurechts, 1972; *Stollmann*, Öffentliches Baurecht, 8. Auflage, 2011; *Suttkus*, Bauordnungsrecht sowie *von Mutius*, Kommunalrecht, in: Schmalz/Ewer/von Mutius/Schmidt-Jortzig (Hrsg), Staats- und Verwaltungsrecht für Schleswig-Holstein, 1. Auflage, 2002; *Tettinger/Erbgut/Mann*, Besonderes Verwaltungsrecht, 10. Auflage, 2009.

Kommentare: *Battis/Krautzberger/Löhr*, Kommentar zum Baugesetzbuch, 11. Auflage, 2009; *Bracker/Dehn*, Gemeindeordnung Schleswig-Holstein Kommentar, 8. Auflage, 2010; *Domning/Möller/Suttkus*, Bauordnungsrecht Schleswig-Holstein – Kommentar, Band 1 und 2, 3. Auflage, Stand: Januar 2013; *Dreier* (Hrsg), Grundgesetz Kommentar, Band II, 2. Auflage, 2006; *Ernst/Zinkahn/Bielenberg/Krautzberger*, Kommentar zum Baugesetzbuch, Stand: 107. Ergänzungslieferung 2013; *Ferner/Kröninger/Aschke* (Hrsg), Baugesetzbuch mit Baunutzungsverordnung, Handkommentar, 2. Auflage, 2008; *Kopp/Schenke*, Verwaltungsgerichtsordnung, Kommentar, 19. Auflage, 2013; *Möller/Suttkus*, Landesbauordnung Schleswig-Holstein mit Kurzkommentierung, 2009; *Sachs* (Hrsg), Grundgesetzkommentar, 5. Auflage, 2009; *Schrödter*, Baugesetzbuch Kommentar, 7. Auflage, 2006.

Aufsätze: *Armbrüster*, Eigentumsschutz durch den Beseitigungsanspruch nach § 1004 I 1 BGB und durch Deliktsrecht, Neue Juristische Wochenschrift (NJW) 2003, 3087 ff.; *Badura*, Möglichkeiten und Grenzen des Zivilrechts bei der Gewährleistung öffentlicher und sozialer Erfordernisse im Baurecht, Archiv für die civilistische Praxis (AcP), 176 (1976), 119 ff.; *Battis/Krautzberger/Mitschang/Reidt/Stüer*, Gesetz zur Förderung des Klimaschutzes bei der Entwicklung in den Städten und Gemeinden in Kraft getreten, Neue Zeitschrift für Verwaltungsrecht (NVwZ) 2011, 897 ff.; *Battis/Mitschang/Reidt*, Stärkung der Innenentwicklung in den Städten und Gemeinden, NVwZ 2013, 961 ff.; *Dippel*, Alte und neue Anwendungsprobleme der §§ 36, 38 BauGB, NVwZ 1999, 921 ff.; *Dürr*, Die Klausur im Baurecht, Juristische Schulung (JuS) 2007, 328 ff.; *Frenz*, Der Baugenehmigungsanspruch, JuS 2009, 902 ff.; *Jäde*, Musterbauordnung – ein Überblick, NVwZ 2003, 668 ff.; *Martini/Finkenzeller*, Die Abwägungsfehlerlehre, JuS 2012, 126 ff.; *Niere*, Neuerlass der Landesbauordnung für das Land Schleswig-Holstein, Zeitschrift für öffentliches Recht in Norddeutschland (NordÖR) 2009, 273 ff.; *Michl*, Der baurechtliche Bestandsschutz zwischen Grundgesetz und einfachem Recht, Thüringer Verwaltungsblätter (ThürVBl.) 2010, 280 ff.; *Ortloff*, Die Entwicklung des Bauordnungsrechts, NVwZ 1997, 333 ff.; *Rott*, 100 Jahre „Kreuzberg-Urteil" des PrOVG, NVwZ 1982, 363 f.; *Schoch*, Nachbarschutz im öffentlichen Baurecht, Juristische Ausbildung (Jura) 2004, 317 ff.; *Schulte*, Das Dogma der Baufreiheit, Deutsches Verwaltungsblatt (DVBl.) 1979, 133 ff.; *Weyreuther*, Das bebauungsrechtliche Gebot der Rücksichtnahme und seine Bedeutung für den Nachbarschutz, Zeitschrift für das gesamte öffentliche und zivile Baurecht (BauR) 1975, 1 ff.

Zeitschriften sowie Gesetzesblätter: Neben den bereits zitierten Zeitschriften wurden folgende Zeitschriften insbesondere zum Nachweis von Rspr. verwendet: Rechtsprechungs-Report Verwaltungsrecht (NVwZ-RR); Umwelt- und Planungsrecht, Zeitschrift für Wissenschaft und Praxis (UPR); Zeitschrift für deutsches und internationales Bau- und Vergaberecht (ZfBR); Schleswig-Holsteinische Anzeigen (SchlHA); Baurechtssammlung (BRS); Bundesgesetzblatt (BGBl); Gesetz- und Verordnungsblatt Schleswig-Holstein (GVOBl. Schl.-H.); Amtsblatt Schleswig-Holstein (Amtsblatt Schl.-H.).

A. Einführung[*]

1   Das „Baurecht im Überblick" zählt sowohl in der staatlichen Pflichtfachprüfung (§ 3 Abs. 5 Nr. 4c JAVO) als auch in der 2. Staatsprüfung zu den Prüfungsgegenständen aus dem Besonderen Verwaltungsrecht. Verlangt werden von den Kandidaten Kenntnisse von Inhalt und Struktur der geschriebenen und ungeschriebenen Normen, ihrer systematischen Bedeutung und ihrer Grundgedanken ohne Einzelheiten aus Rechtsprechung und Literatur (§ 3 Abs. 6 JAVO).

I. Grundlagen

1. Öffentliches und privates Baurecht

2   Das Baurecht determiniert allgemein die Art und das Ausmaß der baulichen Nutzung von Grund und Boden, wobei es entsprechend der Zweiteilung der deutschen Rechtsordnung in das private und das öffentliche Baurecht unterfällt.

3   Das private Baurecht regelt die zivilrechtlichen Rechtsbeziehungen hinsichtlich der Nutzung des Eigentums an Grundstücken und der Errichtung von Bauwerken. Von Bedeutung sind die Vorschriften des BGB über das Grundeigentum und das Nachbarrecht (§§ 903 ff. BGB), das Werkvertragsrecht (§§ 631 ff. BGB), das Deliktsrecht (§§ 823 ff. BGB) und die gemäß Art. 124 EGBGB daneben geltenden Nachbarrechtsgesetze der Bundesländer (vgl. z.B. das Nachbarrechtsgesetz für das Land Schleswig-Holstein – NachbG – v. 24.2.1971, GVOBl. Schl.-H. 1971, 54).

4   Das private Baurecht geht von dem aus § 903 BGB abzuleitenden Grundsatz der privatrechtlichen Baufreiheit aus, wonach jeder Eigentümer sein Grundstück nach Belieben bebauen kann, enthält aber zugleich Einschränkungen dieses Grundsatzes (§§ 907, 909 BGB). Das private

---

[*] Für maßgebliche Unterstützung bei der Abfassung dieses Kapitels danke ich meinen wiss. Mitarbeitern Frau Rena Klotzsch und Herrn Christian Willers.

Baurecht allein vermag jedoch nicht das öffentliche Interesse an einer geordneten Nutzung von Grund und Boden ausreichend zu garantieren, v.a. weil die Schranken der Baufreiheit auf die Geltendmachung der Berechtigten, d.h. insbesondere der Nachbarn angewiesen sind. Ein dicht besiedeltes Industrieland wie die Bundesrepublik ist deshalb auf Regeln und Beschränkungen angewiesen, welche die bauliche Nutzung der Grundstücke im öffentlichen Interesse (z.B. aufgrund der Begrenztheit der zur Verfügung stehenden Baufläche oder der Gefahrenabwehr) ordnet und lenkt. Diese Aufgabe erfüllt das öffentliche Baurecht.

Privates und öffentliches Baurecht sind grundsätzlich selbständige 5 Rechtsregime, was bereits daran deutlich wird, dass die Baugenehmigung „unbeschadet der privaten Rechte Dritter erteilt" wird (§ 73 Abs. 3 LBO). Die Bauaufsichtsbehörde kann daher nicht die Einhaltung des privaten Baurechts mittels Verwaltungsaktes erzwingen und sie prüft bei der Entscheidung über die Erteilung einer Baugenehmigung nur die Einhaltung öffentlich-rechtlicher Vorschriften. Die Bauaufsichtsbehörde darf jedoch mangels Sachbescheidungsinteresses einen Bauantrag ohne Prüfung der öffentlich-rechtlichen Zulässigkeit des Vorhabens ablehnen, wenn rechtskräftig entschieden ist, dass aus zivilrechtlichen Gründen das Grundstück nicht bebaut werden darf (BVerwGE 42, 115 (117)).

2. Historische Entwicklung

Das Preußische Allgemeine Landrecht von 1794 statuierte erstmals den 6 Grundsatz der Baufreiheit (§ 65 Abs. 1 S. 8 ALR), sah jedoch auch ein Verbot des Bauens zum Schaden oder zur Unsicherheit des gemeinen Wesens oder zur Verunstaltung der Städte und öffentlichen Plätze vor (§ 66 Abs. 1 S. 8 ALR). Das Baurecht beschränkte sich damit am Anfang seiner Herausbildung auf die ordnungsrechtliche Gefahrenabwehr, was auch in der berühmten Kreuzberg-Entscheidung des Preußischen Oberverwaltungsgerichts aus dem Jahre 1882 zum Ausdruck kommt. Damit hob das Gericht Bauverbote und -beschränkungen in der Umgebung des Berliner Kreuzbergs mit der Begründung auf, dass die Baupolizei nur zur Gefahrenabwehr und nicht zur Förderung des allgemeinen Wohls ermächtigt sei (PrOVGE 9, 353 (376 f.); dazu *Rott*, NVwZ 1982, 363 f.). Dem vorrangig baupolizeilichen Regelungsanspruch gemäß entwickelte sich auf Länderebene das Bauordnungsrecht. Die erste reichseinheitliche Regelung erfolgte 1936 in Gestalt der Baurcgclungsvcrordnung und der Baugestaltungsverordnung, welche Baufreiheit nur nach Maßgabe der Planung einräumten. Nach dem 2. Weltkrieg erließen die meisten Länder sog. Trümmer- und anschließend Aufbaugesetze, mit denen der Wiederaufbau der Städte und Gemeinden begonnen wurde. Die Aufbaugesetze wurden durch das Bundesbaugesetz aus dem Jahre 1960 aufgehoben.

3. Rechtsgrundlagen des öffentlichen Baurechts

a) Gesetzgebungszuständigkeiten

7 Für das öffentliche Baurecht ist zum Teil die konkurrierende Gesetzgebungskompetenz in Art. 74 Abs. 1 Nr. 18 GG („das Bodenrecht") einschlägig, wobei anfangs der Umfang des Kompetenztitels unsicher war, welcher jedoch 1954 durch das Baurechtsgutachten des Bundesverfassungsgerichts festgelegt wurde (BVerfGE 3, 407 ff.).

8 Demnach ergibt sich aus dem Grundgesetz keine Gesetzgebungszuständigkeit des Bundes für das Baurecht als Gesamtmaterie, sondern nur für die städtebauliche Planung, die Baulandumlegung sowie die Zusammenlegung von Grundstücken, den Bodenverkehr, die Erschließung und die auf diese Gebiete bezogene Bodenbewertung (BVerfGE 3, 407 (423 ff.)).

9 Für das verbleibende Bauordnungsrecht sind dagegen die Länder zuständig, da dieses im Kompetenzkatalog des Grundgesetzes nicht enthalten ist (BVerfGE 3, 407 (434)). Materiell-rechtlich ist der Bund demnach zuständig für das bodenbezogene Bauplanungsrecht und die Länder für das objektbezogene Bauordnungsrecht, d.h. für die ordnungsrechtlichen Anforderungen an die konkrete bauliche Anlage. Das Bauordnungsrecht dient neben der Gefahrenabwehr auch der Verhütung von Verunstaltungen, der Sicherung ökologischer Standards und der Wahrnehmung sozialstaatlicher Anliegen (*Krebs*, in: Schoch, 4. Kap. Rn. 6). Den Landesgesetzgebern obliegt ferner in formeller Hinsicht die Ausgestaltung des bauaufsichtlichen Verfahrens sowie der Behördenorganisation (formelles Bauordnungsrecht).

b) Bauplanungsrecht

10 Der Bundesgesetzgeber hat von seiner Gesetzgebungszuständigkeit erstmals im Jahre 1960 Gebrauch gemacht und zur Regelung des Allgemeinen Städtebaurechts das Bundesbaugesetz (BBauG) erlassen, welchem zur Ausgestaltung des Besonderen Städtebaurechts im Jahre 1971 das Städtebauförderungsgesetz (StBauFöG) zur Seite gestellt wurde. Die beiden Gesetze gingen 1987 im Baugesetzbuch (BauGB) auf, das nunmehr das Allgemeine Städtebaurecht und das Besondere Städtebaurecht in einer Kodifikation zusammenfasst.

11 Das Allgemeine Städtebaurecht (1. Kapitel des BauGB) regelt v.a. die Bauleitplanung und die sie begleitenden Maßnahmen und das Besondere Städtebaurecht (2. Kapitel des BauGB) die städtebaulichen Entwicklungs- und Sanierungsmaßnahmen.

12 Eine weitreichende Novellierung des BauGB erfolgte 1998 durch das Bau- und Raumordnungsgesetz (BauROG), das eine Neubekanntmachung des BauGB erforderlich machte. Größere Änderungen erfuhr das BauGB in jüngerer Vergangenheit durch das Europaanpassungsgesetz Bau (EAG Bau) 2004 (BGBl. 2004, Teil I, 1359), das der Umsetzung der EG-Richtlinie zur Umweltprüfung von Plänen und Programmen (Plan-UP-Richtlinie) diente, und 2007 durch das Gesetz zur Erleichterung von Planungsvorhaben für die Innenentwicklung der Städte (BGBl. 2006, Teil I, 3316). Des Weiteren

hat auch die vom Gesetzgeber beschlossene Energiewende Auswirkungen auf das BauGB, mit der Folge dass dieses durch das Gesetz zur Förderung des Klimaschutzes bei der Entwicklung in den Städten und Gemeinden (BGBl. 2011, Teil I, 1509; siehe hierzu auch *Battis/Krautzberger/Mitschang/Reidt/Stüer*, NVwZ 2011, 897 ff.) geändert wurde. Ergänzt wird diese Novellierung durch das im April 2013 verabschiedete Gesetz zur Stärkung der Innenentwicklung in den Städten und Gemeinden und weiteren Fortentwicklung des Städtebaurechts (Innenentwicklungsnovelle 2013), welches am 21.06.2013 bereits in einzelnen Teilen in Kraft getreten ist (BGBl. 2013, Teil I, 1548), der Großteil der Vorschriften (bis auf wenige Ausnahmen, welche am 20.12.2013 in Kraft traten) trat jedoch erst zum 30.09.2013 in Kraft (nähere Erläuterungen hierzu siehe *Battis/Mitschang/Reidt*, NVwZ 2013, 961 ff.).

Das BauGB enthält in § 9a eine Verordnungsermächtigung, auf deren **13** Grundlage v.a. die wichtige Baunutzungsverordnung (BauNVO) ergangen ist, welche die Bauleitpläne der Gemeinden ergänzt und konkretisiert sowie Vorschriften über Bauflächen und Baugebiete und damit über Art und Maß der baulichen Nutzung enthält. Auf Grundlage von § 9a Nr. 4 BauGB ist zudem die Planzeichenverordnung ergangen (PlanzV), welche die für die Bauleitpläne zu verwendenden Planunterlagen und Planzeichen bestimmt.

c) Bauordnungsrecht

Die erste Landesbauordnung in Schleswig-Holstein stammt aus dem Jahre **14** 1950 (Landesbauordnung vom 1. August 1950, GVOBl. Schl.-H. 1950, 225). Nachdem das Bauordnungsrecht kurz nach Gründung der Bundesrepublik in den Bundesländern noch sehr unterschiedlich ausgestaltet war, führte eine 1959 von einer Bund-Länder-Kommission erarbeitete Musterbauordnung, der später weitere nachfolgten, zu einer Vereinheitlichung des Bauordnungsrechts in den Bundesländern. Die aktuelle Musterbauordnung wurde 2002 von der Bauministerkonferenz verabschiedet und zuletzt durch Beschluss der Bauministerkonferenz vom 21.09.2012 geändert. Sie soll den Vorbildcharakter des Musters und die damit verbundene Integrationskraft zurückgewinnen, nachdem sich die Länder im Zuge der Bauordnungsreformen in den 1990er Jahren erheblich von der Musterbauordnung entfernt hatten (vgl. *Jäde*, NVwZ 2003, 668).

Letztere war offensichtlich auch Vorbild für einen großen Teil der Änderungen der neu gefassten und am 1. Mai 2009 in Kraft getretenen Landesbauordnung Schleswig-Holstein (LBO, GVOBl. Schl.-H. 2009, 6), mit der **15** der Landesgesetzgeber eine Deregulierung und Verfahrensvereinfachung sowie eine anwenderfreundlichere Formulierung bezweckte (LT-Drucks. 16/1675, 2; *Niere*, NordÖR 2009, 273 (273)).

4. Verfassungsrechtliche Vorgaben

a) Baufreiheit

16 Die Frage, ob die privatautonome Entscheidung über die bauliche Ausnutzung von Grundeigentum, d.h. die Baufreiheit, dem Eigentumsschutz nach Art. 14 GG (so BVerwGE 45, 309 (330); *Krautzberger,* in: Battis/Krautzberger/Löhr, BauGB, § 1 Rn. 7; *Stollmann,* § 2 Rn. 3) unterfällt oder ob diese nur einfachgesetzlich verbürgt ist (*Schmidt-Assmann,* Grundfragen, 89 ff.; *Schulte,* DVBl. 1979, 133 ff.), wird kontrovers diskutiert. Einfachgesetzlich ist nach § 73 Abs. 1 S. 1 LBO dem Bauherrn die Baugenehmigung zu erteilen, wenn dem Vorhaben keine öffentlich-rechtlichen Vorschriften entgegenstehen. Dieser Streit, der aus unterschiedlichen grundrechtstheoretischen Grundannahmen resultiert (vgl. *Krebs,* in: Schoch, 4. Kap. Rn. 27 ff.), sollte jedoch nicht überbewertet werden, da Einigkeit darüber besteht, dass unter Baufreiheit angesichts des Planvorbehalts und der Planersatzvorschriften der §§ 34, 35 BauGB nur ein eingeschränktes Recht zur baulichen Nutzung des Bodens zu verstehen ist (*Tettinger/Erbguth/Mann,* Rn. 816).

17 Hintergrund ist, dass gemäß Art. 14 Abs. 1 S. 2 GG Inhalt und Grenzen des Eigentums durch die Gesetze bestimmt werden. Rechtsdogmatisch besteht dann die Baufreiheit entweder nach Maßgabe der Planung (i.S.v. Schranke, so *Badura,* AcP 176 (1976), 119 (142)) oder die Planung ist als öffentlich-rechtliche Grundlegung des Rechts, bauen zu dürfen, zu verstehen (i.S.v. Inhaltsbestimmung, so *Schulte,* DVBl. 1979, 133 (141)).

b) Planungshoheit als Gegenstand von Art. 28 Abs. 2 S. 1 GG

18 Nach Art. 28 Abs. 2 S. 1 GG und Art. 46 Abs. 1 LVerf (Verfassung des Landes Schleswig-Holstein in der Fassung der Bekanntmachung vom 13. Mai 2008, GVOBl. Schl.-H. 2008, 223) steht den Gemeinden in Schleswig-Holstein im Rahmen der Gesetze das Recht der Selbstverwaltung zu. Garantiert werden damit zum einen ein allumfassender Aufgabenbestand an Angelegenheiten der örtlichen Gemeinschaft und zum anderen die Autonomie bei ihrer Wahrnehmung.

19 Einen Teilausschnitt des Selbstverwaltungsrechts, genauer: der Eigenverantwortlichkeit, stellt die kommunale Planungshoheit der Gemeinde dar, wonach den Gemeinden die Befugnis zur eigenverantwortlichen Ordnung und Gestaltung des Gemeindegebietes zukommt (vgl. *Nierhaus,* in: Sachs, Art. 28 Rn. 53). Einfachgesetzlichen Niederschlag findet die Planungshoheit in § 2 Abs. 1 BauGB, wonach die Bauleitpläne von der Gemeinde in eigener Verantwortung aufzustellen sind. Ob die Planungshoheit zum unantastbaren Kern des kommunalen Selbstverwaltungsrechts gehört, hat das Bundesverfassungsgericht bisher offengelassen (BVerfGE 56, 298 (313); 76, 107 (118 f.)). Im Schrifttum wird dies zwar für den Bebauungsplan bejaht, die Flächennutzungsplanung soll dagegen nicht zum Kernbereich gemeindlicher Aufgaben zählen (vgl. *Dreier,* in: ders., Art. 28 Rn. 140).

Jedoch müssen auch Eingriffe in den Randbereich der Selbstverwaltungsgarantie verhältnismäßig sein.

II. Gegenstand der Darstellung

Die nachfolgende Darstellung konzentriert sich auf die Gegenstände von 20
hervorgehobener Relevanz für das Studium und die Examina. Das hat zur
Folge, dass im Rahmen des Bauplanungsrechts (B.) das (zentrale) Recht der
Bauleitplanung und deren Sicherung sowie die planungsrechtliche Zulässigkeit von Vorhaben behandelt werden, auf weitere Teile aus dem Allgemeinen Städtebaurecht wie die Bodenordnung (§§ 45 ff. BauGB), die Enteignung (§§ 85 ff. BauGB) und die Erschließung (§§ 123 ff. BauGB)
jedoch nicht eingegangen wird. Auch das Besondere Städtebaurecht, das
im Studium von untergeordneter Bedeutung ist, kann im Rahmen der
nachfolgenden Darstellung keine Berücksichtigung finden.

Das in der LBO normierte Bauordnungsrecht (C.) enthält in materiell- 21
rechtlicher Hinsicht eine Fülle von praktisch überaus relevanten Vorschriften, die bei der Erstellung und Änderung baulicher Anlagen zu beachten
sind, welche aber nur zum Teil von juristischer Problematik sind und daher auch nur partiell Gegenstand juristischer Klausuren sein können. Der
Fokus wird dementsprechend auf den „ausbildungsrelevanten" Vorschriften liegen. Von überragender Bedeutung – und deshalb ausführlich zu
behandeln – sind das formelle Baurecht in Gestalt der Organisation der
Bauaufsicht und des bauaufsichtlichen Verfahrens sowie die Bauordnungsmaßnahmen.

Den Abschluss der Darstellung bilden Rechtsschutzfragen im öffent- 22
lichen Baurecht unter besonderer Berücksichtigung des öffentlich-rechtlichen Nachbarschutzes (D.).

B. Bauplanungsrecht

Prinzipiell kann das Spannungsverhältnis zwischen der verfassungskräftig 23
gewährleisteten Eigentumsgarantie einschließlich der Baufreiheit des
Grundstückseigentümers einerseits und der verfassungsrechtlichen Selbstverwaltungsgarantie unter Einschluss der Planungshoheit der Kommunen
andererseits in jedem Einzelfall aufs Neue oder unabhängig von konkreten
Vorhaben allgemeinverbindlich aufgelöst werden. Das öffentliche Baurecht
bildet ein abgestuftes System, in dem zunächst die städtebauliche Entwicklung grundsätzlich durch gemeindliche Planung vorangetrieben werden soll
und sodann in diesem Rahmen über die Zulässigkeit einzelner baulicher
Anlagen und Nutzungen auf bestimmten Flächen entschieden werden
muss.

I. Bauleitplanung

1. Aufgabe

24 Aufgabe der Bauleitplanung ist es, die bauliche und sonstige Nutzung von Grundstücken in der Gemeinde vorzubereiten und zu leiten (§ 1 Abs. 1 BauGB), um eine nachhaltige städtebauliche Entwicklung sicherzustellen (§ 1 Abs. 5 S. 1 BauGB). Im Rahmen der Bauleitplanung sind alle privaten und öffentlichen Interessen in Ausgleich zu bringen (§ 1 Abs. 7 BauGB), womit es sich gegenständlich anders als bei der Fachplanung nicht um die Bewältigung sektoraler Problemfelder, sondern um eine Gesamtplanung handelt.

25 Räumlich ist die Bauleitplanung auf gemeindliche Grundstücke bezogen, womit man die Bauleitplanung zusammenfassend als raumbezogene Gesamtplanung auf gemeindlicher Ebene charakterisieren kann (*Dietlein/Burgi/Hellermann*, § 4 Rn. 21).

26 In instrumenteller Hinsicht liegt dem BauGB das Planmäßigkeitsprinzip im Sinne einer vorrangigen Entwicklung der städtebaulichen Entwicklung durch Bauleitpläne zugrunde, was in § 1 Abs. 1, 3 BauGB zum Ausdruck kommt, jedoch durch die Planersatzvorschriften der §§ 34, 35 BauGB abgeschwächt wird (vgl. *Muckel*, § 5 Rn. 1).

2. Zweistufige Bauleitplanung

27 Die Bauleitplanung erfolgt in zwei Stufen. Zunächst ist der Flächennutzungsplan als vorbereitender Bebauungsplan (§ 1 Abs. 2 BauGB) aufzustellen, aus welchem im Anschluss die Bebauungspläne als verbindliche Bauleitpläne zu entwickeln sind (§ 8 Abs. 2 S. 1 BauGB). Bevor ein Flächennutzungsplan aufgestellt ist, darf ein Bebauungsplan nur aufgestellt werden, wenn dringende Gründe es erfordern und der Bebauungsplan der beabsichtigten städtebaulichen Entwicklung des Gemeindegebiets nicht entgegenstehen wird (sog. vorzeitiger Bebauungsplan, § 8 Abs. 4 S. 1 BauGB). Es ist aber möglich, dass der Flächennutzungsplan und der Bebauungsplan gleichzeitig in einem Parallelverfahren aufgestellt werden (§ 8 Abs. 3 S. 1 BauGB).

28 Ausnahmsweise darf jedoch auf einen Flächennutzungsplan verzichtet werden, wenn der Bebauungsplan ausreichend ist, um die städtebauliche Entwicklung zu ordnen (§ 8 Abs. 2 S. 2 BauGB).

a) Flächennutzungsplan

29 Im Flächennutzungsplan ist gemäß § 5 Abs. 1 S. 1 BauGB die sich aus der beabsichtigten städtebaulichen Entwicklung ergebende Art der Bodennutzung nach den voraussehbaren Bedürfnissen der Gemeinde für das gesamte Gemeindegebiet (Ausnahme: § 5 Abs. 1 S. 2 BauGB) in Grundzügen darzustellen. Der Flächennutzungsplan verknüpft die überörtliche Raumordnung mit der für das jeweilige Gemeindegebiet, indem er überörtliche Pla-

nungen umsetzt und nachfolgende Planungen steuert (vgl. *Krebs*, in: Schmidt-Aßmann/Schoch, 4. Kap. Rn. 76). Im Flächennutzungsplan werden v.a. die Nutzungsformen für die einzelnen Gemeindegebiete dargestellt, wie z.B. Baugebiete und -flächen (§ 5 Abs. 2 Nr. 1 BauGB), Verkehrsflächen (§ 5 Abs. 2 Nr. 3 BauGB) oder Flächen für Versorgungsanlagen (§ 5 Abs. 2 Nr. 4 BauGB).

Die Rechtswirkungen des Flächennutzungsplans sind unterschiedlich. **30** Rechtsverbindlich ist dieser als Steuerungsinstrument für die gemeindeinterne Planung, da die Bebauungspläne aus dem Flächennutzungsplan zu entwickeln sind (§ 8 Abs. 2 S. 1 BauGB). Wenn die Gemeinde mehr als nur unwesentlich von den Darstellungen des Flächennutzungsplans abweichen will, muss sie diesen grundsätzlich zuvor oder im Parallelverfahren gleichzeitig ändern (*Brenner*, Rn. 211). Ferner haben andere öffentliche Planungsträger, welche gemäß §§ 4, 13 BauGB an der Planaufstellung beteiligt wurden, ihre jeweiligen Planungen dem Flächennutzungsplan anzupassen, wenn sie diesem nicht widersprochen haben (§ 7 S. 1 BauGB).

Gegenüber einzelnen Grundstückseigentümern entfaltet der Flächennut- **31** zungsplan dagegen keine unmittelbare rechtliche Wirkung, weil sich im Geltungsbereich eines Bebauungsplans die Zulässigkeit eines Vorhabens ausschließlich nach dessen Festsetzungen richtet (§ 30 Abs. 1 BauGB). Auch § 34 BauGB (Zulässigkeit von Vorhaben im unbeplanten Innenbereich) lässt für die Berücksichtigung von Flächennutzungsplänen keinen Raum, da dieser seinem Wortlaut nach nur auf die vorhandene Bebauung abstellt (BVerwGE 35, 256 (257 f.)). Der Flächennutzungsplan ist aber insofern für einzelne Grundstückseigentümer von Bedeutung, als gemäß § 35 Abs. 3 S. 1 Nr. 1 BauGB ein Vorhaben öffentliche Belange beeinträchtigen und damit unzulässig sein kann, wenn es den Darstellungen des Flächennutzungsplans widerspricht. Dies gilt auch für privilegierte Vorhaben nach § 35 Abs. 1 BauGB, da die in § 35 Abs. 3 BauGB beispielhaft genannten öffentlichen Belange grundsätzlich auch einem Vorhaben nach § 35 Abs. 1 BauGB entgegenstehen können (BVerwGE 68, 311 (313)). Privilegierten Vorhaben können nach § 35 Abs. 3 S. 3 BauGB öffentliche Belange auch dann entgegenstehen, soweit für diese durch Darstellungen im Flächennutzungsplan eine Ausweisung an anderer Stelle erfolgt ist.

Wegen der unterschiedlichen Rechtswirkungen ist die Bestimmung der **32** Rechtsnatur des Flächennutzungsplans problematisch. Der Flächennutzungsplan lässt sich nicht den vertypten Rechtsformen des Außenrechts zuordnen (*Krebs*, in: Schoch, 4. Kap. Rn. 82), da er keinen Rechtsnormcharakter hat und auch nicht wie ein Rechtssatz gehandhabt werden kann (BVerwG, NVwZ 1991, 262 (263)), weshalb er als hoheitliche Maßnahme eigener Art zu kennzeichnen ist (*Dietlein/Burgi/Hellermann*, § 4 Rn. 30).

b) Bebauungspläne

Der Bebauungsplan enthält die rechtsverbindlichen Festsetzungen für die **33** städtebauliche Ordnung (§ 8 Abs. 1 1 BauGB), wozu er anders als der Flächennutzungsplan seine Festsetzungen „parzellenscharf" treffen muss (*Krebs*, in: Schoch, 4. Kap. Rn. 83). Wenngleich sich der Bebauungsplan auch auf das ganze Gemeindegebiet erstrecken kann, werden in der Praxis regelmäßig Pläne für Teile des Gemeindegebiets erstellt. Der Gemeinde steht kein bauplanerisches „Festsetzungsfindungsrecht" zu, sondern es besteht für die bauplanungsrechtlichen Festsetzungen ein Typenzwang (BVerwG, NVwZ 1995, 696 (697)). Die Gemeinde bestimmt durch den Bebauungsplan Inhalt und Schranken des Eigentums der im Planbereich gelegenen Grundstücke, wozu sie gemäß Art. 14 Abs. 1 S. 2 GG einer gesetzlichen Grundlage bedarf, welche sich in § 9 BauGB und in den ergänzenden Vorschriften, insbesondere der auf der Grundlage von § 9a BauGB erlassenen Baunutzungsverordnung, findet (BVerwG, NVwZ 1995, 696 (697)). Dadurch ist der festsetzungsfähige Inhalt eines Bebauungsplans abschließend geregelt (BVerwG, NVwZ 1995, 696 (697)).

34 Sind im Bebauungsplan die in § 30 Abs. 1 BauGB genannten Festsetzungen, d.h. solche zu Art und Maß der baulichen Nutzung, enthalten, handelt es sich um einen qualifizierten Bebauungsplan. Falls das nicht der Fall ist, liegt ein einfacher Bebauungsplan nach § 30 Abs. 3 BauGB vor.

35 Der vorhabenbezogene Bebauungsplan gemäß § 12 BauGB kann ebenfalls die Zulässigkeit von Vorhaben bestimmen. Der Unterschied ist, dass bei diesem die Initiative zur Erstellung des Bebauungsplans nicht von der Gemeinde, sondern von einem Vorhabenträger ausgeht, welcher nach § 12 Abs. 1 S. 1 BauGB auf der Grundlage eines mit der Gemeinde abgestimmten Plans zur Durchführung des Vorhabens und der Erschließungsmaßnahmen (Vorhaben- und Erschließungsplan) bereit und in der Lage ist und sich zur Durchführung des Vorhabens innerhalb einer bestimmten Frist sowie zur Tragung der Planungskosten ganz oder teilweise verpflichtet (Durchführungsvertrag).

3. Rechtmäßigkeitsanforderungen an die Bauleitpläne

36 Wie bei allen Formen staatlichen Handelns unterfallen die Rechtmäßigkeitsanforderungen an die Bauleitpläne in solche formeller und materieller Art.

a) Formelle Anforderungen

37 Das städtebaurechtlich formalisierte Verfahren der Planerstellung gilt weitgehend gleichermaßen für den Flächennutzungsplan wie für die Bebauungspläne (*Tettinger/Erbguth/Mann*, Rn. 894).

aa) Zuständigkeit

38 Die Verbandskompetenz für die Aufstellung der Bauleitpläne liegt nach § 2 Abs. 1 BauGB bei der Gemeinde, wobei diese zur Beschleunigung des Bauleitverfahrens gemäß § 4b BauGB die Vorbereitung und Durchführung von Verfahrensschritten auch an einen Dritten übertragen kann. Die Organkompetenz zur Aufstellung von Bauleitplänen liegt in Schleswig-Holstein bei der Gemeindevertretung, welcher der abschließende Beschluss zur Aufstellung vorbehalten ist (§ 28 Nr. 4 GO).

bb) Verfahren der Planaufstellung

Bauleitpläne kommen nach den §§ 2 ff. BauGB zustande. Die Vorschriften **39**
des BauGB über die Aufstellung von Bauleitplänen gelten auch für ihre
Änderung, Ergänzung und Aufhebung (§ 1 Abs. 8 BauGB). Anstelle des in
§§ 2 ff. BauGB geregelten Verfahrens kann die Gemeinde unter bestimmten Voraussetzungen das vereinfachte Verfahren nach § 13 BauGB anwenden. Ferner können sog. Bebauungspläne der Innenentwicklung in einem
beschleunigten Verfahren aufgestellt werden (§ 13a BauGB).

(1) Aufstellungsbeschluss

Das Verfahren wird durch einen ortsüblich bekanntzumachenden Aufstel- **40**
lungsbeschluss (§ 2 Abs. 1 S. 2 BauGB) eröffnet. Das Vorliegen eines Plan-
aufstellungsbeschlusses ist jedoch keine Wirksamkeitsvoraussetzung für
den Bauleitplan, weshalb diesbezügliche Mängel nicht erst wegen der
„Heilungsvorschrift" des § 214 BauGB unbeachtlich sind, sondern schon
deshalb, weil ein Aufstellungsbeschluss für die Bauleitplanung bundesrechtlich nicht zwingend vorgeschrieben ist (BVerwG, NVwZ-RR 2003,
172 f.).

(2) Umweltprüfung

Für die Belange des Umweltschutzes (§ 1 Abs. 6 Nr. 7 BauGB) ist eine **41**
strategische Umweltprüfung durchzuführen, in welcher die voraussichtli-
chen erheblichen Umweltauswirkungen ermittelt und in einem Umweltbericht beschrieben und bewertet werden (§ 2 Abs. 4 S. 1 BauGB). Der
Umweltbericht bildet einen gesonderten Teil der Begründung zum Bauleit-
planentwurf (§ 2a S. 3 BauGB). Der Umweltprüfung kommt in der Praxis
eine hohe Bedeutung zu, im Rahmen des Studiums und der Examina spielt
sie hingegen nur eine untergeordnete Rolle (vgl. *Stollmann*, § 6 Rn. 7).

(3) Frühzeitige Beteiligung der Öffentlichkeit

Um die privaten Belange möglichst umfassend sammeln zu können und **42**
damit eine ordnungsgemäße Abwägung der Gemeinde nach § 1 Abs. 7
BauGB zu gewährleisten (*Brenner*, Rn. 288), findet eine möglichst frühzei-
tige Öffentlichkeitsbeteiligung statt, wodurch die Öffentlichkeit über die
Planung öffentlich unterrichtet und Gelegenheit zur Erörterung gegeben
wird (§ 3 Abs. 1 S. 1 BauGB).

(4) Frühzeitige Behördenbeteiligung

Entsprechend der Öffentlichkeitsbeteiligung sind Behörden und sonstige **43**
Träger öffentlicher Belange, deren Aufgabenbereich durch die Planung
berührt werden kann, gemäß § 4 Abs. 1 S. 1 BauGB zu beteiligen, wobei
diese auch zur Äußerung hinsichtlich des erforderlichen Umfangs und De-
taillierungsgrads der Umweltprüfung aufgefordert werden. Nach § 2
Abs. 4 S. 2 BauGB legt die Gemeinde zu Beginn des Aufstellungsverfahrens
für jeden Bauleitplan fest, in welchem Umfang und Detailierungsgrad die
Ermittlung der Umweltbelange für die Abwägung erforderlich ist – sog.

„Scoping" (vgl. *Tettinger/Erbguth/Mann*, § 25 Rn. 846, § 27 Rn. 898). Die Unterrichtung nach § 4 Abs. 1 BauGB kann dabei gleichzeitig mit der Unterrichtung nach § 3 Abs. 1 BauGB erfolgen.

(5) Entwurf des Bauleitplans

44 Auf Grundlage der erarbeiteten Planungsunterlagen und der erlangten Ergebnisse der frühzeitigen Öffentlichkeits- und Behördenbeteiligung entsteht der Entwurf eines Bauleitplans, welchem bereits eine Begründung (§ 3 Abs. 2 S. 1 BauGB) hinzuzufügen ist.

(6) Öffentliche Auslegung

45 Die zweite Stufe der Öffentlichkeitsbeteiligung erfolgt durch die einmonatige öffentliche Auslegung des Bauleitplanentwurfs (§ 3 Abs. 2 S. 1 BauGB). Jedermann erhält auf diesem Wege, ohne Rücksicht auf ein individuelles Interesse, Gelegenheit zur Stellungnahme (*Dietlein/Burgi/Hellermann*, § 4 Rn. 46). Nach § 3 Abs. 2 S. 4 BauGB sind fristgemäß abgegebene Stellungnahmen zu prüfen und das Ergebnis ist anschließend mitzuteilen.

(7) Förmliche Behördenbeteiligung

46 Nach § 4 Abs. 2 S. 1 BauGB holt die Gemeinde auch zum Planentwurf und der Begründung Stellungnahmen der Behörden und sonstigen Träger öffentlicher Belange ein, deren Aufgabenbereich durch die Planung berührt werden. Die Stellungnahmen sind grundsätzlich innerhalb eines Monats abzugeben (§ 4 Abs. 2 S. 2 BauGB). Die förmliche Behördenbeteiligung nach § 4 Abs. 2 BauGB kann gleichzeitig mit der Auslegung nach § 3 Abs. 2 BauGB erfolgen (§ 4a Abs. 2 BauGB).

(8) Planbeschluss

47 Das gemeindliche Verfahren endet dadurch, dass die Gemeindevertretung den Flächennutzungsplan durch einfachen Beschluss oder den Bebauungsplan als Satzung (§ 10 Abs. 1 BauGB) beschließt. Hierin liegt eine Einbruchstelle für die kommunalrechtlichen Vorschriften, die das Verfahren der Beratung und Beschlussfassung in der Vertretungskörperschaft regeln (siehe dazu Rn. 82 ff.).

(9) Genehmigungsverfahren

48 Nach § 6 Abs. 1 BauGB bedarf der Flächennutzungsplan immer der Genehmigung durch die höhere Verwaltungsbehörde, die über diesen grundsätzlich innerhalb von drei Monaten zu entscheiden hat. Wird die Genehmigung nicht innerhalb der Frist abgelehnt, gilt sie als erteilt (§ 6 Abs. 4 S. 4 BauGB). Die höhere Verwaltungsbehörde ist dabei auf eine reine Rechtmäßigkeitskontrolle beschränkt (§ 6 Abs. 2 BauGB).

49 Bebauungspläne, die gemäß § 8 Abs. 2 S. 1 BauGB aus dem Flächennutzungsplan entwickelt worden sind, bedürfen dagegen nicht der Genehmigung der höheren Verwaltungsbehörde. Nach Vorstellung des Bundesgesetzgebers ist es nämlich ausreichend, wenn der den Rahmen für die

gemeindliche Entwicklung setzende Flächennutzungsplan durch die höhere Verwaltungsbehörde geprüft wird (vgl. Bundestags-Drucksache 13/6392, 49). Daraus erklären sich dann auch die in § 10 Abs. 2 BauGB vorgesehenen Ausnahmen, in denen die Bebauungspläne gemäß § 8 Abs. 2 S. 2 BauGB (Bebauungsplan ohne vorherigen Flächennutzungsplan), § 8 Abs. 3 S. 2 BauGB (Bekanntmachung des Bebauungsplans vor dem Flächennutzungsplan) und § 8 Abs. 4 BauGB (vorzeitiger Bebauungsplan) einer Genehmigung bedürfen. Hierbei ist die höhere Verwaltungsbehörde ebenso auf eine Rechtmäßigkeitskontrolle beschränkt (§ 10 Abs. 2 S. 2 i.V.m. § 6 Abs. 2 BauGB). Die Genehmigung ist gegenüber der Gemeinde ein gebundener Verwaltungsakt (*Brenner*, Rn. 320).

(10) Ausfertigung und ortsübliche Bekanntmachung

Der als Satzung beschlossene Bebauungsplan muss gemäß § 4 Abs. 2 GO **50** vom Bürgermeister ausgefertigt werden. Mit der Ausfertigung werden die Übereinstimmung des Satzungstextes mit der Beschlussfassung und die Beachtung der für die Rechtswirksamkeit maßgeblichen Umstände bestätigt (*Bracker*, in: Bracker/Dehn, Erl. zu § 4 Abs. 2 GO). Der Bebauungsplan tritt mit der ortsüblichen Bekanntmachung in Kraft (§ 10 Abs. 3 S. 4 BauGB), wobei bei Genehmigungsbedürftigkeit des Bebauungsplans, die Erteilung der Genehmigung und bei Genehmigungsfreiheit der Beschluss des Bebauungsplans bekanntzumachen sind (§ 10 Abs. 3 S. 1 BauGB).

Der Flächennutzungsplan wird dadurch wirksam, dass die Erteilung der **51** Genehmigung ortsüblich bekannt gemacht wird (§ 6 Abs. 5 S. 1, 2 BauGB).

b) Materielle Anforderungen

aa) Äußere Vorgaben für die Bauleitplanung

(1) Anpassung an die Raumplanung

Nach § 1 Abs. 4 BauGB sind die Bauleitpläne den Zielen der Raumord- **52** nung anzupassen. Aufgabe der Raumordnung ist es, den Gesamtraum der Bundesrepublik und seiner Teilräume durch zusammenfassende, übergeordnete Raumordnungspläne und durch Abstimmung raumbedeutsamer Planungen und Maßnahmen zu entwickeln, zu ordnen und zu sichern (§ 1 Raumordnungsgesetz – ROG). Ziele der Raumordnung sind verbindliche räumlich-sachliche Vorgaben, die in Raumordnungsplänen abschließend vorgenommen werden (§ 3 Nr. 2 ROG). Die Anpassung der Bauleitpläne an Raumordnungsziele vollzieht sich außerhalb des Abwägungsvorgangs nach § 1 Abs. 7 BauGB. Sie verlangt, einerseits im Aufstellungsverfahren die Raumordnungsziele zu beachten und andererseits bestehende Bauleitpläne bei nachträglicher Zieländerung im Wege der Umplanung anzupassen (*Tettinger/Erbguth/Mann*, Rn. 963 f.).

(2) Interkommunales Abstimmungsgebot

53 Nach § 2 Abs. 2 S. 1 BauGB sind die Bauleitpläne benachbarter Gemeinden
aufeinander abzustimmen (interkommunales Abstimmungsgebebot), woraus
eine materielle Pflicht dahingehend folgt, auf die Belange der Nachbargemeinde Rücksicht zu nehmen. Dieses Gebot formt die gemeindliche Planungshoheit gesetzlich aus, da diese dazu berechtigt, sich gegen solche Planungen anderer zur Wehr zu setzen, die die eigene Planungshoheit
rechtswidrig verletzen (BVerwGE 84, 209 (215)). Einer Abstimmung nach
§ 2 Abs. 2 BauGB bedarf es bereits dann, wenn unmittelbare Auswirkungen
gewichtiger Art auf die städtebauliche Ordnung und Entwicklung der Nachbargemeinde in Betracht kommen (BVerwG, NVwZ 1995, 694 (694)).

54 Die formelle Abstimmungspflicht mit benachbarten Gemeinden resultiert
hingegen aus § 4 Abs. 1, 2 BauGB, da die Nachbargemeinden beteiligte
Behörden i.S.v. § 4 BauGB sind (vgl. *Dürr/Alberts*, Rn. 23).

(3) Entwicklungsgebot

55 Grundsätzlich sind die Bebauungspläne aus dem Flächennutzungsplan zu
entwickeln (§ 8 Abs. 2 S. 1 BauGB), womit die Zweistufigkeit der Bauleitplanung im Entwicklungsgebot ihren materiell-rechtlichen Niederschlag
findet. Das hat zwar zur Folge, dass die Grundzüge des Flächennutzungsplans unangetastet bleiben müssen (BVerwG, NVwZ-RR 2003, 406
(406)). Allerdings lässt der Flächennutzungsplan aufgrund seiner geringen
Detailschärfe Gestaltungsspielräume offen, die auf der Ebene der verbindlichen Bauleitplanung ausgefüllt werden können, sodass der Bebauungsplan mit dem Flächennutzungsplan nicht vollständig übereinstimmen muss
(BVerwG, NVwZ-RR 2003, 406 (406)).

56 Ausnahmen vom Entwicklungsgebot sind der bereits genannte selbständige Bebauungsplan (§ 8 Abs. 2 S. 2 BauGB) und der vorzeitige Bebauungsplan (§ 8 Abs. 4 BauGB).

(4) Die Beachtung des Planungsrahmens

57 Die Gemeinde hat den gesetzlich vorgegebenen Planungsrahmen zu beachten. Für den Bebauungsplan ist dieser gesetzlich enger gestrickt als für den
Flächennutzungsplan, da der Katalog der Darstellungen in § 5 Abs. 2
BauGB, wie sich aus dem Wort „insbesondere" ergibt, nicht abschließend
ist. Allerdings müssen die Darstellungen im Flächennutzungsplan wie diejenigen des § 5 Abs. 2 BauGB auf eine geordnete städtebauliche Entwicklung abzielen (*Tettinger/Erbguth/Mann*, Rn. 967). § 9 BauGB legt dagegen
die möglichen Festsetzungen im Bebauungsplan erschöpfend fest, d.h. es
existiert ein Numerus clausus der bauplanungsrechtlichen Festsetzungen.
Trifft der Bebauungsplan verbindliche Anordnungen, welche über die zulässigen Festsetzungen hinausgehen, sind diese unwirksam.

58 Die Art der baulichen Nutzung (§ 9 Abs. 1 Nr. 1 BauGB) im Bebau-
ungsplangebiet kann die Gemeinde festsetzen, indem sie dieses im Bebauungsplan als eines der in § 1 Abs. 2 BauNVO genannten Baugebiete aus-
weist. Durch die Festsetzung werden die §§ 2–14 BauNVO grundsätzlich

Bestandteil des Bebauungsplans (§ 1 Abs. 3 S. 2 BauNVO). Die in § 1 Abs. 2 BauNVO aufgezählten Baugebiete werden in den §§ 2–11 BauNVO bezüglich der dort zulässigen und ausnahmsweise zulässigen Anlagen ausgestaltet, beispielsweise sind in reinen Wohngebieten nach § 3 Abs. 2 BauNVO nur Wohngebäude zulässig.

Das Maß der baulichen Nutzung (§ 9 Abs. 1 Nr. 1 BauGB) kann durch **59** die in § 16 Abs. 2 BauNVO genannten Möglichkeiten (z.B. Nr. 4: die Höhe der baulichen Anlagen) festgesetzt werden, welche in den §§ 18–21 BauNVO näher bestimmt werden. Festsetzungen zur Bauweise und den überbaubaren Grundstücksflächen (§ 9 Abs. 1 Nr. 2 BauGB) enthalten die §§ 22, 23 BauNVO.

(5) Erforderlichkeit der Bauleitplanung

Die Gemeinden haben gemäß § 1 Abs. 3 S. 1 BauGB die Bauleitpläne auf- **60** zustellen, sobald (Zeitpunkt) und soweit (Umfang) es für die städtebauliche Entwicklung erforderlich ist. Einerseits folgt daraus, dass die Planungsbefugnis fehlt, wenn kein Planungserfordernis besteht, was etwa der Fall ist, wenn Bauleitpläne ersichtlich der Förderung von Zielen dienen, für deren Verwirklichung die Planungsinstrumente des Baugesetzbuches nicht bestimmt sind (hierzu sowie zum Verstoß gegen das Gebot der Erforderlichkeit der Planung bei tatsächlicher oder rechtlicher Vollzugsunfähigkeit des Bebauungsplanes BVerwGE 116, 144 (146 f.)). Neben diesem Verbot der Aufstellung nicht erforderlicher Bauleitpläne folgt aus § 1 Abs. 3 S. 1 BauGB aber auch die Pflicht zur Aufstellung städtebaulich erforderlicher Bauleitpläne (Gebotswirkung). Wie § 1 Abs. 3 S. 2 BauGB zum Ausdruck bringt, besteht auf die Aufstellung von Bauleitplänen weder ein gesetzlicher Anspruch noch kann ein solcher durch Vertrag begründet werden, sodass nur die Kommunalaufsichtsbehörde die Gemeinde nach den §§ 120 ff. GO zur Aufstellung eines Bebauungsplans zwingen kann (*Dürr/Alberts*, Rn. 19).

bb) Abwägungsgebot

Bei der Aufstellung der Bauleitpläne sind gemäß § 1 Abs. 7 BauGB die **61** öffentlichen und privaten Belange gegeneinander und untereinander gerecht abzuwägen, womit die Ausübung des planerischen Gestaltungsspielraums der Gemeinde Schranken unterworfen wird. Das Abwägungsgebot ist unabhängig von der einfachgesetzlichen Positivierung in § 1 Abs. 7 BauGB bereits als „rechtsstaatliches Abwägungsgebot" verfassungsrechtlich abgesichert und trägt in seinem Anwendungsbereich in einer für planerische Entscheidungen spezifischen Weise dem Verhältnismäßigkeitsgrundsatz Rechnung, dessen Einhaltung daneben keiner eigenen Prüfung bedarf (BVerwGE 64, 270 (272 f.)).

(1) Ausgestaltung und Charakter

Das Abwägungsgebot nach § 1 Abs. 7 BauGB wird durch § 1 Abs. 5, 6 **62** BauGB ergänzt und inhaltlich konkretisiert, indem letztere der Gemeinde in Form von Planungszielen und Planungsleitlinien Abwägungsdirektiven vorgeben, die geeignet sind, die unterschiedlichen Interessen bei der Realisierung der Bauleitplanung einem gerechten Ausgleich zuzuführen (*Stollmann*, § 7 Rn. 20). Den fünf aus § 1 Abs. 5 BauGB resultierenden allgemeinen Planungszielen, welche Grundlage jeder Bauleitplanung sind, kommt die Bedeutung von Generalklauseln zu, welche in § 1 Abs. 6 BauGB durch besondere Planungsleitlinien, die jedoch nicht abschließend sind („insbesondere"), konkretisiert werden (vgl. *Stollmann*, § 7 Rn. 24 ff.). Weitere abwägungsrelevante Belange enthält § 1a BauGB (vgl. *Muckel*, § 5 Rn. 121).

63   Bei den Planungsleitzielen und -leitlinien nach § 1 Abs. 5, 6 BauGB handelt es sich um unbestimmte Rechtsbegriffe, die in ihrer Auslegung und Anwendung einer uneingeschränkten verwaltungsgerichtlichen Kontrolle unterliegen (vgl. BVerwGE 34, 301 (308)). Die planende Gemeinde hat demnach beispielsweise keinen Beurteilungsspielraum in der Frage, was zu den Belangen der Wirtschaft nach § 1 Abs. 6 Nr. 8a BauGB gehört (vgl. BVerwGE 34, 301 (308)).

64   Der durch das EAG Bau im Jahre 2004 eingefügte § 2 Abs. 3 BauGB, wonach bei der Aufstellung der Bauleitpläne die Belange, die für die Abwägung von Bedeutung sind (Abwägungsmaterial), zu ermitteln und zu bewerten sind, entspricht der sich bereits vorher unmittelbar aus dem Abwägungsgebot ergebenden Rechtslage und hat demnach allein zu keinen Änderungen geführt (vgl. BVerwG, DVBl. 2008, 859 (861)).

65   Fraglich ist jedoch, ob die Neufassung der Planerhaltungsvorschriften (§§ 214 f. BauGB) dazu geführt hat, dass der Abwägungsvorgang seinen materiell-rechtlichen Charakter verloren hat und seine Anforderungen nur mehr rein verfahrensrechtliche Wirkungen zeitigen (vgl. *Tettinger/Erbguth/Mann*, Rn. 1003). Hintergrund ist, dass § 214 Abs. 1 S. 1 Nr. 1 BauGB Fehler bei der Ermittlung und Bewertung des Abwägungsmaterials nach § 2 Abs. 3 BauGB als Verfahrensfehler einstuft, was § 214 Abs. 3 S. 2 HS. 1 BauGB insofern bestätigt, als Fehler nach § 214 Abs. 1 S. 1 Nr. 1 BauGB nicht als Mängel der Abwägung geltend gemacht werden können. Wie aber § 214 Abs. 3 S. 2 HS. 2 BauGB verdeutlicht, können Mängel im Abwägungsvorgang auch einen materiellen Fehler darstellen, womit nicht der gesamte Abwägungsvorgang dem für das Verfahren geltenden Beachtlichkeitsregime des § 214 Abs. 1 S. 1 BauGB unterworfen wird (*Oldiges*, in: Steiner, Kap. III Rn. 120a). Das hat zur Folge, dass zwischen einem verfahrensbezogenen Schritt des Ermittelns und Bewertens, welcher unter § 214 Abs. 1 S. 1 Nr. 1 BauGB fällt, und einem materiellen Teil, der die eigentliche Abwägung betrifft und § 214 Abs. 3 S. 2 HS. 2 BauGB unterfällt, unterschieden werden muss (*Brenner*, Rn. 436). Davon ausgehend ist daran festzuhalten, dass jedenfalls die Bewertung des Abwägungsmaterials immer (auch) eine materiell-rechtliche Anforderung an den Abwägungsvorgang darstellt und insoweit die überkommene Abwägungsfehlerlehre anwendbar bleibt (siehe hierzu Rn. 70 ff.). Das hat zur Folge, dass die diesbezüglichen Abwägungsfehler weiterhin im Rahmen der materiellen Rechtmäßigkeit erörtert werden (*Dietlein/Burgi/Hellermann*, § 4 Rn. 85, 100; *Tettinger/Erbguth/Mann*, Rn. 1003; *Brenner*, Rn. 436).

(2) Ebenen und Phasen der Abwägung

§ 1 Abs. 7 BauGB gibt zu erkennen, dass die betroffenen Belange in dreifa- 66
cher Hinsicht abzuwägen sind: Die öffentlichen Belange untereinander, die
privaten Belange untereinander sowie die öffentlichen und privaten Belange gegeneinander. Dabei kommt weder den öffentlichen noch den privaten
Belangen per se ein Vorrang zu (vgl. BVerwGE 47, 144 (148); BVerwG,
NVwZ 1994, 288 (291)).

Jede Abwägung selbst vollzieht sich sodann in drei Phasen, indem zu- 67
nächst das vollständige Abwägungsmaterial, d.h. alle im gegebenen Zusammenhang beachtlichen Belange, zusammengestellt werden (1. Phase),
das Abwägungsmaterial gewichtet wird (2. Phase), um schließlich im
Rahmen der Abwägung der Belange zu entschieden, welchem Belang der
Vorrang eingeräumt und welcher zurückgestellt wird (3. Phase) (vgl.
Stollmann, § 7 Rn. 33 ff.).

Die Phasen 1 und 2 beschreiben den Abwägungsvorgang, Phase 3 be- 68
trifft das Abwägungsergebnis. Damit stellt sich der Abwägungsvorgang als
dynamischer Prozess und das Abwägungsergebnis als statisches Ergebnis
dar (*Muckel*, § 5 Rn. 130); das Abwägungsergebnis ist das Produkt des
Abwägungsvorgangs und bildet den Inhalt des Bebauungsplans (vgl. *Brenner*, Rn. 388).

Die zweite und dritte Phase, die nicht immer trennscharf voneinander 69
abzugrenzen sind, unterliegen anders als die erste Phase nicht einer vollum-
fänglichen Rechtskontrolle, sondern aufgrund der planerischen Gestal-
tungsfreiheit nur einer eingeschränkten gerichtlichen Überprüfung (vgl.
Stollmann, § 7 Rn. 36; auch BVerwGE 45, 309 (322 ff.)). Die Gerichte
dürfen bei der Kontrolle des Abwägungsvorgangs insofern nur eine Überschreitung der administrativen Entscheidungsspielräume der planenden
Gemeinde kontrollieren und sanktionieren und nicht ihre Vorstellungen an
die Stelle derjenigen des Planungsträgers setzen (vgl. *Krebs*, in: Schoch,
4. Kap. Rn. 107).

(3) Abwägungsfehler

Im Einzelnen hat sich für den Kontrollmaßstab der gerichtlichen Überprü- 70
fung eine Abwägungsfehlerlehre entwickelt, die im Wesentlichen auf das
Bundesverwaltungsgericht zurückgeht und vom Schrifttum systematisiert
worden ist (grundlegend BVerwGE 34, 301 (309); siehe *Martini/Finken-
zeller*, JuS 2012, 126 ff.).

Eine – das Abwägungsgebot verletzende – fehlerhafte Abwägung liegt 71
vor, wenn eine (sachgerechte) Abwägung überhaupt nicht stattfindet (Abwägungsausfall) (dazu wie zum nachfolgenden BVerwGE 34, 301 (309);
Stollmann, § 7 Rn. 38 ff.). Das Gebot gerechter Abwägung ist ferner verletzt, wenn in die Abwägung an Belangen nicht eingestellt wird, was nach
Lage der Dinge in sie eingestellt werden muss (Abwägungsdefizit). Schließlich ist es auch dann verletzt, wenn die Bedeutung der betroffenen öffentlichen und privaten Belange verkannt (Abwägungsfehleinschätzung) oder
wenn der Ausgleich zwischen den von der Planung berührten Belangen in

einer Weise vorgenommen wird, der zur objektiven Gewichtigkeit einzelner Belange außer Verhältnis steht (Abwägungsdisproportionalität).

72   § 1 Abs. 7 BauGB wird demnach nicht verletzt, wenn sich die Gemeinde in der Kollision zwischen verschiedenen Belangen für die Bevorzugung des einen und damit notwendig für die Zurückstellung eines anderen entscheidet, da das Vorziehen und Zurücksetzen bestimmter Belange überhaupt kein nachvollziehbarer Vorgang der Abwägung ist, sondern eine geradezu elementare planerische Entschließung, die zum Ausdruck bringt, wie und in welcher Richtung sich eine Gemeinde städtebaulich geordnet fortentwickeln will. Der Planungskontrolle der höheren Verwaltungsbehörde wie der Verwaltungsgerichte ist damit notwendig eine Grenze gezogen.

73   In seinem Flachglas-Urteil hat das Bundesverwaltungsgericht klargestellt, dass die aufgestellten Anforderungen an eine gerechte Abwägung sich sowohl an den Abwägungsvorgang als auch das Abwägungsergebnis richten, da es sachwidrig wäre, wenn die relevanten Belange von der Gemeinde zwar bedacht werden müssten, es aber gleichgültig wäre, was im Ergebnis dabei herausgekommen ist (BVerwGE 45, 309 (315)). Für den Abwägungsausfall ist insofern eine Ausnahme zu machen, als dieser Abwägungsfehler nur für die Überprüfung des Abwägungsvorgangs und nicht des Abwägungsergebnisses von Bedeutung sein kann (BVerwGE 45, 309 (315)).

74   Im Übrigen sind die ehemals unstreitig materiell-rechtlichen Fehler des Abwägungsausfalls und wohl auch des -defizits mit der Einfügung von § 2 Abs. 3 BauGB (siehe hierzu Rn. 64 f.) insofern zu Verfahrensfehlern i.S.v. § 214 Abs. 1 S. 1 Nr. 1 BauGB „degradiert" worden, als sie auf Phase 1 des Abwägungsvorgangs bezogen werden. Hinsichtlich der weiteren Phasen behalten sie ihre materiell-rechtliche Qualität (vgl. *Muckel*, § 5 Rn. 152 ff.).

c) Fehlerfolgen – Planerhaltung

75   Verstößt der Bebauungsplan oder der Flächennutzungsplan gegen formelle oder materielle Rechtmäßigkeitsvoraussetzungen, ist der jeweilige Bauleitplan rechtswidrig. Damit ist jedoch noch nicht gesagt, welche Rechtsfolgen die Rechtswidrigkeit nach sich zieht. Wenn man davon ausgeht, dass ein lediglich rechtswidriger Verwaltungsakt grundsätzlich wirksam bleibt und nur unter den Voraussetzungen von § 113 LVwG (§ 44 VwVfG) nichtig ist, während rechtswidrige untergesetzliche Normen wie Satzungen und rechtswidrige Beschlüsse einer Gemeindevertretung von vornherein als nichtig gelten, so wären bei Übertragung dieser Grundsätze auch rechtswidrige Bebauungspläne und Flächennutzungspläne immer nichtig (*Oldiges*, in: Steiner, Kap. 3 Rn. 114 f.). Allerdings erklären die Vorschriften über die Planerhaltung in §§ 214 f. BauGB einzelne Rechtsfehler unter bestimmten Voraussetzungen für unbeachtlich, womit das Nichtigkeitsdogma durchbrochen und den Bauleitplänen eine größere Bestandskraft verliehen wird.

76   Zu beachten ist, dass die §§ 214, 215 BauGB nicht für das Genehmigungsverfahren gelten, weshalb die zuständige Behörde die Genehmigung

versagen muss, wenn der genehmigungsbedürftige Bauleitplan formell oder materiell rechtswidrig ist (§ 216 BauGB). Der Anwendungsbereich der Planerhaltungsvorschriften erstreckt sich gemäß § 214 Abs. 1 BauGB nicht nur auf den Bebauungsplan und den Flächennutzungsplan, sondern weitergehend auf alle Satzungen nach dem BauGB, beispielsweise also auch auf die Veränderungssperre (eine Aufzählung findet sich bei *Stollmann*, § 8 Rn. 3).

Im Gutachten empfiehlt es sich, die Prüfung der §§ 214, 215 BauGB **77** grundsätzlich unmittelbar im Anschluss an die Feststellung des jeweiligen Rechtswidrigkeitstatbestandes vorzunehmen (so auch *Stollmann*, § 8 Rn. 1).

aa) Unbeachtlichkeit von Fehlern: § 214 Abs. 1–3 BauGB

(1) Verfahrens- und Formfehler

Nach § 214 Abs. 1 BauGB sind Verletzungen von Verfahrens- und Form- **78** fehlern des BauGB nur dann beachtlich, wenn dies in den § 214 Abs. 1 S. 1 Nr. 1–4 BauGB ausdrücklich angeordnet ist, d.h. Verletzungen von dort nicht aufgeführten Verfahrens- und Formfehlern sind immer unbeachtlich.

Innerhalb von § 214 Abs. 1 S. 1 BauGB ist zwischen § 214 Abs. 1 S. 1 **79** Nr. 1–3 BauGB und § 214 Abs. 1 S. 1 Nr. 4 BauGB zu differenzieren. Verstöße gegen § 214 Abs. 1 S. 1 Nr. 4 BauGB sind nämlich immer beachtlich, worin regelungstechnisch ein Unterschied zu den § 214 Abs. 1 S. 1 Nr. 1–3 BauGB liegt, da diese weitere Voraussetzungen für die Beachtlichkeit eines Fehlers aufstellen, die immer mitgeprüft werden müssen, bevor man zu einer Nichtigkeit des Flächennutzungsplans oder der zu prüfenden Satzung gelangt. Ein Bebauungsplan ist beispielsweise nichtig nach § 214 Abs. 1 S. 1 Nr. 4 BauGB, wenn die Gemeinde keinen Beschluss über die Satzung gefasst hat. Sind dagegen z.B. Vorschriften über die Begründung des Bebauungsplans verletzt worden, ist dieser nur dann nichtig, wenn nicht lediglich die Begründung des Bebauungsplans unvollständig ist (§ 214 Abs. 1 S. 1 Nr. 3 BauGB).

(2) Materielle Fehler

Auch materielle Fehler werden zum Teil von den Planerhaltungsvorschrif- **80** ten erfasst, indem § 214 Abs. 2 BauGB unter bestimmten Voraussetzungen Verstöße gegen das Entwicklungsgebot und § 214 Abs. 3 BauGB Verletzungen des Abwägungsgebots für unbeachtlich erklärt. Alle anderen materiellen Fehler führen jedoch zur Nichtigkeit der Satzung oder des Flächennutzungsplans.

Schwierigkeiten bereitet in diesem Zusammenhang die Abgrenzung von **81** § 214 Abs. 3 S. 2 HS. 1 u. 2 BauGB: Zum einen unterwirft § 214 Abs. 3 S. 2 HS. 1 i.V.m. §§ 214 Abs. 1 S. 1 Nr. 1, 2 Abs. 3 BauGB Fehler dem Regime für Verfahrensfehler, die vormals als materielle Abwägungsfehler behandelt worden sind (siehe dazu auch Rn. 65). Zum anderen bleibt für Mängel im Abwägungsvorgang zwar § 214 Abs. 3 S. 2 HS. 2 BauGB maßgeblich; solche Mängel sind jedoch nur dann beachtlich, wenn sie offensichtlich und auf das Abwägungsergebnis von Einfluss gewesen sind. Unter Rücksicht auf Art. 20 Abs. 3 GG und Art. 19 Abs. 4 GG ist die Regelung des § 214 Abs. 3 S. 2 HS. 2 BauGB restriktiv auszulegen (vgl. *Dietlein/Burgi/Hellermann*, § 4 Rn. 101). Ein fehlerhaftes Abwägungsergebnis führt dagegen immer zur Nichtigkeit, ohne dass es auf die Offensichtlichkeit ankommt (*Muckel*, § 5 Rn. 149).

bb) Verletzung kommunalrechtlicher Vorschriften

82   Kommunalrechtliche Fehler bleiben von den §§ 214 f. BauGB unberührt. Zu denken ist diesbezüglich insbesondere an die Beteiligung von befangenen Gemeindevertretern nach § 22 GO, die grundsätzlich zur Rechtswidrigkeit des Beschlusses der Gemeindevertretung und damit zur Nichtigkeit der Satzung oder des Flächennutzungsplans führt (vgl. *Dehn*, in: Bracker/Dehn, Erl. 1 zu § 22 Abs. 5 GO). Dies gilt jedoch nicht, wenn die Mitwirkung der unter die Ausschließungsgründe fallenden Person für das Abstimmungsergebnis nicht entscheidend war (§ 22 Abs. 5 Nr. 1 GO) oder ein Verstoß gegen die Ausschließungsgründe nicht innerhalb eines Jahres nach der Beschlussfassung geltend gemacht wird (§ 22 Abs. 5 Nr. 2, § 4 Abs. 3 GO).

83   Ein weiterer Verfahrensfehler liegt vor, wenn die Vorschriften über die Öffentlichkeit der Sitzung der Gemeindevertretung (§ 35 GO) verletzt worden sind, wobei eine Heilung diesbezüglich nicht möglich ist (§ 4 Abs. 3 S. 3 GO).

84   Im Falle eines kommunalrechtlichen Verfahrens- oder Formfehlers ist hinsichtlich von Satzungen nach dem Baugesetzbuch immer an die Unbeachtlichkeitsklausel des § 4 Abs. 3 GO zu denken.

cc) Rückwirkende Heilung von Fehlern

85   Nach § 214 Abs. 4 BauGB können Flächennutzungsplan und Satzung durch ein ergänzendes Verfahren zur Behebung von Fehlern auch rückwirkend in Kraft gesetzt werden. Der Anwendungsbereich von § 214 Abs. 4 BauGB erstreckt sich auf formelle und materielle Fehler, und zwar nicht nur auf solche, die nach § 214 Abs. 1–3 BauGB beachtlich sind, sondern auch auf inhaltliche Fehler anderer Art, wie beispielsweise Verletzungen von § 9 BauGB oder der BauNVO (vgl. *Quaas/Kukk*, in: Schrödter, § 214 Rn. 55).

86   Wenngleich Verstöße gegen Verfahrens- und Formvorschriften des Landesrechts nicht von § 214 Abs. 1 BauGB erfasst werden, können diese in einem ergänzenden Verfahren ebenfalls behoben werden, da der Wortlaut des § 214 Abs. 4 BauGB nicht zu einer Einengung auf Verstöße gegen das Bundesrecht zwingt, der Gesetzgeber bei der Fassung der Vorschrift die behebbaren Mängel erweitern wollte und der Bundesgesetzgeber insofern auch nicht seine Kompetenz überschreitet, da er die Regelung auf das Bauleitplanverfahren beschränkt (vgl. BVerwGE 110, 118 (122); *Quaas/Kukk*, in: Schrödter, § 214 Rn. 56).

Zu beachten gilt es aber, dass der zu behebende Mangel nicht von sol- 87
cher Art und Schwere sein darf, dass er die Planung als Ganzes von vornherein in Frage stellt oder die Grundzüge der Planung berührt (BVerwGE
110, 193 (201 f.)). In diesem Fall ist eine Heilung nach § 214 Abs. 4
BauGB ausgeschlossen. Im ergänzenden Verfahren müssen die Planungs-
schritte wiederholt werden, die den Planungsmangel betreffen und ihm
folgen (*Oldiges*, in: Steiner, Kap. III Rn. 125). Bis zur Behebung ist die
Satzung oder der Flächennutzungsplan schwebend unwirksam, kann dann
indessen rückwirkend in Kraft gesetzt werden (*Dietlein/Burgi/Hellermann*,
§ 4 Rn. 102).

dd) Rügeobliegenheit

Beachtliche Verletzungen von Form- und Verfahrensfehlern nach § 214 88
Abs. 1 S. 1 Nr. 1–3 BauGB (nicht § 214 Abs. 1 S. 1 Nr. 4 BauGB), der
Vorschriften über das Verhältnis des Bebauungs- und des Flächennutzungsplans sowie nach § 214 Abs. 3 S. 2 BauGB beachtliche Mängel des
Abwägungsvorgangs werden nach § 215 Abs. 1 BauGB unbeachtlich,
wenn sie nicht innerhalb eines Jahres seit Bekanntmachung der Satzung
oder des Flächennutzungsplans schriftlich gegenüber der Gemeinde gerügt
werden. § 215 Abs. 1 S. 1 Nr. 3 BauGB erwähnt nur beachtliche Mängel
des Abwägungsvorgangs, was zur Folge hat, dass Mängel des Abwägungsergebnisses unbefristet geltend gemacht werden können.

Gemäß § 215 Abs. 2 BauGB hat die Gemeinde bei Inkraftsetzung des 89
Flächennutzungsplans oder der Satzung auf die Voraussetzungen für die
Geltendmachung der Verletzung von Vorschriften sowie auf die Rechtsfol-
gen hinzuweisen. Bleibt der Hinweis aus, tritt die Unbeachtlichkeit eines
Mangels durch rügelosen Fristablauf nach § 215 Abs. 1 BauGB nicht ein
(*Quaas/Kukk*, in: Schrödter, § 215 Rn. 9).

II. Sicherung der Bauleitplanung

Das Bauleitverfahren kann eine gewisse Zeit in Anspruch nehmen. Für die 90
Gemeinde ist deshalb von Bedeutung, dass ihre Bemühungen nicht während der Aufstellungsphase durch bauliche Aktivitäten vereitelt werden.
Aus diesem Grund geben die §§ 14 ff. BauGB der Gemeinde Instrumente
an die Hand, die es ihr ermöglichen, die Bauleitplanung zu sichern. Pla-
nungssicherungsinstrumente sind die Veränderungssperre (§ 14 BauGB),
die Zurückstellung von Baugesuchen (§ 15 BauGB) und Vorkaufsrechte
der Gemeinde (§§ 24 f. BauGB). Durch das EAG Bau ist mit der Teilungs-
genehmigung (§§ 19 f. BauGB a.F.) ein weiteres Sicherungsinstrument
weggefallen. De lege lata enthält § 19 Abs. 2 BauGB nur noch eine materiell-rechtliche Vorschrift, die besagt, dass durch die Teilung eines Grundstücks (Definition in § 19 Abs. 1 BauGB) keine den Festsetzungen des Bebauungsplans widersprechenden Verhältnisse entstehen dürfen.

1. Veränderungssperre

91 Die Veränderungssperre wird als Satzung (§ 16 Abs. 1 BauGB) mit dem Inhalt erlassen, dass für einen bestimmten künftigen Planbereich Vorhaben i.S.v. § 29 BauGB nicht durchgeführt, bauliche Anlagen nicht beseitigt und erhebliche oder wertsteigernde Veränderungen von Grundstücken und baulichen Anlagen nicht durchgeführt werden dürfen (§ 14 Abs. 1 Nr. 1, 2 BauGB).

92 Eine Veränderungssperre kann nur ergehen, wenn ein Aufstellungsbeschluss nach § 2 Abs. 1 S. 2 BauGB gefasst wurde und die Veränderungssperre zur Sicherung der Planung erforderlich ist. Letzteres ist nur dann der Fall, wenn der künftige Inhalt des Bebauungsplans bereits in einem Mindestmaß konkretisiert und absehbar ist (vgl. BVerwG, NVwZ 2004, 858 (860)). Wesentlich ist dabei, dass die Gemeinde bereits positive Vorstellungen über den Inhalt des Bebauungsplans entwickelt hat; eine reine Negativplanung dahingehend, einzelne Vorhaben auszuschließen, reicht nicht aus (vgl. BVerwG, NVwZ 2004, 858 (860)).

93 Die Rechtsfolge der Veränderungssperre ist die Unzulässigkeit der in § 14 Abs. 1 Nr. 1, 2 BauGB genannten Vorhaben und Veränderungen. Nach der in § 14 Abs. 3 BauGB vorgesehenen Bestandsschutzregelung bleiben bestimmte Vorhaben jedoch von der Veränderungssperre unberührt. Dazu zählen insbesondere solche Vorhaben, die vor dem Inkrafttreten der Veränderungssperre baurechtlich genehmigt worden sind, wozu ein Bauvorbescheid (§ 66 LBO) ausreichend ist (zu letzterem BVerwG, NJW 1984, 1473). § 14 Abs. 2 BauGB eröffnet der Baugenehmigungsbehörde die Möglichkeit, im Einvernehmen mit der Gemeinde Ausnahmen von der Veränderungssperre zuzulassen, wenn öffentliche Belange nicht entgegenstehen. Das ist regelmäßig dann der Fall, wenn das Vorhaben die künftige Bauleitplanung nicht beeinträchtigt, insbesondere wenn es mit Blick auf den künftigen Bebauungsplan nach § 33 BauGB genehmigungsfähig ist (*Dietlein/Burgi/Hellermann*, § 4 Rn. 215).

94 Die Veränderungssperre ist grundsätzlich zwei Jahre gültig (§ 17 Abs. 1 S. 1 BauGB), kann aber um ein Jahr (§ 17 Abs. 1 S. 3 BauGB) und bei besonderen Umständen nochmals um ein weiteres Jahr verlängert werden (§ 17 Abs. 2 BauGB). Liegen die Voraussetzungen für ihren Erlass nicht mehr vor, ist die Veränderungssperre außer Kraft zu setzen (§ 17 Abs. 4 BauGB). In jedem Fall verliert sie ihre Gültigkeit, wenn die Bauleitplanung abgeschlossen ist (§ 17 Abs. 5 BauGB).

2. Zurückstellung von Bauvorhaben

95 Die Zurückstellung nach § 15 BauGB ist ein weniger aufwendiger und auch geringer einschneidendes Sicherungsmittel als die Veränderungssperre; es ist als Sicherungsmittel aber auch weniger effektiv. Mit der Zurückstellung von Baugesuchen kann die Baugenehmigungsbehörde auf Antrag der Gemeinde die Entscheidung über die Zulässigkeit von Einzelvorhaben

i.S.v. § 29 Abs. 1 BauGB bis zu einem Jahr aussetzen (§ 15 Abs. 1 S. 1 BauGB). Die Zurückstellung begründet nur ein zeitweiliges Verfahrenshindernis und keinen materiellen Versagungsgrund (*Stollmann*, § 11 Rn. 10); sie stellt als Einzelfallregelung einen Verwaltungsakt dar (*Brenner*, Rn. 465). § 15 Abs. 1 S. 2, 3 BauGB sieht die Möglichkeit einer vorläufigen Untersagung vor, welche der Zurückstellung gleichgestellt ist und der Gemeinde als Sicherungsmittel dienen kann, wenn kein Baugenehmigungsverfahren durchgeführt wird.

Die Zurückstellung ist nur möglich, wenn eine Veränderungssperre trotz **96** Vorliegens der Voraussetzungen nach § 14 Abs. 1 BauGB nicht beschlossen wurde oder eine beschlossene Veränderungssperre noch nicht rechtswirksam ist und wenn die Gefahr einer wesentlichen Erschwerung oder Unmöglichmachung der Durchführung der Planung durch das Vorhaben besteht.

3. Gemeindliche Vorkaufsrechte

Schließlich geben die gemeindlichen Vorkaufsrechte in §§ 24 ff. BauGB der **97** Gemeinde die Möglichkeit, die Bauleitplanung abzusichern. Die im Baugesetzbuch geregelten Vorkaufsrechte ruhen als öffentliche Belastung auf den von ihnen kraft Gesetzes erfassten Grundstücken (*Stollmann*, § 12 Rn. 3). Der Unterschied zwischen dem Allgemeinen Vorkaufsrecht (§ 24 BauGB) und dem Besonderen Vorkaufsrecht (§ 25 BauGB) besteht darin, dass nach § 24 BauGB ein Vorkaufsrecht von Gesetzes wegen bestehen kann und § 25 BauGB die Gemeinde dazu ermächtigt, ein Vorkaufsrecht durch Satzung zu begründen. In allen Fällen darf das Vorkaufsrecht von der Gemeinde nur dann ausgeübt werden, wenn das Wohl der Allgemeinheit dies rechtfertigt (§§ 24 Abs. 3 S. 1, 25 Abs. 2 S. 1 BauGB). Die Ausübung des Vorkaufsrechts erfolgt durch einen privatrechtsgestaltenden Verwaltungsakt gegenüber dem Verkäufer (§ 28 Abs. 2 S. 1 BauGB), womit ein Kaufvertrag mit der Gemeinde zustande kommt (§ 28 Abs. 2 S. 2 BauGB i.V.m. § 464 Abs. 2 BGB).

III. Bauplanungsrechtliche Zulässigkeit von Vorhaben

Die §§ 29–38 BauGB regeln die bauplanungsrechtliche Zulässigkeit von **98** Einzelvorhaben und sind deshalb von großer Bedeutung, weil im Rahmen der Erteilung einer Baugenehmigung nach § 73 Abs. 1 LBO die untere Bauaufsichtsbehörde, die gemäß § 64 Abs. 1 LBO über den Bauantrag entscheidet, das Einzelvorhaben auch hinsichtlich der Vereinbarkeit mit bauplanungsrechtlichen Vorschriften, d.h. am Maßstab der §§ 29 ff. BauGB, überprüft. Daneben prüft die untere Bauaufsichtsbehörde, ob dem Vorhaben bauordnungsrechtliche oder sonstige öffentlich-rechtliche Vorschriften entgegenstehen. Allerdings ist zu beachten, dass die §§ 29–38 BauGB materiell – etwa als Bestandteil der öffentlichen Sicherheit i.S.d. der ordnungsrechtlichen Befugnisnormen – auch dann Geltung beanspruchen, wenn ein Vorhaben landesrechtlich keiner Genehmigung bedarf. Der Bundesgesetzgeber hat die Abhängigkeit des bauplanungsrechtlichen Vorhabenbegriffs von der bauordnungsrechtlichen Genehmigungsbedürftigkeit des Vorhabens nämlich zum 1. Januar 1998 aufgegeben und damit darauf reagiert, dass die Landesgesetzgeber Genehmigungserfordernisse weitreichend abgebaut hatten (*Dietlein/Hellermann/Burgi*, § 4 Rn. 131).

99   Bei den Vorschriften über die bauplanungsrechtliche Zulässigkeit von Vorhaben sind zwei Fragen auseinanderzuhalten: Zunächst muss im Rahmen einer Prüfung festgestellt werden, ob die Bestimmungen überhaupt anwendbar sind, was sich maßgeblich nach § 29 BauGB, ergänzend aber auch nach § 38 BauGB beurteilt. Des Weiteren geben die §§ 30–37 BauGB darüber Auskunft, welchen bauplanungsrechtlichen Anforderungen die betreffenden Vorhaben genügen müssen.

1. Anwendungsbereich der §§ 30–37 BauGB

a) Ausgrenzung von Fachplanungen (§ 38 BauGB)

100   Nach § 38 S. 1 BauGB sind die §§ 29–37 BauGB nicht auf Planfeststellungsverfahren, sonstige Verfahren mit der Wirkung einer Planfeststellung für Vorhaben von überörtlicher Bedeutung sowie auf Genehmigungsverfahren für Abfallbeseitigungsanlagen nach dem BImSchG anzuwenden. Voraussetzung der Ausgrenzung dieser Fachplanungen aus dem Anwendungsbereich der §§ 29–37 BauGB ist aber, dass die Gemeinde beteiligt wird. Außerdem wird die Berücksichtigung von städtebaulichen Belangen im Fachplanungsverfahren angeordnet.

b) Vorhaben i.S.v. § 29 Abs. 1 BauGB

101   Der Anwendungsbereich der Vorschriften über die Zulässigkeit von Einzelvorhaben ist nur dann eröffnet, wenn die Voraussetzungen des § 29 Abs. 1 BauGB vorliegen. Die §§ 30–37 BauGB gelten vor allen Dingen für die Errichtung, Änderung und Nutzungsänderungen von baulichen Anlagen, daneben aber auch für Aufschüttungen, Abgrabungen und Lagerstätten. Es ist jedoch zu beachten, dass die Festsetzungen eines Bebauungsplans für die Zulässigkeit eines Vorhabens auch dann maßgeblich sein können, wenn keine bauliche Anlage nach § 29 Abs. 1 BauGB vorliegt. In diesem Fall ist zwar nicht der Anwendungsbereich der §§ 30–37 BauGB eröffnet, jedoch zählt auch der Bebauungsplan als Satzung zu den öffentlich-rechtlichen Vorschriften i.S.v. § 73 Abs. 1 LBO (vgl. *Dietlein/Hellermann/Burgi*, § 4 Rn. 126; OVG NRW, ZfBR 1997, 46 (47 f.)).

102   Im BauGB findet sich keine Legaldefinition der baulichen Anlage. Die bauordnungsrechtliche Definition der baulichen Anlage, welche nach § 2 Abs. 1 LBO als mit dem Erdboden verbundene, aus Bauprodukten hergestellte Anlage beschrieben wird, ist auf § 29 BauGB nicht übertragbar (vgl. BVerwGE 44, 59 (60)). Der Begriff der baulichen Anlage i.S.v. § 29 BauGB ist deshalb unabhängig von § 2 Abs. 1 LBO, weil die Zweckrichtung und die Zielsetzung des bundesrechtlichen Bauplanungsrechts und

des landesrechtlichen Bauordnungsrechts sich dahingehend unterscheiden, dass es beim Bauplanungsrecht darum geht, ob ein Vorhaben für die städtebauliche Entwicklung erheblich ist, und beim Bauordnungsrecht darum, ob ein Vorhaben im allgemeinen Interesse nicht ohne Beachtung gewisser ordnungsrechtlicher Vorschriften ausgeführt werden soll (vgl. BVerwGE 44, 59 (61)). Dies schließt nicht aus, dass die Begrifflichkeiten im Ausgangspunkt übereinstimmen.

Der Begriff der baulichen Anlage i.S.v. § 29 BauGB setzt sich aus zwei **103** Elementen zusammen, nämlich einem verhältnismäßig weiten Begriff des Bauens und einem einschränkenden Merkmal bodenrechtlicher Relevanz (BVerwGE 44, 59 (61)). Unter baulichen Anlagen im bauplanungsrechtlichen Sinn sind demnach alle Anlagen zu verstehen, die in einer auf Dauer gedachten Weise künstlich mit dem Erdboden verbunden werden und infolgedessen die in § 1 Abs. 5, 6 BauGB genannten Belange in einer Weise berühren können, die geeignet ist, das Bedürfnis nach einer verbindlichen Bauleitplanung hervorzurufen (BVerwGE 44, 59 (59)). Demnach unterfallen sog. Bagatellanlagen (z.B. kleinere Werbeschilder oder Warenautomaten) nicht dem Anlagenbegriff des § 29 Abs. 1 BauGB, da es diesen baulichen Anlagen an bodenrechtlicher Relevanz fehlt (*Stollmann*, § 13 Rn. 10).

2. Zulässigkeit von Vorhaben

Sind die §§ 30–37 BauGB anwendbar, hängt die bauplanungsrechtliche **104** Zulässigkeit eines Vorhabens davon ab, in welchem Bereich des Gemeindegebietes sich das betreffende Grundstück befindet. Das BauGB zergliedert das Gemeindegebiet in drei unterschiedliche Bereiche. Deshalb ist zunächst danach zu fragen, ob das Grundstück im räumlichen Anwendungsbereich eines qualifizierten oder vorhabenbezogenen Bebauungsplans liegt, wobei sich dann die bauplanungsrechtlichen Anforderungen aus § 30 Abs. 1, 2 BauGB i.V.m. der Satzung ergeben (sog. beplanter Innenbereich). Ist das nicht der Fall, ist zu prüfen, ob sich das Grundstück in einem im Zusammenhang bebauten, nicht oder nicht qualifizierten beplanten Ortsteil befindet, da sich die Zulässigkeit von Vorhaben in diesem Bereich nach § 34 BauGB bestimmt (sog. unbeplanter Innenbereich). Ist auch § 34 BauGB nicht einschlägig, richtet sich die Zulässigkeit von Vorhaben nach § 35 BauGB (Außenbereich).

Ergibt sich die Zulässigkeit des betreffenden Vorhabens nicht aus den **105** §§ 30, 34, 35 BauGB, kann das betreffende Vorhaben schließlich noch nach § 33 BauGB zulässig sein, welcher einen Vorgriff auf den künftigen Bebauungsplan ermöglicht und eine subsidiäre Ausnahmeregelung darstellt (vgl. *Stollmann*, § 15 Rn. 1 f.). Nichtsdestotrotz schafft § 33 BauGB keinen zusätzlichen planungsrechtlichen Bereich, womit es bei den drei genannten Bereichen des Gemeindegebietes verbleibt (vgl. BVerwGE 20, 127 (130)).

a) *Vorhaben im beplanten Innenbereich (§ 30 Abs. 1, 2 BauGB)*

aa) *Zulässigkeit nach § 30 Abs. 1 BauGB (qualifizierter Bebauungsplan)*

106 § 30 Abs. 1 BauGB ist anwendbar auf Vorhaben im räumlichen Geltungsbereich eines sog. qualifizierten Bebauungsplans. Ein Bebauungsplan ist
qualifiziert, wenn er mindestens Festsetzungen über die Art der baulichen
Nutzung (§ 9 Abs. 1 Nr. 1 BauGB i.V.m. §§ 2 ff. BauNVO), das Maß der
baulichen Nutzung (§ 9 Abs. 1 Nr. 1 BauGB i.V.m. §§ 16 ff. BauNVO),
die überbaubaren Grundstücksflächen (§ 9 Abs. 1 Nr. 2 BauGB i.V.m.
§ 22 BauNVO) und die örtlichen Verkehrsflächen (§ 9 Abs. 1 Nr. 11
BauGB) enthält. Vorhaben in diesem Bereich sind zulässig, wenn sie den
Festsetzungen des Bebauungsplans nicht widersprechen und die Erschließung gesichert ist. Hinsichtlich der planerischen Festsetzungen bedeutet
dies, dass das Vorhaben weder den in § 30 Abs. 1 BauGB genannten Mindestfestsetzungen noch weiteren Festsetzungen, die der Bebauungsplan ggf.
nach Maßgabe der § 9 Abs. 1–3 BauGB, BauNVO enthält, widersprechen
darf (vgl. *Dietlein/Hellermann/Burgi*, § 4 Rn. 137). Das Gesetz nimmt es
dem Wortlaut nach hin, dass auch solche Anlagen errichtet werden dürfen,
an die der Plangeber möglicherweise nicht gedacht hat (*Rieger*, in: Schrödter, § 30 Rn. 12).

107 Wenn die Gemeinde die Art der baulichen Nutzung dadurch festsetzt,
dass sie im Bebauungsplan Baugebiete gemäß § 1 Abs. 2 BauNVO aus-
weist, so bemisst sich die Zulässigkeit des Vorhabens unmittelbar nach den
§§ 2–14 BauNVO. Denn nach § 1 Abs. 3 S. 2 BauNVO werden diese Vorschriften Bestandteil des Bebauungsplans. In Abs. 1 einer jeden Norm über
Baugebiete wird der typische Charakter des betreffenden Plangebiets normiert und bestimmt, welchem Zweck die Ausweisung des jeweiligen Gebiets dient. Abs. 2 regelt, welche Vorhaben mit dem vorgegebenen Ge-
bietscharakter typischerweise gut vereinbar und daher zulässig sind; Abs. 3
sagt, welche Vorhaben hier ausnahmsweise zugelassen werden können.
Nach § 1 Abs. 6 BauNVO kann im Bebauungsplan festgesetzt werden,
dass alle oder einzelne Ausnahmen der §§ 2–9 BauNVO nicht Bestandteil
des Bebauungsplans werden (Nr. 1) oder (umgekehrt) in dem Baugebiet
allgemein zulässig sind (Nr. 2).

108 Die Zulässigkeit ist ferner von einer gesicherten Erschließung abhängig,
welche im Rahmen von § 30 BauGB grundstücksbezogen ist und daher
den Anschluss des Grundstücks an das öffentliche Straßennetz, die Versor-
gung mit Elektrizität und Wasser und die Abwasserbeseitigung umfasst
(*Stollmann*, § 14 Rn. 22). Für die „Sicherung" der Erschließung genügt die
verlässliche Annahme, dass die Erschließung in dem notwendigen und die
volle Funktionsfähigkeit einschließenden Zustand spätestens bis zur Fertigstellung der anzuschließenden baulichen Anlagen vorhanden und benutz-
bar sein wird (BVerwG, DVBl. 1977, 41 (43)).

bb) Zulässigkeit nach § 30 Abs. 2 BauGB (vorhabenbezogener Bebauungsplan)

Im Geltungsbereich eines vorhabenbezogenen Bebauungsbereichs nach **109** § 12 Abs. 1 BauGB (siehe Rn. 35) ist ein Vorhaben zulässig, wenn es dem Bebauungsplan nicht widerspricht und die Erschließung gesichert ist. Der unterschiedliche Wortlaut gegenüber § 30 Abs. 1 BauGB („Festsetzungen") ergibt sich daraus, dass die Gemeinde bei einem vorhabenbezogenen Bebauungsplan nach § 12 Abs. 3 BauGB nicht an die Festsetzungen von § 9 BauGB und die BauNVO gebunden ist.

cc) „Feinsteuerung" nach § 15 BauNVO

Vorhaben, die den Festsetzungen des Bebauungsplans (§ 30 Abs. 1 **110** BauGB) oder dem Bebauungsplan (§ 30 Abs. 2 BauGB) nicht zuwiderlaufen, können gleichwohl im Einzelfall nach § 15 Abs. 1 BauNVO unzulässig sein, wenn sie der Eigenart des Baugebietes widersprechen (S. 1) oder wenn von Ihnen Belästigungen ausgehen können, die nach der Eigenart des Baugebiets im Baugebiet selbst oder in dessen Umgebung unzumutbar sind, oder wenn sie solchen Belästigungen ausgesetzt werden (S. 2). § 15 BauNVO, der nur die Art der baulichen Nutzung betrifft, bezweckt eine einzelfallbezogene „Feinsteuerung", derzufolge Anlagen, die nach der „Grobabstimmung" der §§ 2–14 BauNVO zulässig sind, unter den genannten Voraussetzungen für unzulässig erklärt werden (*Rieger*, in: Schrödter, § 30 Rn. 14). § 15 Abs. 1 BauNVO stellt bei der Anwendung von Bebauungsplänen eine besondere Ausprägung des Rücksichtnahmegebots dar (vgl. BVerwGE 67, 334 (339); siehe dazu auch Rn. 274 ff.).

dd) Ausnahmen und Befreiungen (§ 31 BauGB)

§ 31 BauGB, welcher Ausdruck der Einzelfallgerechtigkeit ist, eröffnet der **111** Baugenehmigungsbehörde die Möglichkeit, Ausnahmen und Befreiungen von den Festsetzungen eines einfachen, qualifizierten oder vorhabenbezogenen Bebauungsplans zu erteilen (vgl. *Krebs*, in: Schoch, 4. Kap. Rn. 133).

Ausnahmen können nach § 31 Abs. 1 BauGB zugelassen werden, wenn **112** diese im Bebauungsplan nach Art und Umfang ausdrücklich vorgesehen sind, womit dementsprechend keine Durchbrechung des bauleitplanerischen Konzepts verbunden ist. Wie der Wortlaut hinreichend deutlich macht, bezieht sich die Ausnahmemöglichkeit nur auf Festsetzungen des Bebauungsplans, nicht aber auf Verfahrensvorschriften oder bauordnungsrechtliche Vorschriften (vgl. *Stollmann*, § 14 Rn. 30).

Die Befreiung gemäß § 31 Abs. 2 BauGB durchbricht das bauleitplaneri- **113** sche Konzept der Gemeinde, da Vorhaben von der Bauaufsichtsbehörde für zulässig erklärt werden können, obwohl sie den Festsetzungen des Bebauungsplans widersprechen. § 31 Abs. 2 BauGB enthält drei Befreiungstatbestände; bei jedem einzelnen muss aber zusätzlich festgestellt werden, dass die Grundzüge der Planung nicht berührt werden und dass die Abweichung auch unter Würdigung nachbarlicher Interessen mit den öffentlichen Belangen vereinbar sind.

114 Wird die Tatbestandsseite des § 31 Abs. 1 oder 2 BauGB bejaht, so steht auf der Rechtsfolgenseite die Erteilung einer Ausnahme oder Befreiung im Ermessen der Bauaufsichtsbehörde. Bei der Ausübung des Ermessens gelten die allgemeinen Grundsätze (§ 73 LVwG, vgl. auch § 40 VwVfG). Praktisch wird beim Vorliegen der Voraussetzungen für eine Ausnahme- oder Befreiungsregelung nur selten Raum für eine Ablehnung rechtfertigende Ermessensentscheidung sein, so dass das Ermessen in diesem Fall auf Null reduziert ist (vgl. *Dietlein/Burgi/Hellermann*, § 4 Rn. 143 und 145).

b) Vorhaben im unbeplanten Innenbereich (§ 34 BauGB)

115 § 34 BauGB regelt die Zulässigkeit von Vorhaben für Gebiete des Innenbereichs, für welche kein qualifizierter oder vorhabenbezogener Bebauungsplan besteht. Die Vorschrift fungiert insofern als gesetzlicher Planersatz, indem im Wesentlichen an die faktischen örtlichen Gegebenheiten angeknüpft und davon ausgehend eine gewisse Fortentwicklung zugelassen wird (*Dietlein/Burgi/Hellermann*, § 4 Rn. 147). Der Anwendungsbereich von § 34 BauGB erstreckt sich auch auf Vorhaben im Geltungsbereich eines einfachen Bebauungsplans nach § 30 Abs. 3 BauGB. Ein einfacher Bebauungsplan enthält zwar nicht die nach § 30 Abs. 1 BauGB erforderlichen Mindestfestsetzungen, ist hingegen genauso zu beachten wie ein qualifizierter Bebauungsplan, d.h. Vorhaben dürfen ihm nicht widersprechen und die Erschließung muss gesichert sein. Auf Grund des beschränkten Regelungsgehalts eines solchen Plans kann dieser nicht allein die Zulässigkeit von Vorhaben bestimmen, weshalb die §§ 34, 35 BauGB ergänzend heranzuziehen sind (*Rieger*, in: Schrödter, § 30 Rn. 26).

aa) Anwendungsbereich

116 Die gesetzgeberische Grundvorstellung geht dahin, dass der nicht (qualifiziert) beplante Innenbereich wie der beplante Innenbereich und anders als der Außenbereich nach § 35 BauGB grundsätzlich der Bebauung offensteht (vgl. BVerwG, ZfBR 1980, 294 (295)). Aus diesem Grund kann die Abgrenzung, die anhand des Tatbestandsmerkmals „im Zusammenhang bebauter Ortsteile" des § 34 Abs. 1 S. 1 BauGB erfolgt, praktisch von überragender Bedeutung sein.

117 Das Merkmal „im Zusammenhang bebauter Ortsteile" setzt sich aus den Elementen des Bebauungszusammenhangs und des Ortsteils zusammen. Darunter ist jede aufeinander folgende Bebauung im Gemeindegebiet zu verstehen, welche trotz vorhandener Baulücken den Eindruck der Geschlossenheit vermittelt (Bebauungszusammenhang) und die nach der Zahl der vorhandenen Bauten ein gewisses Gewicht hat und Ausdruck einer organischen Siedlungsstruktur (Ortsteil) ist (BVerwG, NVwZ 2001, 70 (70)). Die äußere Begrenzung des Innenbereichs liegt dabei grundsätzlich unmittelbar hinter dem letzten Haus des im Zusammenhang bebauten Ortsteils (*Dietlein/Burgi/Hellermann*, § 4 Rn. 152).

Zur Schaffung eines höheren Maßes an Rechtssicherheit eröffnet § 34 **118** Abs. 4 BauGB den Gemeinden die Möglichkeit, durch Satzung den Innenbereich vom Außenbereich abzugrenzen. § 34 Abs. 4 BauGB unterscheidet zwischen der Klarstellungssatzung (§ 34 Abs. 4 S. 1 Nr. 1 BauGB), welche nur deklaratorisch (vgl. BVerwG, NVwZ 1991, 61 (61)) die Grenzen des Innenbereichs bestimmt, der Entwicklungssatzung (§ 34 Abs. 4 S. 1 Nr. 2 BauGB), mit welcher der Innenbereich konstitutiv in den angrenzenden bebauten Außenbereich fortentwickelt werden kann (vgl. *Stollmann*, § 16 Rn. 18), und der Ergänzungssatzung (§ 34 Abs. 4 S. 1 Nr. 3 BauGB), welche es erlaubt, auch unbebaute Flächen des Außenbereichs in den Innenbereich einzubeziehen. Die Satzungen können miteinander verbunden werden (§ 34 Abs. 1 S. 2 BauGB).

bb) Zulässigkeit von Vorhaben

Ist der Anwendungsbereich eröffnet, bestimmt sich die Zulässigkeit von **119** Vorhaben nach § 34 Abs. 1, 2 BauGB, wobei § 34 Abs. 2 BauGB hinsichtlich der Art der baulichen Nutzung vorrangig anzuwenden ist, sofern sich die nähere Umgebung des Bauvorhabens einem der in den §§ 2–11 BauNVO bezeichneten Baugebiete zuordnen lässt (vgl. BVerwG, NVwZ 2000, 1050 (1051)).

(1) § 34 Abs. 2 BauGB

Für die Zuordnung zu einem Baugebiet kommt es hinsichtlich der Art der **120** baulichen Nutzung allein darauf an, ob das Vorhaben nach den §§ 2–15 BauNVO in dem jeweiligen Baugebiet zulässig ist, d.h. es muss nicht mehr zusätzlich geprüft werden, ob sich das Vorhaben in die nähere Umgebung nach § 34 Abs. 1 BauGB einfügt (vgl. BVerwG, NVwZ 1990, 557 (558)). Soweit Vorhaben nach den §§ 2–9 BauNVO nur als Ausnahmen zulässig sind, ist § 31 Abs. 1, 2 BauGB entsprechend anzuwenden (§ 34 Abs. 2 HS. 2 BauGB). § 34 Abs. 2 BauGB ist aber nur hinsichtlich der Art der baulichen Nutzung lex specialis gegenüber § 34 Abs. 1 BauGB, sodass für das Maß der baulichen Nutzung, die zulässige Bauweise und die überbaubaren Grundstücksflächen nicht auf die §§ 16 ff. BauNVO, sondern allein auf das Einfügen in die nähere Umgebung abzustellen ist (*Dürr/Alberts*, Rn. 119).

(2) § 34 Abs. 1 BauGB

Entspricht die Eigenart der näheren Umgebung des Vorhabens nicht einem **121** der in §§ 2–11 BauNVO bezeichneten Baugebiete, ist die Zulässigkeit des Vorhabens nach § 34 Abs. 1 BauGB in Gänze davon abhängig, ob es sich nach Art und Maß der baulichen Nutzung, der Bauweise und der überbaubaren Grundstücksfläche in die Eigenart der näheren Umgebung einfügt.

Unter „näherer Umgebung" sind nicht nur die unmittelbaren Nachbar- **122** grundstücke zu verstehen, sondern all die Grundstücke, auf die sich die Ausführung des Vorhabens auswirken kann und die ihrerseits den bodenrechtlichen Charakter des Baugrundstücks prägen (Hk-BauGB/*Ferner*, § 34 Rn. 15).

123   Die „Eigenart" der näheren Umgebung wird nicht von jeglicher vorhandener Bebauung bestimmt, sondern die Betrachtung ist auf das Wesentliche zurückzuführen, wobei alles außer Acht gelassen werden muss, was die vorhandene Bebauung nicht prägt oder in ihr gar als Fremdkörper erscheint (BVerwGE 84, 322 (325 f.)).

124   Ein „Einfügen" in die Eigenart der näheren Umgebung ist dann anzunehmen, wenn sich das Vorhaben hinsichtlich der einfügungsbedürftigen Merkmale innerhalb des Rahmens hält, der sich aus der Umgebung ableitet (*Stollmann*, § 16 Rn. 34). Von Bedeutung ist ferner das Gebot der Rücksichtnahme (siehe dazu Rn. 274 ff.), das Bestandteil des Merkmals „Einfügen" ist und hier eine ähnliche Funktion erfüllt wie § 15 BauNVO in einem geplanten oder faktischen Baugebiet, ohne jedoch auf das Kriterium der Art der baulichen Nutzung beschränkt zu sein (*Rieger*, in: Schrödter, § 34 Rn. 35). Ein Vorhaben, das sich innerhalb des aus der Umgebung hervorgehenden Rahmens hält, fügt sich demnach nicht in seine Umgebung ein, wenn es an der gebotenen Rücksichtnahme auf die sonstige, v.a. auf die in unmittelbarer Nähe vorhandene Bebauung mangelt (*Stollmann*, § 16 Rn. 37).

(3) Sonstige Anforderungen an Vorhaben

125   Vorhaben nach § 34 Abs. 1, 2 BauGB sind weiterhin nur zulässig, wenn die Erschließung gesichert ist (§ 34 Abs. 1 S. 1 BauGB), das Ortsbild nicht beeinträchtigt wird, die Anforderungen an gesunde Wohn- und Arbeitsverhältnisse gewahrt bleiben (§ 34 Abs. 1 S. 2 BauGB) und wenn von ihnen keine schädlichen Auswirkungen auf zentrale Versorgungsbereiche in der Gemeinde oder in anderen Gemeinden zu erwarten sind (§ 34 Abs. 3 BauGB).

c) Vorhaben im Außenbereich (§ 35 BauGB)

126   § 35 BauGB regelt die Zulässigkeit von Vorhaben im Außenbereich, welcher negativ in Entgegensetzung zu den §§ 30, 34 BauGB zu definieren ist. Außenbereich ist danach alles, was außerhalb des räumlichen Geltungsbereichs eines Bebauungsplans i.S.v. § 30 Abs. 1, 2 BauGB und außerhalb von im Zusammenhang bebauten Ortsteilen nach § 34 BauGB liegt (BVerwGE 41, 227 (232 f.)). Wie § 30 Abs. 3 BauGB verdeutlicht, steht es der Zuordnung eines Gebietes zum Außenbereich aber nicht entgegen, wenn für dieses ein einfacher Bebauungsplan besteht.

127   Der Außenbereich soll nach der Intention des Gesetzgebers aus Gründen des Naturschutzes und der Aufrechterhaltung der Erholungsfunktion für die Allgemeinheit von einer Bebauung weitgehend verschont bleiben. § 35 Abs. 2 BauGB trägt dem dadurch Rechnung, dass Vorhaben, die nicht in § 35 Abs. 1 BauGB aufgeführt werden (nichtprivilegierte Vorhaben), im Außenbereich grundsätzlich unzulässig sind. Etwas anderes gilt jedoch für privilegierte Vorhaben nach § 35 Abs. 1 BauGB, welche grundsätzlich zulässig sind, weil der Gesetzgeber für derartige Vorhaben anstelle eines Bebauungsplans eine generelle Zuweisung in den Außenbereich vorgenommen hat (vgl. *Dürr/Alberts*, Rn. 122).

aa) Zulässigkeit privilegierter Vorhaben

§ 35 Abs. 1 BauGB zählt abschließend die Vorhaben auf, die nach Auffas- **128** sung des Gesetzgebers grundsätzlich in den Außenbereich gehören (*Stollmann*, § 17 Rn. 7). Entscheidend für die Privilegierung ist jeweils eine bestimmte Nutzungsart, also die bauliche Anlage in ihrer privilegierten Funktion, was zur Folge haben kann, dass Nutzungsänderungen unter Umständen zu einer Entprivilegierung führen (*Krebs*, in: Schoch, 4. Kap. Rn. 138).

Erfüllt ein Vorhaben einen der in § 35 Abs. 1 Nr. 1–7 BauGB geregelten **129** Privilegierungstatbestände, ist die Zulässigkeit weiter davon abhängig, dass die Erschließung gesichert ist und öffentliche Belange nicht entgegenstehen. Für die Frage, ob öffentliche Belange entgegenstehen, bedarf es einer Abwägung zwischen dem Interesse des Bauherrn an der Verwirklichung seines Vorhabens und den von dem Vorhaben berührten öffentlichen Belangen, bei der die Privilegierung der in § 35 Abs. 1 BauGB aufgeführten Vorhaben gebührend in Rechnung zu stellen ist, was sich in einem stärkeren Durchsetzungsvermögen dieser Vorhaben gegenüber den von ihnen berührten öffentlichen Belangen auswirkt (*Rieger*, in: Schrödter, § 35 Rn. 8).

Hinsichtlich der Frage, was als öffentlicher Belang zu charakterisieren **130** ist, enthält § 35 Abs. 3 BauGB einen nicht abschließenden Katalog („insbesondere") beispielhafter Anknüpfungspunkte, auf den auch für § 35 Abs. 1 BauGB zurückgegriffen werden kann, wenngleich der Wortlaut des § 35 Abs. 3 BauGB einen Bezug zu § 35 Abs. 2 BauGB herstellt („Eine Beeinträchtigung öffentlicher Belange"). Der Unterschied zwischen den privilegierten und nichtprivilegierten Vorhaben liegt nämlich nicht in der generellen Andersartigkeit der jeweils berücksichtigungsfähigen öffentlichen Belange, sondern in der grundsätzlichen Verschiedenheit ihres Verhältnisses zu den Belangen (*Rieger*, in: Schrödter, § 35 Rn. 9).

bb) Zulässigkeit nichtprivilegierter Vorhaben

Alle anderen Vorhaben, die nicht unter einen Privilegierungstatbestand **131** nach § 35 Abs. 1 BauGB fallen, können im Einzelfall zugelassen werden, wenn ihre Ausführung oder Benutzung öffentliche Belange nicht beeinträchtigt und die Erschließung gesichert ist (§ 35 Abs. 2 BauGB). Aus der Beschränkung im Gesetzeswortlaut auf die Zulassung „im Einzelfall" wird geschlossen, dass nichtprivilegierte Vorhaben im Außenbereich grundsätzlich unterbleiben sollen (vgl. BVerwGE 25, 161 (162)). Bei der auch im Rahmen von § 35 Abs. 2 BauGB gebotenen Abwägung kommt dem sonstigen Vorhaben nur ein verhältnismäßig geringes Gewicht zu, sodass es sich regelmäßig gegenüber den von ihm berührten öffentlichen Belangen (exemplarisch § 35 Abs. 3 BauGB) nicht durchzusetzen vermag (*Stollmann*, § 17 Rn. 34).

Sind die tatbestandlichen Voraussetzungen im Einzelfall gegeben, steht **132** dem Wortlaut nach die Entscheidung, ob das nichtprivilegierte Vorhaben zugelassen wird, im Ermessen der Bauaufsichtsbehörde. Unter Berücksichtigung von Art. 14 Abs. 1 GG besteht jedoch entgegen dem Wortlaut von § 35 Abs. 2 BauGB auf die Zulassung von Vorhaben im Außenbereich, welche öffentliche Belange nicht beeinträchtigen, ein Rechtsanspruch (vgl. BVerwGE 18, 247 (247)).

133 Durch die in § 35 Abs. 6 BauGB vorgesehene Außenbereichssatzung kann für bebaute Bereiche im Außenbereich eine großzügigere Beurteilung von nichtprivilegierten Vorhaben, welche Wohnzwecken oder auch kleineren Handwerks- und Gewerbebetrieben dienen, begründet werden. Die Außenbereichssatzung erleichtert die Bebauung, indem sie bestimmt, dass den betreffenden Vorhaben bestimmte öffentliche Belange nicht entgegengehalten werden können.

cc) Erleichterte Verwirklichung von nichtprivilegierten Vorhaben

134 § 35 Abs. 4 BauGB normiert, dass gewisse öffentliche Belange (Widerspruch gegen Darstellungen des Flächennutzungs- oder eines Landschaftsplans, Beeinträchtigung der natürlichen Eigenart der Landschaft, Entstehung einer Splittersiedlung) bestimmten sonstigen Vorhaben i.S.v. § 35 Abs. 2 BauGB nicht entgegengehalten werden können, soweit diese im Übrigen außenbereichsverträglich sind. § 35 Abs. 4 BauGB stellt einen besonderen Privilegierungstatbestand dar und ist eine Reaktion des Gesetzgebers auf die Rechtsprechung zum Bestandsschutz; neben dieser einfachgesetzlichen Norm gibt es keinen auf Bestandsschutz gegründeten Anspruch auf Zulassung von Veränderungen oder Erweiterungen baulicher Anlagen im Außenbereich aus Art. 14 Abs. 1 S. 1 GG (Hk-BauGB/*Ferner*, § 35 Rn. 41). Terminologisch werden die in § 35 Abs. 4 BauGB genannten Vorhaben auch als teilweise privilegierte Vorhaben bezeichnet (*Rieger*, in: Schrödter, § 35 Rn. 122).

dd) Schonungsgebot und Rückbauverpflichtung

135 Die nach § 35 BauGB zulässigen Vorhaben sind alle in einer flächensparenden, die Bodenversiegelung auf das notwendige Maß begrenzenden und den Außenbereich schonenden Weise auszuführen (§ 35 Abs. 5 S. 1 BauGB). § 35 Abs. 5 S. 2 BauGB enthält für Vorhaben nach § 35 Abs. 1 Nr. 2–6 BauGB darüber hinaus eine Rückbauverpflichtung im Falle der dauerhaften Aufgabe der zulässigen Nutzung.

d) Vorhaben während der Planaufstellung (§ 33 BauGB)

136 Ist das betreffende Vorhaben nicht nach den §§ 30, 34, 35 BauGB zulässig, ist ggf. § 33 BauGB zu prüfen, welcher zugunsten des Bauherrn einen Vorgriff auf den zukünftigen Bebauungsplan erlaubt. § 33 BauGB gestattet nach geltender Rechtslage unzulässige Vorhaben, wenn die Gemeinde beschlossen hat, einen Bebauungsplan aufzustellen, und ermöglicht, ein Vorhaben „bereits jetzt" so zu beurteilen, als ob die zu erwartenden Festsetzungen des Bebauungsplans schon rechtswirksam wären (BVerwG, NVwZ 1986, 647 (648)). Die Vorschrift will verhindern, dass der Bürger mit seinen Bauabsichten unter der Dauer des Verfahrens zur Aufstellung des Bebauungsplans leidet (*Dietlein/Burgi/Hellermann*, § 4 Rn. 186).

§ 33 Abs. 1 BauGB vermittelt einen Rechtsanspruch auf die planungs- 137
rechtliche Zulassung eines Vorhabens, wenn ein Aufstellungsbeschluss
nach § 2 Abs. 1 S. 2 BauGB gefasst wurde, die Planreife gegeben ist (§ 33
Abs. 1 Nr. 1, 2 BauGB), der Antragsteller die künftigen Festsetzungen des
Bebauungsplans für sich und seine Rechtsnachfolger schriftlich anerkennt
(§ 33 Abs. 1 Nr. 3 BauGB) und die Erschließung gesichert ist (§ 33 Abs. 1
Nr. 4 BauGB). Die Planreife unterfällt in einen formellen und materiellen
Teil. Die formelle Planreife wird durch den Abschluss der Öffentlichkeits-
und Behördenbeteiligung erreicht (§ 33 Abs. 1 Nr. 1 BauGB). Für die materielle Planreife ist die Annahme erforderlich, dass das Vorhaben den
künftigen Festsetzungen des Bebauungsplans nicht entgegensteht (§ 33
Abs. 1 Nr. 2 BauGB). Letzteres setzt voraus, dass der Planungsstand den
hinreichend sicheren Schluss zulässt, dass der Planentwurf auch als Satzung in Kraft treten wird (*Rieger*, in: Schrödter, § 33 Rn. 7).

§ 33 Abs. 2, 3 BauGB enthalten ergänzende Zulassungstatbestände, wo- 138
nach Vorhaben unter bestimmten Voraussetzungen auch ohne die Öffent-
lichkeits- und Behördenbeteiligung zugelassen werden können. Anders als
§ 33 Abs. 1 BauGB gewähren die § 33 Abs. 2, 3 BauGB indessen nur einen
Anspruch auf eine ermessensfehlerfreie Entscheidung.

e) Zulässigkeit von Vorhaben aus aktivem Bestandsschutz?

Die frühere Rechtsprechung bejahte einen unmittelbar aus Art. 14 Abs. 1 139
S. 1 GG ableitbaren aktiven Bestandsschutz, womit die Möglichkeit eröffnet war, die Zulässigkeit der Erweiterung oder Änderung von Vorhaben
trotz entgegenstehender Normen des einfachen Rechts unmittelbar auf das
Verfassungsrecht zu stützen. Der Bestandsschutz berechtigte demnach
nicht nur dazu, eine rechtmäßig errichtete bauliche Anlage in ihrem Bestand zu erhalten und sie wie bisher zu nutzen (passiver Bestandsschutz),
sondern auch dazu, die zur Erhaltung und zeitgemäßen Nutzung der baulichen Anlagen notwendigen Maßnahmen durchzuführen (aktiver Bestandsschutz) (BVerwG, NJW 1986, 2126 (2126); vgl. auch *Frenz*, JuS 2009,
902 (905); ausf. *Michl*, ThürVBl. 2010, 280 ff.). Nicht mehr gedeckt vom
Bestandsschutz waren allerdings solche Maßnahmen, die einer Neuerrich-
tung gleichkamen, d.h. die Identität des wiederhergestellten mit dem ur-
sprünglichen Bauwerk musste gewahrt bleiben (BVerwG, NJW 1986,
2126 (2126)).

Das Bundesverwaltungsgericht hat seine frühere Rechtsprechung jedoch 140
später unter Berücksichtigung der Neuausrichtung von Art. 14 GG durch
das Bundesverfassungsgericht (vgl. BVerfGE 58, 300 – Nassauskiesung)
ausdrücklich aufgegeben und betont, dass sich unmittelbar aus Art. 14
Abs. 1 S. 1 GG keine Anspruchspositionen mehr herleiten lassen, da die
Bestimmung von Inhalt und Schranken des Eigentums nach Art. 14 Abs. 1
S. 2 GG Sache des Gesetzgebers ist (BVerwG, NVwZ 1999, 523 (524 f.)).
Im Bauplanungsrecht existieren einfachgesetzliche Regelungen, die nicht
nur festlegen, welche Maßnahmen bodenrechtlich relevant sind, sondern
auch Kriterien vorgeben, nach denen sich die Zulässigkeit von Vorhaben
beurteilt, weshalb Art. 14 Abs. 1 S. 1 GG in diesem Zusammenhang nur

verfassungsrechtlicher Prüfungsmaßstab für das einfache Recht ist und nicht als eigenständige Anspruchsgrundlage fungiert (BVerwG, NVwZ 1999, 523 (525)). Der passive Bestandsschutz (siehe dazu Rn. 242 ff.) bleibt von dieser Rechtsprechungsänderung allerdings unberührt (krit. *Michl*, ThürVBl. 2010, 280 (284 ff.)).

3. Einvernehmen der Gemeinde (§ 36 BauGB)

141   Gemäß § 36 Abs. 1 S. 1 BauGB entscheidet über die Zulässigkeit von Vorhaben nach den §§ 31, 33, 34, 35 BauGB die Bauaufsichtsbehörde im Einvernehmen mit der Gemeinde. Es bedarf nur dann nicht des Einvernehmens der Gemeinde, wenn das Vorhaben nach § 30 Abs. 1, 2 BauGB im Geltungsbereich eines qualifizierten oder vorhabenbezogenen Bebauungsplans genehmigt wird. **Das Einvernehmen dient dem Schutz der aus Art. 28 Abs. 2 S. 1 GG folgenden Planungshoheit** (vgl. Hk-BauGB/*Ferner*, § 36 Rn. 1), welchem nur in Fällen des § 30 Abs. 1, 2 BauGB bereits ausreichend Rechnung getragen ist.

142   Das Einvernehmen wird lediglich verwaltungsintern erklärt und ist kein Verwaltungsakt, da gegenüber dem Bauherrn nur eine Entscheidung der Bauaufsichtsbehörde ergeht (*Dürr/Alberts*, Rn. 145). Die Verweigerung eines nach § 36 BauGB erforderlichen Einvernehmens ist eine nicht selbständig angreifbare Verfahrenshandlung i.S.v. § 44a VwGO (*Kopp/Schenke*, § 44a Rn. 6).

Die Entscheidung der Gemeinde hat innerhalb von zwei Monaten zu erfolgen, denn das Einvernehmen gilt danach als erteilt (§ 36 Abs. 2 S. 2 BauGB). Innerhalb dieses Zeitraums hat die Gemeinde die Möglichkeit, ein Vorhaben, das nach der bestehenden Rechtslage zugelassen werden muss, durch die Aufstellung eines Bebauungsplans (§ 2 Abs. 1 S. 2 BauGB), auf dessen Grundlage eine Veränderungssperre ergehen kann (§ 14 BauGB) oder Zurückstellungen möglich sind (§ 15 BauGB), noch zu verhindern (vgl. BVerwG, BauR 1988, 694 (696)). Schöpft sie diese Möglichkeiten nicht aus, kann das Einvernehmen nach § 36 Abs. 2 S. 1 BauGB nur aus den in §§ 31, 33, 34, 35 BauGB genannten bauplanungsrechtlichen, nicht dagegen aus bauordnungsrechtlichen Gründen verweigert werden (*Muckel*, § 7 Rn. 149 f).

143   Wird das Einvernehmen der Gemeinde nicht erteilt, ist die Bauaufsichtsbehörde dazu verpflichtet, die Baugenehmigung abzulehnen (vgl. BVerwGE 22, 342 (346)). Eine gleichwohl erteilte Baugenehmigung ist ungeachtet ihrer Rechtmäßig- oder Rechtswidrigkeit aufzuheben (BVerwG, NVwZ 2008, 1347 (1348)). Andererseits zwingt ein erteiltes Einvernehmen die Bauaufsichtsbehörde nicht dazu, einen Bauantrag positiv zu bescheiden, weshalb sie letztlich nur dann zur Einholung des Einvernehmens der Gemeinde verpflichtet ist, wenn sie eine positive Entscheidung des Bauantrags beabsichtigt (vgl. BVerwG, NVwZ-RR 1992, 529 (529)). Die Gemeinde wird dadurch nicht in ihrer Planungshoheit verletzt, da es ihr unbenommen bleibt, durch die Aufstellung eines Bebauungsplans die Zulässigkeit eines Vorhabens herbeizuführen (*Rieger*, in: Schrödter, § 36 Rn. 12).

Nach § 36 Abs. 2 S. 3 BauGB kann die nach Landesrecht zuständige Be- **144**
hörde ein rechtswidrig versagtes Einvernehmen der Gemeinde ersetzen. In
Schleswig-Holstein kommt diese Befugnis der Kommunalaufsichtsbehörde
zu (siehe § 1 Abs. 2 der Landesverordnung zur Übertragung von Zuständigkeiten auf nachgeordnete Behörden vom 9.4.1984, GVOBl. Schl.-H.
1984, 83, zuletzt geändert durch LVO vom 27.05.2013, GVOBl. Schl.-H.
2013, 257). Insoweit ist fraglich, ob sie bezüglich der Ersetzungsentscheidung über Ermessen verfügt. Neben dem Wortlaut spricht dafür die
schleswig-holsteinische Ausgestaltung des regulären kommunalaufsichtlichen Verfahrens der §§ 122 ff. GO, das durchgängig auf Ermessensent-
scheidungen abstellt (abw. *Dippel*, NVwZ 1999, 921 (924), der die Vorschrift als reine Befugnisnorm betrachtet, welche für ein Ermessen auf der
Rechtsfolgenseite nichts hergebe.).

Die Ersetzungsentscheidung ist eine gegenüber der Gemeinde als Verwal- **145**
tungsakt zu qualifizierende Regelung (vgl. *Dietlein/Burgi/Hellermann*, § 4
Rn. 208). Nichtsdestotrotz ist der Rechtsschutz der Gemeinde unter dem
Blickwinkel von § 44a VwGO problematisch: Teilweise wird angenommen, dass diese die Ersetzung des Einvernehmens isoliert anfechten könne
(so *Dippel*, NVwZ 1999, 921 (925)); andere meinen, dass sie gleichzeitig
gegen die erteilte Baugenehmigung vorgehen müsse, weil die Ersetzungsentscheidung gegenüber der Baugenehmigung als Sachentscheidung lediglich eine Verfahrenshandlung darstelle (so *Rieger*, in: Schrödter, § 36
Rn. 31). Letzteres ist aufgrund des Wortlauts von § 44a VwGO überzeu-
gender, wenn nicht sogar zwingend. Im Übrigen drohte die Baugenehmigung ohne Anfechtung durch die Gemeinde bestandskräftig zu werden.
Entgegen dem Wortlaut ist § 44a VwGO dahin zu verstehen, dass keine
gesonderten gleichzeitigen Rechtsbehelfe eingelegt werden müssen, sondern
die Geltendmachung der Rechtswidrigkeit der unselbständigen Verfahrenshandlung, also hier des Einvernehmens, im Rahmen des Rechtsbehelfs
in der Hauptsache, also gegen die Baugenehmigung, ausreicht (*Kopp/
Schenke*, § 44a Rn. 7).

Nach § 36 Abs. 2 S. 3 BauGB kann das rechtswidrig versagte Einver- **146**
nehmen der Gemeinde von der nach Landesrecht zuständigen Behörde
außerhalb eines gerichtlichen Verfahrens ersetzt werden. Geschieht dies
nicht und erhebt der Bauherr Klage gegen die Ablehnung der Baugenehmigung, die von der Bauaufsichtsbehörde mit der Versagung des gemeindlichen Einvernehmens begründet worden ist, so überprüft das Verwaltungsgericht inzident die Rechtmäßigkeit der Versagung des gemeindlichen
Einvernehmens (*Oldiges*, in: Steiner, Kap. III, Rn. 345). In solch einem Fall
ist die Gemeinde im Rahmen des verwaltungsgerichtlichen Verfahrens
gemäß § 65 Abs. 2 VwGO notwendig beizuladen (BVerwG NVwZ 1986,
556 (556)). Bei rechtswidriger Versagung des gemeindlichen Einvernehmens verpflichtet das Gericht gemäß § 113 Abs. 5 S. 1 VwGO die Bauaufsichtsbehörde, die beantragte Amtshandlung vorzunehmen, soweit der
Kläger einen materiell-rechtlichen Anspruch auf Erteilung der Baugenehmigung hat. Die Bauaufsichtsbehörde kann in diesem Fall die Baugenehmigung erteilen, ohne zuvor die Gemeinde nochmals um ihr Einverständnis

ersuchen zu müssen (*Söfker,* in: Ernst/Zinkahn/Bielenberg/Krautzberger, BauGB, § 36 Rn. 46).

147   Das gemeindliche Einvernehmen darf sowohl im Falle eines Verpflichtungsurteils als auch im Falle eines Bescheidungsurteils dann ersetzt werden, wenn das Gericht zu dem Ergebnis gelangt, dass das Bauvorhaben mit den §§ 31, 33, 34, oder 35 BauGB vereinbar ist, da sich die Mitwirkungsbefugnis bzw. die Prüfungskompetenz der Gemeinde gemäß § 36 Abs. 2 S. 1 BauGB allein darauf beschränkt, ob das Vorhaben in Anwendung der genannten bauplanungsrechtlichen Vorschriften zulässig ist oder nicht (BVerwG NVwZ-RR 2003, 719 (719 f.)).

C. Bauordnungsrecht

148   Der zweite große Bereich des öffentlichen Baurechts, das landesrechtlich geregelte Bauordnungsrecht, welches in Schleswig-Holstein v.a. in der Landesbauordnung seinen Niederschlag gefunden hat, kann in das formelle und das materielle Bauordnungsrecht unterteilt werden. Das materielle Bauordnungsrecht (§§ 4–52 LBO) dient der Gefahrenabwehr sowie sozial- und umweltpolitischen Anforderungen, was in § 3 Abs. 2, 3 LBO zum Ausdruck kommt. Das formelle Bauordnungsrecht (§§ 58–81 BauGB) hat die Bauaufsichtsbehörden sowie ihre Aufgaben und Befugnisse, das Verfahren zur Erteilung von Baugenehmigungen und die Bauordnungsmaßnahmen, mit denen die Bauaufsichtsbehörden das öffentliche Baurecht durchsetzen können, zum Gegenstand.

I. Bauordnungsrechtliche Zulässigkeit

1. Anwendungsbereich der Landesbauordnung (§§ 1, 2 LBO)

149   Der Anwendungsbereich der Landesbauordnung erstreckt sich auf bauliche Anlagen und Bauprodukte sowie auf Grundstücke und Anlagen, an die in der LBO Anforderungen gestellt werden (§ 1 Abs. 1 LBO). § 1 Abs. 2 LBO nimmt eine Reihe von Anlagen und Einrichtungen vom Anwendungsbereich aus, da für diese spezielle Regelungen bestehen. Eine Legaldefinition der Bauprodukte findet sich in § 2 Abs. 10 LBO. Die bauliche Anlage definiert § 2 Abs. 1 BauGB als mit dem Erdboden verbundene, aus Bauprodukten hergestellte Anlage, wobei eine Verbindung mit dem Erdboden auch dann besteht, wenn die Anlage durch eigene Schwere auf dem Boden ruht, auf ortsfesten Bahnen begrenzt beweglich ist oder zur überwiegend ortsfesten Verwendung bestimmt ist (vgl. zum Unterschied des bauplanungs- und bauordnungsrechtlichen Begriffs die Rn. 102 f.). § 2 Abs. 1 S. 2 LBO fingiert darüber hinaus eine Reihe von baulichen Anlagen.

2. Allgemeine Anforderungen (§ 3 LBO)

Als bauordnungsrechtliche Basisnorm fungiert § 3 LBO. Die Vorschrift **150**
stellt in Form einer Generalklausel allgemeine Anforderungen auf, welche
bei baulichen Anlagen und der Gestaltung von Grundstücken gewährleistet
sein müssen. § 3 Abs. 1 LBO nennt den Schutz der natürlichen Lebensgrundlagen und die Belange von Familien mit Kindern, alten und behinder-
ten Menschen, auf welche durch den Grundsatz barrierefreien Bauens
Rücksicht zu nehmen ist. § 3 Abs. 2 LBO ordnet an, dass Anlagen so zu
errichten sind, dass die öffentliche Sicherheit nicht gefährdet wird und
keine unzumutbaren Belästigungen entstehen. Die allgemeinen Anforderungen des § 3 LBO werden sowohl in Einzelvorschriften der Landesbauordnung als auch durch Rechtsverordnungen und Satzungen konkretisiert,
welche die Generalklausel, soweit sie abschließend sind, dann in der Anwendung verdrängen. § 83 LBO enthält eine Verordnungsermächtigung
zur Verwirklichung der in § 3 LBO bezeichneten Anforderungen und § 84
LBO ermächtigt die Gemeinden zum Erlass von örtlichen Bauvorschriften
durch Satzung.

Anders als die polizeirechtliche Generalklausel in §§ 174, 176 LVwG **151**
(s. dazu oben § 3 Rn. 66 ff.) stellt die bauordnungsrechtliche Generalklausel keine Ermächtigungsgrundlage, sondern nur eine Regelung materiell-
rechtlicher Mindeststandards dar (vgl. *Dietlein/Burgi/Hellermann*, § 4
Rn. 237; *Domning/Möller/Suttkus*, Komm. zur LBO, Bd. 1, § 3 Rn. 13),
weshalb für bauordnungsrechtliche Maßnahmen nicht auf § 3 LBO, sondern auf § 59 LBO zurückzugreifen ist. *Ermächtigungsgrundlage*

3. Besondere Anforderungen

Die Landesbauordnung enthält eine Vielzahl von materiell-rechtlichen An- **152**
forderungen an bauliche Anlagen, die jedoch nicht in Gänze juristische Probleme aufwerfen, sondern eher von praktischer Bedeutung sind. § 49 Abs. 1
S. 1 LBO schreibt beispielsweise vor, dass jede Wohnung eine Küche oder
Kochnische haben muss. Nachfolgend beschränkt sich die Darstellung von
materiell-rechtlichen Vorschriften des Bauordnungsrechts daher auf die Einzelvorschriften, die juristisch von größerer Bedeutung sind.

a) Verunstaltungsverbot (§ 10 LBO)

§ 10 LBO enthält entgegen der Überschrift „Gestaltung" kein Gestaltungs- **153**
gebot, sondern das bauordnungsrechtliche Verunstaltungsverbot (vgl. *Möl-
ler/Suttkus*, 161). § 10 S. 1 LBO erfasst den bauwerksbezogenen Verunstaltungsschutz, wonach bauliche Anlagen nach Form, Maßstab,
Verhältnis der Baumassen und Bauteile zueinander, Werkstoff und Farbe
so gestaltet sein müssen, dass sie nicht verunstaltend wirken. § 10 S. 2
LBO betrifft den umgebungsbezogenen Verunstaltungsschutz, indem bauliche Anlagen das Straßen-, Orts- und Landschaftsbild nicht verunstalten
dürfen.

154 Hinsichtlich der Frage der Beurteilung der Verunstaltung ist weder auf den ästhetisch besonders empfindsamen oder geschulten Betrachter noch auf Menschen abzustellen, welche ästhetischen Eindrücken gleichgültig gegenüber stehen, sondern auf den sog. gebildeten Durchschnittsmenschen, der zwischen diesen Personenkreisen steht (vgl. BVerwGE 2, 172 (177)). Eine Verunstaltung ist nicht schon bereits bei einer Störung der architektonischen Harmonie, sondern nur bei einem hässlichen, des ästhetische Empfinden des Beschauers verletzenden Zustand gegeben (vgl. BverwGE 2, 172 (176 f.)). Diese Maßstäbe gelten auch für die Bauaufsichtsbehörden, die dem Bauherrn ästhetische Vorstellungen nicht aufzwingen dürfen und Baugenehmigungen deshalb erst versagen oder Bauordnungsmaßnahmen einleiten können, wenn die Grenze zwischen Unschönheit und eindeutiger Hässlichkeit überschritten ist und die Anlage deshalb nachhaltigen Protest auslöst (*Dürr/Alberts*, Rn. 176).

b) Werbeanlagen (§ 11 LBO)

155 Werbeanlagen sind Anlagen der Außenwerbung, welche als ortsfeste Einrichtungen der Ankündigung, Anpreisung von oder als Hinweis auf Gewerbe oder Berufe dienen und vom öffentlichen Verkehrsraum aus sichtbar sind (§ 11 Abs. 1 S. 1 LBO). Für Werbeanlagen, die bauliche Anlagen i.S.v. § 2 Abs. 1 LBO sind, betont § 11 Abs. 2 S. 1 LBO, der angesichts von § 1 Abs. 1 LBO nur deklaratorischer Natur sein dürfte, dass für diese die in der Landesbauordnung aufgestellten Anforderungen gelten. Das bedeutet insbesondere, dass für Werbeanlagen, die bauliche Anlagen sind, das Verunstaltungsverbot aus § 10 LBO greift.

156 Aus § 11 Abs. 1 LBO ergibt sich, dass werbende Anlagen im Inneren von baulichen Anlagen, die von außen nicht sichtbar sind, nicht unter die Vorschrift fallen (*Möller/Suttkus*, 163; *Domning/Möller/Suttkus*, Komm. zur LBO, Bd. 1, § 11 Rn. 3).

157 § 11 Abs. 2 S. 2 LBO ordnet weitergehend an, dass Werbeanlagen, die keine baulichen Anlagen i.S.v. § 2 Abs. 1 LBO sind, weder bauliche Anlagen, das Straßen-, Orts- und Landschaftsbild verunstalten noch die Sicherheit des Verkehrs gefährden dürfen. § 11 Abs. 2 S. 2 LBO ist abschließend, womit keine weiteren Anforderungen der Landesbauordnung an Werbeanlagen, die keine baulichen Anlagen sind, gestellt werden dürfen.

158 Gemäß § 62 Abs. 1 LBO sind nicht nur bauliche Anlagen, sondern auch Anlagen, an die in der Landesbauordnung Anforderungen gestellt werden, genehmigungsbedürftig. Das gilt dann grundsätzlich auch für Werbeanlagen, die keine baulichen Anlagen sind, wenngleich § 63 Abs. 1 Nr. 11 LBO bestimmte Werbeanlagen und alle Warenautomaten verfahrensfrei stellt, d.h. ein bauaufsichtliches Verfahren zur Erlangung einer Baugenehmigung nicht erforderlich ist.

159 Nach § 11 Abs. 2 S. 3 LBO ist eine störende Häufung von Werbeanlagen unzulässig, was von der Bebauung und Nutzung der Umgebung im konkreten Einzelfall abhängt (vgl. *Möller/Suttkus*, 163 f.). Nach § 11 Abs. 3 LBO sind Werbeanlagen im Außenbereich grundsätzlich unzulässig, es sei denn, es liegt eine der genannten Ausnahmen vor. Die Vorschrift findet auf Warenautomaten nach § 11 Abs. 5 LBO entsprechende Anwendung.

c) Abstandflächen (§ 6 LBO)

§ 6 LBO regelt abschließend und sehr detailliert das Freihalten von Ab- **160** standflächen und gehört zu den zentralen Regelungen der Landesbauordnung. Abstandflächen sind gemäß § 6 Abs. 1 S. 1 LBO Flächen, die vor Außenwänden von oberirdischen Gebäuden freizuhalten sind. Eine Abstandfläche ist an Grundstücksgrenzen dann nicht erforderlich, wenn nach bauplanungsrechtlichen Vorschriften an die Grenze gebaut werden darf (§ 6 Abs. 1 S. 4 LBO), womit eine Divergenz zwischen Bauplanungs- und Bauordnungsrecht verhindert werden soll. Abstandflächen dienen der ausreichenden Belüftung und Besonnung, dem Schutz vor Brandübertragung und dem Schutz vor Beeinträchtigung des Wohnfriedens (OVG SH, SchlHA 1994, 180 (181)). Die Abstandflächenregelung verfolgt damit sowohl gefahrenabwehrrechtliche als auch soziale Ziele.

Bedeutsam für den Nachbarschutz ist die Regelung in § 6 Abs. 2 S. 1 **161** LBO, wonach die Abstandflächen grundsätzlich auf dem Grundstück selbst liegen müssen. Ausnahmen von diesem Grundsatz sehen aber § 6 Abs. 2 S. 2, 3 LBO vor, v.a. dürfen sich Abstandflächen dann auf andere Grundstücke erstrecken, wenn öffentlich-rechtlich gesichert ist, dass diese nicht überbaut werden.

§ 6 Abs. 3 LBO beinhaltet das Überdeckungsverbot, was zum Ausdruck **162** bringt, dass die Zielsetzungen des Abstandflächenrechts nur dann erreicht werden können, wenn sich die Abstandflächen nicht überdecken.

Die Ermittlung der Tiefe der Abstandfläche erfolgt nach § 6 Abs. 4, 5 **163** LBO. Die Tiefe bemisst sich nach der Wandhöhe, welche das Maß von der festgelegten Geländeoberfläche bis zum Schnittpunkt der Wand mit der Dachhaut oder bis zum oberen Abschluss der Wand ist (§ 6 Abs. 4 S. 1, 2 LBO). § 6 Abs. 4 S. 3 LBO bestimmt, wann und in welchem Umfang Dächer bei der Berechnung der Wandhöhe hinzuzurechnen sind. Das sich ergebende Maß ist H (§ 6 Abs. 4 S. 4 LBO). Die Tiefe der Abstandfläche beträgt nach § 6 Abs. 5 S. 1 LBO 0,4 H, mindestens jedoch 3 m; in Gewerbe- und Industriegebieten dagegen nur 0,2 H, jedoch ebenfalls mindestens 3 m. Die Tiefe der Abstandfläche ist mit dem Inkrafttreten der neuen Landesbauordnung am 1.5.2009 wesentlich geändert worden, da nach der alten Regelung die Tiefe der Abstandfläche grundsätzlich 1 H betrug. Diese ehemals deutlich strengere Regelung wurde abgemildert durch das schwer verständliche und schwer umzusetzende Schmalseitenprivileg in § 6 Abs. 6 LBO a. F., wonach nur die Hälfte der Tiefe gegenüber einem höchstens 16 m langen Abschnitt zweier beliebiger Grundstücksgrenzen einzuhalten war (vgl. *Niere*, NordÖR 2009, 273 (275)). An Stelle der alten Tiefe von 1 H und des Schmalseitenprivilegs ist nunmehr die reduzierte Tiefe von 0,4 H getreten, welche von der Tendenz her zu einer Verdichtung der Bebauung führen kann (vgl. *Niere*, NordÖR 2009, 273 (275)).

164 Die ermittelte Abstandfläche muss dennoch nicht von jeglicher Bebauung freigehalten werden. Welche Anlagen in den Abstandsflächen zulässig sind, regeln § 6 Abs. 7, 8 LBO.

d) Stellplatzpflicht (§ 50 LBO)

165 Die Errichtung von Anlagen, bei denen ein Zu- oder Abgangsverkehr zu erwarten ist, kann nur dann erfolgen, wenn Stellplätze oder Garagen sowie Abstellanlagen für Fahrräder hergestellt werden (§ 50 Abs. 1 S. 1 LBO). Ihre Anzahl und Größe richtet sich nach Art und Anzahl der vorhandenen und zu erwartenden Fahrzeuge der ständigen Besucher und Benutzer der Anlagen (§ 50 Abs. 1 S. 2 LBO). Dazu existiert ein Stellplatzerlass des Innenministeriums aus dem Jahre 1995 (Stellplatzerlass – StErl – vom 16.8.1995, Amtsblatt Schl.-H. 1995, 611, zuletzt geändert durch Erlass vom 17.7.2000, Amtsblatt Schl.-H. 2000, 470).

166 Nach § 12 Abs. 2 BauNVO sind in Wohngebieten Stellplätze und Garagen nur für den durch die zugelassene Nutzung verursachten Bedarf zulässig. Die Stellplatzpflicht betrifft weniger die bauliche Anlage als solche, sondern den ruhenden Verkehr, den bauliche Anlagen mit sich bringen, weshalb die Vorschrift verhindern will, dass Benutzer und Besucher der baulichen Anlage ihre Fahrzeuge oder Fahrräder auf der öffentlichen Verkehrsfläche abstellen (*Suttkus*, in: Schmalz/Ewer/v. Mutius/Schmidt-Jortzig, Baurecht, Rn. 56).

167 Zum Schutz der Nachbarschaft ordnet § 50 Abs. 9 S. 1 LBO an, dass Stellplätze und Garagen so angeordnet und ausgeführt werden müssen, dass ihre Benutzung die Gesundheit nicht schädigt und das Arbeiten und Wohnen, die Ruhe und die Erholung in der Umgebung durch Lärm oder Gerüche nicht über das zumutbare Maß hinaus stört. Zu beachten ist jedoch, dass von Stellplätzen immer eine gewisse Störung ausgeht, weshalb nicht jede Störung unzulässig sein kann (*Dürr/Alberts*, Rn. 198).

168 Stellplätze müssen auf dem Baugrundstück selbst oder in zumutbarer Entfernung zum Baugrundstück errichtet werden (§ 50 Abs. 5 S. 1 LBO).

169 Von der Stellplatzpflicht kann mit Einverständnis der Gemeinde abgesehen werden. Dies ist insbesondere dann der Fall, wenn eine günstige Anbindung an den öffentlichen Personennahverkehr besteht oder ausreichende Fahrradwege vorhanden sind (§ 50 Abs. 1 S. 4 LBO).

170 Zu beachten gilt es auch, dass die Bauaufsichtsbehörde mit Einverständnis der Gemeinde vom Stellplatzverpflichteten statt der Herstellung eines Stellplatzes einen Ablösebetrag verlangen kann, wenn die Herstellung nicht oder nur unter großen Schwierigkeiten möglich ist (§ 50 Abs. 6 S. 1 LBO). Die Herstellung eines Stellplatzes ist nur mit großen Schwierigkeiten möglich, wenn sie unwirtschaftliche Aufwendungen erfordern würde, z.B. wenn nur der Bau einer unverhältnismäßig teuren Tiefgarage in Betracht kommt (*Dürr/Alberts*, Rn. 201). Die Entscheidung, ob die Herstellung eines Stellplatzes oder ein Ablösebetrag verlangt wird, steht im Ermessen der Gemeinde. Der Ablösebetrag ist als eine parafiskalische Sonderabgabe anzusehen, d.h. er ist keine Steuer, Gebühr oder Beitrag (BVerwG, NJW 1986, 600 (600)). Sonderabgaben dürfen im Rahmen der bundesstaatli-

chen Finanzverfassung nur zur Finanzierung besonderer Aufgaben eingesetzt werden, was beim Ablösebetrag in der Entlastung der Straßen vom
ruhenden Verkehr zu erblicken ist (vgl. BVerwG, NJW 1986, 600 (600)).
Der Ablösebetrag ist zur Herstellung neuer oder Instandhaltung bereits
bestehender Parkeinrichtungen oder für Einrichtungen des öffentlichen
Personennahverkehrs zu verwenden (§ 50 Abs. 6 S. 3 LBO) und darf 80 %
der durchschnittlichen Herstellungskosten dieser Parkeinrichtungen nicht
übersteigen (§ 50 Abs. 4 S. 4 LBO).

Die Stellplatzablösung kann durch eine Nebenbestimmung zur Bauge- **171**
nehmigung geregelt werden, erfolgt aber häufig durch einen öffentlich-
rechtlichen Vertrag (*Dietlein/Burgi/Hellermann*, Rn. 248).

e) Sonstige Vorschriften des materiellen Bauordnungsrechts

Nachfolgend sei noch auf einige weitere materiell-rechtliche Regelungen **172**
kurz hingewiesen:

Nach § 4 Abs. 2 LBO können Gebäude nur dann errichtet werden, wenn
das Grundstück an einer befahrbaren öffentlichen Verkehrsfläche liegt
oder wenn das Grundstück eine befahrbare Zufahrt zu einer befahrbaren
öffentlichen Verkehrsfläche hat.

Die §§ 12–17 LBO stellen allgemeine Anforderungen an die Bauausfüh- **173**
rung und haben v.a. gefahrenabwehrrechtlichen Charakter.

§ 13 Abs. 1 LBO verlangt, dass bauliche Anlagen standsicher sind, was **174**
dann gegeben ist, wenn sie die auf sie einwirkenden Belastungen durch
Eigen- und Nutzlast sowie von außen (Wind und Schnee) aufnehmen und
diese sicher in den Baugrund leiten (*Dürr/Alberts*, Rn. 206).

Nach § 14 LBO müssen bauliche Anlagen so angeordnet und beschaffen **175**
sein, dass durch Einflüsse i.S.v. § 4 Abs. 1 LBO (Wasser, Feuchtigkeit sowie andere chemische, physikalische oder biologische Einflüsse) keine Gefahren oder unzumutbare Belästigungen entstehen.

§ 15 LBO regelt die Grundanforderungen des Brandschutzes, wonach **176**
Anlagen so zu errichten sind, dass der Entstehung eines Brandes oder der
Brandausbreitung vorgebeugt wird und bei einem Brand die Rettung von
Menschen und Tieren sowie wirksame Löscharbeiten möglich sind.

II. Formelles Bauordnungsrecht

1. Organisation der Bauaufsicht

a) Bauaufsichtsbehörden (§ 58 LBO)

§ 58 LBO folgt für die Bauaufsicht einem zweistufigen Verwaltungsauf- **177**
bau, indem § 58 Abs. 1 LBO das Innenministerium als oberste Bauaufsichtsbehörde (Nr. 1) und den Landrat in den Kreisen und die Bürgermeister in den kreisfreien Städten als untere Bauaufsichtsbehörde (Nr. 2)
bestimmt.

Der Landrat nimmt die Bauaufsicht ebenso wie die Bürgermeister der **178**
kreisfreien Städte als Aufgabe nach Weisung wahr (§ 58 Abs. 3 LBO) und

damit nicht als allgemeine untere Landesbehörde nach dem Gesetz über die Errichtung allgemeiner unterer Landesbehörden (Gesetz über die Errichtung allgemeiner unterer Landesbehörden in Schleswig-Holstein in der Fassung vom 3. April 1996, GVOBl. Schl.-H. 1996, 406). Aus diesem Grund sind Amtshaftungsansprüche wegen der fehlenden Bearbeitung von Bauanträgen gegen den Kreis und nicht gegen das Land zu richten (vgl. OLG Schleswig, NordÖR 2000, 411 (411 f.); *Domning/Möller/Suttkus*, Komm. zur LBO, Bd. 2, § 58 Rn. 3).

179 Verfassungsrechtliche Grundlage für die Übertragung der unteren Bauaufsicht auf die Kreise und kreisfreien Städte ist Art. 46 Abs. 4 LV (Verfassung des Landes Schleswig-Holstein in der Fassung der Bekanntmachung vom 13. Mai 2008, GVOBl. Schl.-H. 2008, 223). Die Vorschrift findet ihr einfach-gesetzliches Pendant in §§ 3 GO bzw. KrO. Für die kommunalinterne Kompetenzverteilung bedeutet eine Aufgabenerfüllung nach Weisung, dass für die Erfüllung ausschließlich der Bürgermeister (§§ 50 Abs. 2, 55 Abs. 5, 65 Abs. 5 GO) und der Landrat (§ 51 Abs. 5 KrO) zuständig sind. Gemeindevertretung und Kreistag haben insoweit nicht einmal Kontroll-, sondern im Falle von Ermessensspielräumen allenfalls Beratungsrechte (*von Mutius*, in: Schmalz/Ewer/v. Mutius/Schmidt-Jortzig, Kommunalrecht, Rn. 93).

180 Die oberste Bauaufsichtsbehörde kann nach § 58 Abs. 2 LBO die Aufgaben der unteren Bauaufsichtsbehörde vollständig und in besonderen Fällen auch einzelne Aufgaben auf amtsfreie Gemeinden und Ämter übertragen (siehe dazu die Landesverordnung zur Übertragung von Aufgaben der unteren Bauaufsichtsbehörde auf amtsfreie Gemeinden und Ämter vom 19. September 1974, GVOBl. Schl.-H. 1974, 349). In diesen Fällen wird der Bürgermeister oder Amtsdirektor und in ehrenamtlich verwalteten Ämtern der Amtsvorsteher zur unteren Bauaufsichtsbehörde. Auch diese Übertragung ist von Art. 46 Abs. 4 LV-SH gedeckt.

b) Fachaufsicht

181 § 58 Abs. 4 LBO regelt die Organisation der Fachaufsichtsbehörden. Das Innenministerium ist als oberste Bauaufsichtsbehörde zugleich Fachaufsichtsbehörde über die unteren Bauaufsichtsbehörden und über die Bürgermeister, Amtsdirektoren und Amtsvorsteher, denen durch Verordnung alle Aufgaben der unteren Bauaufsichtsbehörde übertragen worden sind. Sind im Verordnungswege nur Teilaufgaben auf amtsfreie Gemeinden und Ämter übertragen worden, ist der Landrat die Fachaufsichtsbehörde.

182 In Fällen der Pflichtaufgaben nach Weisung unterliegen die kommunalen Aufgabenträger grundsätzlich, d.h. soweit das Fachrecht keine Einschränkungen vorsieht, einem umfassenden Weisungsrecht. Bezugspunkte von Weisungen sind demnach Recht- und Zweckmäßigkeit (§§ 17 Abs. 1, 18 Abs. 1 i.V.m. §§ 15 Abs. 2, 16 LVwG).

c) Zuständigkeitsverteilung (§ 61 LBO)

183 Nach § 61 Abs. 1 LBO sind für den Vollzug der Landesbauordnung die unteren Bauaufsichtsbehörden sachlich zuständig. Die örtlichen Ordnungsbehörden haben diese von allen Vorgängen zu unterrichten, die deren Eingreifen erfordern können (§ 61 Abs. 1 S. 2 LBO).

Örtlich zuständig sind nach § 61 Abs. 2 LBO grundsätzlich die Bauaufsichtsbehörden, in deren Bezirk die Anlage errichtet wird. Gesetzt den Fall, dass für zusammenhängende Anlagen mehrere Bauaufsichtsbehörden zuständig sind oder die örtliche Zuständigkeit aus anderen Gründen zweifelhaft ist, bestimmt die oberste Bauaufsichtsbehörde die zuständige Bauaufsichtsbehörde (§ 61 Abs. 3 S. 1 LBO).

2. Die am Bau Beteiligten

Die §§ 53 ff. LBO enthalten Regelungen über die am Bau Beteiligten. § 53 **184** LBO verdeutlicht, dass der Bauherr vorrangig verantwortlich für die Einhaltung der öffentlich-rechtlichen Vorschriften ist. Die anderen am Bau Beteiligten (Entwurfsverfasser, Unternehmer, Bauleiter) trifft aber im Rahmen ihres Wirkungskreises ebenfalls eine Verantwortlichkeit hinsichtlich der Beachtung öffentlich-rechtlicher Vorschriften.

Der Bauherr, der nicht Eigentümer des Baugrundstücks sein muss, veran- **185** lasst das Bauvorhaben, beeinflusst maßgeblich dessen Ablauf und tritt hauptverantwortlich gegenüber der Bauaufsichtsbehörde auf (vgl. *Möller/ Suttkus*, 255 f.). § 54 LBO normiert die Einzelpflichten des Bauherrn, z.B. hat er nach Maßgabe der §§ 55–57 LBO einen Entwurfsverfasser, einen Unternehmer sowie einen Bauleiter zu bestellen, wenn er deren Pflichten nicht selbst wahrnimmt. Eine Selbstwahrnehmung setzt voraus, dass der Bauherr zur Erfüllung der Verpflichtungen nach den §§ 55–57 LBO in der Lage ist.

Dem Entwurfsverfasser (§ 55 LBO) obliegt die Vorbereitung des jeweili- **186** gen Bauvorhabens, wobei ihn insbesondere die Pflicht trifft, für die Vollständigkeit und Brauchbarkeit des Entwurfs Sorge zu tragen (§ 55 Abs. 1 S. 2 LBO). Nach § 55 Abs. 2 S. 1 LBO sind zudem geeignete Fachplaner hinzuzuziehen, wenn der Entwurfsplaner auf einzelnen Fachgebieten nicht die erforderliche Sachkunde und Erfahrung besitzt.

Ein Unternehmer nach § 56 LBO ist ein selbständiger Gewerbetreiben- **187** der, der insgesamt oder zum Teil die Ausführung einer baulichen Anlage übernommen hat (*Möller/Suttkus*, 259). Er hat v.a. dafür Sorge zu tragen, dass die Ausführung des Vorhabens mit den öffentlich-rechtlichen Anforderungen in Einklang steht (§ 56 Abs. 1 S. 1 LBO).

Der Bauleiter (§ 57 Abs. 1 S. 1 LBO) ist dafür verantwortlich, dass die **188** Baumaßnahme entsprechend den erfassten Bauvorlagen und den öffentlich-rechtlichen Vorschriften durchgeführt wird, wozu er die erforderlichen Weisungen zu erteilen hat. Ihm obliegt daher wie dem Unternehmer neben seiner zivilrechtlichen Verantwortlichkeit gegenüber dem Bauherrn eine öffentlich-rechtliche Verantwortlichkeit (*Möller/Suttkus*, 260 f.).

III. Bauordnungsrechtliche Instrumentarien

1. Instrumente präventiver Rechtmäßigkeitskontrolle

189   Wie § 73 Abs. 1 S. 1 LBO verdeutlicht, hat der Grundstückseigentümer ein Recht auf bauliche Nutzung seines Grundstücks, wenn keine öffentlich-rechtlichen Vorschriften dem Vorhaben entgegenstehen. Das Erfordernis einer Baugenehmigung, das nach § 62 Abs. 1 LBO für alle Anlagen gilt, an die in der Landesbauordnung Anforderungen gestellt werden, führt dazu, dass der Eigentümer nicht einfach mit der Ausführung der baulichen Anlage beginnen kann, sondern dass die bauliche Nutzung von Grundstücken einem präventiven Verbot mit Erlaubnisvorbehalt unterworfen ist. Das Baugenehmigungsverfahren ermöglicht der unteren Bauaufsichtsbehörde, vorab die Vereinbarkeit eines Vorhabens mit dem öffentlichen Baurecht zu überprüfen, was für den Grundstückseigentümer einerseits zwar eine Belastung darstellt, andererseits aber bei Genehmigung auch zu Rechts- und Planungssicherheit führt. Als weitere präventive Instrumente, die der Bauaufsicht zur Verfügung stehen, wird nachfolgend auf den Bauvorbescheid (§ 66 LBO) und die Teilbaugenehmigung (§ 74 LBO) eingegangen.

a) Baugenehmigung

190   Die Baugenehmigung ist nach § 73 Abs. 1 S. 1 LBO zu erteilen, wenn dem Vorhaben keine öffentlich-rechtlichen Vorschriften entgegenstehen. Sie ist die bauaufsichtliche Entscheidung, dass dem beabsichtigten Vorhaben das im Zeitpunkt der Entscheidung geltende öffentliche Recht nicht widerspricht (vgl. BVerwG, DVBl. 1964, 184). Zunächst ist zu untersuchen, ob das in Rede stehende Vorhaben überhaupt einer Genehmigung bedarf, anschließend ggf. ob diese auch erteilt werden darf.

aa) Genehmigungsbedürftigkeit

191   Die neue Landesbauordnung hält an einer vierfachen Abstufung der präventiven Prüfung von Bauvorhaben fest (*Niere*, NordÖR 2009, 273 (278)). Auf der ersten Stufe liegen die verfahrensfreien Bauvorhaben, § 63 LBO, die zweite Stufe bilden die Vorhaben, die der Genehmigungsfreistellung unterliegen, § 68 LBO, die dritte Stufe wird durch das vereinfachte Baugenehmigungsverfahren eingenommen, § 69 LBO, vierte und letzte Stufe bildet sodann das Baugenehmigungsverfahren für Sonderbauten, § 67 LBO (vgl. *Niere*, NordÖR 2009, 273 (278 ff.) mit dem Hinweis, dass auch ein dreistufiges Verfahren angenommen werden kann, wobei das vereinfachte Baugenehmigungsverfahren als dritte Stufe dann in zwei Varianten – einmal mit einem beschränkten und zum anderem mit einem unbeschränktem Prüfungsumfang bei Sonderbauten – auftritt).

192   Genehmigungsbedürftig sind nach § 62 Abs. 1 LBO die Errichtung, Änderung, Nutzungsänderung und die Beseitigung von Anlagen, d.h. baulichen Anlagen und anderen Anlagen i.S.v. § 1 Abs. 1 S. 2 LBO, soweit in den §§ 63, 68, 76, 77 LBO nicht Ausnahmen vom Grundsatz der Geneh-

migungspflichtigkeit vorgesehen sind. Die in § 62 Abs. 1 LBO genannten Vorschriften sind abschließend, d.h. soweit sich aus diesen nicht die Genehmigungsfreiheit des Vorhabens ergibt, bedarf es stets einer Baugenehmigung (vgl. *Möller/Suttkus*, 269). Zu beachten ist aber, dass § 62 Abs. 2 LBO Genehmigungen und Erlaubnisse nach anderen Rechtsvorschriften nennt, welche eine Baugenehmigung und eine bauaufsichtliche Zustimmung nach § 77 LBO einschließen.

(1) Verfahrensfreie Bauvorhaben (§ 63 LBO)

Die sog. „verfahrensfreien Bauvorhaben" treten an die Stelle der „genehmigungs- und anzeigefreien Vorhaben" in § 69 LBO a. F. und ermöglichen **193** auf diese Weise eine sichere Unterscheidung der unter § 63 LBO fallenden Bauvorhaben von der Genehmigungsfreistellung nach § 68 LBO (*Möller/Suttkus*, 271). Bei der Errichtung und Änderung von Anlagen nach § 63 Abs. 1 LBO entfällt jegliche bauaufsichtliche Prüfung und Beteiligung der Gemeinden. § 63 Abs. 1 LBO enthält diesbezüglich einen umfangreichen und abschließenden Katalog von Vorhaben, welche verfahrensfrei gestellt werden.

Die Änderung der Nutzung von Anlagen ist in Ergänzung zu § 63 Abs. 1 **194** LBO ebenfalls verfahrensfrei, wenn die Errichtung und Änderung der Anlage nach § 63 Abs. 1 LBO verfahrensfrei wäre (§ 63 Abs. 2 Nr. 2 LBO). Die Nutzungsänderung ist darüber hinaus auch dann verfahrensfrei, wenn für die neue Nutzung keine anderen öffentlich-rechtlichen Anforderungen als für die bisherige Nutzung in Betracht kommen (§ 63 Abs. 2 Nr. 1 LBO).

Nicht gänzlich verfahrensfrei ist nach § 63 Abs. 3 LBO die Beseitigung **195** von Anlagen, da die beabsichtigte Beseitigung von solchen Anlagen, die nicht in § 63 Abs. 3 Nr. 1–3 LBO aufgeführt werden, einen Monat zuvor der Bauaufsichtsbehörde anzuzeigen ist.

Hervorzuheben ist, dass verfahrensfrei nicht rechtsfrei bedeutet. Viel- **196** mehr wird nur auf eine präventive Prüfung verzichtet; der Bauherr muss aber die materiell-rechtlichen Anforderungen ohne jede Einschränkung einhalten, sodass ein repressives Einschreiten der Bauaufsichtsbehörde jederzeit möglich bleibt (*Niere*, NordÖR 2009, 273 (279)).

(2) Genehmigungsfreistellung (§ 68 LBO)

Die Genehmigungsfreistellung in § 68 LBO ersetzt das Baufreistellungsver- **197** fahren für Wohngebäude geringer Höhe nach § 74 LBO a. F. und stärkt die Stellung der Gemeinden. Bei der Genehmigungsfreistellung entfällt ebenfalls eine präventive Prüfung des Vorhabens durch die Bauaufsichtsbehörde (§ 68 Abs. 4 LBO). Für die Errichtung, Änderung und Nutzungsänderung der in § 68 Abs. 1 LBO genannten Vorhaben bedarf es dann keiner Baugenehmigung, wenn diese im Geltungsbereich eines qualifizierten oder vorhabenbezogenen Bebauungsplans liegen, den Festsetzungen nicht widersprochen wird und die Erschließung gesichert ist sowie die Gemeinde nicht erklärt, dass ein vereinfachtes Baugenehmigungsverfahren durchgeführt werden soll oder eine Zurückstellung des Baugesuchs nach § 15 Abs. 1 S. 2 BauGB beantragt (§ 68 Abs. 2 LBO).

198 Voraussetzung der Genehmigungsfreistellung ist ferner, dass der Bauherr die erforderlichen Bauvorlagen bei der Gemeinde und ggf. bei Bauaufsichtsbehörde einreicht (§ 68 Abs. 3 S. 1 LBO). Die Gemeinde kann dann innerhalb eines Monats nach Einreichung der Bauvorlagen die Durchführung eines vereinfachten Baugenehmigungsverfahrens verlangen oder die Zurückstellung nach § 15 BauGB beantragen. Die Gemeinde braucht keinen Grund für ihr Verlangen anzugeben und es besteht auch kein Rechtsanspruch auf den Verzicht der Erklärungsmöglichkeit (§ 68 Abs. 9 S. 2 LBO). Diese Regelung ist zur Wahrung der Planungshoheit der Gemeinde geboten, da diese z.B. während der Durchführung eines vereinfachten Baugenehmigungsverfahrens noch in der Lage ist, Maßnahmen zur Sicherung der Bauleitplanung zu treffen (*Niere*, NordÖR 2009, 273 (279)).

199 Übt die Gemeinde nicht innerhalb eines Monats die ihr in § 68 Abs. 2 Nr. 4 LBO eingeräumte Befugnis aus, darf mit dem Bauvorhaben begonnen werden. Auch das Genehmigungsfreistellungsverfahren befreit den Bauherrn nicht von den materiell-rechtlichen Anforderungen. Es ist funktionell gesehen ein Anzeigeverfahren, das der Gemeinde und der Bauaufsichtsbehörde die Möglichkeit präventiver Maßnahmen bietet (*Niere*, NordÖR 2009, 273 (279)).

(3) Fliegende Bauten (§ 76 LBO)

200 Fliegende Bauten bedürfen ebenfalls keiner Baugenehmigung. Unter fliegenden Bauten sind nach § 76 Abs. 1 LBO bauliche Anlagen zu verstehen, die geeignet und bestimmt sind, an verschiedenen Orten wiederholt aufgestellt und zerlegt werden, woraus Baustelleneinrichtungen und Baugerüste ausgenommen werden.

201 Für fliegende Bauten bedarf es, bevor sie erstmals aufgestellt und in Gebrauch genommen werden, einer Ausführungsgenehmigung (§ 76 Abs. 2 S. 1 LBO). Letztere ist nicht für die in den § 76 Abs. 2 S. 2 Nr.1–5 LBO genannten Vorhaben erforderlich. Das Verfahren zur Erteilung einer Ausführungsgenehmigung wird in § 76 Abs. 3–10 LBO ausführlich geschildert. Zuständig für die Erteilung der Ausführungsgenehmigung ist die untere Bauaufsichtsbehörde, in deren Bereich der Antragsteller seine Hauptwohnung oder gewerbliche Niederlassung hat (§ 76 Abs. 3 S. 1 LBO).

(4) Bauaufsichtliche Zustimmung (§ 77 LBO)

202 Bauvorhaben bedürfen nach § 77 Abs. 1 S. 1 LBO auch dann keiner Baugenehmigung, wenn die Leitung der Entwurfsarbeiten und die Bauüberwachung einer Baudienststelle des Bundes oder eines Landes übertragen ist (Nr. 1) und die Baudienststelle mit mindestens einem Bediensteten mit der Befähigung zum höheren bautechnischen Verwaltungsdienst und mit sonstigen geeigneten Fachkräften ausgestattet ist (Nr. 2). An die Stelle der Baugenehmigung tritt die Zustimmung der Bauaufsichtsbehörde (§ 77 Abs. 1 S. 2 LBO). Die Zustimmung kann aber nach § 77 Abs. 1 S. 3, 4 LBO unter dort näher genannten Voraussetzungen entfallen.

bb) Genehmigungsfähigkeit

Die Bauaufsichtsbehörde ist in ihrer Entscheidung über die Erteilung der 203
Baugenehmigung gemäß § 73 Abs. 1 LBO gebunden, d.h. es besteht ein
Anspruch auf die Baugenehmigung, wenn das Vorhaben dem öffentlichen
Recht nicht widerspricht.

(1) Formelle Rechtmäßigkeit

(a) Zuständigkeit

Zuständig für die Erteilung der Baugenehmigung ist grundsätzlich die un- 204
tere Bauaufsichtsbehörde nach § 61 I LBO (siehe dazu Rn. 183).

(b) Verfahren

(aa) Bauantrag

Formelle Voraussetzung des Anspruchs auf Erteilung einer Baugenehmi- 205
gung ist ein schriftlicher Bauantrag bei der Gemeinde (§ 64 Abs. 1 S. 2
LBO), mit welchem alle für die Beurteilung des Bauvorhabens und die
Bearbeitung des Bauantrages erforderlichen Unterlagen (Bauvorlagen) einzureichen sind (§ 64 Abs. 2 S. 1 LBO). Die Gemeinde leitet den Bauantrag
dann unverzüglich, spätestens jedoch innerhalb einer Woche nach Eingang, an die untere Bauaufsichtsbehörde weiter (§ 64 Abs. 1 S. 3 LBO).
Der Bauantrag muss vom Bauherrn sowie dem Entwurfsverfasser und die
Bauvorlagen ferner auch vom Entwurfsverfasser unterschrieben werden
(§ 64 Abs. 4 S. 1 LBO). Der Entwurfsverfasser muss nach § 65 LBO bau-
vorlagenberechtigt sein. Ist der Bauantrag unvollständig oder weist er sonstige Mängel auf, fordert die Bauaufsichtsbehörde den Bauherrn zur Behebung der Mängel innerhalb einer angemessenen Frist auf (§ 67 Abs. 2 S. 1
LBO). Werden die Mängel nicht innerhalb der Frist behoben, gilt der Antrag als zurückgenommen (§ 67 Abs. 2 S. 2 LBO).

(bb) Baugenehmigungsverfahren

Der Bauantrag führt zur Einleitung des Baugenehmigungsverfahrens, des- 206
sen Inhalt sich danach richtet, was für ein Bauvorhaben zugrunde liegt. Die
Landesbauordnung unterscheidet zwischen dem Verfahren nach § 67 LBO
und dem vereinfachten Verfahren nach § 69 LBO. Allerdings unterliegen
seit der Änderung der Landesbauordnung im Jahr 2000 grundsätzlich nur
noch die in § 51 Abs. 2 LBO abschließend aufgeführten Sonderbauten dem
umfassenden Baugenehmigungsverfahren nach § 67 LBO (vgl. *Suttkus*, in:
Schmalz/Ewer/v. Mutius/Schmidt-Jortzig, Baurecht, Rn. 102). § 69 Abs. 1
LBO nimmt die Sonderbauten ausdrücklich vom vereinfachten Baugenehmigungsverfahren aus. Das vereinfachte Baugenehmigungsverfahren ist
daher das Regelverfahren für die Fälle, in denen nach § 62 LBO eine Baugenehmigung erforderlich ist, weshalb der Ausdruck „vereinfacht" wenig
passend ist (vgl. *Niere*, NordÖR 2009, 273 (279)).

Im vereinfachten Baugenehmigungsverfahren müssen die Bauvorlagen, 207
mit Ausnahme der bautechnischen Nachweise, von einem Entwurfsverfas-

ser gefertigt werden, der nach § 65 Abs. 3 LBO vorlageberechtigt ist (Architekten, Ingenieure, Innenarchitekten, Landschaftsarchitekten), § 69 Abs. 4 S. 1 LBO. Entwurfsverfasser nach § 65 Abs. 3 LBO haben im vereinfachten Baugenehmigungsverfahren die Erklärung abzugeben, dass die gefertigten Bauvorlagen den öffentlich-rechtlichen Vorschriften entsprechen (§ 69 Abs. 4 S. 2 LBO), was der Klarstellung ihrer Verantwortung dient. Da § 69 Abs. 1 S. 2 LBO ausdrücklich anordnet, dass § 65 Abs. 4 LBO unberührt bleibt, ist bei der Erstellung von Bauvorlagen durch die nach § 65 Abs. 4 LBO erfassten Personen (z.B. durch einen Zimmerermeister) weiterhin bei allen Gebäuden ein umfassendes Baugenehmigungsverfahren nach § 67 LBO durchzuführen (vgl. *Möller/Suttkus*, 323).

208   Das vereinfachte Verfahren nach § 69 LBO zeichnet sich durch einen eingeschränkten Prüfungsmaßstab aus, da die Vereinbarkeit von Vorhaben mit der Landesbauordnung und mit Vorschriften aufgrund der Landesbauordnung nicht geprüft wird (§ 69 Abs. 1 LBO). Auch die bautechnischen Nachweise nach § 70 LBO werden von der Bauaufsichtsbehörde nicht inhaltlich geprüft (vgl. *Dürr/Alberts*, Rn. 233). Das ändert aber nichts daran, dass die bautechnischen Nachweise, welche die Einhaltung der Anforderungen an die Standsicherheit, den Brand-, Schall-, Wärme- und Erschütterungsschutz nachweisen, auch im vereinfachten Baugenehmigungsverfahren einzureichen sind (§ 69 Abs. 1 S. 2 i.V.m. § 70 LBO). Die Bauaufsichtsbehörde hat im vereinfachten Genehmigungsverfahren innerhalb von drei Monaten nach Eingang der Bauvorlagen über den Bauantrag zu entscheiden (§ 69 Abs. 6 LBO). Wird die Baugenehmigung nicht innerhalb dieser Frist versagt, gilt sie im Wege einer Genehmigungsfiktion als erteilt (§ 69 Abs. 9 S. 1 LBO).

209   Zwar weist § 69 LBO Unterschiede zu § 67 LBO auf; dennoch sind die Verfahren nicht völlig isoliert voneinander zu betrachten, da der Verzicht auf die Prüfung des Bauordnungsrechts in § 69 Abs. 1 LBO schwerlich als Voraussetzung für ein exklusives Verfahren angesehen werden kann (vgl. *Niere*, NordÖR 2009, 273 (279)). So besitzt auch das vereinfachte Baugenehmigungsverfahren wie das Verfahren nach § 67 LBO eine Verfahrenskonzentration, weshalb § 67 Abs. 1, 5 LBO auch hier zur Anwendung gelangt (vgl. *Niere*, NordÖR 2009, 273 (280); *Möller/Suttkus*, 323).

(cc) Beteiligungsrechte

210   Die Bauaufsichtsbehörde hört zum Bauantrag – im regulären Genehmigungsverfahren – die Gemeinde und diejenigen Stellen an, deren Beteiligung oder Anhörung für die Entscheidung über den Bauantrag durch Rechtsvorschrift vorgeschrieben ist oder ohne deren Stellungnahme die Genehmigungsfähigkeit des Bauantrages nicht beurteilt werden kann (§ 67 Abs. 1 S. 1 LBO). Die Beteiligung oder Anhörung entfällt, wenn die Gemeinde oder die jeweilige Stelle dem Bauantrag bereits vor Einleitung des Baugenehmigungsverfahrens zugestimmt hat. Im Übrigen gilt die Zustimmung einer anderen Körperschaft als erteilt, wenn sie nicht innerhalb eines Monats verweigert wird (§ 67 Abs. 1 S. 2 LBO).

Nach § 67 Abs. 5 S. 1 LBO hat die Bauaufsichtsbehörde, soweit andere **211** Behörden zuständig sind, die für bauliche Anlagen nach anderen öffentlich-rechtlichen Vorschriften erforderlichen Genehmigungen einzuholen und mit der Baugenehmigung gleichzeitig auszuhändigen. Die Baugenehmigung wird damit zum „Schlussstein", indem die Baugenehmigung erst dann erteilt und ausgehändigt wird, wenn alle anderen ebenfalls erforderlichen Genehmigungen erteilt worden sind (*Niere*, NordÖR 2009, 273 (281)).

Eigentümer benachbarter Grundstücke, d.h. Nachbarn, sollen vor Ertei- **212** lung von Abweichungen sowie Ausnahmen und Befreiungen nach § 31 BauGB benachrichtigt werden, wenn die Baumaßnahme öffentlich-rechtlich geschützte nachbarliche Belange berührt (§ 72 Abs. 1 S. 1 LBO). Ebenso wie im Bauplanungsrecht besteht nämlich auch im Bauordnungsrecht nach § 71 LBO die Möglichkeit, Abweichungen von bauordnungsrechtlichen Vorschriften zuzulassen. Die Nachbarn sind auch dann zu benachrichtigen, wenn die Baumaßnahme öffentlich-rechtlich geschützte Belange berührt (§ 72 Abs. 1 S. 2 LBO), z.B. in den Fällen, bei denen § 15 BauNVO zur Anwendung kommt (*Möller/Suttkus*, 337). Einwendungen der Nachbarn gegen die Baumaßnahme sind innerhalb eines Monats nach Zugang der Benachrichtigung bei der Bauaufsichtsbehörde vorzubringen (§ 72 Abs. 1 S. 4 LBO). Haben die Nachbarn dem Bauvorhaben nicht zugestimmt, ist ihnen die Baugenehmigung oder die Entscheidung über die Abweichungen sowie Ausnahmen und Befreiungen nach § 31 BauGB zuzustellen (§ 72 Abs. 3 LBO).

(c) Form

Die Baugenehmigung bedarf der Schriftform nach § 73 Abs. 1 S. 2 LBO **213** und ist nur insoweit zu begründen, als von nachbarschützenden Vorschriften eine Abweichung, eine Ausnahme oder eine Befreiung nach § 31 BauGB erteilt wird und der Nachbar dem nicht zugestimmt hat.

(2) Materielle Rechtmäßigkeit

Nach § 73 Abs. 1 S. 1 LBO ist die Baugenehmigung zu erteilen, wenn dem **214** Vorhaben keine öffentlich-rechtlichen Vorschriften entgegenstehen. Ist letzteres der Fall, hat das zur Folge, dass die erteilte Baugenehmigung materiell rechtmäßig ist.

§ 73 Abs. 1 S. 1 LBO spricht allgemein von öffentlich-rechtlichen Vor- **215** schriften. Mit dem Gesetzeswortlaut ist die Frage nach dem Umfang der von der Bauaufsichtsbehörde zu prüfenden öffentlich-rechtlichen Vorschriften aufgeworfen. Grundsätzlich hat die Bauaufsichtsbehörde das Bauvorhaben auf die Vereinbarkeit mit dem Bauplanungs- und Bauordnungsrecht zu überprüfen. Fraglich ist aber, ob die Baugenehmigung weitergehend im Sinne einer sog. Schlusspunkttheorie eine umfassende und abschließende Entscheidung über alle öffentlich-rechtlichen Fragen enthält. Das Bundesverwaltungsgericht hat herausgestellt, dass die jeweilige Landesbauordnung bestimmt, was Gegenstand der Prüfung im Baugenehmigungsverfahren zu sein hat (BVerwG, NVwZ 1996, 377), womit die

Schlusspunkttheorie nicht bundesrechtlich vorgegeben ist (vgl. *Ortloff*, NVwZ 1997, 333 (338)). In Schleswig-Holstein gilt diese jedoch, was zu einer Verfahrenskonzentration – nicht zu einer materiellen Konzentration – im Baugenehmigungsverfahren führt (vgl. *Dürr/Alberts*, Rn. 225; *Suttkus*, in: Schmalz/Ewer/v. Mutius/Schmidt-Jortzig, Baurecht, Rn. 87; VG Schleswig, Urteil vom 4.8.2004 – 2 A 64/04). §§ 67 Abs. 5, 73 Abs. 1 S. 1 LBO verbieten demnach eine Erteilung der Baugenehmigung vorbehaltlich anderer öffentlich-rechtlicher Genehmigungen, da die Baugenehmigung dann entgegen den Gesetzeswortlaut nicht mehr den Schlusspunkt im Verfahren über ein Bauvorhaben darstellte (VG Schleswig, Urteil vom 4.8.2004 – 2 A 64/04; vgl. auch *Domning/Möller/Suttkus*, Komm. zur LBO, Bd. 2, § 73 Rn. 3: Die Baugenehmigung stelle eine umfassende öffentlich-rechtliche Unbedenklichkeitserklärung dar.).

216   Die Bauaufsichtsbehörde darf die Baugenehmigung also erst dann erteilen, wenn alle anderen sonst noch notwendigen behördlichen Entscheidungen und speziellen Genehmigungen vorliegen (*Dürr/Alberts*, Rn. 217). Fehlt es an speziellen Genehmigungsverfahren, in denen die Vereinbarkeit des Bauvorhabens mit Rechtsvorschriften außerhalb des öffentlichen Baurechts geprüft wird, muss die Bauaufsichtsbehörde die Einhaltung von spezialgesetzlichen Anforderungen (z.B. Abfall-, Immissionsschutz-, Naturschutz und Denkmalschutzrecht) selbst überwachen (*Dürr/Alberts*, Rn. 217).

217   Die Baugenehmigung kann nach § 73 Abs. 2 LBO mit Nebenbestimmungen erteilt werden. Das ist wegen des Anspruchs auf Erteilung der Baugenehmigung gemäß § 107 Abs. 1 LVwG nur dann möglich, wenn diese sicherstellen sollen, dass die gesetzlichen Voraussetzungen der Baugenehmigung erfüllt werden und ohne die Nebenbestimmungen der Bauantrag demnach abgelehnt werden müsste. Weiterhin dürfen Nebenbestimmungen nach § 107 Abs. 3 LVwG dem Zweck der Baugenehmigung nicht zuwiderlaufen.

cc) Rechtswirkungen

218   Die Baugenehmigung ist ein Verwaltungsakt mit feststellender und gestaltender Wirkung. Sie enthält eine feststellende Unbedenklichkeitsbescheinigung, in dem die Vereinbarkeit des Vorhabens mit dem öffentlichen Recht erklärt wird, und hebt das präventive Bauverbot auf, indem sie das Bauvorhaben zur Ausführung freigibt und damit rechtsgestaltend wirkt (*Stollmann*, § 18 Rn. 20). Die rechtsgestaltende Wirkung wird auch in § 73 Abs. 5 Nr. 1 LBO deutlich, wonach mit der Bauausführung erst dann begonnen werden darf, wenn die Baugenehmigung dem Bauherrn zugegangen ist. Die Baugenehmigung erlaubt ferner auch die dauernde Nutzung des gemäß der Baugenehmigung gebauten und unterhaltenen Vorhabens (*Dürr/Alberts*, Rn. 223).

219   Als grundstücksbezogene, dingliche Genehmigung gelten Baugenehmigungen, wie auch alle anderen bauaufsichtlichen Genehmigungen, für und gegen den Rechtsnachfolger (§ 59 Abs. 4 LBO). Der Baugenehmigung kommt eine Geltungsdauer von drei Jahren zu, d.h. sie erlischt, wenn nicht

innerhalb von drei Jahren nach Erteilung mit der Ausführung des Vorhabens begonnen oder die Ausführung länger als ein Jahr unterbrochen wird (§ 75 Abs. 1 LBO). Die Frist kann nach einem schriftlichen Antrag bis zu zwei Jahre verlängert werden (§ 75 Abs. 2 LBO).

Die rechtmäßige ebenso wie die rechtswidrige Baugenehmigung behält **220** ihre Rechtswirkungen, solange und soweit sie nicht ihre Wirksamkeit nach § 112 Abs. 2 LVwG verliert. Nur ein nach § 113 LVwG nichtiger Verwaltungsakt ist gemäß § 112 Abs. 3 LVwG unwirksam. Die Rücknahme einer rechtswidrigen Baugenehmigung richtet sich dabei nach § 116 LVwG und der Widerruf einer rechtmäßigen Baugenehmigung nach § 117 LVwG.

Nach § 73 Abs. 3 LBO wird die Baugenehmigung unbeschadet der pri- **221** vaten Rechte Dritter erteilt. Der Inhaber eines privaten Rechts braucht demnach keine Befürchtungen zu hegen, dass die Erteilung der Baugenehmigung die Ausübung seines Rechts vereitelt. Das grundsätzliche Nebeneinander von privatem und öffentlichem Baurecht (siehe weitergehend oben Rn. 2 ff.), wird im Falle einer bestandskräftigen Baugenehmigung allerdings von der verwaltungsgerichtlichen Rechtsprechung dahin aufgelöst, dass die Baugenehmigung aufgrund ihrer Tatbestandswirkung der erfolgreichen Durchsetzung zivilrechtlicher Abwehransprüche gegen den Bestand der baulichen Anlage entgegensteht (vgl. BVerwGE 50, 282 (290)). Die zivilgerichtliche Rechtsprechung verlangt für eine solcherart formell-rechtliche Gestaltungswirkung eine rechtskräftig bestätigte Baugenehmigung (vgl. BGHZ 95, 238 (242)).

b) Bauvorbescheid (§ 66 LBO)

Bereits vor Einreichung eines Bauantrages ist dem Bauherrn auf Antrag zu **222** einzelnen Fragen des Bauvorhabens nach § 66 LBO ein Bauvorbescheid zu erteilen. Die Bauvoranfrage kann sich auf jede von der Bauaufsichtsbehörde zu beurteilende Frage beziehen; eine besondere Bedeutung kommt aber der sog. Bebauungsgenehmigung als Unterfall des Bauvorbescheides nach § 66 LBO zu, welche die bauplanungsrechtliche Zulässigkeit des Vorhabens klärt (vgl. *Dietlein/Burgi/Hellermann*, Rn. 280; BVerwGE 48, 242 (245)).

Dem Vorbescheid kommt in der Praxis große Bedeutung zu, weil der **223** Bauherr zunächst das aufwändigere und kostenintensivere Baugenehmigungsverfahren einspart und frühzeitig Gewissheit über wesentliche Fragen seines Vorhabens erlangen und auf diese Weise seine weitere Investitionsplanung auf gesicherter Grundlage gestalten kann (*Stollmann*, § 18 Rn. 42). Die Geltungsdauer beträgt drei Jahre, d.h. innerhalb dieses Zeitraums muss der Bauantrag gestellt werden.

Der Rechtsnatur nach ist der Bauvorbescheid ein vorweggenommener **224** bebauungsrechtlicher Ausschnitt aus dem feststellenden Teil der Baugenehmigung (BVerwG, NJW 1984, 1474 (1474)). Das hat zur Folge, dass ein bestandskräftiger Vorbescheid über die rechtliche Zulässigkeit des Bauvorhabens, soweit sie Gegenstand des Vorbescheides ist, abschließend entscheidet und dass die nachfolgende Baugenehmigung, soweit sie den Inhalt des Bauvorbescheides wiedergibt, nur als „redaktionelle Übernahme" ohne eigene Regelung der bereits getroffenen Entscheidung anzusehen ist (BVerwG, NJW 1984, 1474 (1474)).

225 Aus diesem Grund ist im Rahmen einer Anfechtungsklage gegen die Baugenehmigung die im Vorbescheid geregelte bebauungsrechtliche Zulässigkeit des Vorhabens nicht mehr zu prüfen (vgl. BVerwG, NJW 1984, 1474 (1474)). Etwas anderes gilt dann, wenn der Vorbescheid infolge eines Nachbarwiderspruchs noch nicht bestandskräftig geworden ist und inzwischen schon die Baugenehmigung erteilt worden ist. Ficht der Nachbar dann auch die Baugenehmigung an, ist zu beachten, dass die Baugenehmigung einen noch nicht bestandskräftigen Vorbescheid in der Art eines Zweitbescheides in sich aufnimmt und damit die Entscheidung über das Vorhabens wieder in Gänze anfechtbar macht (BVerwG, NVwZ 1989, 863 (863)).

226 Der Vorbescheid bezieht sich nicht auf den rechtsgestaltenden Teil der Baugenehmigung, weshalb mit der Bauausführung noch nicht begonnen werden darf (vgl. *Dietlein/Burgi/Hellermann*, § 4 Rn. 280). Die Bauaufsichtsbehörde ist im Falle einer Antragstellung zum Erlass des Vorbescheides verpflichtet.

c) Teilbaugenehmigung (§ 74 LBO)

227 Nach § 74 LBO kann der Beginn der Bauarbeiten für die Baugrube und für einzelne Bauteile oder Bauabschnitte auf schriftlichen Antrag schon vor Erteilung der Baugenehmigung schriftlich gestattet werden, wenn ein Bauantrag eingereicht ist. Die Teilbaugenehmigung beschleunigt die Baudurchführung und berechtigt anders als der Bauvorbescheid zum Baubeginn, setzt aber voraus, dass bereits ein Bauantrag mit allen notwendigen Unterlagen für das gesamte Vorhaben gestellt ist (*Suttkus*, in: Schmalz/Ewer/v. Mutius/Schmidt-Jortzig, Baurecht, Rn. 114). Die Teilbaugenehmigung, welche im Ermessen der Bauaufsichtsbehörde steht, stellt eine teilweise Baugenehmigung für bestimmte Teile oder Abschnitte eines Vorhabens mit feststellender und gestaltender Wirkung dar (vgl. *Dietlein/Burgi/Hellermann*, § 4 Rn. 281).

228 Voraussetzung für die Erteilung einer Teilbaugenehmigung ist neben der Einhaltung aller entscheidungserheblichen Vorschriften eine positive Prognose der Zulässigkeit des Gesamtvorhabens (*Tettinger/Erbguth/Mann*, Rn. 1244). Die Teilbaugenehmigung bindet die Bauaufsichtsbehörde bereits insoweit, als hinsichtlich der bereits entschiedenen Fragen die spätere Baugenehmigung, etwa bei Änderung der Rechts- und Sachlage nicht mehr versagt werden darf (vgl. *Brenner*, Rn. 711).

2. Baulast (§ 80 LBO)

229 Grundstückseigentümer können nach § 80 Abs. 1 LBO durch Erklärung gegenüber der Bauaufsichtsbehörde freiwillig öffentlich-rechtliche Verpflichtungen zu einem ihre Grundstücke betreffenden Tun, Dulden oder Unterlassen übernehmen. Der Zweck von Baulasten ist es, für Vorhaben, die ohne sie nicht genehmigungsfähig oder materiell-rechtlich unzulässig

wären, die tatsächlichen Voraussetzungen für die Erteilung der Baugenehmigung oder für die materiell-rechtliche Zulässigkeit zu schaffen, sodass baurechtliche Defizite auf Dauer gesichert ausgeglichen werden (*Möller/Suttkus*, 357). Die öffentlich-rechtliche Wirkung der Baulast entsteht unbeschadet der privaten Rechte Dritter mit der Eintragung in das Baulastenverzeichnis (§ 80 Abs. 1 S. 2 LBO).

Die durch die Baulast begründeten Verpflichtungen können mit den **230** bauaufsichtlichen Eingriffsbefugnissen durchgesetzt werden (vgl. *Dietlein/Burgi/Hellermann*, Rn. 261).

3. (Repressive) Bauordnungsmaßnahmen

Der Bauaufsichtsbehörde stehen weiterhin zur Einhaltung des öffentlichen **231** Baurechts Instrumente der repressiven Rechtmäßigkeitskontrolle zur Verfügung, § 59 LBO umschreibt die Aufgaben und Befugnisse der Bauaufsichtsbehörde und beschränkt sich dabei nicht auf die bauaufsichtliche Generalklausel, sondern erfasst auch die in §§ 84 bis 86 LBO a. F. enumerativ geregelten Befugnisse über das Verbot unrechtmäßiger Kennzeichnung der Bauprodukte, zur Baueinstellung und die Beseitigung von Anlagen einschließlich der Nutzungsuntersagung (vgl. *Niere*, NordÖR 2009, 273 (278)). Die §§ 84 bis 86 LBO a. F. sind deshalb gestrichen worden.

a) Befugnisse der Bauaufsicht

Die Bauaufsichtsbehörden haben im Zusammenhang mit Anlagen nach **232** pflichtgemäßem Ermessen darüber zu wachen, dass die öffentlich-rechtlichen Vorschriften eingehalten werden, wozu sie die erforderlichen Maßnahmen zu treffen haben (§ 59 Abs. 1 LBO). Zu diesen erforderlichen Maßnahmen zählen die in § 59 Abs. 2 LBO genannten, wobei der Katalog nicht abschließend ist ("insbesondere"). § 59 Abs. 2 LBO führt als Bauordnungsmaßnahmen die Baueinstellungsanordnung (Nr. 1), die Beseitigungsanordnung (Nr. 2) und die Nutzungsuntersagung (Nr. 4) sowie daneben auch das – hier nicht weiter zu behandelnde – Verbot unrechtmäßig gekennzeichneter Bauprodukte (Nr. 3) auf.

Auf der Rechtsfolgenseite des § 59 LBO steht der Bauaufsichtsbehörde **233** stets Ermessen zu. Aus Gründen der Verhältnismäßigkeit entscheidet die Art des Rechtsverstoßes mit darüber, welche Maßnahme von der Bauaufsichtsbehörde ermessensfehlerfrei ergriffen werden kann. Das hängt maßgeblich davon ab, ob das betreffende Vorhaben nur formell illegal oder ob es dazu auch materiell illegal errichtet worden ist.

Die formelle Illegalität eines genehmigungspflichtigen Bauvorhabens be- **234** ruht v.a. auf dem Fehlen einer Baugenehmigung, dem wesentlichen Abweichen der Bauausführung von einer erteilten Genehmigung und der Errichtung des Vorhabens vor der Erteilung (*Tettinger/Erbguth/Mann*, Rn. 1250).

Materiell illegal ist ein Vorhaben dagegen immer dann, wenn es nicht **235** den Anforderungen des öffentlichen Baurechts entspricht (*Tettinger/Erbguth/Mann*, Rn. 1250). Das führt dazu, dass eine bauliche Anlage nur formell illegal, nur materiell illegal (wenn es keiner Baugenehmigung bedarf) sowie formell und materiell illegal sein kann.

b) Einzelne Maßnahmen

aa) Baueinstellung (§ 59 Abs. 2 Nr. 1 LBO)

236 Nach § 59 Abs. 2 Nr. 1 LBO kann die Bauaufsichtsbehörde die Einstellung der Arbeiten anordnen, wenn Anlagen im Widerspruch zu öffentlich-rechtlichen Vorschriften errichtet, geändert oder beseitigt werden. In § 59 Abs. 2 Nr. 1 a–d LBO sind Einzeltatbestände aufgezählt, die eine Einstellung von Arbeiten rechtfertigen. § 59 Abs. 2 Nr. 1 a–b LBO machen deutlich, dass für die Baueinstellung nur ein formell illegales Vorhaben vorzuliegen braucht. § 59 Abs. 2 Nr. 1a LBO verweist beispielsweise auf § 73 Abs. 5 LBO, wonach mit der Bauausführung erst begonnen werden darf, wenn die Baugenehmigung dem Bauherrn zugegangen ist. Die Bauaufsichtsbehörde kann aber im Wege der Baueinstellung auch gegen Vorhaben vorgehen, die materiell illegal sind, z.B. wenn nach § 59 Abs. 2 Nr. 1 c Bauprodukte verwendet werden, die entgegen den Anforderungen an Bauprodukte aus § 18 Abs. 1 LBO keine CE-Kennzeichnung oder Ü-Zeichen tragen. Die Bauaufsichtsbehörde kann somit im Wege der Baueinstellung gegen Vorhaben vorgehen, die nur formell, nur materiell oder formell und materiell illegal sind.

237 Im Zusammenhang mit der Baueinstellung ist auch die Befugnis der Bauaufsichtsbehörde aus § 59 Abs. 3 LBO zu beachten, wonach die Baustelle versiegelt werden kann oder die an der Baustelle vorhandenen Bauprodukte, Geräte und Maschinen in amtlichen Gewahrsam genommen werden können, wenn die Arbeiten trotz schriftlich oder mündlich verfügter Einstellung fortgesetzt werden.

bb) Beseitigungsanordnung (§ 59 Abs. 2 Nr. 3 LBO)

238 Als weitere Maßnahme kann die Bauaufsichtsbehörde die teilweise oder vollständige Beseitigung von Anlagen anordnen, die im Widerspruch zu öffentlich-rechtlichen Vorschriften errichtet oder geändert werden (§ 59 Abs. 2 Nr. 3 LBO). Eine Beseitigungsanordnung kommt als Maßnahme nur dann in Betracht, wenn nicht auf andere Weise rechtmäßige Zustände hergestellt werden können oder wenn aufgrund des Zustandes einer Anlage auf Dauer eine Nutzung nicht mehr zu erwarten ist.

(1) Formelle und materielle Illegalität

239 Eine Beseitigungsanordnung ist nur bei formell und materiell illegalen Vorhaben möglich (vgl. *Dürr/Alberts*, Rn. 242; *Tettinger/Erbguth/Mann*, Rn. 1252), weil es unverhältnismäßig wäre, wenn ein Bauwerk, das den materiellen Anforderungen des Baurechts entspricht, also materiell legal errichtet worden ist, wieder abgerissen werden müsste (*Oldiges*, in: Steiner, Abschnitt III Rn. 331). Die materielle Illegalität ist aber dann bereits ausreichend für die Anordnung der Beseitigung einer Anlage, wenn das Vorhaben genehmigungsfrei ist, da in diesem Fall die formelle Illegalität nicht vorausgesetzt werden kann (vgl. *Dürr/Alberts*, Rn. 242).

Handelt es sich dagegen um ein genehmigungspflichtiges Vorhaben und **240** hat die Bauaufsichtsbehörde dieses auch genehmigt, kann eine Beseitigungsanordnung selbst dann nicht ergehen, wenn das Vorhaben gegen materielles Recht verstößt und die Baugenehmigung damit materiell rechtswidrig ist. Die Baugenehmigung entfaltet in diesen Fällen eine Legalisierungswirkung und begründet ein Recht des Bauherrn zur Errichtung der baulichen Anlage.

Die Bauaufsichtsbehörde muss, um baurechtsmäßige Zustände wiederherzustellen, zunächst die Baugenehmigung nach § 116 LVwG zurücknehmen, wodurch die Legalisierungswirkung entfällt. Im Anschluss kann die Bauaufsichtsbehörde dann die Beseitigung des Bauwerks anordnen.

Aus § 59 Abs. 2 Nr. 3 LBO ergibt sich, dass selbst bei einem formell und **241** materiell illegal errichteten Bauwerk die Beseitigungsanordnung ausscheidet, wenn auf andere Weise rechtmäßige Zustände hergestellt werden können, z.B. durch den Erlass von Nebenbestimmungen oder die Erteilung nachträglicher Ausnahmen und Befreiungen, was die Bauaufsichtsbehörde von Amts wegen zu prüfen hat (vgl. *Tettinger/Erbguth/Mann*, Rn. 1253).

(2) Passiver Bestandsschutz

Die Beseitigungsanordnung scheidet auch dann aus, wenn das Vorhaben **242** im Zeitpunkt des Erlasses der Anordnung zwar formell (bei genehmigungspflichtigen Vorhaben) und materiell illegal ist, jedoch zu einem früheren Zeitpunkt dem materiellen Baurecht entsprochen hat und deshalb Bestandsschutz genießt (vgl. BVerwG, NJW 1971, 1624 (1625); *Stollmann*, § 19 Rn. 24). Hintergrund ist, dass sich die baurechtlichen Anforderungen an ein Bauwerk verändern können und es, obwohl es zu einem früheren Zeitpunkt materiell rechtmäßig war, später dem öffentlichen Baurecht nicht mehr entsprechen kann.

Das Bundesverwaltungsgericht räumt insofern ein, dass der passive Be- **243** standsschutz v.a. dann zu einer faktischen Begünstigung von Schwarzbauten führen kann, wenn diese kurze Zeit vor einer Änderung des materiellen Baurechts errichtet werden, ein Bauantrag wegen der der Behörde zuzubilligenden Bearbeitungszeit angesichts des inzwischen in Kraft getretenen ungünstigeren Rechts jedoch zur rechtmäßigen Ablehnung des Baugesuchs geführt hätte (BVerwG, NJW 1971, 1624 (1625)).

Streitig ist, über welchen Zeitraum sich die Übereinstimmung mit dem **244** materiellen Baurecht erstreckt haben muss. Teilweise wird davon ausgegangen, dass der Bestandsschutz einer Beseitigungsanordnung schon dann entgegensteht, wenn sich die Rechtmäßigkeit des Bauvorhabens nur für eine logische Sekunde ergeben hat (vgl. OVG Nds., Baurechtssammlung (BRS) 17, Nr. 150, 258 (261)). Das Bundesverwaltungsgericht verlangt einen beachtlichen Zeitraum (BVerwG, BauR 1979, 228 (229)). Häufig wird in Anlehnung an § 75 S. 2 VwGO ein Zeitraum von mindestens drei Monaten vorausgesetzt, um Bestandsschutz gegenüber einer Beseitigungsanordnung zu begründen (*Tettinger/Erbguth/Mann*, Rn. 1255; *Stollmann*, § 19 Rn. 26).

245 Der Bestandsschutz setzt weiterhin einen vorhandenen Bestand voraus, d.h. Bestandteile eines Gebäudes, die ihre Funktion als Teil des Gebäudes noch nicht erfüllen, genießen keinen Bestandsschutz (BVerwG, NJW 1971, 1624 (1625)).

246 Ob der passive Bestandsschutz immer noch unmittelbar aus Art. 14 Abs. 1 GG abzuleiten ist, ist angesichts der neueren Eigentumsdogmatik des Bundesverfassungsgerichts und der Rechtsprechung des Bundesverwaltungsgerichts zum aktiven Bestandsschutz (siehe Rn. 139 f.), welche ein Teil des Schrifttums auch auf den passiven Bestandsschutz übertragen will, nicht mit Sicherheit zu beurteilen (dazu eingehend *Oldiges*, in: Steiner, Abschnitt III Rn. 338 f.; *Michl*, ThürVBl. 2010, 280 (284 ff.)). Das Bundesverfassungsgericht selbst hat jedenfalls in einer jüngeren Entscheidung davon gesprochen, dass der passive Bestandsschutz durch Art. 14 Abs. 1 GG bewirkt werde (vgl. BVerfG, NVwZ 2001, 424).

247 Zusammenfassend bedeutet das, dass der für eine Beseitigungsanordnung erforderliche Widerspruch zu öffentlich-rechtlichen Vorschriften i.S.v. § 59 Abs. 2 Nr. 3 LBO dann besteht, wenn die Anlage nicht durch eine Baugenehmigung gedeckt ist und seit ihrer Fertigstellung fortdauernd gegen materielles Baurecht verstößt (VGH BW, NJW 1984, 319 (319)).

b) Nutzungsuntersagung (§ 59 Abs. 2 Nr. 4 LBO)

248 Die Bauaufsichtsbehörde kann weiterhin nach § 59 Abs. 2 Nr. 4 LBO die Nutzung von Anlagen, die im Widerspruch zu öffentlich-rechtlichen Vorschriften genutzt werden, untersagen. Ein typischer Anwendungsfall der Nutzungsuntersagung stellt die Konstellation dar, dass die bisherige Wohnnutzung ganz oder teilweise in eine gewerbliche Nutzung überführt wird (*Brenner*, Rn. 775).

249 Im Gegensatz zur Beseitigungsanordnung, die fast immer mit einem Substanzverlust verbunden ist und daher einen erheblichen Eingriff in die Eigentumsfreiheit darstellt, wird überwiegend – v.a. folgt dem auch das Oberverwaltungsgericht Schleswig – davon ausgegangen, dass die Nutzungsuntersagung bereits dann zulässig ist, wenn die Nutzung formell illegal ist (OVG SH, Beschluss v. 20.4.1994, 1 M 3/94; Urteil vom 26.6.1997, 1 L 233/96; *Dürr/Alberts*, Rn. 250; *Tettinger/Erbguth/Mann*, Rn. 1257). Es reicht also aus, dass die betreffende Nutzung nicht durch eine Baugenehmigung gedeckt ist. Die Frage, ob das Vorhaben dem öffentlichen Baurecht entspricht und damit materiell legal ist, ist aber im Rahmen des Ermessens zu berücksichtigen. Das folgt daraus, dass die Einholung einer Baugenehmigung eine bloße Formalie darstellt, wenn eine formell illegale Nutzung materiell offensichtlich genehmigungsfähig ist (*Dürr/Alberts*, Rn. 250). Formalien dürfen jedoch kein reiner Selbstzweck sein, weshalb die Nutzungsuntersagung in einem solchen Fall ermessensfehlerhaft wäre (vgl. OVG Saarl., NVwZ 1985, 122 (122 f.)).

250 Nach gegenteiliger Ansicht setzt der Erlass einer Nutzungsuntersagung die formelle und materielle Rechtswidrigkeit der Nutzung der Anlage voraus (VGH BW, NVwZ 1994, 797 (797)), was angesichts der Unterschiede in der Eingriffsintensität von Beseitigungsanordnung und Nutzungsunter-

sagung jedoch nicht zu überzeugen vermag.

Aufgrund des nicht abschließenden Katalogs in § 59 Abs. 2 LBO kann 251
die Bauaufsichtsbehörde z.B. in Ergänzung zu § 59 Abs. 2 Nr. 4 LBO
Wohnungen auch für unbewohnbar erklären (*Möller/Suttkus*, 266).

D. Rechtsschutz im öffentlichen Baurecht

Bei Rechtsschutzfragen sind im öffentlichen Baurecht mehrere Konstella- 252
tionen auseinander zu halten. Zum einen kann es darum gehen, dass der
Bauherr Rechtsschutz begehrt, indem er entweder die Erteilung einer Baugenehmigung beansprucht oder sich gegen an ihn gerichtete Bauordnungsmaßnahmen zur Wehr setzt. Die verwaltungsgerichtliche Klage kann
dabei auch zur Inzidentkontrolle eines Bebauungsplans führen (vgl. *Diet-
lein/Burgi/Hellermann*, Rn. 301; der Schwerpunkt solcher Fälle wird im
materiellen Recht liegen, vgl. *Dürr*, JuS 2007, 328 (329)). Ferner kann sich
der Nachbar gegen ein ihn störendes Bauvorhaben an das Verwaltungsgericht wenden. Hierbei weist regelmäßig die Frage besondere Schwierigkeiten auf, ob die Klagebefugnis nach § 42 Abs. 2 VwGO gegeben ist, was
voraussetzt, dass die Verletzung dritt- bzw. nachbarschützender Normen
geltend gemacht wird. Schließlich kann sich noch die Frage stellen, wie
Rechtsschutz gegen Bauleitpläne erlangt werden kann.

I. Rechtsschutz des Bauherrn

1. Klage auf Erteilung einer Baugenehmigung

Die Baugenehmigung ist ein Verwaltungsakt nach § 106 Abs. 1 LVwG, 253
weshalb der Bauherr gegen die Ablehnung mit Widerspruch und Verpflichtungsklage nach § 42 Abs. 1 2. Alt. VwGO vorgehen kann.

Maßgebender Zeitpunkt für die Beurteilung der Sach- und Rechtslage ist 254
sowohl zugunsten wie zu Lasten des Bauherrn die letzte mündliche Verhandlung (vgl. *Dürr/Alberts*, Rn. 301).

Die rechtswidrige Ablehnung der Baugenehmigung verletzt den Bauherrn 255
in § 73 Abs. 1 S. 1 LBO, woraus dementsprechend regelmäßig die Klagebefugnis gemäß § 42 Abs. 2 VwGO resultiert.

§ 73 Abs. 1 S. 1 LBO bindet die Bauaufsichtsbehörde in ihrer Entschei- 256
dung, wenn dem Vorhaben keine öffentlich-rechtlichen Vorschriften entgegenstehen, weshalb im Erfolgsfalle grundsätzlich ein Verpflichtungsurteil
nach § 113 Abs. 5 S. 1 VwGO ergeht. Nur bei fehlender Spruchreife erlässt das Gericht ein Bescheidungsurteil nach § 113 Abs. 5 S. 2 VwGO,
beispielsweise wenn eine erforderliche Ausnahme i.S.v. § 31 BauGB ermessensfehlerhaft verweigert worden ist, ohne dass eine Ermessensreduzierung
auf Null vorlag (vgl. *Dietlein/Burgi/Hellermann*, Rn. 302).

257 Wenn sich die Klage auf Erteilung der Baugenehmigung durch eine zwischenzeitliche Änderung der Sach- und Rechtslage erledigt hat, bleibt es dem Bauherrn unbenommen, nach § 113 Abs. 1 S. 4 VwGO – ggf. analog – feststellen zu lassen, dass die Versagung der Baugenehmigung rechtswidrig war. Das für die Fortsetzungsfeststellungsklage erforderliche berechtigte Interesse liegt jedenfalls bei Erledigung nach Klageerhebung in der Möglichkeit, Schadensersatz wegen einer Amtspflichtverletzung zu erlangen (vgl. *Dürr/Alberts*, Rn. 301).

258 Die Gemeinde muss nach § 65 Abs. 2 VwGO notwendig beigeladen werden, wenn eine Baugenehmigung nach § 36 Abs. 1 BauGB nur im Einvernehmen mit der Gemeinde erteilt werden darf und die Gemeinde ihr Einvernehmen verweigert hat (*Dürr*, JuS 2007, 328 (329)). Das Gerichtsurteil ersetzt dann das gemeindliche Einvernehmen (vgl. BVerwG, NVwZ 1986, 556 (557); siehe auch Rn. 146 f.).

259 Nachbarn sind nicht nach § 65 Abs. 2 VwGO notwendig beizuladen. Für sie kommt nur eine einfache Beiladung gemäß § 65 Abs. 1 VwGO in Betracht, weil sie nicht durch das Urteil des Verwaltungsgerichts in ihren Rechten berührt werden, sondern erst durch die darauf ergehende Baugenehmigung (*Dürr*, JuS 2007, 328 (329)).

2. Klage gegen Bauordnungsmaßnahmen

260 Gegen repressive Bauordnungsmaßnahmen, bei denen es sich ebenfalls um Verwaltungsakte nach § 106 Abs. 1 LVwG handelt, kann mit Widerspruch und Anfechtungsklage nach § 42 Abs. 1 1. Alt. VwGO vorgegangen werden.

261 Maßgeblicher Zeitpunkt für die Beurteilung der Sach- und Rechtslage ist grundsätzlich die letzte Verwaltungsentscheidung, in der Regel also der Widerspruchsbescheid (vgl. BVerwG, NVwZ 1993, 476 (477)).

262 Von diesem Grundsatz ist aber dann eine Ausnahme zu machen, d.h. es ist auf die Sach- und Rechtslage im Zeitpunkt der letzten mündlichen Verhandlung abzustellen, wenn sich die Sach- und Rechtslage nachträglich zugunsten des Klägers verändert hat (vgl. BVerwG, NJW 1986, 1186 (1187)). Denn es wäre sinnwidrig, eine Bauordnungsmaßnahme wie z.B. die Beseitigungsanordnung für rechtmäßig zu erklären, wenn danach einem entsprechenden Bauantrag etwa auf (Wieder-)Herstellung stattgegeben werden müsste (*Brohm*, § 30 Rn. 5).

II. Rechtsschutz des Nachbarn

263 Besonders bedeutsam ist der Nachbarschutz im öffentlichen Baurecht, was unter anderem damit zu erklären ist, dass regelmäßig mehrpolige Rechtsbeziehungen vorhanden sind, an der die Bauaufsichtsbehörde, der Bauherr, ein Nachbar und ggf. noch die Gemeinde beteiligt sind.

264 Nachbarn, die sich gegen sie störende Bauvorhaben zur Wehr setzen wollen, stehen neben den öffentlich-rechtlichen auch zivilrechtliche Mög-

lichkeiten zur Verfügung, wobei v.a. an §§ 1004 i.V.m. 906 ff. BGB, § 823 BGB sowie an das NachbG zu denken ist. Der zivilrechtliche Nachbarschutz ist im Gegensatz zum öffentlich-rechtlichen eher auf kleinräumige Nachbarkonflikte angelegt ist (vgl. *Schoch*, Jura 2004, 317 (317); näher zum zivilrechtlichen Nachbarschutz *Armbrüster*, NJW 2003, 3087 ff.) und allein nicht ausreichend, um einen hinreichenden Schutz zu gewähren.

Die Baugenehmigung ist ein Verwaltungsakt mit Drittwirkung, da sie **265** den Bauherrn begünstigt und ihm das Recht zur Bebauung von Grund und Boden gewährt. Für den Nachbarn ist die Baugenehmigung dagegen regelmäßig belastender Natur. In den Grundkonstellationen des öffentlich-rechtlichen Nachbarschutzes geht es entweder um die Anfechtung der dem Bauherrn von der zuständigen Behörde erteilten Genehmigung durch einen Dritten oder um das Begehren eines Betroffenen auf bauaufsichtliches Einschreiten, z.B. durch eine Beseitigungsanordnung, gegenüber dem Bauherrn (vgl. *Schoch*, Jura 2004, 317 (317)). Entscheidend für die Gewährung von Nachbarschutz ist dann stets die Frage, ob die streitentscheidende Vorschrift Dritt- bzw. Nachbarschutz vermittelt.

1. Schutznorm

Ein Nachbar erhält nur dann erfolgreich Rechtsschutz, wenn er nach § 42 **266** Abs. 2 VwGO in der Zulässigkeit und gemäß § 113 Abs. 1, 5 S. 1 VwGO in der Begründetheit die Verletzung eigener, subjektiver Rechte geltend machen kann bzw. das Gericht zu einer entsprechenden Überzeugung gelangt. Ob die eventuell verletzte Norm drittschützend ist, muss jeweils durch Auslegung ermittelt werden. Vorschriften sind drittschützend, wenn sie nicht ausschließlich objektiv-rechtlichen Charakter haben, sondern auch dem Schutz von Individualinteressen zu dienen bestimmt sind (vgl. *Stollmann*, § 20 Rn. 12 f.).

Ungeachtet dessen, dass jeweils im Einzelfall zu prüfen ist, ob eine Norm **267** nachbarschützend ist, geht man mittlerweile von einem dualen System aus, wonach es baurechtliche Normen gibt, welche generell nachbarschützend sind, und solche, die nur partiell, also situationsbezogen, den Schutz nachbarlicher Interessen gewähren (vgl. *Schoch*, Jura 2004, 317 (317 f.)). Die generell nachbarschützenden Normen schützen abstrakt alle von ihr erfassten Dritten (wie das Abstandflächenrecht nach § 6 LBO), während die nur partiell drittschützenden Normen den nachbarlichen Interessenausgleich im konkreten Einzelfall ermöglichen und die Rücksichtnahme auf nachbarliche Belange aus der Ebene des Gesetzes in die konkrete Anwendung verlagern (wenn die Umgebung miteinbezogen werden muss, wie bei § 50 Abs. 9 LBO: „Stellplätze müssen so angeordnet werden, dass ihre Benutzung die Ruhe und Erholung in der Umgebung nicht stört.") (vgl. *Stollmann*, § 20 Rn. 15 f.).

2. Begriff des Nachbarn

268 Ist ein subjektiv-öffentliches Recht gefunden, kann sich ein Kläger im konkreten Fall nur darauf berufen, wenn er zum Kreis der von der Vorschrift geschützten Personen zu zählen ist. Der Begriff des „Nachbarn" im öffentlichen Baurecht weist eine personelle und eine räumliche Komponente auf.

269 Zunächst fallen in personeller Hinsicht nach überwiegender Ansicht nur Eigentümer und sonstige dinglich Berechtigte am Grundstück unter den Nachbarbegriff und nicht bloß obligatorisch Berechtigte wie Mieter und Pächter (vgl. *Dürr*, JuS 2007, 431 (432 f.); BVerwG, NVwZ 1998, 956 (956)). Das ist darauf zurückzuführen, dass die dinglich Berechtigten den Rechtsverkehr repräsentieren und die Bauaufsichtsbehörde sich verlässlich über diese im Grundbuch informieren kann (*Dürr*, JuS 2007, 431 (433)). Ferner geht es im Bauplanungsrecht um die Bewältigung möglicher Bodennutzungskonflikte, in die der Mieter nicht einbezogen ist (*Schoch*, Jura 2004, 317 (318)).

270 Räumlich sind nicht nur Angrenzer als Nachbarn i.S.d. baurechtlichen Nachbarschutzes zu verstehen, sondern jeder, der von der Errichtung oder Nutzung der baulichen Anlage in seinem subjektiv-rechtlich geschützten Interesse betroffen wird (vgl. BVerwGE 28, 131 (134); *Dietlein/Burgi/Hellermann*, Rn. 311). Es ist aus den jeweils betreffenden Normen zu ermitteln, ob nur angrenzende Grundstücke oder weitere Grundstücke in der Umgebung geschützt werden sollen.

3. Nachbarschutz einzelner baurechtlicher Vorschriften

271 Hinsichtlich des drittschützenden Charakters einzelner Normen des öffentlichen Baurechts hat sich anhand der Rechtsprechung des Bundesverwaltungsgerichts und der Obergerichte eine umfangreiche Kasuistik entwickelt (siehe dazu eingehend *Dürr/Alberts*, Rn. 269 ff.; *Stollmann*, § 21 Rn. 25 ff.; *Rieger*, in: Schrödter, § 31 Rn. 42 ff.). Dies darf aber nicht dazu führen, von vornherein auf die Auslegung einer Norm auf Grundlage der Schutznormtheorie zu verzichten, da auch die Rechtsprechung bei der Zuerkennung von Drittschutz von dieser ausgeht.

a) Nachbarlicher Abwehranspruch aus den Grundrechten

272 Inzwischen ist geklärt, dass sich Nachbarschutz nicht (mehr) unmittelbar aus den Grundrechten, insbesondere aus Art. 14 Abs. 1 S. 1 GG, ableiten lässt, was nach der früheren Rechtsprechung des Bundesverwaltungsgerichts dann möglich war, wenn das Eigentum an dem Grundstück durch bauliche Maßnahmen auf dem Nachbargrundstück schwer und unerträglich beeinträchtigt wurde (BVerwG, NJW 1969, 1787 (1789)). Die Aufgabe dieser Rechtsprechung (vgl. BVerwG, NVwZ 1997, 384 (386)) ist – wie die Rechtsprechungsänderung zum aktiven Bestandsschutz – auf die modifizierte Dogmatik von Art. 14 GG zurückzuführen. Art. 14 Abs. 1 S. 1 GG legt nämlich nicht fest, welche Beeinträchtigungen dem Nachbarn zuzumu-

ten sind; vielmehr muss dies nach Art. 14 Abs. 1 S. 2 GG durch einfachgesetzliche Vorschriften erfolgen, aus denen dann, sofern sie drittschützend sind, Abwehransprüche hergeleitet werden können (siehe dazu eingehend *Dürr/Alberts*, Rn. 261).

Anderes gilt beim Schutz von Leben und Gesundheit aus Art. 2 Abs. 2 **273** S. 1 GG (vgl. *Dürr*, JuS 2007, 431 (433)). Ein Rückgriff auf Art. 2 Abs. 2 S. 1 GG ist indes durchweg entbehrlich, weil weit vor der Gefährdung der Gesundheit der Schutz des § 22 BImSchG eingreift (*Dürr/Alberts*, Rn. 262).

b) Gebot der Rücksichtnahme

Das Gebot der Rücksichtnahme ist durch ein Urteil des Bundesverwal- **274** tungsgerichts aus dem Jahre 1977 in das öffentliche Baurecht eingeführt worden (BVerwG, NJW 1978, 62 ff.). Es war zunächst als ein nicht gesetzlich verankerter, sondern selbständiger objektiv-rechtlicher Grundsatz entwickelt worden (*Dietlein/Burgi/Hellermann*, Rn. 316; grundlegend dazu *Weyreuther*, BauR 1975, 1 (4 ff.)). Mittlerweile ist dieser dogmatische Ausgangspunkt jedoch aufgegeben worden. Das Gebot der Rücksichtnahme folgt weder unmittelbar aus Art. 14 GG noch ist es ein das Baurecht allgemein umfassendes selbständiges Prinzip, sondern es ist Bestandteil einzelner gesetzlicher Vorschriften des Baurechts (BVerwG, NVwZ 1999, 879 (880)).

Das Rücksichtnahmegebot greift demnach nur nach Maßgabe des Geset- **275** zesrechts ein; wenngleich es sich begrifflich in den baurechtlichen Vorschriften nicht finden lässt, lässt es sich denjenigen Tatbestandsmerkmalen im Wege der Auslegung entnehmen, die nachbarliche Interessen schützen (*Schoch*, Jura 2004, 317 (318 f.)). Das Rücksichtnahmegebot gewinnt seine praktische Bedeutung als Auslegungstopos dadurch, dass es objektivrechtlich wirkenden Vorschriften, die dem Allgemeininteresse zu dienen bestimmt sind, auch einen subjektiv-rechtlichen Regelungsgehalt und somit nachbarschützenden Charakter zuerkennt (vgl. *Brohm*, § 18 Rn. 29).

Inhaltlich bezweckt das Gebot der Rücksichtnahme einen angemessenen **276** Ausgleich zwischen den Belangen des Bauherrn und seiner Umgebung. Dabei kann der Nachbar umso mehr Rücksicht verlangen, je schutzwürdiger seine Stellung im gegebenen Zusammenhang ist; umgekehrt braucht der Bauherr umso weniger Rücksicht zu nehmen, je verständlicher die mit dem Vorhaben verfolgten Interessen sind (BVerwG, NVwZ 1997, 384 (388)).

c) Bauplanungsrecht

aa) Festsetzungen eines Bebauungsplans

§ 30 BauGB selbst kommt keine nachbarschützende Wirkung zu, dagegen **277** aber ggf. den Festsetzungen des Bebauungsplans. Maßgeblich ist, ob die Festsetzungen dem Ausgleich der wechselseitigen Interessen im Baugebiet dienen (*Dürr*, JuS 2007, 431 (434)).

Festsetzungen des Bebauungsplans über die Art der baulichen Nutzung **278** (§§ 2–14 BauNVO) sind kraft Bundesrechts drittschützend (*Ortloff*,

NVwZ 2004, 934 (941)), da hier der Bundesgesetzgeber bestimmt hat, welche Vorhaben in welchem Baugebiet zulässig sind. Bei der Festsetzung von Baugebieten hängt es somit nicht vom Willen der Gemeinde ab, ob die Planfestsetzungen nachbarschützend sind. Das ist darauf zurückzuführen, dass bauplanungsrechtlicher Nachbarschutz auf dem Gedanken des wechselseitigen Austauschverhältnisses beruht. Die Festsetzungen über die Art der baulichen Nutzung verbinden die Planbetroffenen hinsichtlich der Nutzung ihrer Grundstücke zu einer rechtlichen Schicksalsgemeinschaft (BVerwG, NJW 1994, 1546 (1546)). Der Eigentümer eines Grundstücks wird in dessen Ausnutzung durch die Festsetzungen über die Art der baulichen Nutzung Beschränkungen unterworfen, deren Einhaltung er als Ausgleich auch gegenüber seinen Nachbarn durchsetzen kann (sog. Gebietserhaltungsanspruch) (BVerwG, NJW 1994, 1546 (1546)). Konkret können Nachbarn daher gegen Nutzungen vorgehen, die nicht allgemein nach § 30 BauGB zulässig sind.

279 § 15 Abs. 1 S. 2 BauNVO ist eine partiell nachbarschützende Bestimmung. Ein Vorhaben kann im Einzelfall unzulässig sein, obwohl es den Festsetzungen nach §§ 2–14 BauNVO entspricht. Liegen die Voraussetzungen von § 15 Abs. 1 S. 2 BauNVO (unzumutbare Belästigungen oder Störungen) vor, erstarkt das in § 15 Abs. 1 BauNVO zum Ausdruck kommende (objektiv-rechtliche) Rücksichtnahmegebot zu einem subjektiv-öffentlichen Recht (*Tettinger/Erbguth/Mann*, Rn. 1306).

280 Die übrigen Festsetzungen des Bebauungsplans, d.h. zum Maß der baulichen Nutzung (§§ 16–21a BauNVO) sowie über die Bauweise und die überbaubaren Grundstücksflächen (§§ 22 f. BauNVO), lösen dagegen grundsätzlich keine nachbarschützende Wirkung aus, weil sie in der Regel städtebaulichen Zielen dienen (vgl. *Tettinger/Erbguth/Mann*, Rn. 1307 f.). Etwas anderes gilt dann, wenn die satzungsgebende Gemeinde einzelnen Festsetzungen nachbarschützende Wirkung beigemessen hat (vgl. *Dürr/Alberts*, Rn. 272).

bb) § 31 BauGB

281 In Bezug auf Ausnahmen und Befreiungen von Festsetzungen des Bebauungsplans vermittelt § 31 BauGB ebenso wenig wie § 30 BauGB aus sich heraus Nachbarschutz (vgl. *Tettinger/Erbguth/Mann*, Rn. 1310).

282 Wenn aber durch die Erteilung einer Ausnahme nach § 31 Abs. 1 BauGB ein Vorhaben zugelassen wird, kommt Nachbarschutz in Betracht, soweit von einer nachbarschützenden Festsetzung abgewichen wird (*Dietlein/Burgi/Hellermann*, § 4 Rn. 320).

283 Bei der Befreiung von den Festsetzungen des Bebauungsplans nach § 31 Abs. 2 BauGB sind unterschiedliche Konstellationen auseinanderzuhalten: Wird von einer nachbarschützenden Festsetzung des Bebauungsplans fehlerhaft eine Befreiung erteilt, hat der Nachbar einen Abwehranspruch, weil er die Einhaltung dieser Festsetzung verlangen kann (*Dürr*, JuS 2007, 431 (434)). Weitergehend ist in Anknüpfung an das Merkmal „Würdigung nachbarlicher Interessen" auch bei einer Befreiung von nicht nachbarschützenden Festsetzungen des Bebauungsplans ein Abwehranspruch gege-

ben, wenn die Behörde bei ihrer Ermessensentscheidung nicht die gebotene Rücksicht auf die Interessen des Nachbarn genommen hat (*Schoch*, Jura 2004, 317 (321)). Die Interessen des Bauherrn an der Befreiung und die Interessen des Nachbarn an der Einhaltung der Festsetzung sind dann nach den Maßstäben des Rücksichtnahmegebots gegeneinander abzuwägen (*Rieger*, in: Schrödter, § 31 Rn. 21).

cc) § 33 BauGB

Wenngleich § 33 BauGB grundsätzlich selbst nicht nachbarschützend ist, **284** wird bei Vorhaben im Vorgriff auf einen zukünftigen Bebauungsplan Nachbarschutz insoweit vermittelt, wie die antizipiert angewandten künftigen Festsetzungen des Bebauungsplans dem Drittschutz dienen (vgl. OVG NRW, NVwZ 1992, 278). Im Verhältnis des Bauherrn zum Nachbarn wird demnach fingiert, dass der Bebauungsplanentwurf schon rechtswirksam sei (*Dürr/Alberts*, Rn. 273).

dd) § 34 BauGB

Bei § 34 BauGB ist hinsichtlich des Nachbarschutzes zwischen Abs. 1 und **285** Abs. 2 zu differenzieren.

In einem faktischen Baugebiet nach § 34 Abs. 2 BauGB unterscheidet sich der Nachbarschutz nicht von den beplanten Baugebieten. § 34 Abs. 2 BauGB stellt demnach in Verbindung mit dem Gebietskatalog nach §§ 2 ff. BauNVO eine generell drittschützende Norm dar, sodass den Nachbarn bei Zulassung eines mit der Gebietsart unvereinbaren Vorhabens ein Gebietserhaltungsanspruch zukommt (*Schoch*, Jura 2004, 317 (321)).

Liegt bezüglich der Art der baulichen Nutzung kein faktisches Baugebiet **286** vor, kommt Nachbarschutz wie auch bei den weiteren Beurteilungskriterien des § 34 Abs. 1 S. 1 BauGB insoweit in Betracht, als in dem Tatbestandsmerkmal „einfügen" das Gebot der Rücksichtnahme enthalten ist (vgl. BVerwG, NJW 1986, 393 (394)). Damit ist § 34 Abs. 1 BauGB nicht generell, sondern nur insofern drittschützend, als in qualifizierter und individualisierter Weise auf einen erkennbar abgegrenzten Kreis Dritter Rücksicht zu nehmen ist (vgl. *Schoch*, Jura 2004, 317 (322)). Ist dies der Fall, liegt eine Verletzung des Rücksichtnahmegebots vor, wenn sich das Bauvorhaben nicht in die nähere Umgebung einfügt.

ee) § 35 BauGB

Anders als in einem Baugebiet nach den §§ 2 ff. BauNVO besteht im **287** Außenbereich kein grundsätzlicher Anspruch auf Bewahrung des Außenbereichs für privilegierte Betriebe im Sinne eines Gebietserhaltungsanspruchs (vgl. BVerwG, NVwZ 2000, 552 (553)). Der auf die Erhaltung der Gebietsart gerichtete Nachbarschutz setzt nämlich Gebiete voraus, die – wie die Baugebiete der Baunutzungsverordnung – durch eine einheitliche bauliche Nutzung gekennzeichnet sind, was beim Außenbereich gerade nicht der Fall ist, da dieser tendenziell von Bebauung freizuhalten ist und v.a. auch kein Baugebiet darstellt (vgl. BVerwG, NVwZ 2000, 552 (553)).

288   Im Außenbereich wird Nachbarschutz deshalb nur im Rahmen des Rücksichtnahmegebots gewährt, welches in § 35 Abs. 3 S. 1 Nr. 3 BauGB („schädliche Umwelteinwirkungen") verankert ist (vgl. BVerwG, NVwZ-RR 2001, 82 (82)).

d) Bauordnungsrecht

289   Im Bauordnungsrecht muss ebenfalls im Einzelfall anhand der Schutz-normtheorie ermittelt werden, ob einer Norm Drittschutz zugebilligt werden kann, wobei von vornherein zu beachten ist, dass die meisten Vorschriften der Landesbauordnung öffentlichen Interessen dienen.

290   Anerkannt ist, dass das in § 6 LBO geregelte Abstandflächenrecht nachbarschützend ist. Die Verletzung von Nachbarrechten kommt demnach unter dem Gesichtspunkt der Beeinträchtigung der Belichtung, Belüftung und Besonnung in Frage, wenn die in § 6 LBO geregelten Abstandsflächen nicht eingehalten worden sind (OVG Schleswig, Beschluss vom 16.2.1994, 1 M 2/94). Das Abstandflächenrecht regelt nämlich nicht nur die Lage von Gebäuden auf dem Baugrundstück, sondern auch die Beziehung zu angrenzenden oder gegenüberliegenden Grundstücken (vgl. *Ortloff*, NVwZ 2004, 934 (940)). Allerdings kann sich derjenige nicht auf die Nichteinhaltung von Abstandsflächen berufen, der die Abstandsvorschriften gegenüber der Grundstücksgrenze des Bauherrn selbst nicht einhält (*Möller/Suttkus*, 129).

291   Nachbarschützende Wirkung können weiterhin die bauordnungsrechtliche Generalklausel in § 3 LBO, die Standsicherheit in § 13 LBO, der Brandschutz in § 15 LBO, der Schall- und Erschütterungsschutz in § 16 Abs. 2 LBO, § 28 LBO (Tragende Wände, Stützen), Brandwände nach § 31 LBO sowie die Anordnung von Stellplätzen und Garagen nach § 50 Abs. 9 LBO entfalten (siehe dazu den Katalog bei *Dürr/Alberts* m.w.N., Rn. 279).

4. Prozessuale Fragen des Nachbarschutzes

a) Vorgehen gegen eine Baugenehmigung

292   Will ein Nachbar sich gegen eine erteilte Baugenehmigung zur Wehr setzen, kann er diese im Hauptsacheverfahren mit Widerspruch und Anfechtungsklage angreifen. Im Rahmen der Anfechtungsklage ist der Bauherr nach § 65 Abs. 2 VwGO notwendig beizuladen, da die Entscheidung des Gerichts zwangsläufig in seine Rechte eingreift (vgl. *Dürr*, JuS 2007, 431 (435)).

293   Nach § 212a Abs. 1 BauGB haben Widerspruch und Anfechtungsklage eines Dritten, d.h. Nachbarwidersprüche und -klagen gegen die bauaufsichtliche Zulassung eines Vorhabens keine aufschiebende Wirkung i.S.v. § 80 Abs. 1 S. 1 VwGO. Für die effektive Durchsetzung nachbarlicher Interessen wird also zumeist noch ein Vorgehen im vorläufigen Rechtsschutz erforderlich sein.

Der Nachbar kann sich nach §§ 80a Abs. 1 Nr. 2, 80 Abs. 4 VwGO **294** mittels eines Antrages auf Aussetzung der Vollziehung an die Behörde wenden.

Anstelle eines Antrages an die Behörde oder neben diesem kann der **295** Nachbar beim Verwaltungsgericht die Anordnung der aufschiebenden Wirkung seines gegen die Baugenehmigung eingelegten Widerspruchs nach §§ 80a Abs. 3 S. 2, 80 Abs. 5 VwGO beantragen (*Tettinger/Erbguth/ Mann*, Rn. 1363). Ein vorheriger Antrag nach §§ 80a Abs. 1 Nr. 2, 80 Abs. 4 VwGO ist trotz der Verweisung in § 80a Abs. 3 S. 2 VwGO auf § 80 Abs. 6 VwGO nicht erforderlich, weil es sich bei der Verweisung auf die nur für Abgabenstreitigkeiten geltende Regelung in § 80 Abs. 6 VwGO wohl um ein Redaktionsversehen handelt und ein solcher Antrag ferner selten Erfolg hätte (*Dürr/Alberts*, Rn. 313 m.w.N. aus der Rechtsprechung).

In der Begründetheit kommt es dann darauf an, dass das Suspensivinte- **296** resse des Nachbarn das Vollzugsinteresse des Bauherrn überwiegt.

b) Klage auf bauaufsichtliches Einschreiten

Für das Begehren des Nachbarn auf bauaufsichtliches Einschreiten gegen **297** den Bauherrn stehen ihm Widerspruch und Verpflichtungsklage zur Verfügung. Die erforderliche Klagebefugnis nach § 42 Abs. 2 VwGO ist im Falle einer möglichen Verletzung nachbarschützender Vorschriften gegeben.

Ergibt sich in der Begründetheitsprüfung, dass das Unterlassen von bau- **298** aufsichtlichen Maßnahmen nach § 59 LBO gegen eine drittschützende Norm verstößt, ergeht grundsätzlich ein Bescheidungsurteil nach § 113 Abs. 5 S. 2 VwGO, weil § 59 Abs. 1 S. 2, Abs. 2 LBO der Bauaufsichtsbehörde bei Bauordnungsmaßnahmen Ermessen einräumt. Ein Verpflichtungsurteil nach § 113 Abs. 5 S. 1 VwGO ergeht nur dann, wenn eine Ermessensreduktion auf Null gegeben ist. Eine Ermessensreduktion auf Null im Dreiecksverhältnis von Nachbar, Bauherr und Bauaufsichtsbehörde wird regelmäßig dann anzunehmen sein, wenn der Eingriff in die Rechte des Nachbarn besonders schwerwiegend ist (vgl. *Dietlein/Burgi/Hellermann*, § 4 Rn. 333; *Dürr/Alberts*, Rn. 310; OVG Berlin, UPR 2003, 154 (155 f.)).

Überdies folgt aus einer erfolgreichen Nachbarklage gegen die Bauge- **299** nehmigung nicht ohne weiteres ein Anspruch auf Folgenbeseitigung gegen die Bauaufsichtsbehörde, d.h. insbesondere auf den Erlass einer Beseitigungsanordnung gegenüber dem Bauherrn. Innerhalb des behördlichen Ermessens ist die Folgenbeseitigungslast nur ein – wenn auch stark ins Gewicht fallender – Faktor (vgl. OVG Nds., BauR 1982, 147 (148)).

III. Rechtsschutz gegen Bauleitpläne

1. Flächennutzungsplan

300 Beim Flächennutzungsplan handelt es sich nicht um eine Satzung (siehe Rn. 32), weshalb gegen diesen nicht im Wege der Normkontrolle nach § 47 Abs. 1 Nr. 1 VwGO vorgegangen werden kann. Der schleswig-holsteinische Landesgesetzgeber hat zwar von der Ermächtigung in § 47 Abs. 1 Nr. 2 VwGO Gebrauch gemacht; das Oberverwaltungsgericht Schleswig entscheidet gemäß § 5 AGVwGO auch über die Gültigkeit einer landesrechtlichen Verordnung oder einer anderen im Range unter dem Landesgesetz stehenden Rechtsvorschrift. Aufgrund der fehlenden Rechts-normqualität des Flächennutzungsplans (siehe Rn. 32) scheidet aber eine Normenkontrolle auf Grundlage von § 47 Abs. 1 Nr. 2 VwGO aus.

301 Gegen Flächennutzungspläne kann eine Nachbargemeinde allenfalls im Wege einer vorbeugenden Feststellungs- oder Unterlassungsklage vorge-hen, wenn zu erwarten ist, dass auf der Grundlage des Flächennutzungs-plans ein Bebauungsplan aufgestellt wird, der zu schweren Nachteilen für sie führt (vgl. BVerwGE 40, 323 (329 f.); *Dürr/Alberts*, Rn. 287). Hinter-grund ist, dass sich nach Aufstellung des Bebauungsplans die planungs-rechtliche Situation durch die Erteilung von Baugenehmigungen verfestigen kann, sodass die Nachbargemeinde in ihrer eigenen Bauleitplanung kraft des interkommunalen Abstimmungsgebots (§ 2 Abs. 2 BauGB) gebunden sein kann (vgl. BVerwGE 40, 323 (329 f.)).

302 Vorbeugender Rechtsschutz setzt ein besonderes Rechtsschutzbedürfnis voraus, das nur dann gegeben ist, wenn ein effektiver nachträglicher Rechtsschutz nicht möglich oder das Abwarten darauf nicht zumutbar ist (*Dietlein/Burgi/Hellermann*, § 4 Rn. 110). Im Gegensatz zu Nachbarge-meinden wird dieses besondere Rechtsschutzbedürfnis einzelnen Bürgern abgesprochen, weshalb diese nicht gegen Flächennutzungspläne gerichtlich vorgehen können (vgl. BVerwGE 54, 211 (214 f.)).

2. Bebauungsplan

303 Bebauungspläne wie auch andere Satzungen nach dem BauGB können im Wege der Normenkontrolle nach § 47 Abs. 1 Nr. 1 VwGO angegriffen werden. Das zentrale Zulässigkeitsproblem der Normkontrolle gegen Be-bauungspläne ist dabei die Antragsbefugnis (vgl. *Dürr*, JuS 2007, 521 (522)).

304 Antragsbefugt sind nach § 47 Abs. 2 S. 1 VwGO, welcher sich an § 42 Abs. 2 VwGO anlehnt, einerseits Behörden, wenn die angegriffene Norm im Gemeindegebiet gilt und von ihr bei der Wahrnehmung der eigenen oder übertragenen Aufgaben zu beachten ist (BVerwG, NVwZ 1989, 654 (654)). Andererseits sind alle natürlichen und juristischen Personen an-tragsbefugt, die geltend machen, durch den Bebauungsplan in ihren Rech-ten verletzt zu sein oder in absehbarer Zeit verletzt zu werden. Wie bei

§ 42 Abs. 2 VwGO muss eine Verletzung von Rechten nach dem substantiierten Sachvortrag möglich sein. Die Antragsbefugnis ist jedenfalls dann gegeben, wenn der Antragsteller durch den Bebauungsplan an der Nutzung seines Grundstücks gehindert wird, weil dann ein Eingriff in Art. 14 Abs. 1 GG gegeben ist (*Dürr/Alberts*, Rn. 288).

Schwieriger ist die Situation zu beurteilen, wenn der Antragsteller nur   305
mittelbar in seinen Rechten betroffen wird, aber keine normative Festsetzung erfolgt ist, wie beispielsweise bei der Zunahme des Verkehrs, dem Verlust von Lagevorteilen oder der Beeinträchtigung der Aussicht. Mittelbar-faktisch betroffene Belange begründen nur dann eine Antragsbefugnis, wenn sie nicht nur ganz unerheblich berührt werden und baurechtlich relevant sind (*Dürr*, JuS 2007, 521 (522)). Allerdings ist für die Antragsbefugnis ausreichend, wenn der Antragsteller Tatsachen vorträgt, die eine fehlerhafte Behandlung seiner Belange in der Abwägung als möglich erscheinen lassen (vgl. BVerwG, NJW 1999, 592 (592)).

Der Normenkontrollantrag ist nach § 47 Abs. 2 S. 1 VwGO innerhalb   306
eines Jahres nach Bekanntmachung des Bebauungsplans zu stellen, was nicht ausschließt, dass ein Bebauungsplan auch nach Ablauf dieser Frist in einem anderen verwaltungsgerichtlichen Verfahren inzident überprüft wird. § 47 Abs. 2a VwGO präkludiert natürliche und juristische Personen vom Normkontrollverfahren, wenn sie in diesem nur Einwendungen geltend machen, die schon im Aufstellungsverfahren hätten geltend machen können. Allerdings muss im Rahmen der Beteiligung auf diese Rechtsfolge hingewiesen worden sein (*Stollmann*, § 9 Rn. 119). Zudem verlangt § 47 Abs. 2a VwGO lediglich, dass der Antragssteller bei der Planaufstellung überhaupt rechtzeitig Einwendungen erhoben hat und jedenfalls eine dieser Einwendungen im Normenkontrollverfahren geltend macht; er ist jedoch nicht gehindert, sich auch auf andere Einwendungen zu berufen, unabhängig davon, ob er diese zuvor bereits geltend gemacht hat (BVerwG NVwZ 2010, 782 (782)).

Nach § 47 Abs. 5 S. 2 VwGO ist die Entscheidung des Oberverwal   307
tungsgerichts allgemein verbindlich, zeitigt also Wirkungen erga omnes. § 47 Abs. 6 VwGO eröffnet die Möglichkeit einstweiligen Rechtsschutzes in Gestalt einer einstweiligen Anordnung.

Stichwortverzeichnis

Die fett gedruckten Zahlen beziehen sich auf den jeweiligen Abschnitt des Bandes
(1 = Landesverfassungsrecht, 2 = Kommunalrecht, 3 = Polizei- und Ordnungsrecht,
4 = Öffentliches Baurecht).
Die weiteren Ziffern verweisen auf die jeweiligen Randnummern im Text.